编审人员

主　编　李树山
　　　　河北工业职业技术学院

副主编　龚向东
　　　　南通农业职业技术学院

主　审　刘凤云
　　　　扬州工业职业技术学院

成　员　李纯毅
　　　　内蒙古化工职业学院

　　　　车　音
　　　　扬州环境资源职业技术学院

　　　　丁从文
　　　　黄河水利职业技术学院

　　　　李文红
　　　　河北工业职业技术学院

　　　　母小明　王　静
　　　　洛阳理工学院

丛书编委会

高等专科学校高等职业技术学院环境类系列教材

有机化学

主　编　李树山
副主编　龚向东
主　审　刘凤云

中国环境出版社·北京

图书在版编目（CIP）数据

有机化学/李树山主编．—北京：中国环境出版社，2008.2（2016.8 重印）

（高职高专环境类系列教材）

ISBN 978-7-80209-548-9

Ⅰ．有… Ⅱ．李… Ⅲ．有机化学—高等学校：技术学校—教材 Ⅳ．O62

中国版本图书馆 CIP 数据核字（2007）第 055536 号

出 版 人 王新程
责任编辑 黄晓燕 孟亚莉
责任校对 扣志红
封面设计 中通世奥

出版发行 中国环境出版社
（100062 北京市东城区广渠门内大街 16 号）
网　　址：http://www.cesp.com.cn
电子邮箱：bjgl@cesp.com.cn
联系电话：010-67112765（编辑管理部）
010-67112735（第一分社）
发行热线：010-67125803，010-67113405（传真）

印　　刷 北京市联华印刷厂
经　　销 各地新华书店
版　　次 2008 年 2 月第 1 版
印　　次 2016 年 8 月第 4 次印刷
开　　本 787×960 1/16
印　　张 24
字　　数 420 千字
定　　价 32.00 元

前言

本教材是根据2006年7月中国环境科学出版社在北戴河召开的高职高专教材编写会议精神编写的。

《有机化学》是环境类学生的重要基础课之一，同时也适用于化学化工类、化工制药类，以及其他相关学科作为基础课教材使用。

本教材面向环保类高职高专学生，坚持以“必需、够用”的特点组织教学内容，理论教学约需要80课时，环保专业必修64课时，选修16课时，实验可安排12～18课时，适合于教学计划在80～96学时的课时安排。

本教材在选材方面注重有机化学的基本原理、基本规律、化合物性质及基本反应、化学性质与结构间的关系，对于一些成熟的电子理论、反应历程，如共轭效应、诱导效应、反应历程、亲核加成、亲电加成、亲核取代、亲电取代作了一定介绍，力求简化。对于立体化学的内容作了适当介绍，删掉了传统有机化学教材中化合物光谱性质的内容。考虑到高职院校学生有机化学实验的实际情况，不再单独编写实验教材，把实验内容精简后作为本书的第十六、十七、十八章的内容，这样就降低了学生的购书成本。我们在编写过程中注重理论联系实际，内容由浅入深，循序渐进，注重新知识的介绍。书中各章节配有复习与思考题。章节内容带（*）内容建议作为选修。

本书是集体智慧的结晶，在编写过程中各位编者付出了艰苦努力。第一章至第四章由河北工业职业技术学院李树山编写，第五、十、十一章由南通农业职业技术学院龚向东编写，第六、七章由河北工业职业技术学院李文红编写，第八章由内蒙古化工职业学院李纯毅编写，第九、十二、十三章由扬州环境资源职业技术学院车音编写，第十四、十五章由黄河水利职业技术学院丁从文编写，第十六、十七、十八章由洛阳理工学院毋小明、王静编写。本书由河北工业职业技术学院李树山担任主编，扬州工业职业技术学院刘凤云主审。

由于高职教育发展迅速，加上编写人员的知识和水平所限，本教材可能存在许多错误和不足之处，敬请各位老师和广大读者批评指正。

编　者

2007 年 12 月

目录

上篇　理论部分

下篇 实验部分

上篇

理论部分

第一章 绪 论

【学习目标】

1. 了解有机化学的研究对象和有机化合物的特殊性质。
2. 熟悉有机化合物分子中化学键，了解有机物结构特点与一般理化性质的关系。
3. 掌握有机化合物的分类方法。

第一节 有机化学的研究对象

一、有机化合物和有机化学

有机化学是化学科学的一个分支、是与人类生活有着极其密切关系的一门学科。它研究的对象是有机化合物，有机化合物简称有机物。19 世纪初，有机物都是从生物体中分离出来的，有机物的含义是“有生机之物”。到了 19 世纪中期，人工合成了不少有机化合物。人们把不论是从生物体取得的，还是合成来的，统称为有机物。自从创造有机化合物的分析方法之后，发现有机化合物均含有碳元素，绝大多数还含氢元素，此外，很多的有机化合物尚含有氧、氮等元素。于是，把碳化合物称为有机化合物，把有机化学定义为碳化合物的化学。后来，在此基础上发展了这个观点，这就是碳的四个价键除自相连接外，其余与氢结合，就形成了各种各样的烃，其他碳化合物都是由别的元素取代烃中的氢衍生出来的，因此，把有机化学定义为研究烃及其衍生物的化学。

有机化合物的种类极多，对于生产生活都很重要；其次有机化合物具有与典型无机化合物不同的共同特性。构成有机化合物的主体碳原子互相结合的能力很强，一个有机化合物分子中碳原子的数目可以很多，连接的方式又可以多样化，因此在有机化合物中普遍存在着同分异构现象。例如乙醇，其分子式为 C_2H_6O，同时又是甲醚的分子式，但它们的化学结构不同：

```
   H  H                 H       H
   |  |                 |       |
H—C—C—O—H           H—C—O—C—H
   |  |                 |       |
   H  H                 H       H
```

（1）乙醇　　（2）甲醚

（1）为乙醇的构造式，（2）为甲醚的构造式。两者的性质不同，属于两类化合物。

同分异构现象是有机化学中极为普遍而且很重要的现象。具有相同的分子式而结构不同的化合物称为同分异构体，这种现象称为同分异构现象。同分异构现象在无机化学中较为罕见。在有机化学中不能只用分子式来表示某一有机化合物，必须使用构造式或结构式。

有机化合物与典型的无机化合物在性质上有着不同的共同特性：

（1）有机化合物一般可以燃烧。而大多数无机化合物则不易燃烧。

（2）有机化合物的熔点较低，一般不超过400℃，而无机化合物一般熔点较高，难于熔化。

（3）有机化合物大多数难溶于水，易溶于非极性或极性小的有机溶剂中。也有一些有机化合物在水中有较大的溶解度。

（4）有机化合物反应速度较慢，通常要加热，或加催化剂，副反应也较多。而很多无机化合物溶液反应瞬间即告完成。随着新的合成方法的出现，改善反应条件，加快有机化合物的反应速度也是很有希望的。例如，游离基反应就是以爆炸方式进行的。

上述有机化合物的共同性质是指大多数的有机化合物来说的，不是绝对的。例如四氯化碳不但不易燃烧而且可作灭火剂。

二、有机化学的产生和发展

科学的产生和发展都是与当时社会生产水平和科学水平相联系着的。18 世纪欧洲工业革命之后，随着社会的需要，科学技术的进步，分离提纯有机物的技术进展很快，先后分离出酒石酸、乳酸、奎宁等。随着有机物纯品的增加，分析技术的发展，测定了不少有机化合物的组成，这对于认识有机化合物无疑是一个重要阶段。但还未能用人工方法合成出有机物；因而当时盛行的“生命力”论认为有机物是由有机体内的生命力制造出来的，实验室里不能制造出来。可是，科学总是前进的，1828 年武勒蒸发氰酸铵溶液得到了尿素：

$$NH_4CNO \longrightarrow (NH_2)_2CO$$

氰酸铵是一种无机化合物，尿素是一种有机化合物，尿素的人工合成提供了一个从无机物用人工制成有机物的一个例证，动摇了“生命力”论的基础。以后又陆续合成了不少有机物，如 1845 年合成了醋酸，1854 年合成了属于油脂的物质等。从此人们确信人工合成有机物是完全可能的。

从 19 世纪初期至 50 年代有机化学成为一门学科。为了研究有机物，需要进行分子结构的研究和合成工作，在人们对有机物的组成和性质有了一定的认识的基础上，1858 年化学家指出有机化合物分子中碳原子都是四价的，而且互相结合成碳链；

结构是原子在分子中结合的序列；一定的有机化合物具有一定的结构；化合物的结构决定了该化合物的性质，而化合物的结构又是从该化合物的性质推导而来；分子中各原子之间存在着相互的影响。1865 年凯库勒提出了苯的构造式。1874 年提出碳四面体构型的学说，建立了分子的立体概念，说明了旋光异构现象。1885 年提出张力学说。至此，经典的有机结构理论基本上建立起来了。20 世纪初确定了许多糖的结构，从蛋白质水解产物分离出氨基酸，开创了研究生命物质。我国是文明古国，古代对天然有机物的利用如植物染料、酿酒、制醋、中草药等方面都有卓越的成就，为人类作出了贡献。新中国成立后，我国科学事业得到迅速的发展。1965 年我国成功地用化学方法实现了具有生物活性的蛋白质——牛胰岛素的全合成。我国有机化学研究工作从复杂的天然产物的全合成、药物，物理有机化学到金属有机化学等领域都开展了研究，并取得了一定的进展，同时建立了有机合成工业。

第二节　共价键的一些基本概念

有机化合物中的原子都是用共价键结合起来的。对共价键本质的解释，其中最常用的是价键理论。

一、价键理论的主要内容

（1）价键的形成可看做是原子轨道的重叠或电子配对的结果。成键的电子只处于以此化学键相连的原子的区域内。两个原子如果都有未成键的电子，并且自旋相反，就能配对，也就是原子轨道可重叠形成共价键。重叠的部分越大，所形成的共价键越牢固。由一对电子形成的共价键叫做单键，用一条短直线表示。如果两个原子各有两个或三个未成键的电子，构成的共价键则为双键或三键。

（2）共价键的饱和性　一般情况下，原子的价键数目等于它的未成键的电子数，当原子的未成键的一个电子与某原子的一个电子配对之后，就不能再与第三个电子配对了，这就是共价键的饱和性。

（3）共价键的方向性　成键时，两个电子的原子轨道发生重叠，重叠部分的大小决定共价键的牢固程度。p 电子的原子轨道在空间具有一定的取向，只有当它以某一方向互相接近时，才能使原子轨道得到最大的重叠，形成稳定的分子。

二、共价键的键参数

共价键的重要性质表现为键长、键角、键能和键矩等物理量。

（1）键长　形成共价键的两个原子之间存在着一定的吸引力和排斥力，使原子核之间保持着一定的距离，这个距离称为键长。键长的单位为 nm。一定的共价键的键长是一定的。例如，C—H 键的键长为 0.109 nm，C—C 键的键长为 0.154 nm。表 1-1 中为常见的共价键的键长。

表 1-1　一些价键的键长

键的种类	键长/nm	键的种类	键长/nm
C−C	0.154	C−N	0.147
C=C	0.134	C−F	0.141
C≡C	0.120	C−Cl	0.177
C−H	0.109	C−Br	0.191
C−O	0.143	C−I	0.212

同一类型的共价键的键长在不同的化合物中可能稍有差别，因为构成共价键的原子在分子中不是孤立的，而是相互影响的。

（2）键角　两价以上的原子与其他原子成键时，两个共价键之间的夹角称为键角。例如，甲烷分子中 C—H 键夹角为 109°28′，而在其他烷烃分子中，由于碳原子连接的情况不尽相同，互相影响的结果，使其分子中的 C—H 键夹角稍有变化。键角的大小是随着分子结构的不同而有所改变。键角反映了分子的空间结构。

（3）键能　当 A 和 B 两个原子（气态）结合生成 A—B 分子（气态）时，放出的能量称为键能。要使 1 mol A—B 双原子分子（气态）共价键解离为原子（气态）时所需要的能量也就是键能，或叫键的离解能。即是说共价键断裂时，必须吸热，ΔH 为正值；形成共价键时放热，ΔH 为负值。键能的单位为 kJ/mol。

$$\mathrm{H:H \longrightarrow H\cdot + H\cdot} \qquad \Delta H = +436\ \mathrm{kJ/mol}$$

$$\mathrm{Cl:Cl \longrightarrow Cl\cdot + Cl\cdot} \qquad \Delta H = +242\ \mathrm{kJ/mol}$$

$$\mathrm{Cl\cdot + Cl\cdot \longrightarrow Cl_2} \qquad \Delta H = -242\ \mathrm{kJ/mol}$$

对于多原子的分子中共价键的键能一般是指同一类的共价键的键离解能的平均值。常见共价键的键能见表 1-2。

表 1-2　一些共价键的键能（平均键能）　　单位：kJ·mol^{-1}，25℃

H	C	N	O	F	S	Cl	Br	I	
436.0	414.2	389.1	464.4	568.2	347.3	431.8	366.1	298.3	H
	347.3	305.4	359.8	485.3	272.0	338.9	284.5	217.6	C
		163.2		272.0		192.5			N
			196.6	188.3		217.6	200.8	234.3	O
				154.8					F
					251.0	255.2	217.6		S
						242.7			Cl
							192.5		Br
								150.6	I

通常键能愈大，键愈牢固。

（4）键矩　当由两个相同的原子形成共价键时，电子云对称地分布在两个原子核之间，在两核正中位置的电子出现的几率密度最大。当由不相同的原子成键时，由于电负性的差异，使电子云靠近电负性较大的原子一端，于是在这种分子中，电负性较大的原子具有微负电荷（或叫部分负电荷），电负性较弱的原子则具有微正电荷，例如 C—Cl 键的电子云偏于氯原子。这样的键有一个键矩（μ），其定义为正、负电荷中心的电荷（e）与正负电荷中心之间的距离（d）的乘积：

$$\mu = ed$$

键矩是用来衡量键极性的物理量，为一矢量，有方向性，通常规定其方向由正到负。

分子的偶极矩是各键的键矩向量和。甲烷和四氯化碳是对称分子，各键矩向量和为零，故为非极性分子。一氯甲烷分子中 C—Cl 键矩未被抵消；为极性分子。

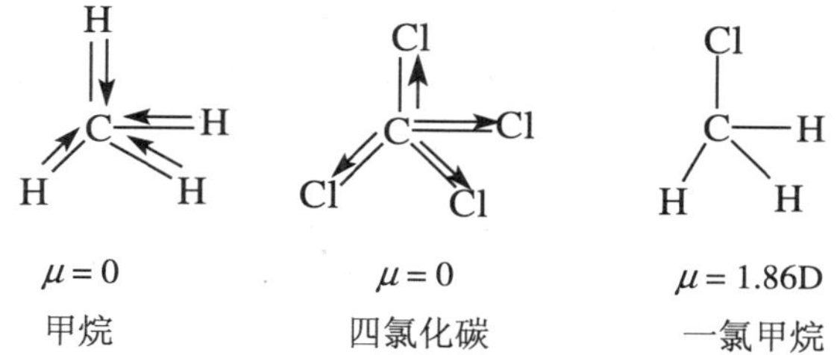

$\mu = 0$　　甲烷　　$\mu = 0$　　四氯化碳　　$\mu = 1.86D$　　一氯甲烷

所以，键的极性和分子的极性是不相同的，某一共价键表现有极性，而整个分子可能无极性，如四氯化碳，也可能有极性，如一氯甲烷。

三、共价键的断裂

共价键的断裂可能有两种方式。一种方式是成键的一对电子平均分给两个原子或原子团。

$$A:B \longrightarrow A\cdot B\cdot$$

这种断裂方式称为均裂。均裂生成的带单电子的原子或原子团称为游离基或称为自由基，如 $CH_3\cdot$叫甲基游离基，通常用 R·表示。在表示游离基时，必须写上一点意味着一个孤立单电子。

共价键断裂的另一种方式是异裂，异裂有两种情况：

$$C:X \longrightarrow \underset{\text{碳正离子}}{C^+} + X^-$$

$$C:X \longrightarrow \underset{\text{碳负离子}}{C^-} + X^+$$

异裂生成了正离子和负离子，这种经过异裂生成离子的反应称为离子型反应。有机化合物经由离子型反应生成的有机离子有碳正离子或碳负离子，普通用 R^+表示碳正离子，用R^-表示碳负离子，CH_3^+叫甲基碳正离子，CH_3^-叫甲基碳负离子。

游离基、碳正离子、碳负离子都是有机反应进程中生成的活性中间体，往往在生成的一瞬间就参加化学反应。游离基反应一般在光和热的作用下进行；离子型反应一般在酸、碱或极性物质（包括极性溶剂）催化下进行。

离子型反应根据反应试剂的类型不同，又可分为亲电反应和亲核反应。

在反应过程中接受电子或共用电子（这些电子原属于另一反应物分子的）的试剂称为亲电试剂，例如金属离子和氢质子都是亲电试剂。由于它们缺少电子，容易进攻反应物上带部分负电荷的原子，由这类亲电试剂进攻而发生的反应称为亲电反应。反之，有一类试剂如氢氧根负离子能供给电子，进攻反应物中带部分正电荷的碳原子而发生反应，这种试剂称为亲核试剂。由亲核试剂进攻而发生的反应叫做亲核反应。

第三节　研究有机化合物的一般步骤

研究一个新的有机化合物一般要经过下列步骤：

（1）分离提纯　研究一个新的有机物首先要把它分离提纯，保证达到应有的纯度。分离提纯的方法很多，常用的有重结晶法、升华法、蒸馏法、色层分析法以及离子交换法等。

（2）纯度的检定　纯有机化合物有固定的物理常数，例如熔点、沸点、比重和折射率等。测定有机化合物的常数就可以检定其纯度，纯的有机化合物的熔点通常是恒定的，不纯的有机化合物则没有恒定的熔点。

（3）实验式和分子式的确定　提纯后的有机化合物，就可以进行元素定性分析，确定它是由哪些元素组成的，接着做元素定量分析，求出各元素的重量比，通过计算就能得出它的实验式。实验式是表示化合物分子中各元素原子的相对数目的最简单式子，不能确切表明分子中真正的原子个数。因此，必须进一步测定其分子量，从而确定分子式。

（4）结构式的确定　测定有机化合物的方法有化学方法和物理方法。化学方法是把分子打成“碎片”，然后再从它们的结构去推测原来分子是如何由“碎片”拼凑起来的。近年来，应用现代物理方法之后，能够准确、迅速地确定有机化合物的结构，大大丰富了鉴定有机化合物的手段，明显地提高了确定结构的水平。现代物理方法如 X-衍射，各种光谱法，核磁共振谱和质谱几乎已成为一个常规工作手段。在实际工作中，物理和化学方法常要结合起来，才能确定一个有机化合物的结构。

分子结构包括了分子的构造、构型和构象。构造（constitution）是分子中原子成键的顺序和键性，以前叫做结构（structure）。根据国际纯粹和应用化学联合会

（IUPAC）的建议改为“构造”。表示化合物的化学式叫做构造式。例如甲烷的构造式为：

$$\begin{array}{ccc} & H & \\ & | & \\ H- & C & -H \\ & | & \\ & H & \end{array}$$

构造式中的一条短线表示为成键的共用电子对。构象和构型名词解释见其他章。

第四节　有机化合物的分类

有机化合物的数目众多，为了给学习和科学研究创造有利条件，把它们进行分类是非常必要的。

一、按碳链分类

传统的有机化学的分类方法是根据碳链的不同把它们分成三大类：

1．开链化合物

在开链化合物分子中，碳原子互相结合形成链状，而不形成环状的。例如：

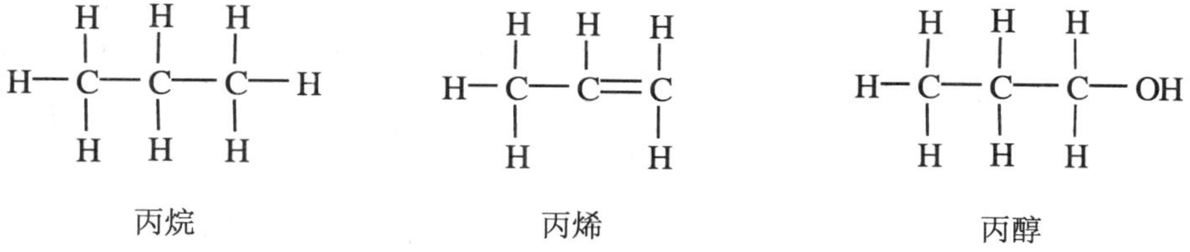

丙烷　丙烯　丙醇

2．碳环化合物

碳环化合物是含有由碳原子组成的碳环。它们又可分为两类：

（1）脂环化合物　这类化合物中含有由碳原子组成的碳环，其化学性质与开链化合物相似。

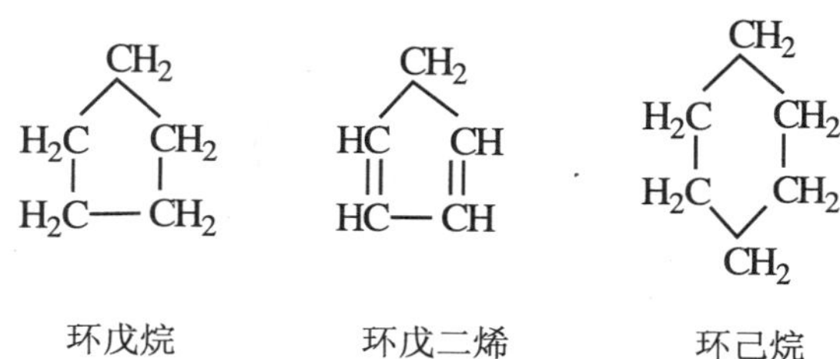

环戊烷　环戊二烯　环己烷

（2）芳香族化合物　芳香族化合物的结构特征大多含有由6个碳原子组成的苯环，它们的化学性质和脂环族化合物有所不同。例如：

C_6H_6　　$C_6H_5-CH_3$　　$C_{10}H_8$

苯　　甲苯　　萘

由于这类化合物最初是由具有芳香味的有机物和香树脂中发现的，所以把它们称为芳香族化合物。

3. 杂环化合物

杂环化合物也是环状化合物，不过，这种环是由碳原子和其他元素的原子（如氧、硫、氮等）共同组成的。故称为杂环。含有杂环的有机化合物称为杂环化合物。例如：

呋喃　　吡啶

碳氢化合物从性质上又可以分为饱和烃、不饱和烃和芳香烃三大类，其中饱和烃包括烷烃和环烷烃，不饱和烃包括烯烃和炔烃，芳香烃可划分为苯系芳烃和非苯芳烃，而其他有机化合物都可视为这三大类烃的衍生物。

二、按官能团分类

实验证明，有机化合物的反应主要在官能团处发生。所谓官能团是指有机化合物分子中特别能起化学反应的一些原子或原子团，它常常可以决定化合物的主要性质，例如，乙醇分子中的羟基（—OH），在有机化学中称为官能团。一般来说，含相同官能团的有机化合物能起相似的化学反应，把它们看做一类化合物。

常见的重要官能团见表 1-3。

表 1-3　常见的重要官能团

官能团	名称	官能团	名称
$-\overset{\vert}{C}=\overset{\vert}{C}-$	双键	$(C)-\overset{O}{\overset{\Vert}{C}}-(C)$	酮基
$-C\equiv C-$	三键	$-\overset{O}{\overset{\Vert}{C}}-OH$	羧基
$-OH$	羟基	$-CN$	氰基
$-X$（F，Cl，Br，I）	卤原子	$-NO_2$	硝基
（C）$-O-$（C）	醚	$-NH_2(-NHR，-NR_2)$	氨基
$-\overset{O}{\overset{\Vert}{C}}-H$	醛基	$-SO_3H$	磺（酸）基

第二章 烷 烃

【学习目标】

1. 了解烷烃的组成、结构通式以及烷烃的性质。
2. 掌握同系物在结构和性质上的相似性，理解同系物、同分异构现象和同分异构体。
3. 掌握烷烃的命名方法。
4. 掌握烷烃重要的物理性质和化学性质。

只由碳和氢两种元素组成的有机化合物叫做碳氢化合物，简称烃。

按照传统有机化合物分类，可把烃分为开链烃和环状烃两大类。

开链烃又可分为饱和烃和不饱和烃，本章讨论饱和烃即烷烃。不饱和链烃将在第三章和第四章中讨论。环状烃将在第五章中讨论。

烷烃广泛地存在于自然界中。我国大多数石油的主要成分是烷烃，在石油产地往往含有大量的石油气，石油气的主要成分是低级烷烃。天然气的主要成分也是低级烷烃。烷烃是燃料，更是化学工业的原料。

第一节 烷烃的同系列及同分异构现象

烷烃是饱和烃。饱和烃是含氢最多的烃。在饱和烃分子中和碳原子结合的氢原子数目已达到最高限度，不可能再增加，因而叫饱和烃。烷有完满的含义，也就是饱和的意思。

一、烷烃的同系列

最简单的烷烃是甲烷，分子式为 CH_4，其次为乙烷，分子式为 C_2H_6，在表 2-1 中列出一些烷烃的名称和分子式。

从表 2-1 可知，烷烃的通式为 C_nH_{2n+2}，n 表示碳原子数目，从理论上说，n 可以很大，目前合成出来的烷烃有一百碳以上的。凡是相邻两个烷烃的组成都是相差 CH_2，不相邻的则相差两个或多个 CH_2。

像烷烃那样，凡具有同一个通式，结构相似，化学性质也相似，物理性质则随着碳原子数的增加而有规律地变化的化合物系列称为同系列。同系列中的化合物互称为同系物。相邻的同系物在组成上相差 CH_2，这个 CH_2 称为同系差。

表 2-1　一些烷烃的名称和分子式

烷烃	分子式	烷烃	分子式
甲烷	CH_4	十一烷	$C_{11}H_{24}$
乙烷	C_2H_6	十二烷	$C_{12}H_{26}$
丙烷	C_3H_8	十三烷	$C_{13}H_{28}$
丁烷	C_4H_{10}	十四烷	$C_{14}H_{30}$
戊烷	C_5H_{12}	十五烷	$C_{15}H_{32}$
己烷	C_6H_{14}	二十烷	$C_{20}H_{42}$
庚烷	C_7H_{16}	三十烷	$C_{30}H_{62}$
辛烷	C_8H_{18}	一百烷	$C_{100}H_{202}$
壬烷	C_9H_{20}	……	……
癸烷	$C_{10}H_{22}$	烷烃通式	C_nH_{2n+2}

有机化合物中除了烷烃同系列之外，还有其他同系列，同系列是有机化学的普遍现象。只要研究几个典型的或有代表性的化合物的性质之后，就有可能推论出同系列中其他成员的基本性质。当然，在运用同系列概念时，除了要注意同系物的共性外，也要注意它们的个性，因为共性易见，个性比较特殊，要求我们根据分子结构上的差异来理解性质上的异同。

二、烷烃的同分异构现象

在烷烃同系列中，甲烷、乙烷、丙烷只有一种结合方式，没有异构现象，从丁烷起就有同分异构现象。丁烷有两个同分异构体，它们的构造式见（1）和（2）。

```
   H  H  H  H              H  H  H
   |  |  |  |              |  |  |
H—C—C—C—C—H          H—C—C—C—H
   |  |  |  |              |  |  |
   H  H  H  H              H  |  H
                               |
                            H—C—H
                               |
                               H
```

即：

$$CH_3—CH_2—CH_2—CH_3 \qquad CH_3—\underset{\displaystyle CH_3}{\underset{|}{CH}}—CH_3$$

（1）正丁烷（沸点－0.5℃）　　（2）异丁烷（沸点－10.2℃）

（1）是四个碳原子互相结合成一条链状碳骨架，没有支链（或叫侧链），这种丁烷称为正丁烷。

（2）除了三个碳原子结合成一条链状碳骨架外，还有由一个碳原子构成支链，这种丁烷称为异丁烷。很明显，这两种丁烷是由于分子中碳原子的排列方式不同而产生的。我们把分子式相同，而构造不同的异构体称为构造异构体。烷烃的构造异构实质上是由于碳链构造的不同而产生的，所以往往又称为碳链异构。

戊烷有三个同分异构体，它们的构造式用碳链（氢原子省去）表示如下：

```
                               C
                               |
C—C—C—C—C      C—C—C—C      C—C—C
                  |            |
                  C            C
  正戊烷          异戊烷        新戊烷
沸点/℃  36.1       28           9.5
```

同分异构体所含的原子种类和数目都相同，但彼此连接的方式不同。在烷烃分子中随着碳原子数的增加，异构体的数目增加得很快，见表 2-2。

表 2-2　烷烃的同分异构体数目

碳原子数	异构体数	碳原子数	异构体数（推算）
4	2	12	355
5	3	13	802
6	5	14	1 858
7	9	15	4 347
8	18	20	366 319
9	35	25	36 797 588
10	75	30	4 111 646 763
11	159		

三、伯、仲、叔、季碳原子

从分析戊烷的同分异构体的构造式中各个碳原子连接的情况就会发现，有的碳只与一个碳原子直接相连，有的则分别与两个、三个或四个碳原子直接相连，因此，我们把直接与一个碳原子相连的称为伯（或一级）碳原子，可用 1°表示；直接与二个碳原子相连的称为仲（或二级）碳原子，可用 2°表示；直接与三个碳原子相连的称为叔（或三级）碳原子，可用 3°表示；直接与四个碳原子相连的称为季（或四级）碳原子，可用 4°表示。在戊烷同分异构体的构造式中碳原子的类型分别标出如下：

$$\underset{1^\circ}{H_3C}-\underset{2^\circ}{CH_2}-\underset{2^\circ}{CH_2}-\underset{2^\circ}{CH_2}-\underset{1^\circ}{CH_3} \qquad H_3C-\overset{3^\circ}{\underset{\displaystyle CH_3}{\underset{|}{CH}}}-CH_2-CH_3$$

$$H_3C-\overset{\displaystyle CH_3}{\overset{|}{\underset{\displaystyle CH_3}{\underset{|}{C_{4^\circ}}}}}-CH_3$$

在上述四种碳原子中，除了季碳原子外，其他的都连接有氢原子，所以，我们把分别和伯、仲、叔碳原子结合的氢原子，称为伯、仲、叔氢原子，不同类型的氢原子的反应性能是有一定差别的。

第二节　烷烃的命名法

烷烃常用的命名法有普通命名法和系统命名法。

一、普通命名法

在普通命名法中，把直链烷烃叫做正某烷。分子中碳原子数在 10 以下的，依次用甲、乙、丙、丁、戊、己、庚、辛、壬、癸表示；碳原子数在 10 以上的，直接用中文数字来表示。例如：

$CH_3(CH_2)_2CH_3$	$CH_3(CH_2)_4CH_3$	$CH_3(CH_2)_{10}CH_3$
正丁烷	正己烷	正十二烷

对于带支链的烷烃，以“异”、“新”前缀区别不同的构造异构体。直链构造一末端带有两基的，命名为异某烃。“新”是专指具有叔丁基构造的五、六碳原子的链烃化合物。例如：

$\underset{\displaystyle CH_3}{\underset{|}{CH_3CH}}CH_3$	$\underset{\displaystyle CH_3}{\underset{|}{CH_3CH}}CH_2CH_3$	$\underset{\displaystyle CH_3}{\underset{|}{CH_3CH}}CH_2CH_2CH_3$	$CH_3-\overset{\displaystyle CH_3}{\overset{|}{\underset{\displaystyle CH_3}{\underset{|}{C}}}}-CH_3$
异丁烷	异戊烷	异己烷	新戊烷

IUPAC 只同意保留上述四个带支链的烷烃的习惯名称。

二、烷基

从烃分子中去掉一个氢原子后所剩下的基团叫做烃基。从烷烃分子中去掉一个氢原子后所剩下的基团叫做烷基。烷基通常用 R—来表示。烷基的名称是从相应的烷烃的名称衍生出来的。从直链（即不带支链的连续链）烷烃分子的末端碳原子上去掉一个氢原子后剩下的基团（即不带支链的烷基）叫做某基（系统命名法）或正某基（习惯命名法）。例如：

$CH_3(CH_2)_2CH_3$	$CH_3(CH_2)_2CH_2-$	$CH_3(CH_2)_5CH_3$	$CH_3(CH_2)_5CH_2-$
丁烷	丁基（系统名称）或正丁基（习惯名称）	庚烷	庚基（系统名称）或正庚基（习惯名称）

对于带支链的烷基，为了尊重习惯，IUPAC 同意保留下列 8 个烷基的习惯名称。

结构	名称	结构	名称
$CH_3CH(CH_3)-$	异丙基	$(CH_3)_3C-$	叔丁基
$CH_3CH(CH_3)CH_2-$	异丁基	$CH_3CH_2C(CH_3)_2-$	叔戊基
$CH_3CH(CH_3)CH_2CH_2-$	异戊基	$CH_3C(CH_3)_2CH_2-$	新戊基
$CH_3CH(CH_3)CH_2CH_2CH_2-$	异己基		
$CH_3CH_2CH(CH_3)-$	仲丁基		

从烷烃分子中去掉两个氢原子后剩下的基团叫做亚某基。例如：

$CH_2<$	$CH_3CH<$	$-CH_2CH_2-$	$-CH_2CH_2CH_2CH_2-$
亚甲基	亚乙基	1,2-亚乙基或二亚甲基	1,4-亚丁基或四亚甲基

从烷烃分子中去掉三个氢原子后剩下的基团叫做次某基。例如：

$\equiv CH$	$CH_3C\equiv$
次甲基	次乙基

三、系统命名法

系统命名法是一种普遍适用的命名方法。它是采用国际上通用的 IUPAC 命名原则，结合我国文字特点制定的一种命名方法。

对于直链烷烃，与习惯命名法相似，按照它所含有的碳原子数叫做某烷，只是不加“正”字。例如：

$$CH_3—(CH_2)_4—CH_3 \qquad CH_3—(CH_2)_7—CH_3 \qquad CH_3—(CH_2)_{10}—CH_3$$

己烷　　　　壬烷　　　　十二烷

对于带有支链的烷烃，则把它看做是直链烷烃的烷基衍生物，按照下列规定命名：

（1）从构造式中选定最长的碳链作为主链，把支链看做取代基，以主链为标准，根据它所含有的碳原子数叫做某烷。

（2）把主链上的碳原子从靠近支链的一端开始编号，依次标以阿拉伯数字 1，2，3，…取代基的位置，由它所在的主链上碳原子的号数表示。

（3）把取代基的名称写在烷烃名称的前面，在取代基名称的前面注明它所在的位置。例如：

$$\begin{array}{llll} ^{1} & ^{2} & ^{3} & ^{4} \\ CH_3— & CH— & CH_2— & CH_3 \\ & | & & \\ & CH_3 & & \end{array}$$

2-甲基丁烷

$$\begin{array}{llllll} ^{6} & ^{5} & ^{4} & ^{3} & ^{2} & ^{1} \\ CH_3— & CH_2— & CH_2— & CH— & CH_2— & CH_3 \\ & & & | & & \\ & & & CH_2—CH_3 & & \end{array}$$

3-乙基己烷

如果带有几个不同的取代基，则是把次序规则中“优先”的基团（参看第三章第二节）排在后面。例如：

$$\begin{array}{llllll} ^{1} & ^{2} & ^{3} & ^{4} & ^{5} & ^{6} \\ CH_3— & CH— & CH_2— & CH— & CH_2— & CH_3 \\ & | & & | & & \\ & CH_3 & & CH_2—CH_3 & & \end{array}$$

2-甲基-4-乙基己烷

如果在带有的取代基中，有几个是相同的，则在相同的取代基前面用数字“二”、“三”、“四”等表明其数目，其位置则须逐个注明。例如：

$$\begin{array}{lllll} & CH_3 & & & \\ ^{1} & ^{2}| & ^{3} & ^{4} & ^{5} \\ CH_3— & C— & CH_2— & CH_2— & CH_3 \\ & | & & & \\ & CH_3 & & & \end{array}$$

2,2-二甲基戊烷

$$\begin{array}{lllllll} & & & CH_2—CH_3 & & & \\ ^{3} & ^{4} & & ^{5}| & ^{6} & ^{7} & ^{8} \\ CH_3— & CH— & CH— & C— & CH_2— & CH_2— & CH_3 \\ & | & | & | & & & \\ CH_3— & CH_2 & CH_3 & CH_2—CH_3 & & & \\ ^{1} & ^{2} & & & & & \end{array}$$

3,4-二甲基-5,5-二乙基辛烷

如果碳链从不同方向编号得到两种（或两种以上）不同编号系列时，则采用最低系列原则，即顺次逐项比较各系列的不同位次，最先遇到的位次最小者为最低系列。例如：

$$\begin{array}{lllllllllll} ^{1} & ^{2} & ^{3} & ^{4} & ^{5} & ^{6} & ^{7} & ^{8} & ^{9} & ^{10} & ^{11} \\ CH_3— & CH_2— & CH— & CH_2— & CH— & CH_2— & CH_2— & CH_2— & CH— & CH_2— & CH_3 \\ & & | & & | & & & & | & & \\ & & CH_3 & & CH(CH_3)_2 & & & & CH_2CH_3 & & \end{array}$$

从左端开始编号，命名为：3-甲基-9-乙基-5-异丙基十一烷（Ⅰ）

从右端开始编号，命名为：9-甲基-3-乙基-7-异丙基十一烷（Ⅱ）

对两个系列逐项比较，名称（Ⅰ）中第一个取代基的位次为 3，名称（Ⅱ）中第一个取代基的位次也是 3，两者相同，故需比较第二个取代基的位次。名称（Ⅰ）中第二个取代基的位次为 5，名称（Ⅱ）中第二个取代基的位次为 7，故名称（Ⅰ）是正确的选择。如果第二个取代基的位次也相同，则比较第三个取代基的位次，依此类推。

第三节　烷烃的构型

一、碳原子的四面体概念及分子模型

构型是指具有一定构造的分子中原子在空间的排列状况。1874 年范特霍夫提出碳正四面体的概念，认为碳原子相连的四个原子或原子团，不是在一个平面上，而是在空间分布成四面体。碳原子位于四面体的中心，四个原子或原子团在四面体的顶点上。由碳原子向四个顶点所作连线就是碳的四个价键的分布。甲烷分子的构型是正四面体。根据现代物理实验方法测定结果证明，四个碳氢键的键长都是 0.109 nm，键角为 109°28′。

为了帮助了解分子的立体形象，常使用 Kekule 模型（或叫球棒模型）和 Stuart 模型（或叫比例模型）来表示。

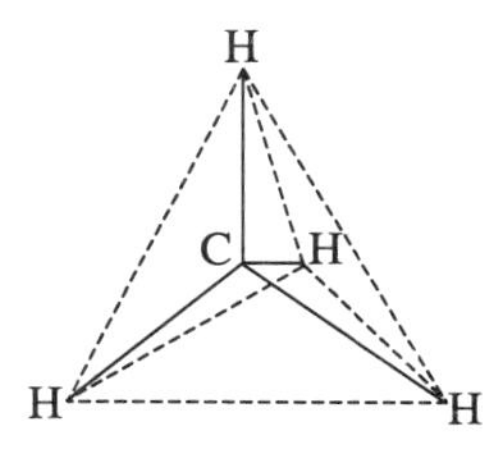

图 2-1　甲烷的正四面体构型

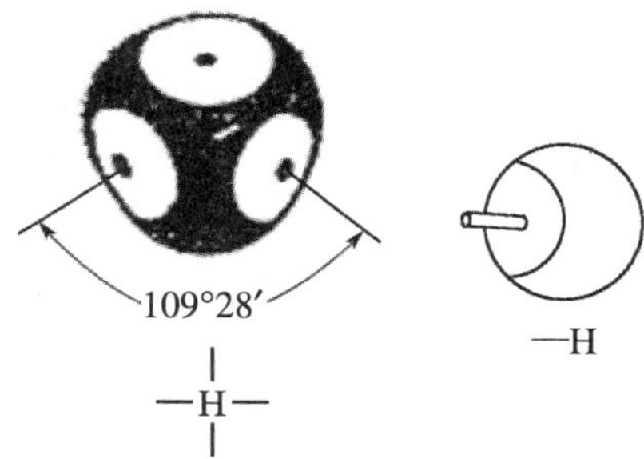

图 2-2　结合态碳原子和氢原子的 Stuart 模型

二、碳原子的 sp^3 杂化

碳原子在基态的电子的构型，是 $1s^2$、$2s^2$、$2p_x^1$、$2p_y^1$，其中 2p 轨道的两个电子是未成键的价电子。按照未成键电子的数目，碳原子应当是二价。然而，实际上甲烷等有机化合物分子中的碳原子一般都是四价而不是二价的。

原子轨道杂化理论设想碳原子在形成烷烃时，碳原子的 2s 轨道中的一个电子跃迁到 2p 轨道上去。这样，碳原子就形成了四价。可是这四个原子轨道中一个是 s

轨道，三个是 p 轨道，它们不仅在空间伸展方向不同，而且能量也有差别。为了解决这个新的矛盾，杂化理论设想，在甲烷分子中，碳原子的四个成键轨道并不是纯粹的 2s，$2p_x$、$2p_y$、$2p_z$。原子轨道，而是发生“杂化”重新组成能量相等的四个新轨道。像这样重新组合成新轨道的过程称为杂化。由 1 个 s 轨道和三个 p 轨道杂化形成的四个能量相等的新轨道称为 sp^3 轨道，这种杂化方式称为 sp^3 杂化，每一个 sp^3 轨道的形状都不同于 s 轨道及 p 轨道，每一个 sp^3 轨道相当于 $\frac{1}{4}$ s 成分和 $\frac{3}{4}$ p 成分，它们的空间取向是指向正四面体的顶点，sp^3 轨道的对称轴之间互成 109°28′，每个 sp^3 轨道在对称轴的一个方向上，这样，可以更有效地与别的原子轨道重叠，对于成键是有利的。sp^3 轨道的示意图见图 2-3。

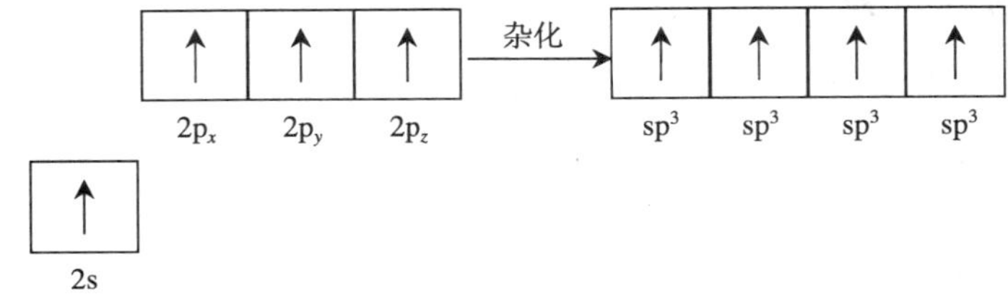

图 2-3 sp^3 轨道的示意图

三、烷烃分子的形成

甲烷分子中碳原子为 sp^3 杂化的，四个 C—H 键都为 sp^3—s，当氢原子 1s 轨道分别与 sp^3 轨道的对称轴的方向相互接近，它们之间的吸引力与排斥力平衡时，轨道达到最大重叠，便形成了四个等同的碳氢键，即为甲烷分子。示意图见图 2-4。

在烷烃分子中碳原子都是采取 sp^3 杂化的。C—C 键为 sp^3—sp^3，C—H 键为 sp^3—s 这种键称为 σ 键，其特征是电子云沿键轴近似于圆柱形对称分布，成键的两个原子可以围绕着键轴自由旋转。

在结晶状态时，烷烃的碳链排列整齐，且呈锯齿状的。

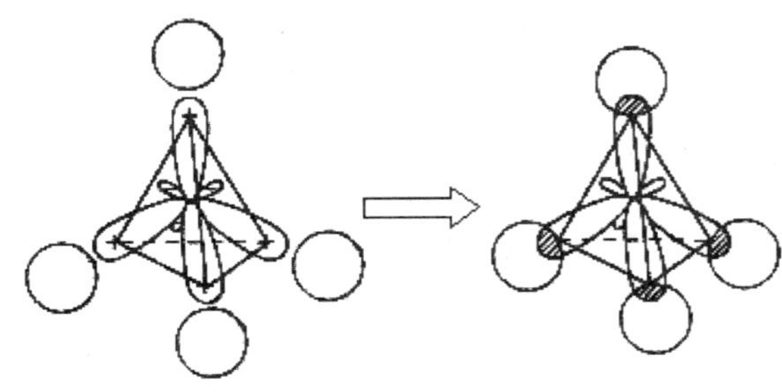

图 2-4 甲烷分子的形成

第四节 乙烷的构象

乙烷分子的两个甲基既不是固定不动的，也不是完全自由旋转的，乙烷分子中存在着一定的能垒（约为 12.5 kJ/mol），从而对 C—C 单键的旋转产生了一定阻力。但因能垒不高，在常温下分子热运动产生的能量使两个甲基并不是固定在一定位置上，而是在旋转中形成许多构象，所谓构象是指在有一定构造的分子通过单键的旋转，形成各原子或原子团的空间排布。构造式相同的化合物可能有许多构象。在乙烷的许多构象中有两种典型构象（图 2-5）。一种是反叠式构象，另一种是顺叠式构象。通常用透视式或纽曼投影（Newman）式表示。在纽曼投影式中，用圆圈表示 C—C 间的σ键，在圆圈上的三个氢原子属于较近的碳原子。圆圈下的三个氢原子属于较远的碳原子。在反叠式构象中两组氢原子处于交错的位置，这种构象称为反叠式构象，三对氢原子距离最远，位能最低。

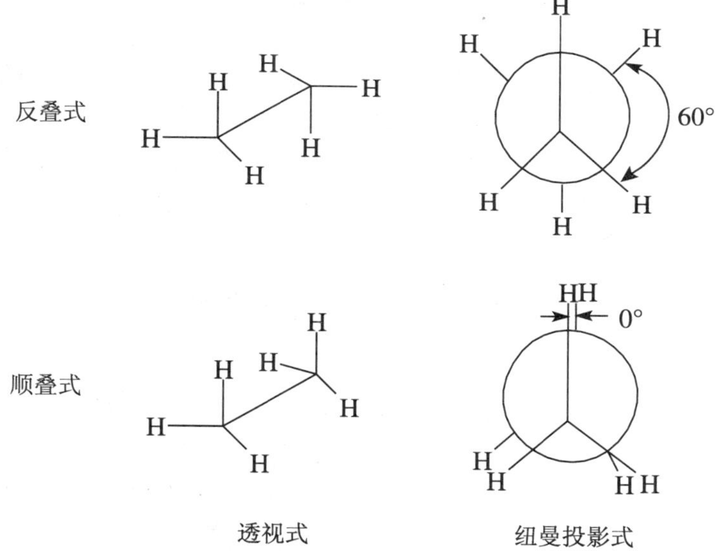

图 2-5 乙烷分子的两种典型构象

在顺叠式构象中三对氢原子的距离最近，能量最高，最不稳定，位能最高。由反叠式转变为顺叠式时必须吸收 12.5 kJ/mol 的能量，反之，由顺叠式转变为反叠式时会放出 12.5 kJ/mol 的能量，这种旋转和能量的变化关系可以用图 2-6 来表示。

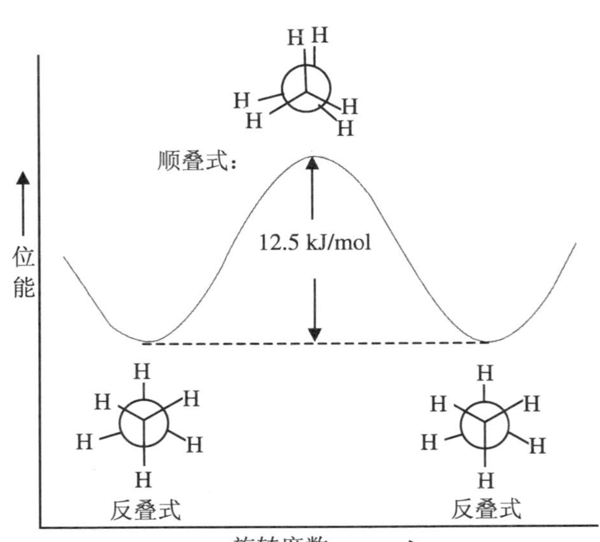

图 2-6　乙烷分子的构象与能量之间的关系

在室温时，乙烷分子中的 C—C 键能迅速地旋转，不能分离出乙烷的某一构象。然而，在某一瞬间，乙烷分子中的反叠式构象比顺叠式构象多，在低温时，反叠式增加。如乙烷在－170℃时，基本上是反叠式。从理论上讲，乙烷分子的构象是无数的，其他构象则介于上述两种极限构象之间；它们的能量当然也在上述两种极限构象之间。

第五节　烷烃的物理性质

有机化合物的物理性质，通常包括化合物的状态、相对密度、沸点，熔点和溶解度等。这些物理常数是用物理方法测定出来的，可从化学和物理手册中查出来。一种化合物的物理常数对于阐明其结构是有一定价值的。从表 2-3 列出的正烷烃的物理常数中，我们清楚地看出正烷烃的物理性质是随着分子量的增加而显出一定的递变规律。

（1）物质状态　物质的状态，可以从化合物的沸点和熔点判断出来，在室温和一个大气压下，C_1～C_4 是气体，C_5～C_{16} 是液体，C_{17} 以上是固体。

（2）沸点　正烷烃的沸点是随着分子量的增加而显出有规律升高的。液体沸点的高低决定于分子间引力的大小，分子间引力愈大，使之沸腾就必须提供更多的能量，所以，沸点就愈高。而分子间引力的大小取决于分子结构。分子间的引力称为范德华引力，范德华引力包括了静电引力、诱导力和色散力。正烷烃的偶极矩都等于零，是非极性分子，引力是由于色散力所产生的。色散力是由于原子核和电子在不断运动过程中，产生一瞬间的相对位移，使分子的正负电荷重心暂时不相重合，从而产生了瞬间偶极，当两个非极性分子充分靠近时，由于瞬间偶极的取向，产生了分子间的一种很弱的吸引力。

表 2-3 烷烃的物理常数

名称	构造式	熔点/℃	沸点/℃	相对密度（20℃）
甲烷	CH_4	−183	−162	0.424
乙烷	CH_3CH_3	−172	−88.6	0.546
丙烷	$CH_3CH_2CH_3$	−187	−42	0.582
正丁烷	$CH_3(CH_2)_2CH_3$	−138	0	0.579
正戊烷	$CH_3(CH_2)_3CH_3$	−130	36	0.626
正己烷	$CH_3(CH_2)_4CH_3$	−95	69	0.659
正庚烷	$CH_3(CH_2)_5CH_3$	−90.5	98	0.684
正辛烷	$CH_3(CH_2)_6CH_3$	−57	126	0.703
正壬烷	$CH_3(CH_2)_7CH_3$	−54	151	0.718
正癸烷	$CH_3(CH_2)_8CH_3$	−30	174	0.730
正十一烷	$CH_3(CH_2)_9CH_3$	−26	196	0.740
正十二烷	$CH_3(CH_2)_{10}CH_3$	−10	216	0.749
正十三烷	$CH_3(CH_2)_{11}CH_3$	−6	234	0.757
正十四烷	$CH_3(CH_2)_{12}CH_3$	5.5	252	0.764
正十五烷	$CH_3(CH_2)_{13}CH_3$	10	266	0.769
正十六烷	$CH_3(CH_2)_{14}CH_3$	18	280	0.775
正十七烷	$CH_3(CH_2)_{15}CH_3$	22	292	
正十八烷	$CH_3(CH_2)_{16}CH_3$	28	318	
正十九烷	$CH_3(CH_2)_{17}CH_3$	32	330	
正二十烷	$CH_3(CH_2)_{18}CH_3$	36		

正烷烃分子的分子量越大即碳原子数越多，电子个数也就越多，色散力当然也就是越大，因此，正烷烃的沸点随着碳原子数的增多而升高。色散力只有近距离内才能有效地产生作用，随着距离的增大而减弱。在含支链的烷烃分子中由于支链的阻碍，使分子间靠近的程度不如正烷烃，所以，正烷烃的沸点高于它的异构体。

（3）熔点　正烷烃的熔点，虽然同系列中前几个不那么规则，但 C_4 以上的随着碳原子数的增加而升高。其中偶数的升高多一些，以致含奇数的和含偶数的碳原子的烷烃各构成一条熔点曲线，偶数在上，奇数在下。因为在晶体中，分子之间的作用力不仅取决于分子的大小，而且取决于晶体中碳链的空间排布的情况。熔融就是在晶格中的质点从高度的有秩序的排列变成较混乱的排列。在共价化合物晶体晶格中的质点是分子，偶数碳链的烷烃具有较高的对称性，使碳链之间的排列比奇数的紧密，分子间的色散力作用也就大些。因此，含偶数的烷烃的熔点比奇数的升高就多一些。

（4）相对密度　正烷烃的相对密度也是随着碳原子的数目的增加逐渐有所增大，二十烷以下的接近于 0.78。这也与分子间引力有关，分子间引力增大，分子间的距离相应减小，相对密度增大。

（5）溶解度　烷烃几乎不溶于水，能溶于某些有机溶剂，尤其是烃类中。例如，石蜡和汽油两者结构非常相似，分子间的引力也相似，故能很好溶解烷烃。这是“相似相溶”经验规律实例之一。

第六节　烷烃的化学性质

烷烃是饱和烃，无论是 C—C 键和 C—H 键都是结合得比较牢固的共价键（键能较大），所以，化学性质比较稳定，特别是正烷烃，与大多数试剂，如强酸、强碱、强氧化剂、强还原剂及金属钠等都不起反应，或者反应速度极其缓慢。由于烷烃有这样的特性，在生产上常常用烷烃作为反应中的溶剂。烷烃分子不易发生异裂反应（即离子反应），而容易发生均裂反应（即游离基反应）。下面叙述烷烃的主要反应。

一、氧化反应

烷烃在空气中燃烧，生成二氧化碳和水，并放出大量的热能，如：

$$C_{10}H_{22}+15\frac{1}{2}O_2 \longrightarrow 10CO_2+11H_2O+6\ 778\ \text{kJ/mol}$$

$$C_nH_{2n+2}+\frac{3n+1}{2}O_2 \longrightarrow nCO_2+(n+1)H_2O+\text{热能}$$

这就是汽油和柴油作为内燃机燃料的基本变化和根据。但这种燃烧通常是不完全的，特别在 O_2 不很充足的情况下，生成了大量有毒的 CO。烷烃在室温下，一般不与氧化剂反应，与空气中的氧也不起反应，但在引发剂引发下可以使它发生部分氧化，生成各种含氧衍生物如醇、醛、酸等。

二、热裂

把烷烃的蒸气在没有氧气的条件下受热到 450℃以上时，分子中的 C—C 键和 C—H 键都发生断裂，形成较小的分子。这种在高温及没有氧气的条件下发生键断裂的反应称为热裂反应。例如，丙烷在一定条件下热裂，断裂的情况不外是两个 C—H 键断裂生成丙烯和氢气，或者是 C—C 键和 C—H 键同时断裂生成乙烯和甲烷。如：

综上所述，烯烃与卤素、卤化氢、硫酸、水、次氯酸的加成，都是亲电加成反应。不对称烯烃与上述试剂的亲电加成反应，都遵循马氏加成规则。

二、氧化反应

烯烃的氧化反应较复杂，随烯烃的结构、反应条件、氧化剂和催化剂等条件不同而得到不同的产物。

1．高锰酸钾氧化

烯烃很容易被高锰酸钾等氧化剂氧化，使高锰酸钾的紫色退去，生成棕色的二氧化锰沉淀。这是鉴别不饱和键的常用方法之一。但应注意，除不饱和烃外，醇、醛等有机化合物也能被高锰酸钾所氧化，因此不能认为能使高锰酸钾溶液退色的就一定是不饱和烃。

氧化的产物决定于反应条件。在温和的条件下，如在稀的、冷的高锰酸钾的中性或碱性水溶液中，烯烃 C=C 中的π键断裂，双键碳原子各引入一个羟基，生成邻二醇。例如：

$$3CH_3CH{=\!=}CH_2 + 2KMnO_4 + 4H_2O \longrightarrow 3CH_3-\underset{\displaystyle OH}{\underset{|}{CH}}-\underset{\displaystyle OH}{\underset{|}{CH_2}} + 2MnO_2\downarrow + 2KOH$$

1,2-丙二醇

1,2-丙二醇，无色黏稠液体，有吸湿性。是油脂、石蜡、树脂、染料和香料等的溶剂，也可用作抗冻剂、润滑剂、脱水剂等。

在加热条件下或在高锰酸钾的酸性溶液中，烯烃双键完全断裂。

$$RCH{=\!=}CH_2 + KMnO_4 \xrightarrow{H^+} \underset{\text{羧酸}}{RCOOH} + H_2O + MnO_2 + KOH$$

$$R-\underset{\displaystyle R}{\underset{|}{C}}{=\!=}CH-R + KMnO_4 \xrightarrow{H^+} \underset{\text{酮}}{R-\underset{\displaystyle R}{\underset{|}{C}}{=\!=}O} + RCOOH + MnO_2 + KOH$$

双键断裂时，由于双键碳原子上连接的烷基不同，氧化产物也不同。双键碳原子上只连有两个氢原子的部分，氧化产物为二氧化碳和水。双键上连有一个烷基的部分，氧化产物为羧酸。双键上连有两个烷基的部分，氧化产物为酮。

由于反应产物是混合物，分离困难，因此在合成上意义不大。但可根据所得产物推测烯烃的构造。例如，某烯烃经高锰酸钾氧化后得到乙酸和二氧化碳，可推测该烯烃为 $CH_2CH=CH_2$；某烯烃经高锰酸钾氧化后得到丙酸和丙酮，可推测该烯烃为$(CH_3)_2C=CHCH_2CH_3$。

2．催化氧化

在催化剂存在下对烯烃进行氧化，相同的反应物随着反应条件的不同，产物也不同。例如，工业上采用银作为催化剂，用空气或氧气氧化，则乙烯 C=C 双键中的π键断裂，生成环氧化合物——环氧乙烷。

$$CH_2{=}CH_2 + O_2 \xrightarrow[250^\circ C]{Ag} \underset{\text{环氧乙烷}}{\overset{}{CH_2{-}CH_2\ (\text{-O-} \text{ bridge})}}$$

环氧乙烷又称氧化乙烯，是一种最简单的环醚。沸点 10.7℃，有乙醚的气味，溶于水、乙醇和乙醚等，与空气能形成爆炸性混合物。化学性质非常活泼，能与许多化合物起加成反应。环氧乙烷是重要的有机合成中间体，用于制备乙二醇、抗冻剂、合成洗涤剂、乳化剂和塑料等。

采用过氧化物作氧化剂，也能将烯烃氧化成环氧化合物。例如，用过氧酸氧化丙烯得到 1,2-环氧丙烷。

$$CH_3{-}CH{=}CH_2 + \underset{\text{过氧酸}}{R{-}\overset{\overset{\large O}{\|}}{C}{-}O{-}O{-}H} \longrightarrow \underset{\text{1,2-环氧丙烷}}{CH_3{-}CH{-}CH_2\ (\text{-O-} \text{ bridge})}$$

1,2-环氧丙烷又称为氧化丙烯，沸点 35℃，有醚的气味。主要用于制备 1,2-丙二醇和泡沫塑料，也是醋酸纤维素、硝酸纤维素、树脂等的溶剂。

在氯化钯-氯化铜水溶液中，用空气或氧气来氧化烯烃，乙烯生成乙醛，丙烯生成丙酮。

$$CH_2{=}CH_2 + O_2 \xrightarrow[120^\circ C]{PdCl_2-CuCl_2} \underset{\text{乙醛}}{CH_3CHO}$$

$$CH_3{-}CH{=}CH_2 + O_2 \xrightarrow[120^\circ C]{PdCl_2-CuCl_2} \underset{\text{丙酮}}{CH_3{-}\overset{\overset{\large O}{\|}}{C}{-}CH_3}$$

乙醛沸点 20.2℃，有辛辣刺激性的气味，能与水、乙醇、乙醚、氯仿相混溶，易燃、易挥发，蒸气与空气能形成爆炸性的混合物。用于制备乙酸、乙酸酐、乙酸乙酯、正丁醇、季戊四醇、合成树脂等。

丙酮是无色易挥发的液体，沸点 56.5℃，能与水、乙醇、乙醚、氯仿、吡啶等混溶，蒸气与空气能形成爆炸性的混合物。是制备乙酸酐、氯仿、碘仿、环氧树脂、聚异戊二烯橡胶、甲基丙烯酸甲酯的重要原料等。

三、α-氢原子的反应

烯烃分子中与 C=C 双键直接相连的碳原子称为α-碳原子，α-碳原子上的氢原子称为α-氢原子。由于α-氢原子在分子中受 C=C 的影响，具有较活泼的性质。与一般烷烃的氢原子不同，α-氢原子容易发生取代和氧化反应。

1．α-氢的氯代反应（高温氯代反应）

烯烃与氯很容易发生加成反应，对于含有α-氢原子的烯烃，不仅能够发生加成反应，还可以发生α-氢原子被取代的反应。因此，当丙烯与氯反应时，就会发生两个反应：加成反应和取代反应，从而生成两种不同的产物。实验证明，温度低时主要发生加成反应，温度高时主要发生取代反应。工业上就是采用这个方法，使干燥的丙烯在约 500℃时与氯气反应来制备 3-氯丙烯。

$$CH_3—CH=CH_2 + Cl_2 \xrightarrow{500℃} \underset{\displaystyle Cl}{\underset{|}{CH_2}}—CH=CH_2 + HCl$$

3-氯丙烯

3-氯丙烯有不愉快的气味，沸点 45℃，不溶于水，溶于乙醇、乙醚、丙酮、石油醚等，性质活泼，是制备丙烯醇、环氧氯丙烷、甘油、环氧树脂的重要原料。

2．α-氢的氧化

α-氢原子也容易被氧化。在不同的条件下，氧化产物也不同。前面已经讨论过，丙烯经催化氧化生成丙酮。如果用氧化亚铜作催化剂，丙烯被氧化成丙烯醛。

$$CH_3—CH=CH_2 + O_2 \xrightarrow[350℃]{Cu_2O} \underset{\text{丙烯醛}}{CH_2=CH—CHO}$$

丙烯醛有特别辛辣刺激的气味，溶于水、乙醇和乙醚、可作消毒剂及合成医药和树脂的原料。

如果用磷钼酸铋作催化剂，丙烯被氧化成丙烯酸。

$$CH_3—CH=CH_2 + O_2 \xrightarrow[350℃]{\text{磷钼酸铋}} \underset{\text{丙烯酸}}{CH_2=CH—COOH}$$

丙烯酸的酸性较强，有刺激气味，有腐蚀性，溶于水、乙醇和乙醚，化学性质活泼，用于制备丙烯酸树脂。

若丙烯的氧化反应在氨的存在下进行，则生成丙烯腈。

$$CH_3—CH=CH_2 + NH_3 + O_2 \xrightarrow[470℃]{\text{磷钼酸铋}} \underset{\text{丙烯腈}}{CH_2=CH—CN}$$

该反应又称为氨氧化反应。丙烯腈稍溶于水，易溶于一般有机溶剂，蒸气与空气能形成爆炸性的混合物。水解生成丙烯酸，还原生成丙腈。易聚合，是合成腈纶（人造羊毛）的单体，用于制备丁腈橡胶和其他合成树脂，也用于电解制备己二腈。

四、聚合反应

在催化剂作用下，烯烃 C=C 中的π键断裂，分子间互相结合生成长链的大分子或高分子化合物，这种反应称为聚合反应。聚合生成的产物称为聚合物。能进行聚合反应的低分子量化合物称为单体。聚合反应是烯烃的重要反应之一，是一种特殊的加成反应。

乙烯以有机过氧化物（如过氧化苯甲酸叔丁酯）作为引发剂，在 150～160 MPa、200℃下，聚合成聚乙烯。由于聚合是在高压下进行的，工业上称为高压聚合法，所得聚乙烯称为高压聚乙烯。

$$nCH_2{=\!=}CH_2 \xrightarrow[\text{温度、压力}]{\text{引发剂}} \cdots\!\left[CH_2-CH_2\right]_n\!\cdots$$

聚乙烯

高压聚乙烯由于具有支链，故密度较低（0.92 g/cm^3），比较柔软，所以高压聚乙烯又称为低密度聚乙烯或软聚乙烯。它的相对分子质量一般在 25 000 左右，是无味、无臭、无毒的乳白色半透明物质。耐腐蚀，有良好的绝缘性和韧性，广泛用于生产薄膜、编织袋、塑料容器、电缆包皮等。在工业和日常生活用品中有广泛的应用。

乙烯也可通过齐格勒-纳塔（Ziegler-Natta）催化剂[$(CH_3CH_2)_3Al+TiCl_4$]，在常压或 1～1.5 MPa 的压力下，聚合成聚乙烯。这种方法工业上称为低压聚合法，所得聚乙烯称为低压聚乙烯。

$$nCH_2{=\!=}CH_2 \xrightarrow[60\sim75^\circ C]{(CH_3CH_2)_3Al+TiCl_4} \left[CH_2-CH_2\right]_n$$

聚乙烯

低压聚乙烯又称为高密度聚乙烯或硬聚乙烯，它的相对分子质量在 35 000 左右。低压聚乙烯的密度较高（0.94 g/cm^3），质地较硬，机械性能好，用于制造板、管、桶、箱及各种包装用具，也用于生产薄膜等。

由丙烯聚合而成的聚丙烯也是应用范围很广的高分子材料，也可由低压法生产。聚丙烯的密度为 0.90 g/cm^3，它的强度高、硬度大、耐磨，耐热性比聚乙烯好。

$$nCH_3-CH{=\!=}CH_2 \xrightarrow[50^\circ C,\ 1\ MPa]{(CH_3CH_2)_3Al+TiCl_4} \left[CH_2-\underset{\displaystyle CH_3}{\underset{|}{CH}}\right]_n$$

聚丙烯

乙烯和丙烯两种单体，在齐格勒-纳塔催化剂的作用下进行聚合，得到弹性体——乙丙橡胶。这种由不同的单体之间进行的加成聚合反应，称为共聚反应。例如：

$$nCH_2{=}CH_2 + nCH_3{-}CH{=}CH_2 \longrightarrow \left[CH_2{-}CH_2{-}\underset{\displaystyle CH_3}{\underset{|}{CH}}{-}CH_2 \right]_n$$

乙丙橡胶

乙丙橡胶主要用于电缆、电线及耐高温的橡胶制品。

第五节　重要的烯烃

1．乙烯

乙烯是非常重要的基本有机合成原料之一，来源于焦炉气、石油裂解气和炼厂气。不溶于水，略溶于乙醇，溶于乙醚、丙酮、苯中。化学性质活泼，用途非常广泛，是生产乙醇、乙醛、环氧乙烷、聚乙烯、苯乙烯、氯乙烯等重要有机化工产品的原料，用于制造合成纤维、合成橡胶、合成树脂、塑料等，并可代替乙炔用于切割和焊接金属。通常用乙烯的产量来衡量一个国家的石油化工业的发展水平。表 3-2 列举了乙烯的用途。

表 3-2　乙烯的用途

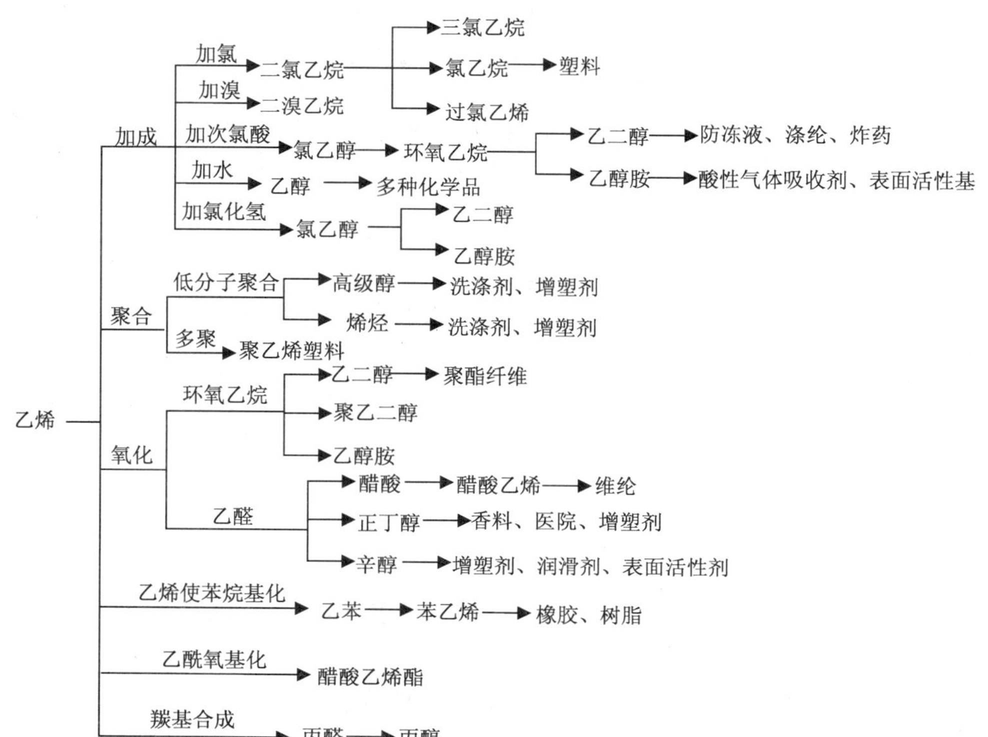

2．丙烯

丙烯也是非常重要的基本有机合成原料之一，用途非常广泛，是生产丙醇、丙醛、环氧丙烷、聚丙烯、丙烯醛、丙烯酸、甘油等重要有机化工产品的原料。表 3-3 列举了丙烯的用途。

表 3-3　丙烯的用途

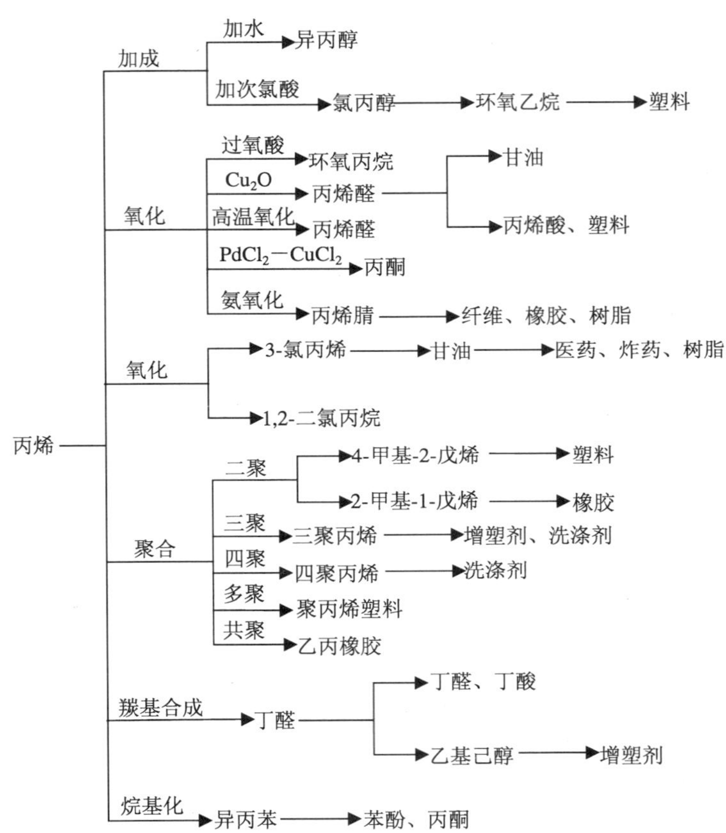

复习与思考题

1．写出下列烯烃的构造式：

（1）2-甲基-2-丁烯　　（2）3-甲基-1-戊烯

（3）2-甲基-3-乙基-2-己烯　　（4）2,5-二甲基-3,4-二乙基-3-己烯

2．用系统命名法命名下列烯烃：

（1）$(CH_3)_2CHCH_2CH_2=CH_2$　　（2）$CH_3CH_2CH(CH_3)CH=CH_2$

（3）$CH_3CH_2C(CH_3)_2CH=CH_2$　　（4）$(CH_3)_2CHCH=CHCH(CH_3)_2$

（5）$(CH_3)_3CCH{=}CHC(CH_3)_3$ （6）$(CH_3)_3CCH_2CH{=}CHCH_2C(CH_3)_3$

3. 用简单的化学方法区别丁烷和丁烯。

4. 写出异丁烯与下列试剂反应时生成的产物：

（1）H_2/Pt （2）Br_2/CCl_4 （3）HI

（4）浓 H_2SO_4 （5）H_2O/H^+ （6）HOCl

（7）$KMnO_4$ 水溶液（适量，稀冷） （8）$KMnO_4$ 水溶液（过量，热）

5. 用顺-反异构或 Z-E 异构命名下列化合物：

（1）$\underset{CH_3}{\overset{CH_3}{}}\!\!>C{=}C<\!\!\underset{CH_2CH_3}{\overset{CH_2CH_3}{}}$ （2）$\underset{CH_3CH_2}{\overset{CH_3}{}}\!\!>C{=}C<\!\!\underset{CH_3}{\overset{CH_2CH_3}{}}$

（3）$\underset{CH_3}{\overset{H}{}}\!\!>C{=}C<\!\!\underset{CH(CH_3)_2}{\overset{CH_2CH_3}{}}$ （4）$\underset{CH_3}{\overset{H}{}}\!\!>C{=}C<\!\!\underset{CH_2CH_3}{\overset{CH_2CH_2CH_3}{}}$

6. 根据下列名称写出烯烃的构造式，如所给名称有错误，则写出正确的名称。

（1）2-甲基-3-戊烯 （2）2-乙基-3-戊烯

（3）3-乙基-3-戊烯 （4）1-甲基-1-丁烯

（5）3-氯-2-丁烯 （6）1-氯-1-丁烯

7. 写出戊烯（C_5H_{10}）的构造异构体，并命名。

8. 在己烯（C_6H_{12}）的构造异构体中，哪些有顺反异构体？写出其顺反异构体，并命名。

9. 分子式为 C_6H_{12} 的一个化合物，能使溴水褪色，催化加氢生成正己烷，用过量的高锰酸钾氧化则生成两种羧酸。写出这个化合物的构造式及各步反应的反应式。

10. 完成下列转变：

（1）$CH_3{-}CHOH{-}CH_3 \longrightarrow CH_3{-}CH_3$

（2）$CH_3{-}CHOH{-}CH_3 \longrightarrow CH_3{-}CHOH{-}CH_2Br$

（3）$CH_3{-}CHOH{-}CH_3 \longrightarrow CH_3{-}CHOH{-}CH_2OH$

（4）$CH_3{-}CH_2{-}CH_2{-}CH_2{-}OH \longrightarrow CH_3{-}CH_2{-}CHBr{-}CH_3$

（5）$CH_3{-}CH_2{-}CH_2{-}CH_2{-}OH \longrightarrow CH_3{-}CH_2{-}CHOH{-}CH_3$

11. 由指定原料合成指定化合物：

（1）$CH_3{-}CH_2OH \longrightarrow CH_2Br{-}CH_2Br$

（2）$CH_3{-}CH_2OH \longrightarrow CH_2Br{-}CH_2OH$

（3）$CH_3{-}CH{=}CH_2 \longrightarrow CH_2Cl{-}CHCl{-}CH_2Cl$

（4）$CH_3{-}CH{=}CH_2 \longrightarrow CH_2Cl{-}CHOH{-}CH_2Cl + CH_2Cl{-}CHCl{-}CH_2OH$

第四章 炔烃和二烯烃

【学习目标】

1. 熟练掌握炔烃的系统命名法。
2. 了解 sp 杂化的特点，掌握 C≡C 的组成、结构及其特性。
3. 掌握炔烃的重要化学性质、应用和制备方法。
4. 掌握共轭二烯烃的结构特点及化学性质，了解 1,3-丁二烯的重要用途及制备方法。

分子中含有碳碳三键（C≡C）的不饱和烃，称为炔烃。例如：

$CH\equiv CH$	$CH_3—C\equiv CH$	$CH_3—CH_2—C\equiv CH$
乙炔	丙炔	1-丁炔

第一节 炔 烃

一、炔烃的通式与同分异构

由于分子中含有三键，因此炔烃与碳原子数相同的烷烃相比少 4 个氢原子，与碳原子数相同的烯烃相比少 2 个氢原子，故炔烃的通式为 C_nH_{2n-2}，与二烯烃互为同分异构体。例如，$CH_3CH_2C\equiv CH$ 和 CH_2=CHCH=CH_2，它们的分子式同为 C_4H_6，但结构不同，性质各异。C≡C 是炔烃的官能团。最简单的炔烃是乙炔。

含 4 个碳原子以上的炔烃才有碳链异构和官能团位置异构两种异构现象。由于炔烃是线性分子，三键的碳原子上不能连有支链，所以炔烃的异构体比相同碳原子的烯烃少。例如，丁烯有 3 个构造异构体，而丁炔只有两个：

$CH_3—CH_2—C\equiv CH$	$CH_3—C\equiv C—CH_3$
1-丁炔	2-丁炔

戊烯有 5 个构造异构体，而戊炔只有 3 个：

$CH_3CH_2CH_2C\equiv CH$	$CH_3CH_2C\equiv CCH_3$	$CH_3—\underset{\displaystyle CH_3}{\underset{\vert}{CH}}—C\equiv CH$
1-戊炔	2-戊炔	3-甲基-1-丁炔

二、乙炔的结构

乙炔分子中的碳原子成键时，是以一个 2s 轨道和一个 2p 轨道重新组合成两个相同的 sp 杂化轨道，还有两个没有参与杂化的 2p 轨道。

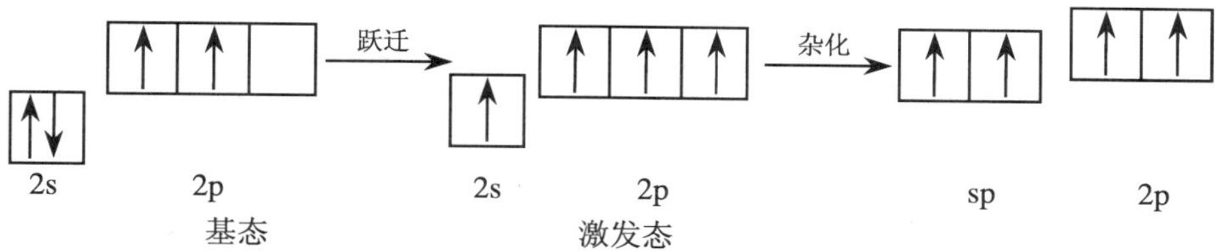

每个 sp 杂化轨道包含有$\frac{1}{2}$s 轨道成分和$\frac{1}{2}$p 轨道成分。每个碳原子各以一个 sp 杂化轨道沿轨道对称轴正面交盖成 C—C σ键，另一条 sp 杂化轨道与氢原子的 1 s 轨道形成 C—H σ键。乙炔分子是直线型结构，键角为 180°。

H—C≡C—H

碳原子上没有参与杂化的两个 p 轨道与杂化轨道相互垂直，每个碳原子的两个 p 轨道侧面平行交盖成两个相互垂直的π键，这两个π键电子云在空间绕 C—Cσ键呈圆筒状的分布。图 4-1 和图 4-2 分别为 sp 杂化轨道的分布和乙炔分子的 3 个σ键。

图 4-1　sp 杂化轨道的分布　　　图 4-2　乙炔分子的 3 个σ键

乙炔分子中 C≡C 是由一个σ键和两个π键组成。由于 sp 杂化轨道含 s 轨道的成分最多，电负性最大，所以乙炔两个碳原子之间的电子云密度比碳碳单键和双键都高，而 C≡C 键的键长（0.120 nm）比 C—C 键（0.154 nm）和 C=C 键（0.134 nm）的键长短，键能（836.8 kJ/mol）比 C—C 键和 C=C 键的键能都大。

三、炔烃的命名

炔烃的命名原则与烯烃的命名相似。即选择含有三键在内的最长碳链作为主链，编号从距离三键最近的一端开始。例如：

$$CH_3-\underset{\displaystyle CH_3}{\underset{|}{CH}}-C\equiv C-CH_3$$

4-甲基-2-戊炔

$$CH_3-\overset{\displaystyle CH_3}{\overset{|}{\underset{\displaystyle CH_3}{\underset{|}{C}}}}-C\equiv C-\underset{\displaystyle CH_3}{\underset{|}{CH}}-CH_3$$

2,2,5-三甲基-3-己炔

分子中同时含有双键和三键的化合物，在系统命名时，按碳原子的数目命名为烯炔（烯在前，炔在后），碳链的编号以双键和三键的位次和最小为原则。例如：

$CH_3—CH═CH—C≡CH$
3-戊烯-1-炔

$CH_3—C≡C—CH═CH_2$
1-戊烯-3-炔

$CH_3—C≡C—CH═CH—CH_2—CH_3$
4-庚烯-2-炔

$CH_3—C≡C—CH_2—CH═CH_2$
1-己烯-4-炔

当双键和三键处于同一位次时，优先给双键以最小的编号。例如：

$CH≡C—CH═CH_2$
1-丁烯-3-炔
不能称为 3-丁烯-1-炔

$CH≡C—CH_2—CH═CH_2$
1-戊烯-4-炔
不能称为 4-戊烯-1-炔

简单的炔烃，也可以把它们看成是乙炔的衍生物，而用衍生物命名法。例如：

$CH_3—C≡C—CH_2CH_3$
系统命名法：2-戊炔
衍生物命名法：甲基乙基乙炔

$CH≡C—CH═CH_2$
1-丁烯-3-炔
乙烯基乙炔

四、炔烃的物理性质

炔烃的物理性质与烷烃、烯烃基本相似。4 个碳原子以下的炔烃在常温常压下是气体，5 个碳原子以上是液体，高级碳炔烃是固体。炔烃的物理常数也随着相对分子质量的增加而呈现出规律性的变化。低级碳炔烃的熔点、沸点、相对密度比相应的烷烃、烯烃都高一些。炔烃不溶于水，比水轻，而易溶于极性小的有机溶剂，如石油醚、苯、乙醚、丙酮、四氯化碳等。例如在 15℃时，1 体积的丙酮可溶解 25 体积的乙炔。一些常见炔烃的物理常数见表 4-1。

表 4-1 常见炔烃的物理常数

名称	熔点/℃	沸点/℃	相对密度	名称	熔点/℃	沸点/℃	相对密度
乙炔	−80.0	−84.0	0.618(−32℃)	1-己炔	−132.0	71.3	0.716
丙炔	−101.5	−23.2	0.706(−50℃)	2-己炔	−89.5	84.0	0.732
1-丁炔	−122.7	8.1	0.678	3-己炔	103.0	81.5	0.723
2-丁炔	−32.3	27.0	0.691	1-庚炔	−81.0	99.7	0.733
1-戊炔	−90.0	40.2	0.690	1-辛炔	−79.3	125.2	0.747
2-戊炔	−101.0	56.1	0.710	1-壬炔	−50.0	150.8	0.760
3-甲基-1-丁炔	−89.7	29.3	0.666	1-癸炔	−36.0	174.0	0.765

五、炔烃的化学性质

由于炔烃也含有不饱和键，因此具有与烯烃相似的化学性质，都能发生加成反应、氧化反应、聚合反应等。但炔烃含有两个π键，三键碳原子的杂化状态采用 sp 杂化，所以加成反应的机理和进行加成反应的难易程度与烯烃不完全相同。由于球形的 s 轨道对电子的束缚力较大，因此在杂化轨道中的 s 成分越多，碳原子的电负性越大。不同杂化状态的碳原子的电负性顺序为：

$$sp > sp^2 > sp^3$$

由于 sp 杂化碳原子的电负性较强，所以炔烃虽然不饱和度高，但不像烯烃那样容易给出电子，因此炔烃的亲电加成反应的活性比烯烃低，也决定了炔烃存在一些不同于烯烃的化学性质，如三键碳原子上的氢原子具有弱酸性，容易被金属取代而生成金属炔化物。炔烃反应的部位如下：

$$R—CH_2—C\equiv C—H$$

（1）（2）

（1）三键上的反应　（2）活泼氢的反应

（一）加成反应

1．加氢

由于炔烃分子中含有两个π键，所以炔烃既可以加一分子的氢，也可以加两分子的氢，生成相应的烯烃和烷烃。例如：

$$CH_3—C\equiv CH+H_2 \xrightarrow{\text{催化剂}} CH_3—CH=CH_2 \xrightarrow[\text{催化剂}]{H_2} CH_3—CH_2—CH_3$$

催化剂为 Ni、Pt、Pd 时，炔烃加氢很难停留在烯烃阶段，一般是加两分子氢直接生成烷烃。为了使炔烃的加氢停留在烯烃阶段，应选择适当的催化剂。常用活性较低的林德拉（Lindlar）催化剂（将金属 Pd 沉淀在 $BaSO_4$ 上用喹啉毒化或将金属 Pd 沉淀在 $CaCO_3$ 上用醋酸铅毒化，以降低其活性），可使炔烃只加一分子氢，加成反应停留在烯烃阶段。例如：

$$CH_3—C\equiv CH+H_2 \xrightarrow{\text{Pd-BaSO}_4\text{/喹啉}} CH_3—CH=CH_2$$

若分子中同时含有双键和三键时，加氢首先发生在三键上。例如：

$$CH_2=CH—CH_2—C\equiv CH+H_2 \xrightarrow{\text{Pd-BaSO}_4\text{/喹啉}} CH_2=CH—CH_2—CH=CH_2$$

工业上，利用控制催化加氢反应可以除去乙烯中含有的少量乙炔，来提高乙烯的纯度。

2. 加卤素

炔烃与卤素（氯或溴）进行加成时，先加一分子卤素，生成邻二卤代物，在过量的卤素存在下，可再继续进行加成反应，生成四卤代物。例如：

$$HC\equiv CH \xrightarrow{Cl_2} \underset{\substack{|\\ Cl}}{CH}=\underset{\substack{|\\ Cl}}{CH} \xrightarrow{Cl_2} \overset{\substack{Cl\\ |}}{\underset{\substack{|\\ Cl}}{CH}}-\overset{\substack{Cl\\ |}}{\underset{\substack{|\\ Cl}}{CH}}$$

1,2-二氯乙烯　　1,1,2,2-四氯乙烷

反应一般在液相中进行，用四氯化碳作溶剂，有时也加入无水三氯化铁作为催化剂。由于 1,2-二氯乙烯在双键上连接两个吸电子的氯原子，使双键活性降低，所以控制条件可使加成停留在加一分子氯的阶段。

炔烃也可以与溴发生加成反应，生成二溴代物或四溴代物。炔烃与溴加成后，溴的红棕色消失，因此可通过溴的四氯化碳溶液颜色的褪色来检验炔烃。

炔烃与氯或溴的加成也是亲电加成反应，但三键的反应活性比双键低，因此当分子中同时含有三键和双键的烯炔反应时，在氯或溴不过量的情况下，只有双键加成而三键保留。

3. 加 HX

炔烃与卤化氢加成，在催化剂 $HgCl_2$ 或 $HgSO_4$ 的作用下，生成卤代烯烃。例如：

$$HC\equiv CH+HCl \xrightarrow[150\sim160℃]{HgCl_2} \underset{\substack{|\\ Cl}}{CH}=CH_2$$

氯乙烯

这是工业上生产氯乙烯的一个方法。氯乙烯沸点−13.9℃，难溶于水，溶于乙醇、乙醚、丙酮和二氯乙烷，易聚合，也能与丁二烯、乙烯、丙烯、丙烯腈、醋酸乙烯酯、丙烯酸酯等共聚，是高分子化合物聚氯乙烯的单体。

氯乙烯可以进一步与氯化氢反应，主要生成 1,1-二氯乙烷。

$$\underset{\substack{|\\ Cl}}{CH}=CH_2+HCl \xrightarrow{HgCl_2} \overset{\substack{Cl\\ |}}{\underset{\substack{|\\ Cl}}{CH}}-CH_3$$

不对称炔烃与卤化氢的加成同样遵守马氏加成规则，也只有在过氧化物存在或光照下与 HBr 的加成，得到的是反马氏加成规则的产物。例如：

$$CH_3-C\equiv CH \xrightarrow{HBr} \begin{cases} \xrightarrow{HgCl_2} CH_3-\underset{Br}{\underset{|}{C}}=CH_2 + CH_3-\underset{Br}{\underset{|}{\overset{Br}{\overset{|}{C}}}}-CH_3 \\ \qquad\quad \text{2-溴丙烯} \qquad\qquad \text{2,2-二溴丙烷} \\ \xrightarrow{\text{过氧化物}} CH_3-CH=\underset{Br}{\underset{|}{CH}} + CH_3-CH_2-\underset{Br}{\underset{|}{CH}}-Br \\ \qquad\quad \text{1-溴丙烯} \qquad\qquad \text{1,1-二溴丙烷} \end{cases}$$

4．加水

一般情况下，炔烃在酸催化下直接水合是困难的。但在硫酸汞的稀硫酸溶液的催化作用下，炔烃可以和水进行加成反应。首先生成在双键碳原子上连有羟基的烯醇式化合物。烯醇式化合物一般不稳定，羟基上的氢原子转移到另一个双键碳原子上。与此同时，电子也发生了转移，使碳碳双键变成单键，而碳氧单键则变成双键，最后得到羰基化合物。例如：

$$HC\equiv CH + H_2O \xrightarrow[\text{稀 }H_2SO_4]{HgSO_4} \left[CH_2=\overset{OH}{\overset{|}{CH}}\right] \xrightarrow{\text{重排}} \underset{\text{乙醛}}{CH_3CHO}$$

这是工业上制乙醛的一个方法。乙醛沸点 20.2℃，能与水、乙醇、乙醚、氯仿相混溶，易燃，易挥发。用于制造乙酸、乙酸酐、乙酸乙酯、正丁醇、季戊四醇、合成树脂等。

烯醇式和羰基化合物之间这种结构互相转变的现象，称为互变异构现象，它们是互变异构体。

不对称炔烃与水的反应也遵循马氏加成规则。例如：

$$CH_3-C\equiv CH + H_2O \xrightarrow[\text{稀 }H_2SO_4]{HgSO_4} \left[CH_3-\underset{OH}{\underset{|}{C}}=CH_2\right] \xrightarrow{\text{重排}} \underset{\text{丙酮}}{CH_3-\underset{O}{\underset{\|}{C}}-CH_3}$$

丙酮沸点 56.5℃，能与水、甲醇、乙醇、乙醚、氧仿、吡啶相混溶。能溶解脂肪、树脂和橡胶。化学性质比较活泼，是制造乙酸酐、氯仿、碘仿、环氧树脂、聚异戊二烯橡胶、甲基丙烯酸甲酯等的重要原料。在无烟火药、醋酯纤维、喷漆等工业中用作溶剂，在油脂等工业中用作提取剂。

5．加醇

在碱的催化下，炔烃可以与醇发生加成反应，生成乙烯基醚。例如：

$$CH{\equiv}CH + CH_3OH \xrightarrow[160℃]{20\%NaOH} CH_2{=}CH{-}O{-}CH_3$$

甲基乙烯基醚

甲基乙烯基醚是一个重要的单体，聚合后生成高分子化合物，可作为涂料、胶黏剂、增塑剂的原料。

6．加羧酸

在醋酸锌的催化下，将乙炔通入乙酸中生成乙酸乙烯酯。

$$CH{\equiv}CH + CH_3\overset{\overset{O}{\|}}{C}{-}OH \xrightarrow[170\sim230℃]{醋酸锌} CH_2{=}CH{-}O{-}\overset{\overset{O}{\|}}{C}CH_3$$

乙酸乙烯酯

这是工业上生产乙酸乙烯酯的方法之一。乙酸乙烯酯是合成维尼龙的主要原料，也用于制造橡胶、油漆、胶黏剂等。

应当注意，炔烃与羧酸、醇的加成反应不是亲电加成反应，而是亲核加成反应（负性基团进攻分子中缺电子部分而引起的加成反应。亲核加成的反应机理见醛、酮一章），烯烃不发生类似的反应。

（二）氧化反应

与烯烃的 C=C 相似，炔烃的 C≡C 也很容易被氧化剂氧化。例如，乙炔被高锰酸钾氧化时，三键完全断裂，生成二氧化碳。同时高锰酸钾溶液的紫色褪去，生成棕褐色的二氧化锰沉淀。

$$CH{\equiv}CH+KMnO_4+H_2O \longrightarrow CO_2\uparrow+MnO_2\downarrow+KOH$$

反应现象十分明显，可用作三键的检验。炔烃的结构不同，其氧化产物也不同，但主要是羧酸。因此通过鉴定氧化产物，可以确定炔烃中的三键位置，进而确定炔烃的结构。例如：

$$CH_3{-}C{\equiv}CH \xrightarrow[H_2O]{KMnO_4} CH_3COOH+CO_2$$

乙酸

$$CH_3{-}C{\equiv}C{-}CH_3 \xrightarrow[H_2O]{KMnO_4} 2CH_3COOH$$

$$CH_3{-}C{\equiv}C{-}CH_2CH_3 \xrightarrow[H_2O]{KMnO_4} CH_3COOH+CH_3CH_2COOH$$

丙酸

醋酸熔点 16.7℃，沸点 118℃，溶于水、乙醇和乙醚。用于制造醋酸纤维素、醋酸酐、醋酸盐、颜料和药物等，也是制造橡胶、塑料、染料等的溶剂。丙酸熔点 −20.8℃，沸点 140.7℃，溶于水、乙醇、乙醚和氯仿。用于制造香料用丙酸酯，并用作硝酸纤维素溶剂和增塑剂。

（三）炔氢的反应——金属炔化物的生成

在炔烃分子中，连接在三键碳原子上的氢原子，比连在双键和饱和碳原子上的氢原子都要活泼，通常把它称为活泼氢，也叫炔氢。

由于炔烃中的三键碳原子为 sp 杂化，而 sp 杂化碳原子比 sp^2 和 sp^3 杂化碳原子的电负性强，所以与三键碳原子相连的炔氢，与相应的烷烃、烯烃中的氢原子相比有一定的弱酸性，能与碱金属（如钠和钾）或强碱（如氨基钠）等反应，生成金属炔化物，并放出氢气。例如：

$$CH\equiv CH+Na\xrightarrow{\text{液氨}}\underset{\text{乙炔钠}}{CH\equiv CNa}+H_2\uparrow$$

$$R—C\equiv CH+Na\xrightarrow[\text{或 }NaNH_2]{\text{液氨}}R—C\equiv CNa+H_2\uparrow$$

炔钠是有机合成的中间体，性质非常活泼，可与卤代烃反应，从而增长碳链得到较高级的炔烃。例如：

$$CH_3—C\equiv CNa+CH_3CH_2Br\longrightarrow CH_3—C\equiv CH_2CH_3$$

这是有机合成中常用的增碳反应之一。

乙炔和三键在端位的炔烃分子中的炔氢，还可以被 Ag^+或 Cu^+取代，分别生成炔银和炔亚铜。例如，将乙炔通入硝酸银的氨溶液或氯化亚铜的氨溶液中，则迅速生成白色的乙炔银或红棕色的乙炔亚铜沉淀。

$$CH\equiv CH+2Ag(NH_3)_2NO_3\longrightarrow \underset{\text{乙炔银（白色）}}{AgC\equiv CAg\downarrow}+2NH_4NO_3+2NH_3$$

$$CH\equiv CH+2Cu(NH_3)_2Cl\longrightarrow \underset{\text{乙炔亚铜（红棕色）}}{CuC\equiv CCu\downarrow}+2NH_4Cl+2NH_3$$

$$R—C\equiv CH+Ag(NH_3)_2NO_3\longrightarrow R—C\equiv CAg\downarrow$$

$$R—C\equiv CH+Cu(NH_3)_2Cl\longrightarrow R—C\equiv CCu\downarrow$$

反应十分灵敏，现象也十分明显，因此常用作乙炔和—C≡CH 型炔烃的鉴定。

炔银和炔亚铜等重金属炔化物，潮湿时比较稳定，干燥时遇热或受撞击容易发生爆炸，生成金属和碳。

$$AgC\equiv CAg\xrightarrow{\triangle}2Ag+2C+365\ kJ/mol$$

因此，必须将不再使用的金属炔化物，用稀硝酸或稀盐酸处理，使之分解，以免发生危险。

$$AgC\equiv CAg+2HCl \longrightarrow CH\equiv CH+2AgCl$$

$$CuC\equiv CCu+2HCl \longrightarrow CH\equiv CH+2CuCl$$

利用金属炔化物遇酸容易分解为原来的炔烃这一性质，可以用来分离和提纯端位炔烃。

（四）聚合反应

乙炔与乙烯相似，也能以自身加成的方式发生聚合反应。随着反应条件的不同，反应产物不同。例如，将乙炔通入氯化亚铜和氯化氨的强酸溶液中，立即发生聚合反应而生成乙烯基乙炔。

$$CH\equiv CH+CH\equiv CH \xrightarrow[HCl]{CuCl\text{-}NH_4Cl} \underset{\text{乙烯基乙炔}}{CH_2{=}CH{-}C\equiv CH}$$

乙烯基乙炔是制造氯丁橡胶的单体 2-氯-1,3-丁二烯的重要原料。

$$CH_2{=}CH{-}C\equiv CH + HCl \xrightarrow[HCl]{CuCl-NH_4Cl} CH_2{=}CH{-}\underset{\underset{Cl}{|}}{C}{=}CH_2$$

2-氯-1,3-丁二烯

乙炔在高温下，可以发生环状聚合反应生成苯。

$$3CH\equiv CH \xrightarrow{500℃} \text{(苯)}$$

此反应产率不高，无工业生产价值，但说明了开链化合物可以转变为芳香族化合物。

六、乙炔的制法和用途

乙炔是有机化工生产的重要原料之一，目前工业上生产乙炔的方法主要有两种。

（一）电石法

此法是生产乙炔较为古老的方法。将石灰和焦炭在电弧高温炉中加热至 2 300℃，生成碳化钙（俗称电石），碳化钙遇水立即生成乙炔。

$$CaO+3C \xrightarrow{2\,300℃} CaC_2+CO\uparrow$$

$$CaC_2+2H_2O \longrightarrow HC\equiv CH+Ca(OH)_2$$

该方法耗电量大，成本高，但技术成熟，乙炔含量较高，生产工艺流程简单，

四、聚合反应

在催化剂作用下，烯烃 C=C 中的π键断裂，分子间互相结合生成长链的大分子或高分子化合物，这种反应称为聚合反应。聚合生成的产物称为聚合物。能进行聚合反应的低分子量化合物称为单体。聚合反应是烯烃的重要反应之一，是一种特殊的加成反应。

乙烯以有机过氧化物（如过氧化苯甲酸叔丁酯）作为引发剂，在 150～160 MPa、200℃下，聚合成聚乙烯。由于聚合是在高压下进行的，工业上称为高压聚合法，所得聚乙烯称为高压聚乙烯。

$$n\mathrm{CH_2{=\!=}CH_2} \xrightarrow[\text{温度、压力}]{\text{引发剂}} \text{---}\!\left[\mathrm{CH_2-CH_2}\right]_n\!\text{---}$$

聚乙烯

高压聚乙烯由于具有支链，故密度较低（0.92 g/cm^3），比较柔软，所以高压聚乙烯又称为低密度聚乙烯或软聚乙烯。它的相对分子质量一般在 25 000 左右，是无味、无臭、无毒的乳白色半透明物质。耐腐蚀，有良好的绝缘性和韧性，广泛用于生产薄膜、编织袋、塑料容器、电缆包皮等。在工业和日常生活用品中有广泛的应用。

乙烯也可通过齐格勒-纳塔（Ziegler-Natta）催化剂[$(CH_3CH_2)_3Al+TiCl_4$]，在常压或 1～1.5 MPa 的压力下，聚合成聚乙烯。这种方法工业上称为低压聚合法，所得聚乙烯称为低压聚乙烯。

$$n\mathrm{CH_2{=\!=}CH_2} \xrightarrow[60\sim75^\circ\mathrm{C}]{\mathrm{(CH_3CH_2)_3Al+TiCl_4}} \left[\mathrm{CH_2-CH_2}\right]_n$$

聚乙烯

低压聚乙烯又称为高密度聚乙烯或硬聚乙烯，它的相对分子质量在 35 000 左右。低压聚乙烯的密度较高（0.94 g/cm^3），质地较硬，机械性能好，用于制造板、管、桶、箱及各种包装用具，也用于生产薄膜等。

由丙烯聚合而成的聚丙烯也是应用范围很广的高分子材料，也可由低压法生产。聚丙烯的密度为 0.90 g/cm^3，它的强度高、硬度大、耐磨，耐热性比聚乙烯好。

$$n\mathrm{CH_3-CH{=\!=}CH_2} \xrightarrow[50^\circ\mathrm{C},\ 1\ \mathrm{MPa}]{\mathrm{(CH_3CH_2)_3Al+TiCl_4}} \left[\mathrm{CH_2-\underset{\displaystyle CH_3}{\underset{|}{CH}}}\right]_n$$

聚丙烯

乙烯和丙烯两种单体，在齐格勒-纳塔催化剂的作用下进行聚合，得到弹性体——乙丙橡胶。这种由不同的单体之间进行的加成聚合反应，称为共聚反应。例如：

（5）$(CH_3)_3CCH{=}CHC(CH_3)_3$　　（6）$(CH_3)_3CCH_2CH{=}CHCH_2C(CH_3)_3$

3. 用简单的化学方法区别丁烷和丁烯。

4. 写出异丁烯与下列试剂反应时生成的产物:

（1）H_2/Pt　　（2）Br_2/CCl_4　　（3）HI

（4）浓 H_2SO_4　　（5）H_2O/H^+　　（6）HOCl

（7）$KMnO_4$ 水溶液（适量，稀冷）　（8）$KMnO_4$ 水溶液（过量，热）

5. 用顺-反异构或 Z-E 异构命名下列化合物:

（1）
$$\begin{matrix} CH_3 & & & & CH_2CH_3 \\ & \diagdown & & \diagup & \\ & & C{=}C & & \\ & \diagup & & \diagdown & \\ CH_3 & & & & CH_2CH_3 \end{matrix}$$

（2）
$$\begin{matrix} CH_3 & & & & CH_2CH_3 \\ & \diagdown & & \diagup & \\ & & C{=}C & & \\ & \diagup & & \diagdown & \\ CH_3CH_2 & & & & CH_3 \end{matrix}$$

（3）
$$\begin{matrix} H & & & & CH_2CH_3 \\ & \diagdown & & \diagup & \\ & & C{=}C & & \\ & \diagup & & \diagdown & \\ CH_3 & & & & CH(CH_3)_2 \end{matrix}$$

（4）
$$\begin{matrix} H & & & & CH_2CH_2CH_3 \\ & \diagdown & & \diagup & \\ & & C{=}C & & \\ & \diagup & & \diagdown & \\ CH_3 & & & & CH_2CH_3 \end{matrix}$$

6. 根据下列名称写出烯烃的构造式，如所给名称有错误，则写出正确的名称。

（1）2-甲基-3-戊烯　　（2）2-乙基-3-戊烯

（3）3-乙基-3-戊烯　　（4）1-甲基-1-丁烯

（5）3-氯-2-丁烯　　（6）1-氯-1-丁烯

7. 写出戊烯（C_5H_{10}）的构造异构体，并命名。

8. 在己烯（C_6H_{12}）的构造异构体中，哪些有顺反异构体？写出其顺反异构体，并命名。

9. 分子式为 C_6H_{12} 的一个化合物，能使溴水褪色，催化加氢生成正己烷，用过量的高锰酸钾氧化则生成两种羧酸。写出这个化合物的构造式及各步反应的反应式。

10. 完成下列转变:

（1）$CH_3{-}CHOH{-}CH_3 \longrightarrow CH_3{-}CH_3$

（2）$CH_3{-}CHOH{-}CH_3 \longrightarrow CH_3{-}CHOH{-}CH_2Br$

（3）$CH_3{-}CHOH{-}CH_3 \longrightarrow CH_3{-}CHOH{-}CH_2OH$

（4）$CH_3{-}CH_2{-}CH_2{-}CH_2{-}OH \longrightarrow CH_3{-}CH_2{-}CHBr{-}CH_3$

（5）$CH_3{-}CH_2{-}CH_2{-}CH_2{-}OH \longrightarrow CH_3{-}CH_2{-}CHOH{-}CH_3$

11. 由指定原料合成指定化合物:

（1）$CH_3{-}CH_2OH \longrightarrow CH_2Br{-}CH_2Br$

（2）$CH_3{-}CH_2OH \longrightarrow CH_2Br{-}CH_2OH$

（3）$CH_3{-}CH{=}CH_2 \longrightarrow CH_2Cl{-}CHCl{-}CH_2Cl$

（4）$CH_3{-}CH{=}CH_2 \longrightarrow CH_2Cl{-}CHOH{-}CH_2Cl + CH_2Cl{-}CHCl{-}CH_2OH$

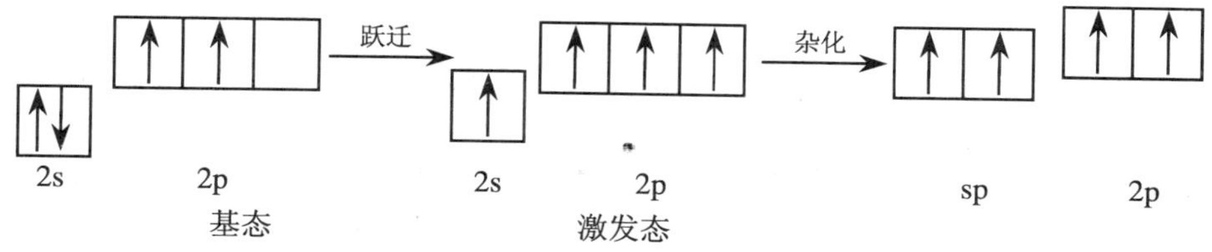

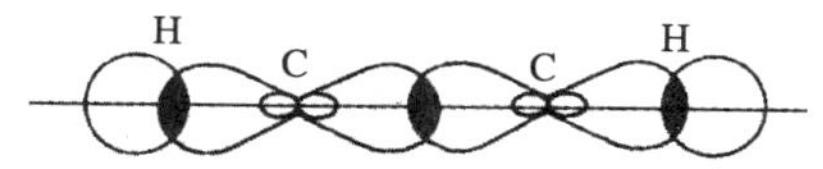

五、炔烃的化学性质

由于炔烃也含有不饱和键，因此具有与烯烃相似的化学性质，都能发生加成反应、氧化反应、聚合反应等。但炔烃含有两个π键，三键碳原子的杂化状态采用 sp 杂化，所以加成反应的机理和进行加成反应的难易程度与烯烃不完全相同。由于球形的 s 轨道对电子的束缚力较大，因此在杂化轨道中的 s 成分越多，碳原子的电负性越大。不同杂化状态的碳原子的电负性顺序为：

$$sp > sp^2 > sp^3$$

由于 sp 杂化碳原子的电负性较强，所以炔烃虽然不饱和度高，但不像烯烃那样容易给出电子，因此炔烃的亲电加成反应的活性比烯烃低，也决定了炔烃存在一些不同于烯烃的化学性质，如三键碳原子上的氢原子具有弱酸性，容易被金属取代而生成金属炔化物。炔烃反应的部位如下：

$$\underset{\substack{\uparrow\\(1)}}{R-CH_2-C\equiv C}-\underset{\substack{\uparrow\\(2)}}{H}$$

（1）三键上的反应　（2）活泼氢的反应

（一）加成反应

1. 加氢

由于炔烃分子中含有两个π键，所以炔烃既可以加一分子的氢，也可以加两分子的氢，生成相应的烯烃和烷烃。例如：

$$CH_3-C\equiv CH+H_2 \xrightarrow{\text{催化剂}} CH_3-CH=CH_2 \xrightarrow[\text{催化剂}]{H_2} CH_3-CH_2-CH_3$$

催化剂为 Ni、Pt、Pd 时，炔烃加氢很难停留在烯烃阶段，一般是加两分子氢直接生成烷烃。为了使炔烃的加氢停留在烯烃阶段，应选择适当的催化剂。常用活性较低的林德拉（Lindlar）催化剂（将金属 Pd 沉淀在 $BaSO_4$ 上用喹啉毒化或将金属 Pd 沉淀在 $CaCO_3$ 上用醋酸铅毒化，以降低其活性），可使炔烃只加一分子氢，加成反应停留在烯烃阶段。例如：

$$CH_3-C\equiv CH+H_2 \xrightarrow{\text{Pd-BaSO}_4\text{/喹啉}} CH_3-CH=CH_2$$

若分子中同时含有双键和三键时，加氢首先发生在三键上。例如：

$$CH_2=CH-CH_2-C\equiv CH+H_2 \xrightarrow{\text{Pd-BaSO}_4\text{/喹啉}} CH_2=CH-CH_2-CH=CH_2$$

工业上，利用控制催化加氢反应可以除去乙烯中含有的少量乙炔，来提高乙烯

并用作硝酸纤维素溶剂和增塑剂。

（三）炔氢的反应——金属炔化物的生成

在炔烃分子中，连接在三键碳原子上的氢原子，比连在双键和饱和碳原子上的氢原子都要活泼，通常把它称为活泼氢，也叫炔氢。

由于炔烃中的三键碳原子为 sp 杂化，而 sp 杂化碳原子比 sp^2 和 sp^3 杂化碳原子的电负性强，所以与三键碳原子相连的炔氢，与相应的烷烃、烯烃中的氢原子相比有一定的弱酸性，能与碱金属（如钠和钾）或强碱（如氨基钠）等反应，生成金属炔化物，并放出氢气。例如：

$$CH\equiv CH + Na \xrightarrow{\text{液氨}} \underset{\text{乙炔钠}}{CH\equiv CNa} + H_2\uparrow$$

$$R-C\equiv CH + Na \underset{\text{或 }NaNH_2}{\xrightarrow{\text{液氨}}} R-C\equiv CNa + H_2\uparrow$$

炔钠是有机合成的中间体，性质非常活泼，可与卤代烃反应，从而增长碳链得到较高级的炔烃。例如：

$$CH_3-C\equiv CNa + CH_3CH_2Br \longrightarrow CH_3-C\equiv CH_2CH_3$$

这是有机合成中常用的增碳反应之一。

乙炔和三键在端位的炔烃分子中的炔氢，还可以被 Ag^+或 Cu^+取代，分别生成炔银和炔亚铜。例如，将乙炔通入硝酸银的氨溶液或氯化亚铜的氨溶液中，则迅速生成白色的乙炔银或红棕色的乙炔亚铜沉淀。

$$CH\equiv CH + 2Ag(NH_3)_2NO_3 \longrightarrow \underset{\text{乙炔银（白色）}}{AgC\equiv CAg\downarrow} + 2NH_4NO_3 + 2NH_3$$

$$CH\equiv CH + 2Cu(NH_3)_2Cl \longrightarrow \underset{\text{乙炔亚铜（红棕色）}}{CuC\equiv CCu\downarrow} + 2NH_4Cl + 2NH_3$$

$$R-C\equiv CH + Ag(NH_3)_2NO_3 \longrightarrow R-C\equiv CAg\downarrow$$

$$R-C\equiv CH + Cu(NH_3)_2Cl \longrightarrow R-C\equiv CCu\downarrow$$

反应十分灵敏，现象也十分明显，因此常用作乙炔和—C≡CH 型炔烃的鉴定。

炔银和炔亚铜等重金属炔化物，潮湿时比较稳定，干燥时遇热或受撞击容易发生爆炸，生成金属和碳。

$$AgC\equiv CAg \xrightarrow{\triangle} 2Ag + 2C + 365\ kJ/mol$$

因此，必须将不再使用的金属炔化物，用稀硝酸或稀盐酸处理，使之分解，以免发生危险。

应用较普遍。随着石油工业的飞速发展，以天然气为原料通过裂解生产乙炔已成为发展方向。

（二）甲烷部分氧化法

天然气的主要成分是甲烷，将甲烷在 1 500～1 600℃高温下部分氧化裂解可以得到乙炔、氢和一氧化碳（俗称水煤气）。

$$5CH_4+3O_2 \xrightarrow{1\,500\sim1\,600℃} HC\equiv CH+3CO+6H_2+3H_2O$$

为避免乙炔在高温下分解，要迅速将生成的乙炔用水冷却。该法成本较低，适合大规模生产，还可得到合成氨的原料水煤气。但乙炔含量较低（8%～9%），需要用溶剂提取浓缩。纯乙炔是无色无臭的气体，但由碳化钙法制得的乙炔往往混有磷化氢、硫化氢等杂质，使气体有臭味。乙炔与一定比例的空气混合后，可形成爆炸性的混合物，其爆炸极限为 3%～80%（体积分数）。乙炔在加压下不稳定，液态乙炔受到震动会爆炸，因此使用时必须注意安全。乙炔在丙酮中的溶解度很大，尤其在加压下。为避免爆炸危险，一般用浸有丙酮的多孔物质（如石棉、活性炭等）吸收乙炔后，一起储存在钢瓶中，这样可安全地储存和运输。

（三）乙炔的用途

乙炔在燃烧时所形成的氧炔焰的最高温度可达 3 500℃，用来焊接或切割金属。但乙炔最主要的用途是用作有机合成的原料。表 4-2 列举了乙炔的主要用途。

表 4-2 乙炔的主要用途

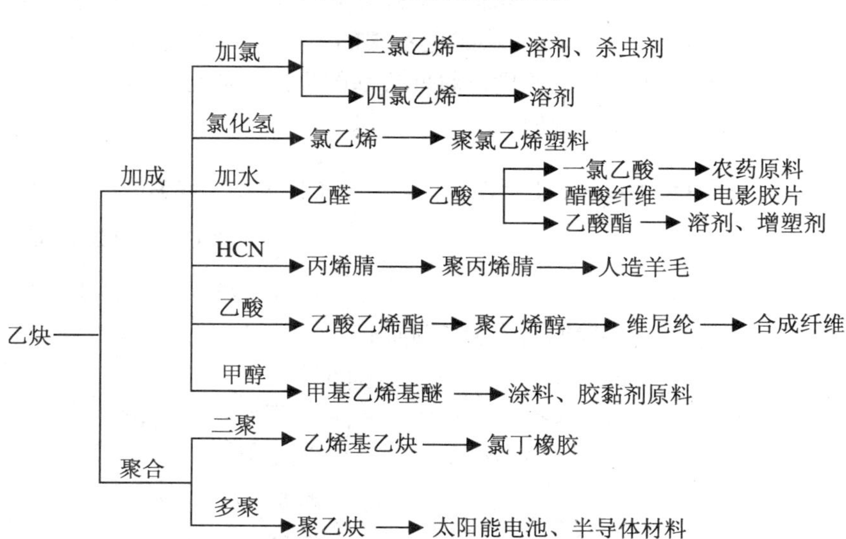

第二节　二烯烃

分子中含有两个碳碳双键的烃称作二烯烃，分子中含有多个碳碳双键的烃称作多烯烃。其中以二烯烃最重要。它的通式 C_nH_{2n-2}。二烯烃比相应的烷烃少 4 个氢原子。

一、二烯烃的分类

按分子中双键相对位置的不同，二烯烃分为 3 种类型。

1．累积二烯烃

两个双键连接在一个碳原子上的二烯烃。例如：

$H_2C=C=CH_2$　　丙二烯

2．共轭二烯烃

两个双键被一个单键隔开的二烯烃。例如：

$CH_2=CH-CH=CH_2$　　1,3-丁二烯

3．隔离二烯烃

两个双键被两个或两个以上的单键隔开的二烯烃。例如：

$CH_2=CH-CH_2-CH=CH_2$　　1,4-戊二烯

由于累积二烯烃的两个双键连接在一个碳原子上，因此它很不稳定，实际应用也较少。隔离二烯烃的性质与一般烯烃相同，这里不再讨论。共轭二烯烃的结构和性质都很特殊，无论在理论上还是在实际应用上都有比较重要的价值，因此本节作为重点加以讨论。

二烯烃的系统命名原则与烯烃相似。选择含有两个双键的最长碳链作为主链，根据主链的碳原子数称为某二烯。从靠近双键的一端开始将主链中碳原子依次编号，按照“较优基团后列出”的原则，将取代基的位次、数目、名称，以及两个双键的位次写在母体名称前面。例如：

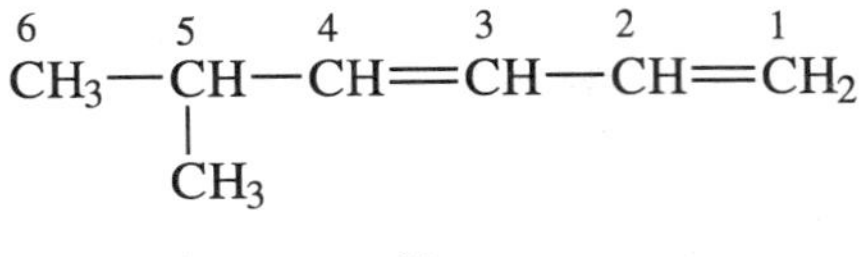

$$\overset{6}{C}H_3-\underset{\displaystyle CH_3}{\overset{5}{C}H}-\overset{4}{C}H=\overset{3}{C}H-\overset{2}{C}H=\overset{1}{C}H_2$$

5-甲基-1,3-己二烯

$$\overset{5}{C}H_3-\underset{\displaystyle CH_3}{\overset{4}{C}}=\overset{3}{C}H-\underset{\displaystyle CH_2-CH_3}{\overset{2}{C}}=\overset{1}{C}H_2$$

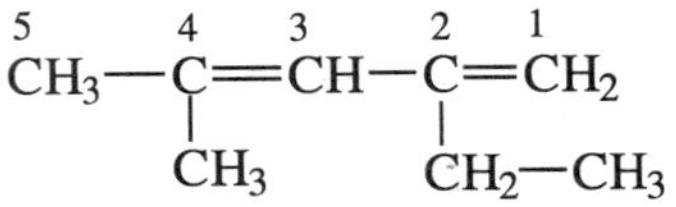

4-甲基-2-乙基-1,3-戊二烯

若有顺反异构体，还需标明其构型。例如：

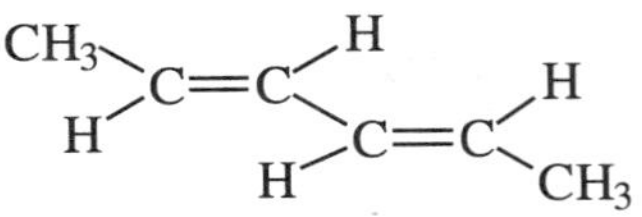

```
CH3         H
   \       /
    C == C          H
   /       \       /
  H         C == C
           /       \
          H         CH3
```

反,反-2,4-己二烯

或(E,E)-2,4-己二烯

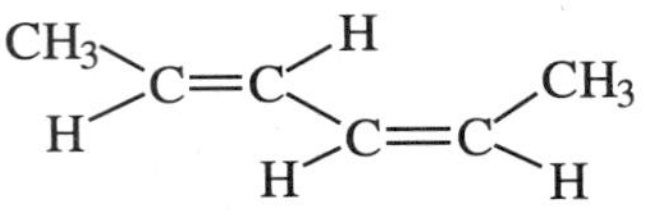

```
CH3         H
   \       /
    C == C          CH3
   /       \       /
  H         C == C
           /       \
          H         H
```

顺,反-2,4-己二烯

或(Z,E)-2,4-己二烯

二、共轭二烯烃的结构与共轭效应

（一）共轭二烯烃的结构

共轭二烯烃中最简单也最重要的是 1,3-丁二烯，以它为例说明共轭二烯烃的结构。近代实验方法测定结果表明，1,3-丁二烯分子中的 4 个碳原子和 6 个氢原子在同一个平面内，所有键角都接近 120°，如图 4-3 所示。

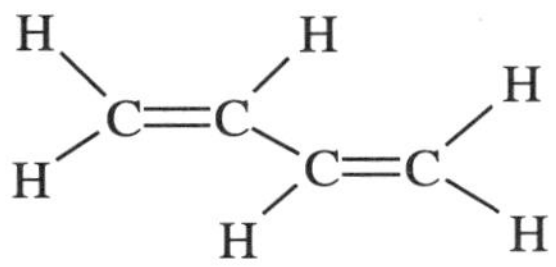

图 4-3　1,3-丁二烯的分子结构

这是因为 1,3-丁二烯分子中的每个碳原子都是 sp^2 杂化，相邻的两个碳原子的 sp^2 杂化轨道相互交盖形成 C—C σ键，碳原子的 sp^2 杂化轨道与氢原子的 1s 轨道相互交盖形成 C—H σ键，这样分子中形成了 3 个 C—C σ键和 6 个 C—H σ键。每个σ键之间的夹角都接近 120°，形成了分子中的所有σ键都在一个平面的结构。

此外，每个碳原子都有一个未参与杂化的 p 轨道，处于同一平面的 4 个碳原子的 4 条 p 轨道与杂化轨道的平面相互垂直并彼此平行，除 C_1 与 C_2 之间、C_3 与 C_4 之间的 p 轨道侧面交盖形成π键以外，在 C_2 与 C_3 之间的 p 轨道也会发生一定程度的侧面交盖，使得 C_2 和 C_3 间也具有了部分双键的性质。

丁二烯分子中的 4 个π电子不再局限于原来的位置，而是在 4 个碳原子间运动形成了一个大π键（图 4-4），这个大π键称为共轭体系。在共轭体系中，由于π电子离域的结果，引起电子云的平均化，体系趋于稳定。

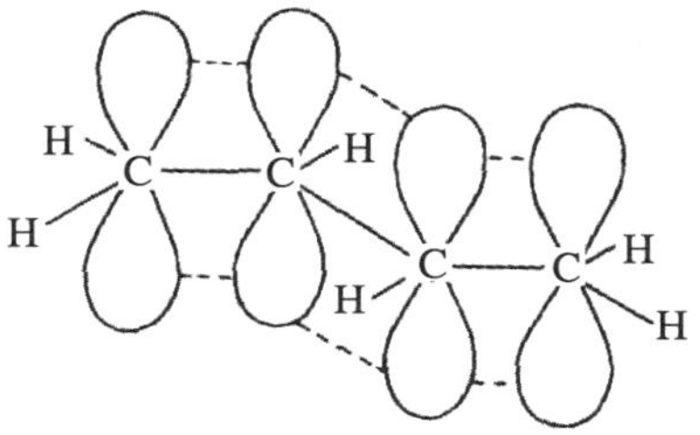

图 4-4　1,3-丁二烯分子中的共轭π键

像 1,3-丁二烯这样，π电子不再局限于两个碳原子间，而是在整个共轭体系中

运动，称为π电子的“离域”。相对而言，乙烯或隔离二烯中π电子的运动仅限于两个碳原子间的局部区域，称为π电子的“定域”。

1．共平面性

共平面性是共轭体系的一个重要的特点。共轭效应的产生，是由于共轭体系中的每一个碳原子的 sp^2 杂化轨道都处于同一平面上，方能使碳原子的 p 轨道侧面交盖。如果平面发生了偏移，则 p 轨道交盖不完全或完全不交盖，共轭效应就减弱或完全消失。

2．键长平均化

由于电子云密度分布发生改变，共轭体系分子中的碳碳单键和双键的键长也发生了改变，键长趋于平均化。例如，乙烷碳碳单键的键长为 0.154 nm，而丁二烯的碳碳单键的键长缩短为 0.148 nm。乙烯碳碳双键的键长为 0.133 nm，丁二烯的碳碳双键的键长却增长为 0.134 nm。

3．体系能量降低

从氢化热（将双键用氢饱和所放出的热量）实验得知，共轭二烯烃的氢化热（239 kJ）低于两个双键的氢化热（374 kJ），说明共轭二烯烃的能量低于隔离二烯烃，因此共轭二烯烃比较稳定。

（二）共轭效应

1．π-π共轭

像 1,3-丁二烯这样的共轭体系，由于电子云密度平均化而引起的键长平均化和体系能量降低的现象，称为共轭效应。由于是两个π键形成的共轭效应，称为π-π共轭效应。π-π共轭体系的结构特征是双键、单键相互交替，如 1,3-丁二烯。但不仅仅限于双键，三键也可以（如 C—C—C≡C）。组成共轭体系的原子也不仅限于碳原子，如果把羰基或氰基以单键连在 C—C 双键上，所得到的 C═C—C═O 或 C═C—C≡N 也是一个π-π共轭体系。共轭体系也不仅仅是链状，也可以是环状。例如：

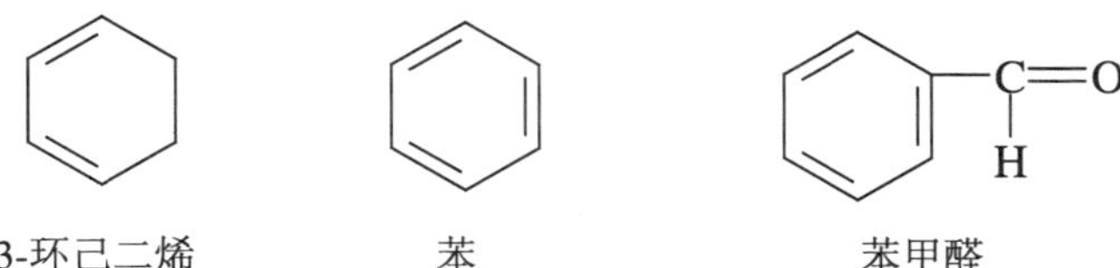

1,3-环己二烯　　苯　　苯甲醛

有关内容将在以后的章节中介绍。

2．p-π共轭

由于电子离域而产生的共轭效应，不仅存在于含有共轭双键的体系中，也存在于其他一些体系中。如图 4-5 所示。

由于氯原子的 p 轨道上有一对未共用电子对与构成π键的 p 轨道侧面交盖，产生了电子的离域，这种现象也起着共轭效应的作用。离域的结果，氯原子上的电子对向碳原子偏移。由于是氯原子的 p 轨道与π轨道发生了共轭，故称为 p-π共轭。由于与 C—C 双键相连的氯原子的 p 轨道上带有未共用电子对，因此氯原子与碳碳双键之间所产生的 p-π共轭是多电子共轭体系（即电子数多于 p 轨道数），其共轭效应是推电子共轭效应。电子转移的方向如图 4-5 所示。

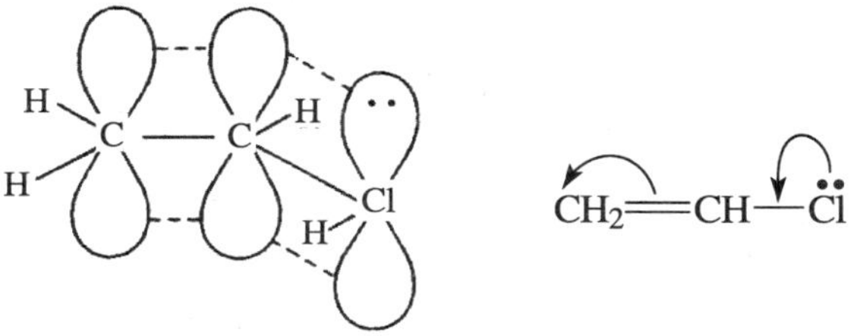

$$CH_2{=}CH{-}\ddot{Cl}$$

图 4-5 氯乙烯分子中的 p-π共轭效应

此外，还有少电子 p-π共轭（即电子数少于 p 轨道数），将在以后章节中介绍。

三、共轭二烯烃的化学性质

共轭二烯烃的化学性质与烯烃相似，但由于是共轭双键，其结构的特殊性决定了在化学性质上有它的特有规律。

（一）1,2-加成和 1,4-加成

共轭二烯烃和卤素、氢卤酸都很容易发生亲电加成反应。例如：

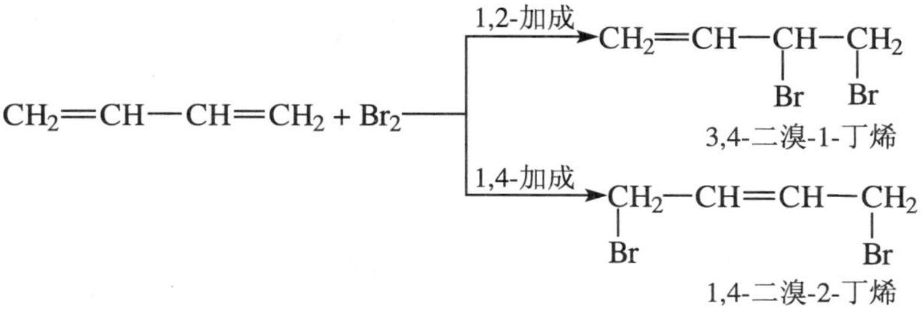

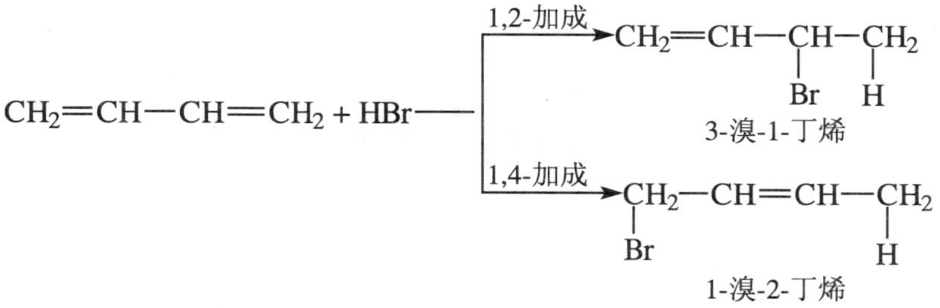

$$CH_2{=}CH{-}CH{=}CH_2 + Br_2 \xrightarrow{1,2\text{-加成}} CH_2{=}CH{-}CHBr{-}CH_2Br \quad \text{(3,4-二溴-1-丁烯)}$$

$$CH_2{=}CH{-}CH{=}CH_2 + Br_2 \xrightarrow{1,4\text{-加成}} CH_2Br{-}CH{=}CH{-}CH_2Br \quad \text{(1,4-二溴-2-丁烯)}$$

$$CH_2{=}CH{-}CH{=}CH_2 + HBr \xrightarrow{1,2\text{-加成}} CH_2{=}CH{-}CHBr{-}CH_2H \quad \text{(3-溴-1-丁烯)}$$

$$CH_2{=}CH{-}CH{=}CH_2 + HBr \xrightarrow{1,4\text{-加成}} CH_2Br{-}CH{=}CH{-}CH_2H \quad \text{(1-溴-2-丁烯)}$$

1,2-加成产物是一分子试剂加成到同一个双键的两个碳原子上。1,4-加成产物是一分子试剂加成到共轭双键的两端碳原子上（即 C_1 和 C_4）。1,4-加成的结果，使

共轭烯烃中的两个双键变成了单键，而原来的单键则变成了双键。两种加成反应同时发生，但两种产物的比例与反应温度、溶剂极性有关。在低温下（<0℃），以 1,2-加成产物为主；温度升高（如 40℃）、溶剂极性增强，则以 1,4-加成产物为主。

1,3-丁二烯之所以发生两种加成，与分子中存在的共轭效应有关。共轭体系在正常情况下电子云分布是对称的，但发生反应时，受到外界试剂的影响，就会引起π电子的转移。例如在 1,3-丁二烯与 HBr 的加成中，首先是 HBr 离解成 H^+和 Br^-，当带正电荷的 H^+接近 1,3-丁二烯时，引起 1,3-丁二烯分子中π电子云的转移，使 C_1 的电子云密度增高，带有部分负电荷，而使 C_2 的电子云密度降低带有部分正电荷；带有部分正电荷的 C_2 又要吸引电子，从而影响到 C_2 和 C_3 间的电子云分布情况，使 C_3 带有部分负电荷，而 C_4 呈现缺电子的情况。这样就使共轭体系出现电子云正负交替的情况。

$$\overset{\delta+}{CH_2}=\overset{\delta-}{CH}-\overset{\delta+}{CH}=\overset{\delta-}{CH_2}+H^+\rightarrow CH_2=\overset{+}{CH}-CH-CH_3$$

上式中的碳正离子是仲碳正离子，不同于烷烃的仲碳正离子。它带正电荷的碳原子直接与双键碳原子相连，由于 p-π共轭效应，使带正电荷的碳原子的 p 轨道能与双键的π轨道侧面交盖，产生了电子的离域，结果碳原子上的正电荷得到分散，不仅 C_2 带有部分正电荷，C_4 也带有部分正电荷。

$$CH_2=CH-\overset{+}{CH}-CH_3\longrightarrow \overset{\delta+}{CH_2}=CH-\overset{\delta+}{CH}-CH_3$$

$$\text{或}\ \overset{\delta+}{CH_2}\cdots CH\cdots\overset{\delta+}{CH}-CH_3$$

这样 Br^-就可以同时向 C_2 或 C_4 进攻，产生了 1,2-加成和 1,4-加成两种产物。

应当指出，共轭效应可以沿着共轭链一直传递下去，并不因碳链的增长而减弱。而诱导效应随着碳链的增长明显减弱，3 个碳原子以上时诱导效应几乎等于零。

（二）双烯合成

共轭二烯烃与含有 C=C 或 C≡C 的化合物进行 1,4-加成，生成六元环状化合物的反应，称为双烯合成。

CH_2=CH—CH=CH_2 + CH_2=CH_2 $\xrightarrow[17\ h]{165℃，90\ MPa}$ 环己烯

双烯体　亲双烯体　环己烯

反应中，共轭二烯烃称为双烯体，含有 C=C 或 C≡C 的化合物称为亲双烯体。在双键或三键碳原子上连有吸电子基团（如：—CN、—CHO、—COOH、—NO_2

等）的亲双烯体更易发生双烯合成反应。例如：

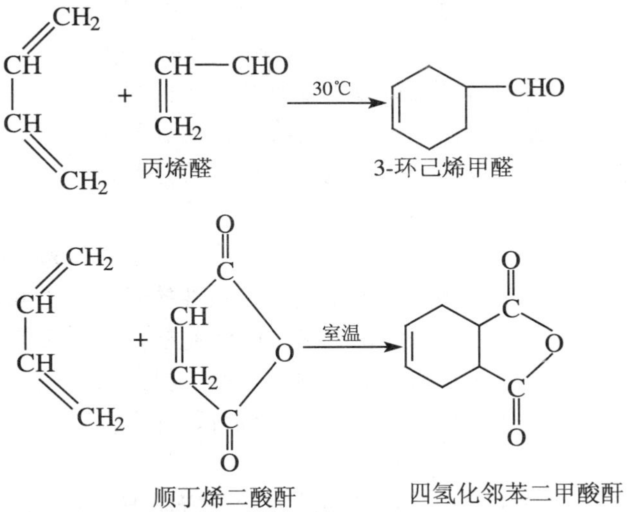

$$CH_2=CH-CH=CH_2 + CH_2=CH-CHO \xrightarrow{30℃} \text{3-环己烯甲醛}$$

丙烯醛　　3-环己烯甲醛

$$CH_2=CH-CH=CH_2 + \text{顺丁烯二酸酐} \xrightarrow{\text{室温}} \text{四氢化邻苯二甲酸酐}$$

顺丁烯二酸酐　　四氢化邻苯二甲酸酐

双烯合成是共轭二烯烃的特征反应之一。它是协同反应，即旧键的断裂和新键的生成同时进行，不需要催化剂，一般在加热下就可发生反应。常用于合成六元环状化合物，在有机合成中占有重要的地位。

（三）聚合与橡胶

在催化剂的存在下，共轭二烯烃可以聚合成高分子化合物——橡胶。与加成反应相似，既可进行 1,2-加成聚合，也可进行 1,4-加成聚合，甚至两种聚合同时进行。反应条件不同，产物也不同。

橡胶是一种具有高弹性的高分子化合物，其重要性是众所周知的，它是工业、农业、交通、国防及日常生活不可缺少的重要物资。橡胶分为天然橡胶和合成橡胶两类。

1．天然橡胶

从橡胶树上割取得到的白色胶乳，加入少量醋酸后凝聚成块，再经过加工压片后就成为天然橡胶，称为生橡胶。

将天然橡胶隔绝空气后加热，得到异戊二烯（2-甲基-1,3-丁二烯）。研究结果表明，天然橡胶是一种线性高分子化合物，相对分子质量为 20 万～50 万，是异戊二烯单体以 1,4-加成方式聚合而成的。

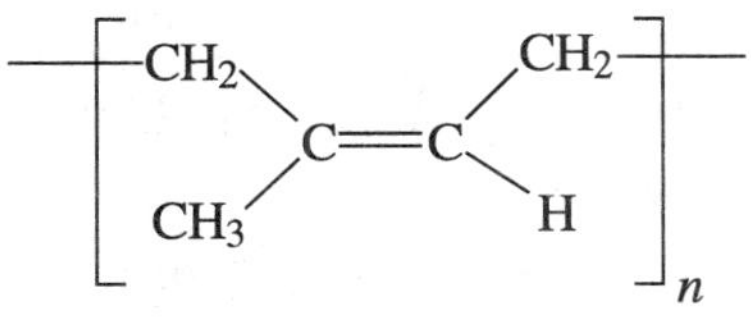

$$\left[CH_2-C(CH_3)=CH-CH_2 \right]_n$$

顺-1,4-聚异戊二烯

天然橡胶是柔软的弹性物质，不溶于水而溶于有机溶剂。具有较好的耐曲折性、气密性、防水性和绝缘性。温度稍高即变软变黏，低温时变脆，机械强度和耐磨性较差。长期放置空气中会逐渐被氧化而失去弹性，称为橡胶的“老化”。所以天然橡胶不能直接使用，必须经过硫化处理后才能加工为橡胶制品。所谓“硫化”就是将天然橡胶与一定量的硫黄、炭黑或白土等在一定的温度和压力下反应，使线性高分子碳链中的双键打开，交联成网状结构，以提高它的机械强度和耐磨性。

2．合成橡胶

由于橡胶在交通、国防及日用品中的用量越来越大，天然橡胶的产量和性能早已不能满足需要。为解决天然橡胶的产量受自然条件的限制，并赋予橡胶耐酸、耐油、耐磨、耐高温、耐严寒等特殊性能，从 20 世纪初开始在天然橡胶结构研究的基础上发展了各种各样的合成橡胶。它已成为当今世界三大合成材料之一，其产量和性能已远远超过天然橡胶。常用的有：顺丁橡胶、异戊橡胶、丁苯橡胶、氯丁橡胶、丁基橡胶等。

（1）顺丁橡胶　工业上在齐格勒-纳塔催化剂$[(CH_3CH_2)_3Al+TiCl_4]$的作用下，使1,3-丁二烯单体基本上都按 1,4-加成、首尾相连的方式聚合成顺-1,4-聚丁二烯橡胶，简称顺丁橡胶。

$$n\,CH_2{=}CH{-}CH{=}CH_2 \xrightarrow{\text{聚合}} \left[-CH_2-CH{=}CH-CH_2-\right]_n$$

顺丁橡胶

顺丁橡胶具有耐磨、耐高温、耐老化、弹性好的特点，其性能与天然橡胶接近。顺丁橡胶主要用于制造轮胎、胶管等橡胶制品。轮胎制造业消耗顺丁橡胶产量的85%～90%。

（2）异戊橡胶　2-甲基-1,3-丁二烯（异戊二烯）在催化剂的作用下，也可以发生以 1,4-加成为主的聚合反应，聚合成顺-1,4-聚异戊二烯橡胶。

$$n\,CH_2{=}C(CH_3){-}CH{=}CH_2 \xrightarrow{\text{聚合}} \left[-CH_2-C(CH_3){=}CH-CH_2-\right]_n$$

顺-1,4-聚异戊二烯

以异戊二烯为单体合成的顺-1,4-聚异戊二烯橡胶的结构与天然橡胶非常相似，所以异戊橡胶又称为合成天然橡胶。

（3）丁苯橡胶　由 1,3-丁二烯和苯乙烯共聚生成的高分子化合物，称为丁苯橡胶。

$$CH_2{=}CH{-}CH{=}CH_2 + n\,CH{=}CH_2(C_6H_5) \xrightarrow{\text{聚合}} {-}\!\!\left[CH_2{-}CH{=}CH{-}CH_2{-}CH(C_6H_5){-}CH_2\right]_n\!\!{-}$$

丁苯橡胶

丁苯橡胶耐磨性和抗老化性能较好，主要用于制造轮胎。是目前产量最大的合成橡胶。

（4）氯丁橡胶　由 2-氯-1,3-丁二烯在催化剂作用下，发生以 1,4-加成为主的聚合反应，生成的聚 2-氯-1,3-丁二烯橡胶，又称为氯丁橡胶。

$$n\,CH_2{=}C(Cl){-}CH{=}CH_2 \xrightarrow{\text{聚合}} {-}\!\!\left[CH_2{-}C(Cl){=}CH{-}CH_2\right]_n\!\!{-}$$

聚 2-氯-1,3-丁烯

氯丁橡胶的强度和耐磨性与天然橡胶相似，耐臭氧性、耐油性、耐化学品性能良好，但耐寒性较差。用于制造输油软管、输送带、印刷胶辊及油箱衬里等。

（5）丁基橡胶　在催化剂的作用下，异丁烯和异戊二烯共聚生成丁基橡胶。

$$n\,CH_3{-}C(CH_3){=}CH_2 + CH_2{=}C(CH_3){-}CH{=}CH_2 \xrightarrow{\text{共聚}} {-}\!\!\left[C(CH_3)_2{-}CH_2{-}CH_2{-}C(CH_3){=}CH{-}CH_2\right]_n\!\!{-}$$

丁基橡胶

丁基橡胶的最大优点是气密性比天然橡胶高 8 倍多，因此丁基橡胶特别适于制造轮胎内胎、探测气球等气密性要求较高的橡胶制品。

复习与思考题

1. 写出下列各炔烃的构造式或命名：

（1）3-甲基-1-戊炔　　（2）4,4-二甲基-2-戊炔

（3）2,5-二甲基-3-庚炔　　（4）$(CH_3)_2CHC{\equiv}CC(CH_3)_3$

（5）$(CH_3)_2CHCH_2CH_2C{\equiv}CCH_3$　　（6）$CH_3CH_2CH(CH_3)CH_2C{\equiv}CCH_2CH_3$

2. 丁烷、丁烯和丁炔都是无色气体，用简便的方法鉴别：

（1）1-丁炔和 2-丁炔　　（2）丁烷、1-丁烯和 1-丁炔

3. 以电石为原料，合成下列化合物：

（1）对称四氯乙烷　　（2）1,2-二氯-1,2-二溴乙烷

（3）1,1,2-三氯乙烷　　（4）1-氯-1-溴乙烷

4. 命名下列化合物:

（1）$CH_2{=}C{=}C(CH_3)_2$

（2）$CH_3{-}CH{=}C(CH_2CH_3){-}CH{=}CH{-}CH_3$

（3）$(CH_3)_2C{=}CH{-}CH{=}C(CH_3)_2$

（4）$CH_2{=}CH{-}C(CH_2CH_3){=}CH{-}C(CH_3){=}CH_2$

5. 完成下列反应:

（1）$\underset{\displaystyle CH_3\ \ CH_3}{CH_2{=}\underset{|}{C}{-}\underset{|}{C}{=}CH_2}+H_2\ (1\ mol)\xrightarrow{\text{催化剂}}?$

（2）$\underset{\displaystyle CH_3\ \ CH_3}{CH_2{=}\underset{|}{C}{-}\underset{|}{C}{=}CH_2}+Br_2\ (1\ mol)\longrightarrow ?$

（3）$\underset{\displaystyle CH_3\ \ CH_3}{CH_2{=}\underset{|}{C}{-}\underset{|}{C}{=}CH_2}+HBr_2\ (1\ mol)\longrightarrow ?$

（4）$\underset{\displaystyle CH_3\ \ CH_3}{CH_2{=}\underset{|}{C}{-}\underset{|}{C}{=}CH_2}+\begin{array}{l}HC{-}CO\\ \ \ \|\qquad\quad \rangle O\\ HC{-}CO\end{array}\longrightarrow ?$

6. 写出分子式为 C_5H_8 的炔烃的构造异构体，并用系统命名法命名。

7. 写出分子式为 C_5H_8 的二烯烃的构造异构体，并用系统命名法命名。

8. 写出下列化合物的构造式或命名:

（1）异戊基异丁基乙炔　　（2）烯丙基乙烯基乙炔

（3）$CH_2{=}CH{-}C{\equiv}C{-}CH{=}CH_2$　　（4）$CH{\equiv}C{-}C{\equiv}C{-}C{\equiv}CH$

9. 把 $CH_3{\equiv}CH_2{-}C{\equiv}CH$ 转变成为下列化合物:

（1）$CH_3{-}CH_2{-}\underset{\displaystyle Br}{\underset{|}{CH}}{-}CH_3$　　（2）$CH_3{-}CH_2{-}CH_2{-}CH_2Br$

（3）$CH_3{-}CH_2{-}\underset{\displaystyle Br}{\underset{|}{CH}}{-}\underset{\displaystyle Br}{\underset{|}{CH_2}}$　　（4）$CH_3{-}CH_2{-}\overset{\displaystyle Br}{\overset{|}{\underset{\displaystyle Br}{\underset{|}{C}}}}{-}\underset{\displaystyle Br}{\underset{|}{CH_2Br}}$

（5）$CH_3{-}CH_2{-}\underset{\displaystyle OH}{\underset{|}{CH}}{-}CH_3$

10. 把 $CH{\equiv}CH$ 转变成为 $CH_3{-}CH_2{-}C{\equiv}CH$。

11. 完成下列反应:

（1） $CH_2=CH-C(CH_3)=CH_2$

$$\begin{array}{l}CH_2{=}CH{-}C{=}CH_2\\ \qquad\qquad\ |\\ \qquad\quad\ \ CH_3\end{array}$$

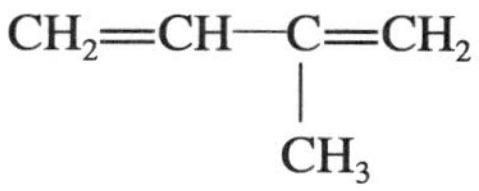

① 加 1 mol Br_2；② 加 2 mol Br_2；③ 加 1 mol HBr_2；④ 过量 $KMnO_4$；⑤ 加

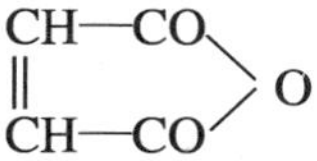

$$\begin{array}{l}CH{-}CO\\ \| \qquad\ \ \ \rangle O\\ CH{-}CO\end{array}$$

（2） $CH_2=CH-CH_2-CH_2-CH_2-C(CH_3)=CH_2$

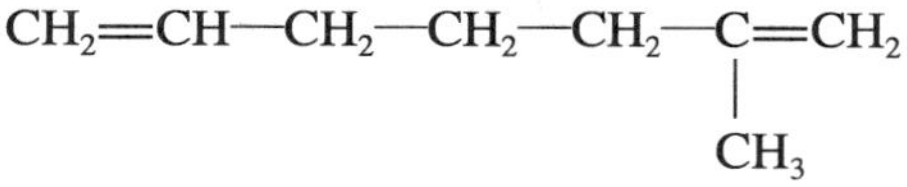

① 加 1 mol Br_2；② 加 2 mol Br_2；③ 加 1 mol HBr_2；④ 加 2 mol HBr_2；⑤ 过量 $KMnO_4$ 氧化

12. 制备下列化合物，需要哪些双烯体和亲双烯体？

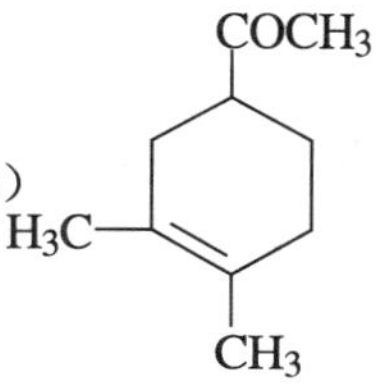

（1）环己烯环上连 $-COOCH_3$　（2）环上有 $COCH_3$、H_3C-、CH_3 取代的环己烯　（3）环上有 CH_2CH_3、$-CN$ 取代的环己烯

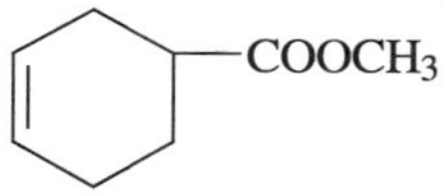

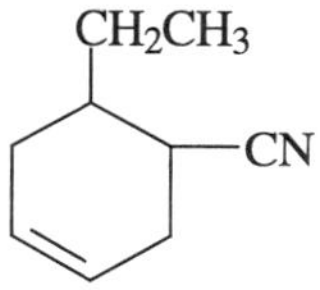

13. 推断 A 和 B 的构造式：

（1） $A(C_4H_6)\xrightarrow[\text{氧化}]{KMnO_4}CH_3-COOH$

（2） $B(C_8H_{10})\xrightarrow[\text{氧化}]{KMnO_4}CH_3-COOH+HOOC-CH_2-CH_2-COOH$

14. 脂肪烃 A 和 B 的分子式都是 C_6H_{10}，催化加氢都生成 2-甲基戊烷。A 与氯化亚铜氨溶液反应，生成棕红色沉淀，B 不与氯化亚铜氨溶液反应，推测 A、B 可能的构造式。

第五章 脂环烃

【学习目标】

1. 掌握脂环烃的分类、命名及其重要的化学性质。
2. 了解环的大小与稳定性的关系。
3. 了解环己烷的构象。

只有碳、氢两种元素组成，分子中含有碳环构造，其性质与脂肪族链烃相似的一类化合物，称为脂环烃。

第一节 脂环烃的分类和命名法

一、脂环烃的分类

脂环烃的分类方法有多种。按照分子中含有的碳环数目，脂环烃可分为单环脂环烃和多环脂环烃等。例如：

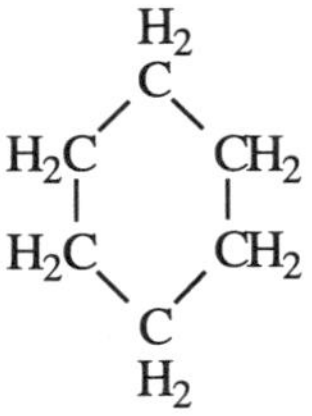

H_2C、CH_2 等构成的六元环 可简写成 ⬡

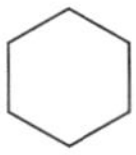

环己烷

单环脂环烃

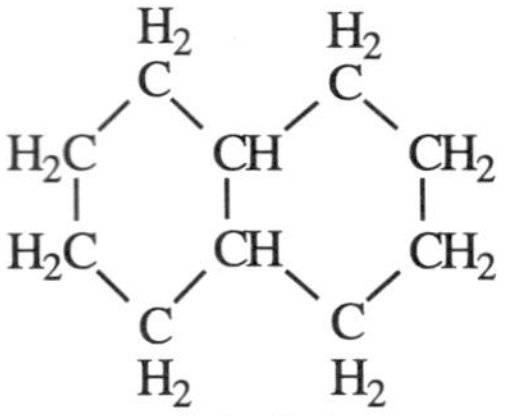

H_2C、CH、CH_2 等构成的稠合双六元环 可简写成 双六元环

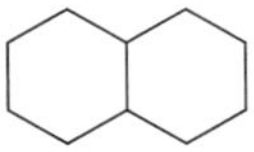

十氢化萘

二环脂环烃

按照分子中组成环的碳原子数目，脂环烃可分为三元环脂环烃、四元环脂环烃、五元环脂环烃、六元环脂环烃等，其中较为常见的是五元环或六元环脂环烃。例如：

环丁烷 四元环脂环烃　环戊烷 五元环脂环烃　环己烷 六元环脂环烃

按照碳环中所含碳碳键的不同，脂环烃可分为饱和脂环烃和不饱和脂环烃。碳

环中的碳碳键均是碳碳单键的，称为饱和脂环烃，亦称环烷烃。碳环中含有碳碳双键或碳碳三键的，称为不饱和脂环烃；碳环中含有碳碳双键的不饱和脂环烃，称为环烯烃；碳环中含有碳碳三键的不饱和脂环烃，称为环炔烃。例如：

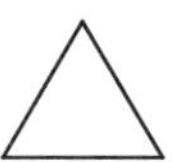

环丙烷
环烷烃
饱和脂环烃

环戊烯
环烯烃
不饱和脂环烃

环辛炔
环炔烃
不饱和脂环烃

本章主要介绍环烷烃。

二、脂环烃的命名法

本章所说的环烷烃、环烯烃、环炔烃都是指单环脂环烃。对于不带支链的环烷烃、环烯烃、环炔烃的命名，只要根据组成环的碳原子数目，分别叫环某烷、环某烯、环某炔。例如：

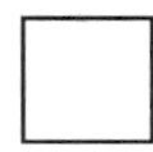

环丁烷

环戊烯

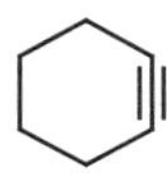

环己炔

对于带有支链的环烷烃的命名，将环作为母体，支链看做是取代基。只有一个支链时，在母体名称前写上取代基的名称即可；当取代基不止一个时，还要把环中碳原子编号，编号时要使取代基的位次尽可能的小，同时把较小的位次给予较小的取代基。例如：

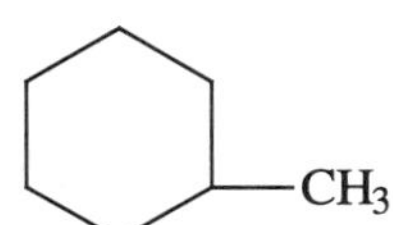

甲基环己烷

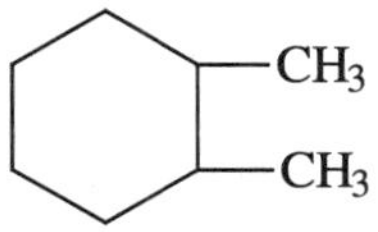

1,2-二甲基环己烷

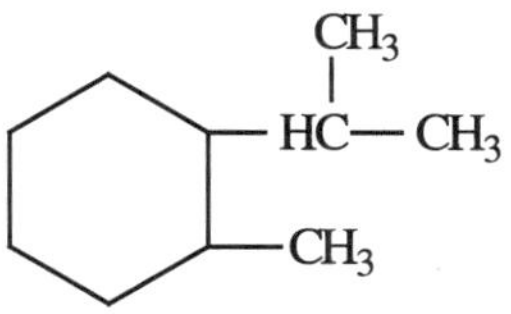

1-甲基-2-异丙基环己烷

对于带有支链的环烯烃、环炔烃的命名，应把 1、2 位次留给环中的双键或三键碳原子。例如：

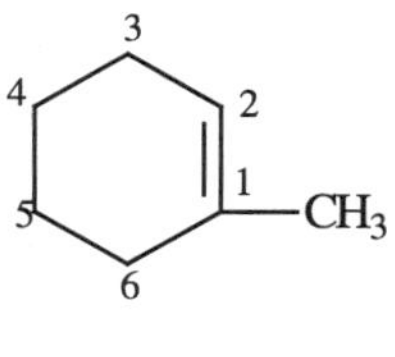

1-甲基环己烯

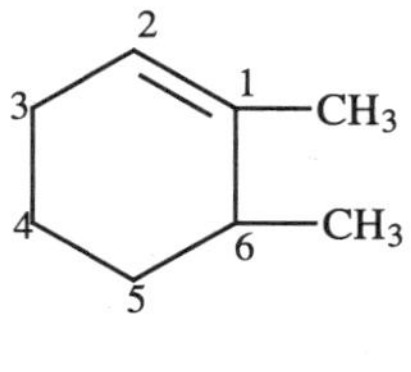

1,6-二甲基环己烯

当环上有复杂取代基时，可将环作为取代基命名。

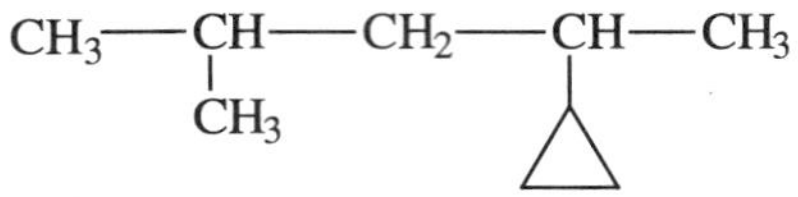

$$CH_3—\underset{\displaystyle CH_3}{\underset{|}{CH}}—CH_2—\underset{\displaystyle \triangle}{\underset{|}{CH}}—CH_3$$

2-甲基-4-环丙基戊烷

第二节　环烷烃的性质

一、物理性质

环烷烃是无色，具有一定气味的化合物，几乎不溶于水，熔点、沸点和相对密度随着分子中碳原子数的增加而逐渐升高，且比同碳原子数的直链烷烃高。表 5-1 给出部分环烷烃的物理常数。

表 5-1　部分环烷烃的物理常数

名称	熔点/℃	沸点/℃	相对密度（20℃时）
环丙烷	−127	−33	—
环丁烷	−80	13	—
环戊烷	−94	49	0.746
环己烷	6.5	81	0.778
环庚烷	−12	118	0.810
环辛烷	−11.5	149	0.830

二、化学性质

五元环和六元环的环烷烃的化学性质与烷烃相似，在一定的条件下能发生取代反应。例如：

$$CH_4+Cl_2 \xrightarrow{h\nu} CH_3Cl+HCl$$

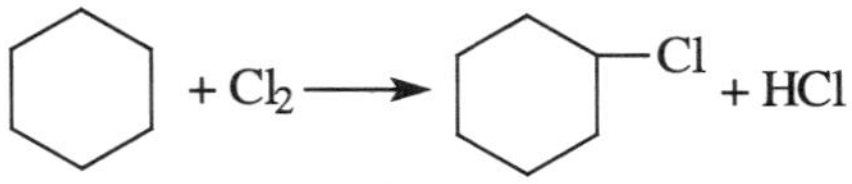

$$\text{环己烷} + Cl_2 \longrightarrow \text{氯代环己烷}(C_6H_{11}Cl) + HCl$$

但是，三元环和四元环的环烷烃则与烷烃不同，在一定的条件下较易开环，即环中碳碳单键断裂，发生加成反应。例如：

（1）加氢　在催化剂铂、镍的作用下，环丙烷、环丁烷与氢气发生加成反应。

而环戊烷、环己烷在同样的条件下不发生反应。

$$\triangle + H_2 \longrightarrow CH_3—CH_2—CH_3$$

$$\square + H_2 \longrightarrow CH_3—CH_2—CH_2—CH_3$$

（2）加溴　环丙烷在常温时就可以与溴发生加成反应，环丁烷在加热的条件下能与溴反应，即能使溴水褪色，而环戊烷、环己烷在同样的条件下不发生反应。

$$\triangle + Br—Br \longrightarrow Br—CH_2—CH_2—CH_2—Br$$

1,3-二溴丙烷

$$\square + Br—Br \longrightarrow Br—CH_2—CH_2—CH_2—CH_2—Br$$

1,4-二溴丁烷

（3）加溴化氢　环丙烷与溴化氢发生加成反应，而环丁烷、环戊烷等与溴化氢不反应。

$$\triangle + HBr \longrightarrow CH_3—CH_2—CH_2—Br$$

1-溴丙烷

环丙烷的烷基衍生物与溴化氢加成时，连接最多和最少氢原子的两个环中碳原子之间的键发生断裂，并且遵循马尔科夫尼科夫（Markovnikov）规则。

$$H_3C—HC(CH_2)C(CH_3)_2 + HBr \longrightarrow H_3C—CH(CH_3)—C(CH_3)(Br)—CH_3$$

2,3-二甲基-2-溴丁烷

但是应当指出，所有的环烷烃在常温下不能被高锰酸钾溶液氧化。用此性质可以区别烯烃与环烷烃。

从以上性质可以看出，环烷烃中，三元、四元的小环不稳定，环中的碳碳键易断裂，容易发生开环加成反应；五元、六元的大环比较稳定，环中的碳碳键比较牢固。这与其结构有关，原因是大小不同的环中存在的角张力大小不同。

*第三节　环烷烃的结构

环烷烃分子中的碳原子是以 sp^3 杂化轨道与其他原子或本身的原子轨道重叠成

键，形成的共价键均为σ键。

在环丙烷分子中，三个碳原子在同一平面上形成正三角形，三角形的内角是60°。如果碳原子的 sp^3 杂化轨道的夹角是 60°，那么原子轨道重叠时就可以延着对称方向重叠，形成稳定的碳碳σ键，但 sp^3 杂化轨道的夹角是 109.5°，所以不能延着对称轴方向重叠，原子轨道只能弯曲重叠（图 5-1），不能最大限度地重叠，从而在成键时，原来的 sp^3 杂化轨道之间的夹角从原来的 109.5°压缩到 105.5°，这样就产生一种力图恢复正常夹角的张力，即称为角张力，由于角张力的存在，原子轨道不能最大限度地重叠，因此，形成弯曲的碳碳σ键比较容易断裂，从而使环丙烷易发生开环加成反应。

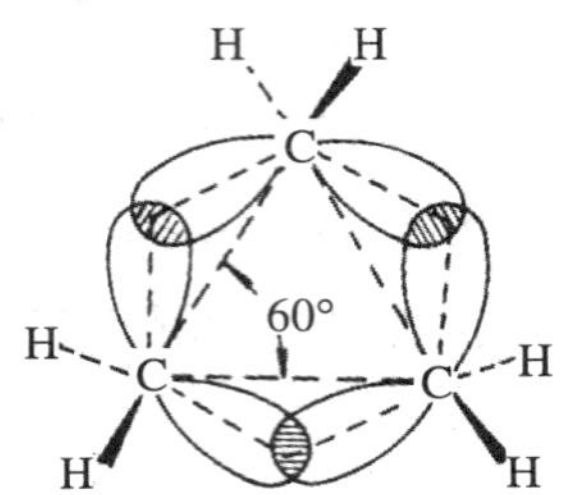

图 5-1　环丙烷分子中的 C—C σ键

环丁烷分子的结构与环丙烷相似，碳原子的 sp^3 杂化轨道也是弯曲重叠，但是，弯曲的程度比环丙烷小，即产生的角张力就小，因此环丁烷相对比环丙烷稳定些。

环戊烷、环己烷分子中，随着碳环中碳原子数的增多，碳原子的 sp^3 杂化轨道重叠时，产生的角张力随之减小，碳环就比较稳定，因此，环戊烷、环己烷的性质像烷烃一样比较稳定，难以发生开环加成反应。

在环烷烃分子中，三元、四元的小环比五元、六元的大环活泼，因此，最常见的为五元环或六元环的环烷烃。

*第四节　环己烷的构象

一、环己烷的椅型构象和船型构象

环己烷分子中碳原子是四面体结构，碳原子以单键相连，如果键角保持正常的角度 109.5°，那么形成的环很稳定，但碳原子一定不在同一平面上，从而形成一个折叠式的环，椅型和船型是两种典型的形式。

1. 椅型构象

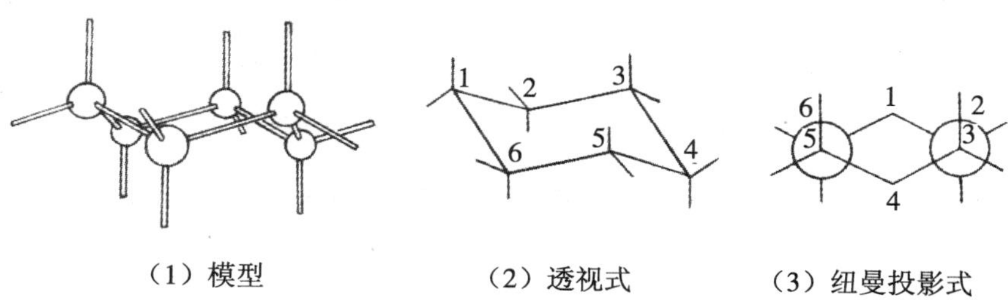

（1）模型　　（2）透视式　　（3）纽曼投影式

图 5-2　环己烷分子的椅型构象

如果将模型按图 5-2 所示的方式放置，使 C_2、C_3、C_5、C_6 处在同一个平面上，则 C_1、C_4 分别处在这个平面的上、下，这样整个分子像一把椅子，因此这种构象称为椅型构象。椅型环己烷分子中每个碳原子是完全等同的，每个碳原子可以等同地看做是处于“椅背”，或者“椅腿”，或者“椅面”的位置上，无任何差别。椅型环己烷分子中的键角是 109.5°，六个碳原子不处于同一平面，没有角张力存在，因此，它是环己烷中能量最低、最稳定的一种构象异构体。

2. 船型构象

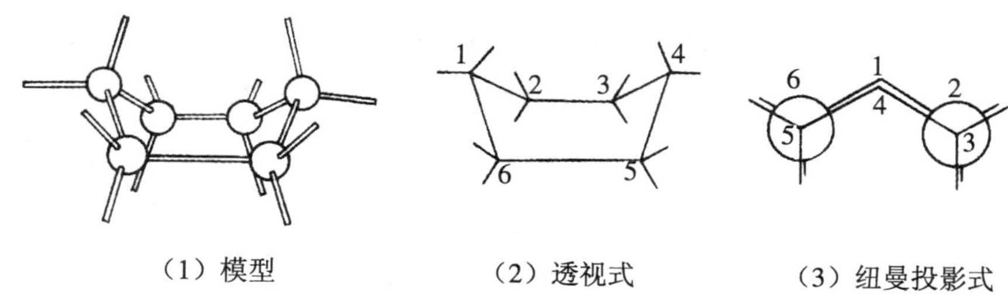

（1）模型　　（2）透视式　　（3）纽曼投影式

图 5-3　环己烷分子的船型构象

从图 5-3 可以看出，在船型环己烷分子中，C_2、C_3、C_5、C_6 处在同一个平面上，可以将它看做是船底，C_1、C_4 处在平面的上方，一个可以看做是“船头”，另一个可以看做是“船尾”，整个分子像一条小船，因此这种构象称为船型构象。船型环己烷分子中的键角也是 109.5º，非平面结构，也没有角张力存在，但“船头”和“船尾”的 1、4 碳原子上两个“旗杆”氢原子间的距离非常近，比两个氢原子的半径之和还小很多，这就使这两个氢原子彼此挤入对方的势力范围，从而产生斥力——立体张力。因此，使船型环己烷分子能量很高，很不稳定。

环己烷的船型和椅型两种构象可以相互转变的，如图 5-4 所示。

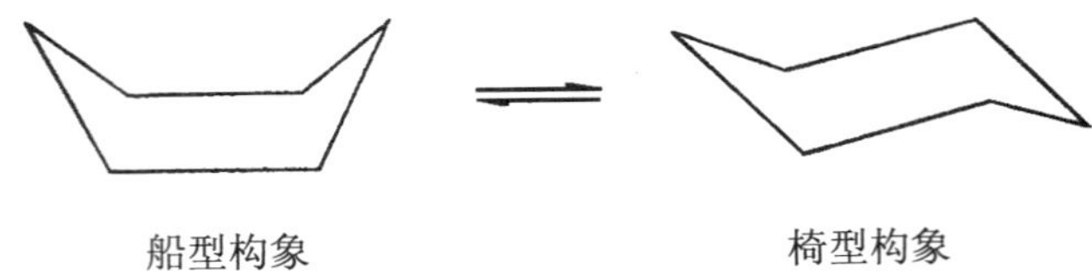

图 5-4　船型和椅型两种构象相互转变

二、椅型环己烷分子中的 a 键和 e 键

从椅型环己烷分子的模型可以看出，C_1、C_3、C_5 和 C_2、C_4、C_6 分别处在两个不同的平面内，这两个平面彼此平行[图 5-5（1）]；此外，通过模型中心，还有一个垂直于这两个平面的轴线[图 5-5（2）]。另外分子中 12 个 C—H 键分为两类，6 个 C—H 键与分子的轴线平行，是直立的，其中 3 个向上，3 个向下，通称为 a 键，也可称为竖键或直立键；另 6 个 C—H 键分别与 6 个 a 键成 109.5°，可以粗略地看做是处于水平位置，其中 3 个向左，3 个向右，通称为 e 键，也可称为横键或平伏键[图 5-5（3）]，每个碳原子上有 1 个 a 键和 1 个 e 键。

环己烷分子可以由一个椅型构象翻转成为另一个椅型构象，如图 5-6 所示。在这个过程中，原来由 C_1、C_3、C_5 三个碳原子确定的平面与由 C_2、C_4、C_6 三个碳原子确定的平面相互换位，同时，所有碳原子上原来的 a 键变成 e 键，原来的 e 键变成 a 键。

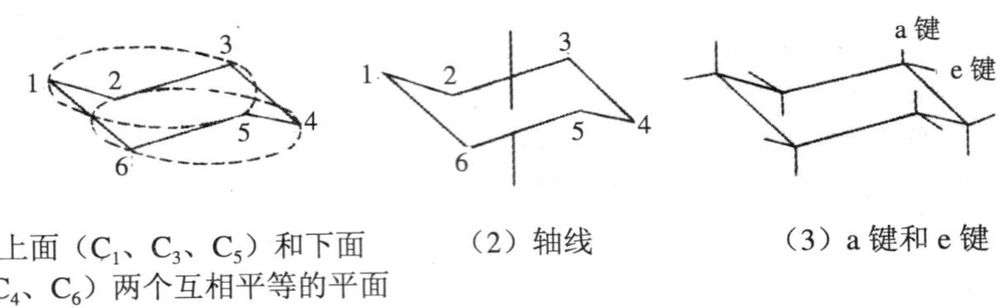

（1）上面（C_1、C_3、C_5）和下面（C_2、C_4、C_6）两个互相平等的平面　（2）轴线　（3）a 键和 e 键

图 5-5　椅型环己烷分子中的 a 键和 e 键

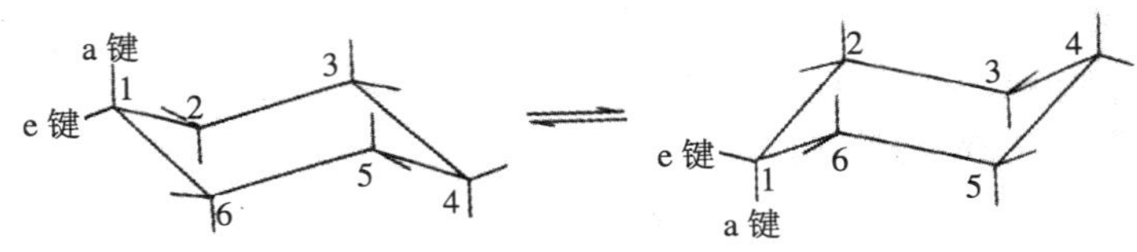

图 5-6　环己烷椅型构象之间的相互转变

三、一取代环己烷的构象

当椅型环己烷分子中的 1 个氢原子被其他原子或原子团取代时，取代基 Y 既可以是以 a 键，也可以是以 e 键与碳原子相连接，从而产生两种不同的构象异构体——a 型和 e 型，如图 5-7 所示。

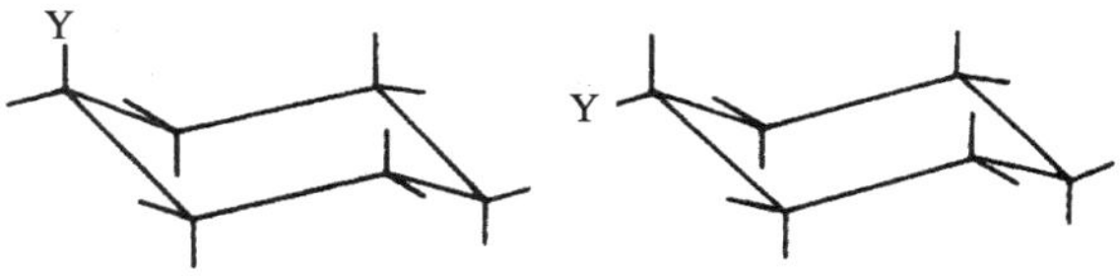

(1) a 型　　(2) e 型

图 5-7　一取代环己烷的椅型构象

取代基 Y 的体积比氢原子大。从椅型环己烷的透视式可以看出，由于 a 键和 e 键的方向不同，以 a 键与碳原子相连的取代基 Y，同环同侧的两个 a 键氢原子之间的距离较近，拥挤情况比较严重，立体张力较大，这种作用称为 1,3-二 a 键的相互作用。由于这种作用，a 型构象异构体能量较高，稳定性较小。e 型构象异构体没有这种作用，因而能量较低，稳定性较大。取代基一般是以 e 键与碳原子相连的。随着取代基 Y 体积的增大，a 型和 e 型两种构象异构体稳定性差异越大，在其平衡混合物中比例差异越大。在叔丁基环己烷中，全部是 e 型。

复习与思考题

1. 给下列化合物命名：

(1)　(2) 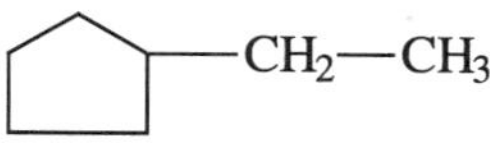　(3)

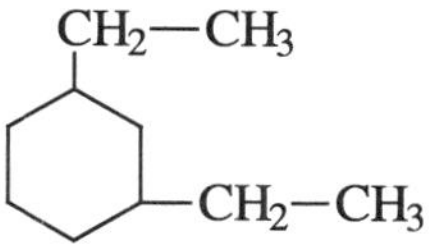

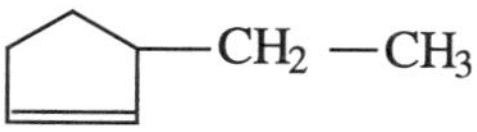

CH_2-CH_3　CH_2-CH_3　CH_2-CH_3　CH_2-CH_3

(4) 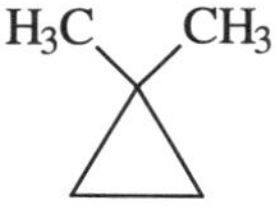　(5)

H_3C　CH_3　CH_3　CH_3　$CH-CH_3$

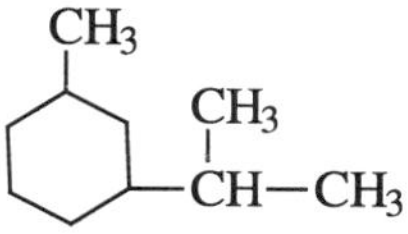

2. 写出下列化合物的构造式：

(1) 3-甲基环己烯　(2) 2-甲基-3-环丁基己烷　(3) 环丁炔

(4) 1-甲基-3-乙基环己烷　(5) 1,2-二甲基环戊烷

3. 完成下列反应方程式：

（1）环己烷 $+Cl_2 \xrightarrow{h\nu}$

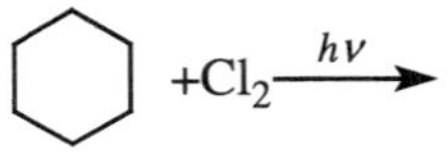

（2）$CH_2{=}CH{-}CH_2{-}$环丙基 $+ 2HBr \longrightarrow$

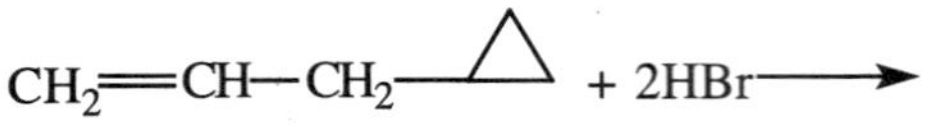

（3）$CH_2{=}CH{-}CH_2{-}$环丙基 $+ 2Br_2 \longrightarrow$

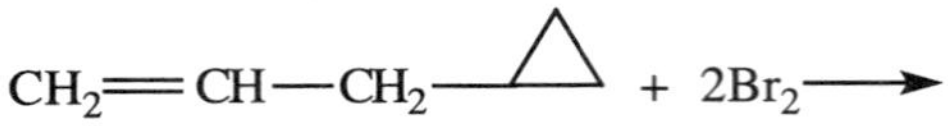

4. 用化学方法区别下列化合物：丙烷、丙烯、丙炔、环丙烷。

芳 烃

【学习目标】

1. 掌握单环芳烃及其衍生物的命名方法。
2. 了解苯的结构特征及大π键的形成过程。
3. 掌握单环芳烃的化学性质。
4. 掌握单环芳烃取代反应的定位规律及其在有机合成中的应用。
5. 了解芳烃的工业来源及加工方法。
6. 了解重要的稠环芳烃及其在生产实际中的应用。

在有机化学中，有一大类分子中具有苯环结构、高度不饱和、性质却相当稳定的化合物。由于这类化合物最初是在香精油、香树脂中发现的，具有芳香气味，因此被称为芳香族化合物。

随着有机化学的发展，人们发现许多具有芳香族化合物特性的物质并没有香味，有些还带有令人不愉快的刺激性气味。因此，“芳香”二字早已失去其原来的含义，只是因习惯仍沿用至今。

分子中只含碳和氢两种元素的芳香族化合物叫做芳香烃，简称芳烃。其中分子中只含一个苯环的芳烃叫做单环芳烃，本章将重点讨论单环芳烃。

第一节 苯的结构

苯是芳烃中最简单又最重要的化合物，也是所有芳香族化合物的母体。要掌握芳烃的性质，首先要了解苯的分子结构。

一、凯库勒构造式

苯的分子式为 C_6H_6，其碳氢原子比例为 1∶1（与乙炔相同），因此具有高度的不饱和性。但它的性质并非如此，苯非常稳定，难加成，不易氧化，在一定条件下易取代。可见，苯与一般不饱和烃区别很大。苯的这种特性被称为“芳香性”。

苯的芳香性是由于苯环的特殊结构所决定的。实验发现，苯在发生取代反应时，它的一元取代产物只有一种，这说明在苯的分子中，6 个氢原子所处的位置是完全相同的。根据这一实验事实，同时又考虑碳原子是四价的，德国化学家凯库勒（Kekule）在 1865 年提出了苯的构造式：

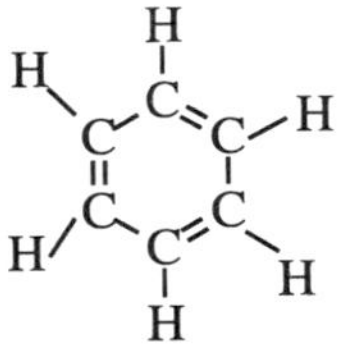

简写为

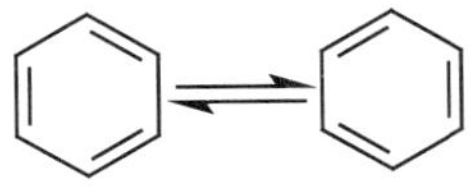

凯库勒认为，苯分子中的 6 个碳原子以六角形环状结合，其中含有 3 个 C=C 键，均匀地分布于环中，每个碳原子上连接一个氢原子，这 6 个氢原子的位置完全相同。

凯库勒的结构学说在一定程度上反映了客观实际。但却不能说明苯的全部特性，例如，它无法解释苯分子中既含双键又不易发生加成和氧化反应的事实。而且苯在催化加氢时，测得的氢化热比预计 3 个孤立双键的氢化热低得多，这说明苯的内能较低，因此比较稳定。

二、闭合共轭体系

利用杂化轨道理论可以较好地解释苯的分子结构。

按照这一理论，苯分子中的 6 个碳原子都是 sp^2 杂化的。每个碳原子都以 2 个 sp^2 杂化轨道分别与另外两个碳原子形成 C—C σ键，这样 6 个碳原子形成了一个平面正六边形；另一个 sp^2 杂化轨道与氢原子的 1s 轨道形成 C—H σ键，这样所有的原子都在同一个平面上，彼此间的键角都是 120°，如图 6-1 所示。

图 6-1 苯分子的σ键

每个碳原子上还剩下一个没有参与杂化的 p 轨道，如图 6-2 所示。它们垂直于σ键所在的平面，彼此平行从侧面重叠形成一个环状的闭合大π键。这就是说，在苯分子中，并没有三个孤立的碳碳双键，6 个碳原子是以 6 个完全等同的碳碳σ键和一个闭合的共轭大π键形成了一个环状整体，这个整体是一个共轭体系，因此能量较低，也较稳定，不易发生加成和氧化反应，其氢化热也较低。

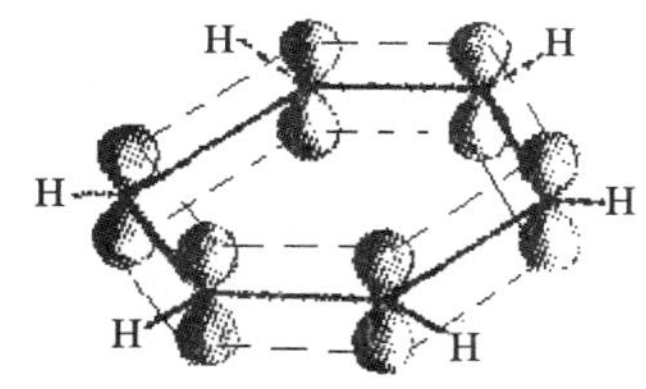

图 6-2 苯的大π键（环状共轭体系）

苯分子这种特殊稳定的整体结构，到目前还没有合适的构造表达式，因此习惯上还沿用凯库勒构造式，即 ⌬ ，但在使用时应注意，不能误解为苯分子中含有交替的碳碳单键和碳碳双键。有人提出用 ⏣ 式来表示苯的结构，六边形的每个角代表一个碳原子，6 条边代表 6 个碳碳σ键，环中圆圈代表闭合大π键，这个构造式比较形象地体现了苯的内部结构，已有许多书刊采用了这种构造式。

第二节 芳烃的构造异构和命名

一、单环芳烃的构造异构

单环芳烃的构造异构有两种情况，一种是侧链构造异构，另一种是侧链在苯环上的位置异构。

1. 侧链构造异构

苯环上的氢原子被烃基取代后生成的化合物叫做烃基苯，连在苯环上的烃基又叫侧链。侧链为甲基和乙基时，不能产生构造异构，当侧链为 3 个以上碳原子时，则可能因碳链排列方式不同而产生异构体。例如，正丙基苯和异丙基苯互为同分异构体：

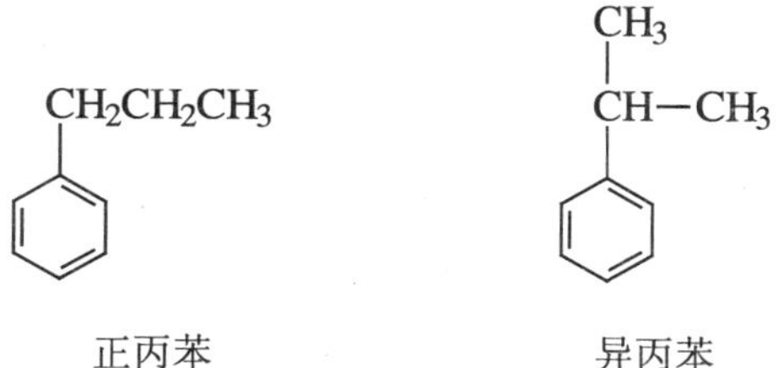

2. 侧链在环上的位置异构

当苯环上连有两个或两个以上侧链时，则可因侧链在环上的相对位置不同而产生异构体。例如，当苯环上有两个甲基时，可以产生 3 种异构体：

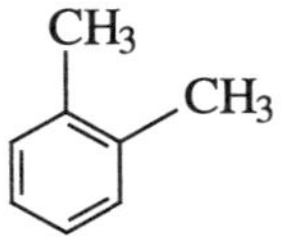

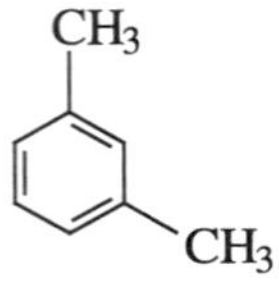

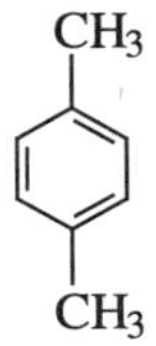

邻二甲苯　　间二甲苯　　对二甲苯

二、单环芳烃的命名

烷基苯的命名是把苯环作为母体，烷基作为取代基，称为某烷基苯。其中“基”字通常可以省略。例如：

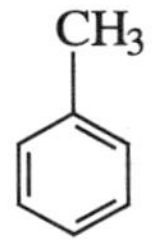

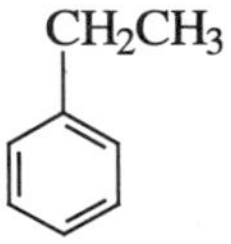

甲（基）苯　　乙（基）苯

当苯环上连有两个或两个以上侧链时，可用阿拉伯数字标明侧链的位次，也可用“邻”“间”“对”或“连”“偏”“均”等表示侧链的相对位置。例如前例中的 3 个二甲苯的命名：

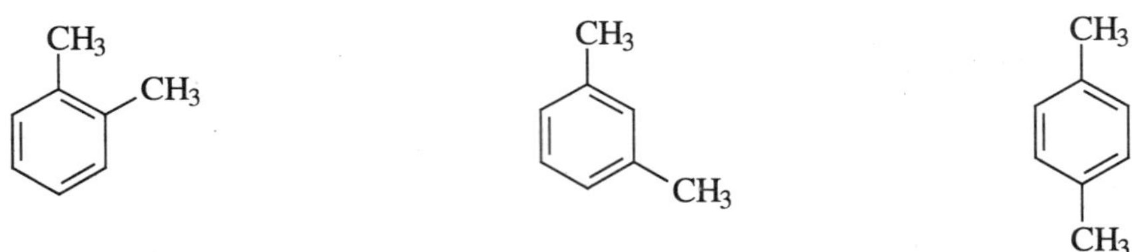

1,2-二甲苯（邻二甲苯 ）　　1,3-二甲苯（间二甲苯）　　1,4-二甲苯（对二甲苯）

又如，三甲苯的 3 种异构体的命名：

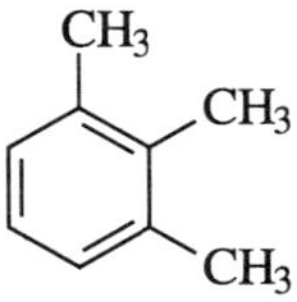

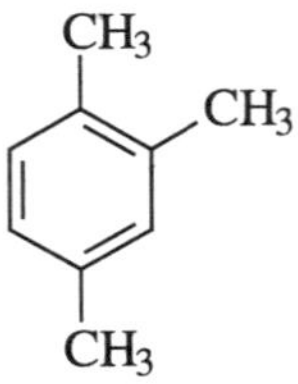

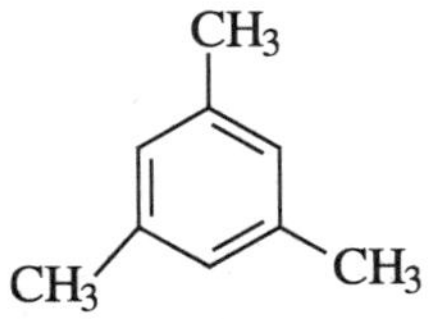

连三甲苯　　偏三甲苯　　均三甲苯

1,2,3-三甲苯　　1,2,4-三甲苯　　1,3,5-三甲苯

当苯环上的侧链为不饱和烃基或构造较为复杂的烷基时，也可将苯环作取代基，以侧链为母体来命名。例如：

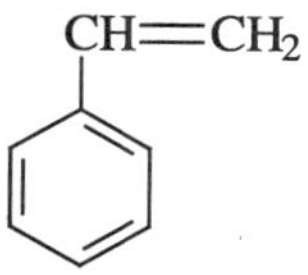

苯乙烯 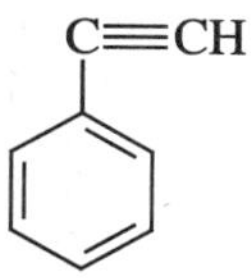　　苯乙炔 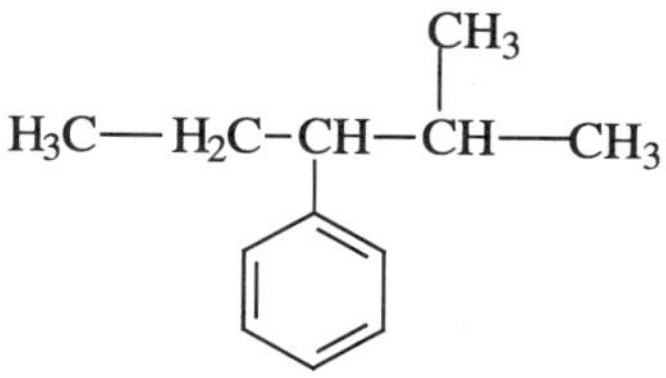　　2-甲基-3-苯基戊烷

如果苯环上连接的两个取代烷基不同时，选取最简单碳原子相连的烷基为“1”位，然后将其他烷基的位次按尽可能小的方向对苯环编号。例如：

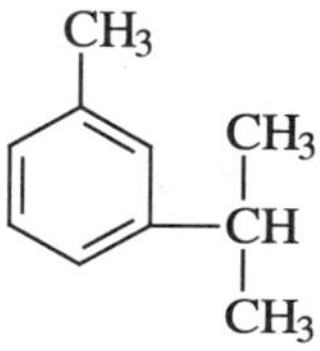

3-异丙基甲苯 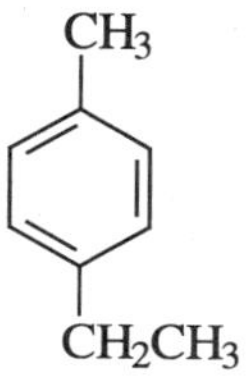　　对乙基甲苯

苯环上去掉一个氢原子剩下的基团叫做苯基（C_6H_5—），常用 Ph—表示。甲苯分子中去掉甲基上的一个氢原子剩下的基团叫做苯甲基（$C_6H_5CH_2$—），也叫苄基。

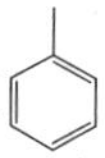

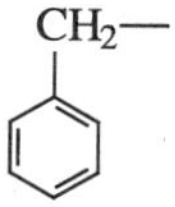

三、芳烃衍生物的命名

苯环上的氢原子被其他原子或基团取代后生成的化合物叫做芳烃衍生物，芳烃衍生物的命名通常有下列几种情况。

1. 苯环上连有取代基的基团

当苯环上连的是—X（卤原子）、—NO_2（硝基），烷基（R—）时，苯作母体。例如：

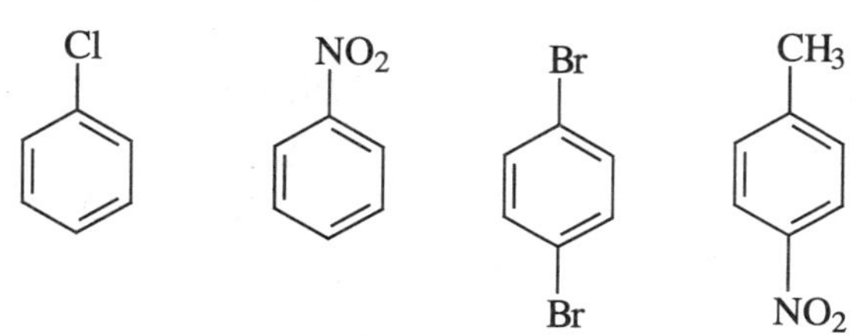

氯苯　　硝基苯　　对二溴苯　　对硝基甲苯

2. 苯环上连有可作母体的基团

当苯环上连的是—OH（羟基）、—NH_2（氨基）、—CHO（醛基）、—COOH（羟

基)、$—SO_3H$（磺基）等，苯环作为取代基。例如：

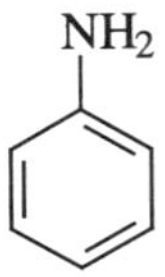

NH_2　　OH　　SO_3H　　CHO　　COOH

苯胺 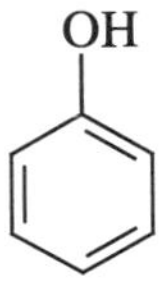　　苯酚 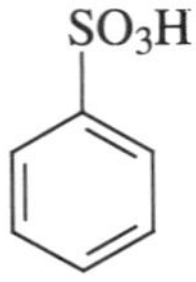　　苯磺酸 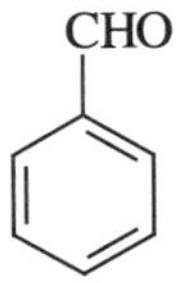　　苯甲醛 　　苯甲酸

3. 苯环上连有多个官能团

当苯环上连有两个或两个以上不同官能团时，就需按官能团的优先次序来确定哪个官能团可作母体，一些常见官能团的优先次序如下：

$—COOH$、$—CH$、$—COCH_3$、$—OH$、$—NH_2$、$—R$、$—X$、$—NO_2$

一般说来，排在前面的官能团优先于排在后面的官能团，优先的官能团可与苯一起作母体。例如：

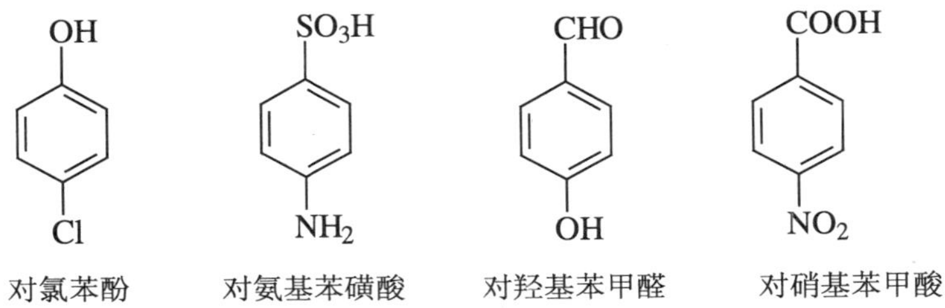

对氯苯酚　　对氨基苯磺酸　　对羟基苯甲醛　　对硝基苯甲酸

第三节　单环芳烃的物理性质

一、状态

常温下，苯及其同系物都是无色具有芳香气味的液体。

二、沸点

单环芳烃的沸点随分子中碳原子数目的增加而升高。侧链的位置对其没有大的影响。例如二甲苯的 3 个异构体的沸点很难以分离。

三、熔点

单环芳烃的熔点变化与分子的对称性有关。对称性较大的分子熔点高于对称性小的分子。例如，苯是高度对称的分子，它的熔点比甲苯、乙苯高得多；对二甲苯分子的对称性比邻二甲苯和间二甲苯大，因此其熔点也是三种异构体中最高的。

四、相对密度

单环芳烃的相对密度小于 1，比水轻，一般在 0.86～0.9。

五、溶解性

单环芳烃不溶于水，可溶于醇、醚，特别是溶于二甘醇、环丁砜和 *N,N*-二甲基甲酰胺等溶剂，因此常用这些溶剂来萃取芳烃。

芳烃易燃，燃烧时产生浓烟。其蒸气有一定毒性，其中苯的毒性较大。

单环芳烃的物理常数见表 6-1。

表 6-1 一些单环芳烃的物理常数

化合物	沸点/℃	熔点/℃	密度/（g/cm^3）	折射率 n_D^{20}
苯	80.1	5.5	0.876 5	1.501 1
甲苯	110.6	−95	0.866 9	1.496 1
乙苯	136.2	−95	0.867 0	1.495 9
邻二甲苯	144.4	−25.2	0.880 2	1.505 5
间二甲苯	139.1	−47.9	0.864 2	1.497 2
对二甲苯	138.3	13.3	0.861 1	1.495 8
正丙苯	159.2	−99.5	0.862 0	1.492 0
异丙苯	152.4	−96	0.861 8	1.491 5
2-乙基甲苯	165.2	−80.6	0.880 7	1.504 6
3-乙基甲苯	161.3	−95.5	0.864 5	1.496 6
4-乙基甲苯	162	−62.3	0.861 4	1.495 9
1,2,3-三甲苯	176.1	−25.4	0.894 4	1.513 9
1,2,4-三甲苯	169.3	−43.8	0.875 8	1.504 8
1,3,5-三甲苯	164.7	−44.7	0.865 2	1.499 4
正丁苯	183	−83	0.860 1	1.489 8
仲丁苯	173	−75.5	0.862 1	1.490 2
异丁苯	172.8	−51.5	0.853 2	1.486 6
叔丁苯	169	−57.8	0.866 5	1.492 7
十二烷基苯	331	−7	0.855 1	1.482 4
苯乙烯	145.2	−30.6	0.906 0	1.566 8
苯乙炔	142～144	−44.8	0.928 1	1.548 5

第四节　单环芳烃的化学反应及应用

由于苯的结构特征，表现的化学性质主要是“芳香性”，即苯环非常稳定，不易被氧化，不易加成，易发生取代反应。

一、亲电取代反应

苯环上的取代反应是离子型反应。由于苯环上电子云密度较大，与苯环发生取代反应的试剂都是亲电试剂，因此苯环上的取代反应是亲电取代反应。

（一）卤代反应

（1）苯环上的卤代　在铁粉或三卤化铁催化作用下，苯可与氯或溴发生卤代反应，氯原子或溴原子取代苯环上的氢原子，生成氯苯或溴苯。

$$C_6H_6 + Cl_2 \xrightarrow{Fe\ 或\ FeCl_3} C_6H_5Cl + HCl$$

$$C_6H_6 + Br_2 \xrightarrow{Fe\ 或\ FeBr_3} C_6H_5Br + HBr$$

这是工业上和实验室中制备氯苯和溴苯的方法之一。

氯苯是无色挥发性液体。沸点 131.5℃，有毒，对肝脏有损害作用。

溴苯是无色油状液体。沸点 156.2℃，有毒，易燃。氯苯和溴苯都是重要的有机合成原料，广泛用于生产农药、染料、医药等。

烷基苯发生环上卤代反应时，比苯容易进行。反应主要发生在烷基的邻位和对位。例如：

$$C_6H_5CH_3 + Cl_2 \xrightarrow{Fe\ 或\ FeCl_3} \underset{58\%}{o\text{-}ClC_6H_4CH_3} + \underset{42\%}{p\text{-}ClC_6H_4CH_3}$$

（2）侧链上的卤代　烷基苯与卤素发生取代反应时，如果没有催化剂存在，用光照射或加热，则侧链上的一个氢原子被卤原子取代。例如，在日光照射下或将氯气通入沸腾的甲苯中，甲基上的氢原子可逐个被取代：

$$C_6H_5CH_3 + Cl_2 \xrightarrow[\text{或}\triangle]{\text{光}} C_6H_5CH_2Cl \xrightarrow[\text{光或}\triangle]{Cl_2} C_6H_5CHCl_2 \xrightarrow[\text{光或}\triangle]{Cl_2} C_6H_5CCl_3$$

氯化苄（苯氯甲烷）　　苯二氯甲烷　　苯三氯甲烷

这是工业上制备苯氯甲烷的方法。控制甲苯和氯气的配比，可使反应停留在某一步上，得到一种主要产物。

苯一氯甲烷又叫苄基氯，是无色透明液体。沸点 179℃，不溶于水，可溶于有机溶剂。具有强烈的刺激性，有催泪作用并刺激呼吸道。主要用于合成医药、农药、香料、染料以及助剂与合成树脂等。

苯二氯甲烷是无色具有强烈刺激性气味的液体。沸点 207℃，不溶于水，可溶于乙醇、乙醚。是有机合成原料，主要用于制苯甲醛和肉桂酸等。

苯三氯甲烷是具有特殊刺激性气味的无色液体。沸点 210.6℃，不溶于水，可溶于乙醇、乙醛和苯。是有机合成原料，主要用于制三苯甲烷染料、蒽醌染料和喹啉染料等。

（二）硝化反应

苯与混酸（浓硝酸和浓硫酸的混合物）作用时，硝基（$—NO_2$）取代苯环上的氢原子，生成硝基苯。

$$C_6H_6 + \text{浓}\ HNO_3 \xrightarrow[50\sim60℃]{\text{浓}\ H_2SO_4} C_6H_5NO_2 + H_2O$$

硝基苯（98%）

在这一反应中，浓硫酸的主要作用是催化剂，同时也是脱水剂。

硝基苯一般不容易继续硝化。但如果提高反应温度并用发烟硝酸和发烟硫酸做硝化剂。则可生成间二硝基苯。

$$C_6H_5NO_2 + HNO_3\ (\text{发烟}) \xrightarrow[100℃]{\text{浓}\ H_2SO_4} m\text{-}C_6H_4(NO_2)_2$$

间二硝基苯

间二硝基苯是浅黄色晶体。熔点 90℃，微溶于水，可溶于乙醇、乙醚和苯。有毒，主要用于合成染料、农药和医药等。

烷基苯的硝化反应比苯容易进行。例如甲苯在 30℃就可发生硝化反应，生成邻硝基甲苯和对硝基甲苯：

$$\text{C}_6\text{H}_5\text{CH}_3 + HNO_3 \xrightarrow[30℃]{浓 H_2SO_4} o\text{-}CH_3C_6H_4NO_2\ (58\%) + p\text{-}CH_3C_6H_4NO_2\ (38\%)$$

邻硝基甲苯是具有苦杏仁味的黄色油状液体。对硝基甲苯是浅黄色晶体。它们都是剧毒物质，能通过人的呼吸系统及皮肤引起中毒。邻硝基甲苯和对硝基甲苯都是重要的有机合成原料。主要用作油漆、染料、医药和农药的中间体。

（三）磺化反应

苯与浓硫酸或发烟硫酸作用，磺酸基（—SO_3H）取代苯环上的氢原子，生成苯磺酸。例如：

$$C_6H_6 + 浓\ H_2SO_4 \xrightleftharpoons{70\sim80℃} C_6H_5SO_3H + H_2O$$

磺化反应与卤化、硝化反应不同，它是一个可逆反应，其逆反应是苯磺酸的水解。如果控制反应条件，可以使反应向需要的方向进行。

苯磺酸是无色针状或叶状晶体。熔点 50.5℃，极易溶于水和乙醇，不溶于醚。是有机强酸，可以与无机强酸相比。是重要的有机合成材料。

若要去掉苯环上的磺酸基时，可将苯磺酸与稀硫酸或稀盐酸一起在加压下加热，就可使苯磺酸发生水解，生成原来的芳烃。例如：

$$C_6H_5SO_3H + H_2O \xrightarrow[H^+]{180℃} C_6H_6 + H_2SO_4$$

芳烃不溶于浓硫酸，但生成的苯磺酸却可以溶解在硫酸中。可利用这一性质将芳烃从混合物中分离出来。

在有机合成中，可利用磺酸基占据苯环上的某一位置，待进行完其他反应后，再将磺酸基水解脱去。

烷基苯的磺化反应比苯容易进行，主要生成邻位和对位取代产物。一般说来，提高温度比较有利于对位产物的生成。例如：

$$\text{C}_6\text{H}_5\text{CH}_3 + H_2SO_4 \longrightarrow o\text{-}CH_3C_6H_4SO_3H + p\text{-}CH_3C_6H_4SO_3H$$

		邻甲基苯磺酸	对甲基苯磺酸
反应温度不同	0℃	43%	53%
产物比例不同	25℃	32%	62%
	100℃	13%	79%

磺酸及其钠盐都易溶于水，可利用这一特性，在不溶于水的有机物分子中引入磺酸基，得到可溶于水的化合物。例如，日常使用的合成洗涤剂的主要成分对十二烷基苯磺酸钠就是用十二烷基苯经磺化反应制得对十二烷基苯磺酸，再用碱中和得到的：

$$C_6H_5C_{12}H_{25} \xrightarrow[100℃]{\text{浓 } H_2SO_4} p\text{-}C_{12}H_{25}C_6H_4SO_3H \xrightarrow{NaOH} p\text{-}C_{12}H_{25}C_6H_4SO_3Na$$

对十二烷基苯磺酸钠

（四）烷基化和酰基化反应

在催化剂作用下，芳烃可与烷基化试剂或酰基化试剂反应，芳环上的氢原子被烷基或酰基取代。

（1）烷基化反应　在无水氯化铝的催化剂存在下，苯与烷基化试剂作用，生成烷基苯：

$$C_6H_6 + CH_3CH_2Br \xrightarrow[0\sim25℃]{AlCl_3} C_6H_5CH_2CH_3 + HBr$$

76%

乙苯是无色油状液体。沸点 136℃，微溶于水，易溶于有机溶剂。具有麻醉与刺激作用。主要用于制合成树脂单体苯乙烯，也是医药工业的原料。

像溴乙烷能将烷基引入芳环上的试剂叫做烷基化试剂。常用的烷基化试剂为卤代烷、烯烃、醇等。当烷基化试剂中的碳原子数≥3 时，烷基往往发生异构化。例如苯与 1-溴丙烷或丙烯作用时，主要产物都是异丙苯：

$$C_6H_6 + CH_3CH_2CH_2Br \xrightleftharpoons{\text{无水 }AlCl_3} C_6H_5CH(CH_3)_2 + C_6H_5CH_2CH_2CH_3$$

异丙苯　　正丙苯

异丙苯是无色液体。沸点 152.5℃，不溶于水，可溶于有机溶剂。主要用于制苯酚和丙酮，也用作其他化工原料。

常用的催化剂有无水 $AlCl_3$，此外 $FeCl_3$、BF_3、无水 HF、$SnCl_4$、$ZnCl_2$、H_3PO_4、H_2SO_4 等，都有催化作用。但三氯化铝具有较大的腐蚀性，目前使用了一些固体催化剂，如分子筛、离子交换树脂等。

（2）酰基化反应　在催化剂作用下，苯与酰基化试剂反应，生成芳酮。例如：

$$C_6H_6 + CH_3COCl \xrightarrow{AlCl_3} C_6H_5COCH_3 + HCl$$

$$CH_3C_6H_5 + (CH_3CO)_2O \xrightarrow{AlCl_3} CH_3-C_6H_4-COCH_3 + CH_3COOH$$

像乙酰氯、乙酸酐这样能在芳环上引入酰基的试剂叫做酰基化试剂。

因酰基不发生异构化，而且当芳环上连有强吸电子基如—NO_2 等时，则不发生傅氏反应。所以，酰基化反应的特点是产物纯、产量高。

芳烃的酰基化反应目前仍采用三氯化铝作催化剂，新型催化剂尚在研究开发之中。

苯乙酮是具有令人愉快的芳香气味的无色液体。沸点 202℃，不溶于水，可溶于有机溶剂。主要用作干果、果汁及烟草的香料。也用作树脂、纤维素等的溶剂和增塑剂，医药工业还用于生产安眠酮等。

二、加成反应

由于苯环的特殊稳定性，所以一般情况下难以发生加成反应。但如果在一定的条件下，苯也可与氢或氯发生加成。

（一）催化加氢

在铂、钯或活性镍的催化作用下，苯能与氢加成生成环己烷：

$$\text{C}_6\text{H}_6 + 3H_2 \xrightarrow[180\sim250^\circ C]{Ni,\ Pd} \text{C}_6\text{H}_{12}$$

这是工业上制取环己烷的重要方法。

（二）光照加氯

在日光或紫外光照射下，苯与氯发生加成反应生成六氯环己烷：

$$\text{C}_6\text{H}_6 + 3Cl_2 \xrightarrow[50^\circ C]{光} \text{C}_6\text{H}_6\text{Cl}_6$$

六氯环己烷俗称“六六六”，有较强的杀虫活性，曾广泛用作杀虫农药。但因其性能稳定，不易分解，残毒严重，不仅对人畜有害，也污染环境，现已停止生产和使用。

三、氧化反应

由于苯环的特殊稳定性，所以一般情况下不易发生氧化反应。特殊条件下可以发生氧化反应。

（一）苯环氧化

工业上当采用较强烈的氧化条件，则苯环发生破裂。

$$2\,\text{C}_6\text{H}_6 + 9O_2 \xrightarrow[450\sim500^\circ C]{V_2O_5} 2\,\text{C}_4\text{H}_2\text{O}_3 + 4CO_2 + 4H_2O$$

顺丁烯二酸酐

这是工业上生产顺丁烯二酸酐的主要方法。

顺丁烯二酸酐又叫马来酸酐或失水苹果酸酐。是无色结晶粉末，具有强烈的刺激气味。熔点 52.8℃，易升华。主要用于制聚酯树脂、醇酸树脂和马来酸等。也用作脂肪和油类的防腐剂。

（二）侧链氧化

如果苯环上连有侧链时，受苯环的影响，α-氢原子比较活泼，容易被氧化为羧基（—COOH）。而且无论侧链长短、结构如何，最后的氧化产物都是苯甲酸。例如：

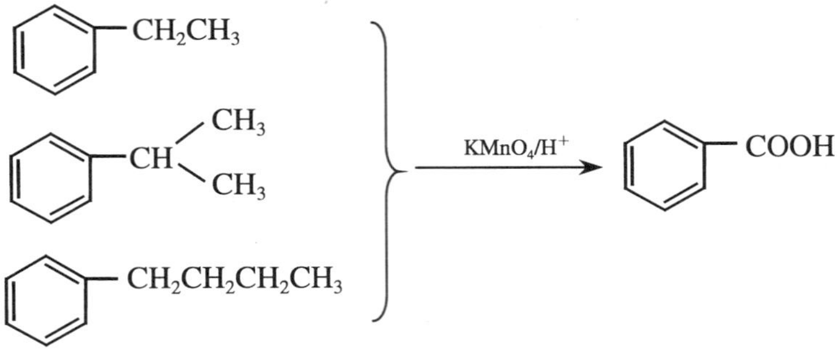

$$\left.\begin{array}{l} C_6H_5\text{—}CH_2CH_3 \\ C_6H_5\text{—}CH(CH_3)_2 \\ C_6H_5\text{—}CH_2CH_2CH_2CH_3 \end{array}\right\} \xrightarrow{KMnO_4/H^+} C_6H_5\text{—}COOH$$

对于侧链无α-氢原子的烷基苯，则不发生氧化。

用酸性高锰酸钾做氧化剂时，自身的紫红色逐渐消失，实验室中可利用这一反应鉴别含有α-氢原子的烷基苯。

第五节　苯环上取代反应的定位规律

一、取代基定位效应

在单环芳烃的取代反应中，人们发现这样一些实验事实：当甲苯发生取代反应时，反应比苯容易进行，而且新基团主要进入甲基的邻位和对位，生成邻、对位产物；当硝基苯发生取代反应时，反应比苯难以进行，而且新基团主要进入硝基的间位，生成间位产物。

由此可见，第二个取代基进行取代反应的难易程度，以及进入苯环上哪个位置，主要取决于苯环上原有取代基的性质。因此把苯环上原有的取代基叫做定位基。定位基的这两个作用叫做定位效应。

根据定位效应不同，可将常见的定位基分为两大类。

1．定位基的分类

（1）邻、对位定位基（第一类定位基）　使新基团主要进入苯环的邻位和对位。除少数基团（如苯基、卤素基）外，一般都能使苯环活化，取代反应比苯容易进行。

常见的邻、对位定位基有：

$—O^-$、$—N(CH_3)_2$、$—NH_2$、$—OH$、$—OCH_3$、$—NHCOCH_3$、$—OCOCH_3$$—R$、$—C_6H_5$、$—X$、$—CH_2COOH$ 等。

它们对苯环的活化程度、定位能力从左到右逐渐减弱。

邻、对位定位基的结构特点是负离子或与苯环直接相连的原子是饱和的（苯基除外）。

（2）间位定位基（第二类定位基）　使新基团主要进入苯环的间位。并能使苯环钝化，取代反应比苯难以进行。

常见的间位定位基有：

$—N^+(CH_3)_3$、$—NH_3$、$—NO_2$、—CN、$—SO_3H$、—CHO、$—COCH_3$、—COOH、$—COOCH_3$、$—CONH_2$等。

它们对苯环的钝化程度、定位能力从左到右逐渐减弱。

间位定位基的结构特点是正离子或与苯环直接相连的原子是不饱和的。

2．二元取代苯的定位规律

当苯环上连已经有两个取代基，在进行取代反应时，第三个取代基进入的位置，由原有的两个定位基的性质、相对位置来决定。通常有下列几种情形。

（1）两个定位基的定位效应一致　如果苯环上已有的两个基团的定位作用一致，则第三个取代基顺利地进入两个定位基一致指向的位置。

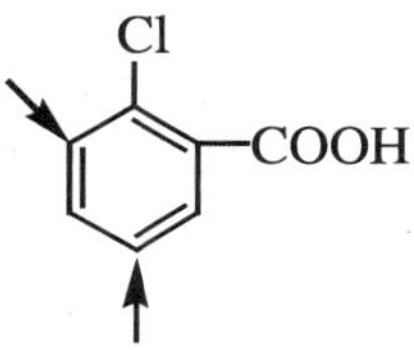

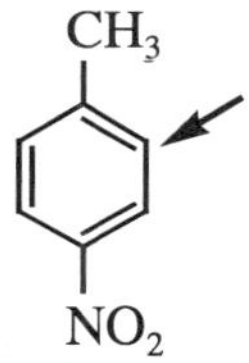

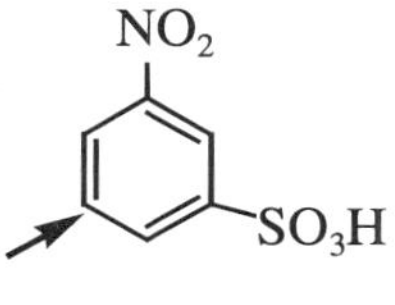

（2）两个定位基的定位效应不一致时

（i）两个定位基属于同一类，由定位能力强的定位基决定第三个取代基进入环上的位置。例如：

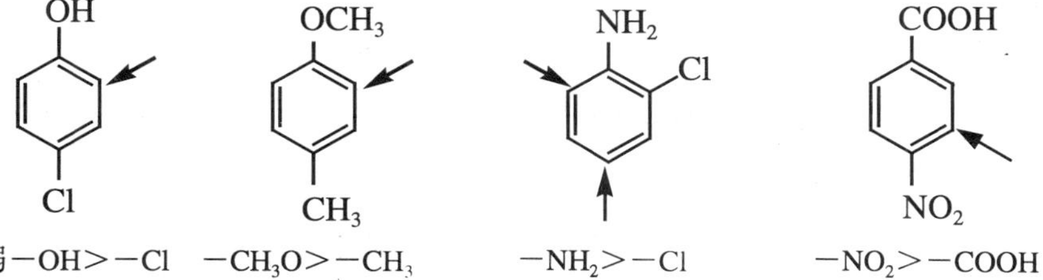

定位基强弱—OH＞—Cl　$—CH_3O$＞$—CH_3$　$—NH_2$＞—Cl　$—NO_2$＞—COOH

（ii）两个定位基不是同一类，由邻、对位定位基决定第三个取代基进入环上的位置，同时由于空间位阻现象，产物比例不同。例如：

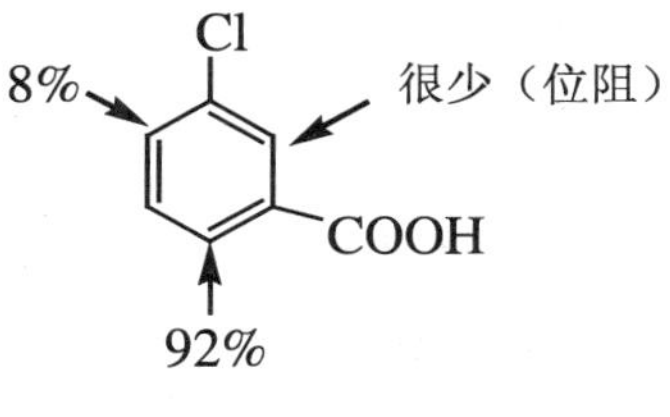

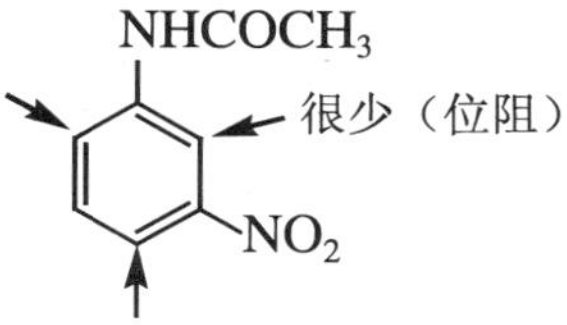

二、取代基定位效应的解释

亲电取代反应是分三步进行的。

$$\text{C}_6\text{H}_6 + E^+ \longrightarrow \pi\text{-络合物} \longrightarrow \sigma\text{-络合物} \xrightarrow{-H^+} \text{C}_6\text{H}_5E$$

亲电试剂　π-络合物　σ-络合物

亲电试剂 E^+进攻苯环，与苯环的π电子作用生成π络合物，紧接着 E^+从苯环π体系中获得两个电子，与苯环的一个碳原子形成σ键，生成σ络合物，这一步反应比较慢，σ络合物内能高不稳定，生成的活性中间体迅速脱去 H^+，转变成取代产物，这一步反应比较快。

由于苯环上的取代反应是亲电取代，所以当环上连有供电子基（邻、对位定位基）时，能使环上电子云密度增加，更有利于亲电试剂进攻，反应容易进行；当苯环上连有吸电子基（间位定位基）时，能使环上电子云密度降低，不利于亲电试剂的进攻，反应较难进行。

由于供电子基对π电子云的极化作用，使苯环上出现极性交替现象：供电基的邻位和对位上带有部分负电荷，电子云密度较大；而其间位上则带有部分正电荷，电子云密度较小。因此再取代时，反应主要发生在供电基的邻位和对位。

同样是由于出现极性交替现象，使吸电基的邻位和对位带有部分正电荷，电子云密度较低；而间位则带有部分负电荷，相对来说电子云密度较高。因此再取代时，反应主要发生在间位。

三、取代基定位效应的应用

1．预测反应的主产物

熟悉芳烃取代反应的定位规律，可以预测化学反应的主要产物。

【例 6-1】 写出下列化合物发生硝化反应时的主要产物。

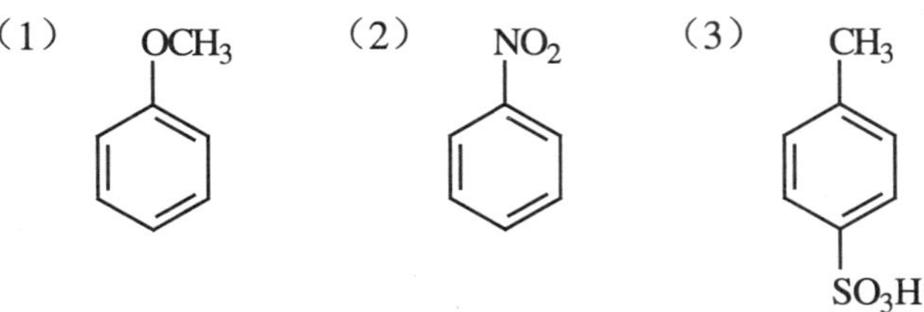

（1）苯环上的—OCH_3 是邻、对位定位基，所以其硝化时，主要生成邻、对位产物，即：

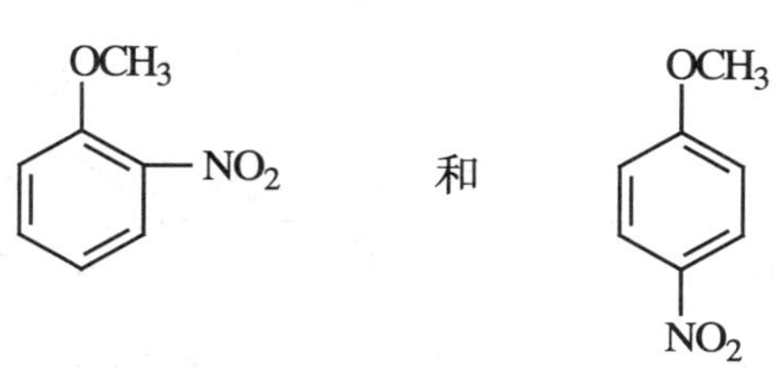

（2）苯环上的—NO_2 是间位定位基，所以其发生硝化反应时，主要生成间位产物，即：

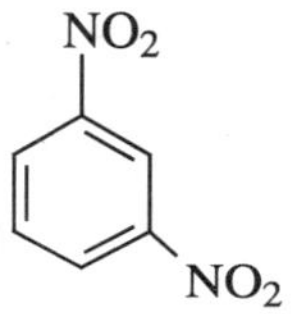

（3）苯环上的—CH_3 是邻、对位定位基，发生硝化反应时，它要求硝基进入其邻位和对位。由于对位已经被—SO_3H 占据，所以只能进入其邻位。—SO_3H 是间位定位基。发生硝化反应时，它要求硝基进入其间位，而它的间位恰好是—CH_3 的邻位，也就是说。这两个定位基的定位作用一致，这时硝基可顺利进入两个定位基共同指向的位置，即：

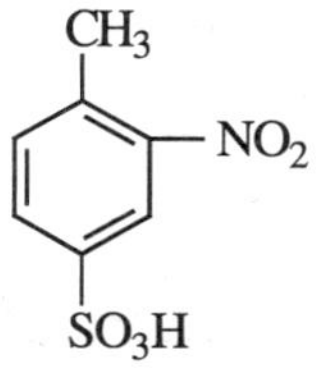

2．指导设计合成路线

利用定位规律，可以指导设计合理的合成路线。

【例 6-2】 试设计由甲苯合成间硝基苯甲酸的路线。

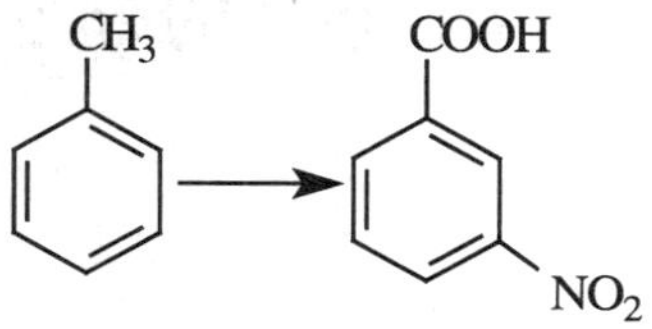

分析：这一合成涉及两步反应，一步是氧化反应，即将—CH_3 氧化成—COOH，另一步是硝化反应，即将—NO_2 引入苯环。由于—CH_3 是邻、对位定位基，如果先硝化，则主要得到邻、对位产物，这与题意不符。因此必须先氧化，—CH_3 转变成—COOH 后，—COOH 是间位定位基，这时再硝化，就可得到间位产物间硝基苯甲

酸。合成路线如下：

$$\text{C}_6\text{H}_5\text{CH}_3 \xrightarrow[\text{H}^+]{\text{KMnO}_4} \text{C}_6\text{H}_5\text{COOH} \xrightarrow{\text{混酸}} m\text{-}\text{NO}_2\text{C}_6\text{H}_4\text{COOH}$$

【例 6-3】 试设计由苯合成 3-硝基-4-溴苯磺酸的路线。

$$\text{C}_6\text{H}_6 \longrightarrow \text{3-硝基-4-溴苯磺酸（Br, NO}_2\text{, SO}_3\text{H）}$$

分析：产物中苯环上有三个基团，其中—Br 是邻、对位定位基，显然应该在苯环上先引进—Br，也就是先进行溴代反应制取溴苯。第二步如果先硝化，则得到邻硝基溴苯和对硝基溴苯的混合物，需要分离后才能进行下一步反应，收率也较低。而磺化反应在较高温度下进行时，主要得到对位产物，这正符合题意。因此第二步应在较高温度下进行磺化反应，将—SO_3H 引入苯环中—Br 的对位。最后再进行硝化反应时，由于—Br 是邻、对位定位基，对位已被—SO_3H 占据，—NO_2 只能进入其邻位，这也正合题意；又由于—SO_3H 基是间位定位基，此时两个定位基的定位作用一致，因此—NO_2 可以比较顺利地进入预定位置，而且收率比较高。这样就能得到预期的目的产物。合成路线如下：

$$\text{C}_6\text{H}_6 \xrightarrow[\text{FeBr}_3]{\text{Br}_2} \text{C}_6\text{H}_5\text{Br} \xrightarrow[\text{高温}]{\text{浓 H}_2\text{SO}_4} p\text{-BrC}_6\text{H}_4\text{SO}_3\text{H} \xrightarrow{\text{混酸}} \text{3-硝基-4-溴苯磺酸}$$

第六节 重要的芳烃

一、苯

苯是具有特殊芳香气味的无色、易燃、易挥发液体，其蒸气有毒，俗称“天那水”。沸点 80.1℃，不溶于水，相对密度 0.879，易溶于有机溶剂。

苯中毒时对造血器官及神经系统损害最为明显，长期接触苯可引起骨髓与遗传损害，甚至发生白血病；轻度中毒会造成嗜睡、头痛、头晕、恶心、呕吐，吸入高浓度的苯能引起麻醉症状，严重者甚至死亡。苯中毒对身体的危害归结为三种：致癌、致残、致畸胎。

苯主要来源于煤焦油和石油的芳构化。

苯是重要的有机溶剂，可溶解涂料、橡胶和胶水等。也是基本有机化工原料，可通过取代、加成和氧化反应制得多种重要的化工产品或中间体。

苯的主要用途见下表：

表 6-2 苯的主要用途

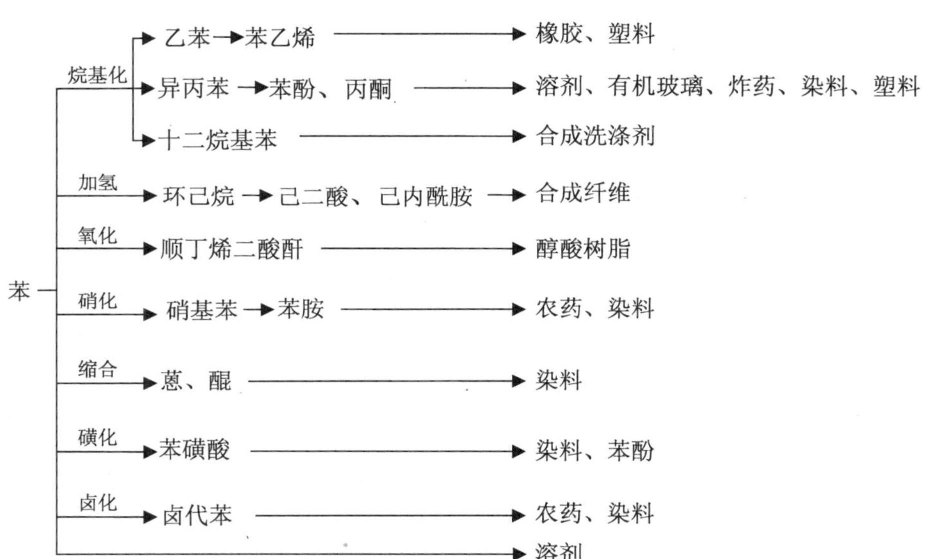

苯的最大用途是作为生产苯乙烯的单体原料，约占世界苯消耗量的 50%。环己烷和苯酚也是苯重要消费领域。二者均占苯消费量的 15%～18%。此外，苯胺、烷基苯、顺-丁烯二酸酐也都是由苯产生的重要衍生物。

二、甲苯

甲苯是无色液体，气味与苯相似，不溶于水，可溶于有机溶剂。沸点为 110.8℃，凝固点为－95℃，密度 0.866 g/mL，甲苯温度计正是利用了它的凝固点比水低，可以在高寒地区使用。

甲苯有毒，其毒性与苯相似。其中对神经系统的毒害作用比苯重，对造血系统的毒害作用比苯轻。

主要来源于煤焦油和石油的铂重整。

甲苯是重要的有机溶剂，也是基本有机化工原料，主要用于合成苯甲醛、苯甲酸、苯酚、苄基氯以及炸药、染料、香料、医药和糖精等。

三、二甲苯

二甲苯是无色透明易挥发的液体。有芳香气味，有毒，难溶于水，易溶于有机溶剂。有三种同分异构体：

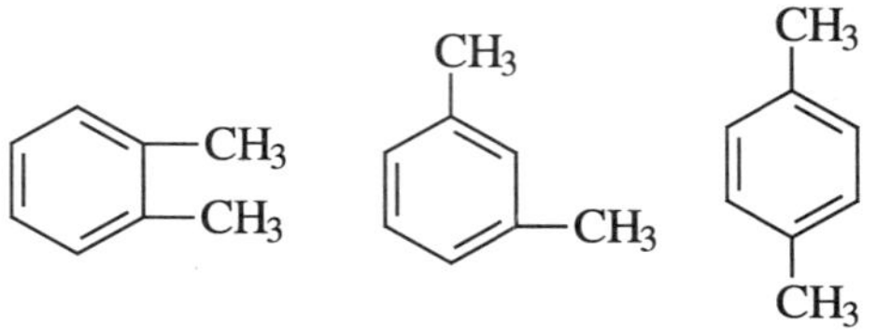

	邻二甲苯	间二甲苯	对二甲苯
沸点/℃	144.41	139.10	138.35
熔点/℃	−25.17	−47.40	13.26
密度/（g/cm^3）	0.880	0.864	0.861

二甲苯除从煤焦油获得少量外，大部分是由催化重整的轻汽油经分馏而得。邻二甲苯是生产邻苯二甲酸、苯酐的主要原料；间二甲苯主要用于制取间-苯二甲酸及其衍生物，是合成树脂、染料、医药和香料的原料；对二甲苯用于生产对苯二甲酸，是聚酯纤维和工程塑料（PBT）的原料。

四、苯乙烯

苯乙烯是具有辛辣气味的可燃性无色液体。沸点 145℃，微溶于水，可溶于乙醇、乙醚、丙酮等有机溶剂。本身也是良好的溶剂，能溶解许多有机化合物。其蒸气有毒。

苯乙烯具有芳烃和烯烃的双重性质。由于含有活泼的碳碳双键，能发生加成、聚合等多种反应，即使在室温下放置也会逐渐聚合，因此贮存时需要加入防止聚合的阻聚剂，如对苯二酚等。

在引发剂存在下，苯乙烯不仅自身还能与其他有机物发生共聚生成一系列聚合物。用于生产聚苯乙烯用量占苯乙烯总消费量 58%左右，其次，还用于生产 ABS 树脂，丁苯橡胶、丁苯胶乳、SBS，不饱合聚酯树脂、离子交换树脂等。广泛用于工程、电子、电器、仪表、家电、建材、制药、农药等行业。因此，它是石化行业的重要基础原料。

五、联苯

联苯为无色晶体，具备独特的香味，熔点 70℃，沸点 254℃，不溶于水而溶于有机溶剂。有毒，会损害心肌、肝肾、中枢神经系统。

联苯的化学性质与苯相似，在两个苯环上均可以发生磺化、硝化等取代反应。

联苯环上碳原子的位置采用下式所示的编号来表示：

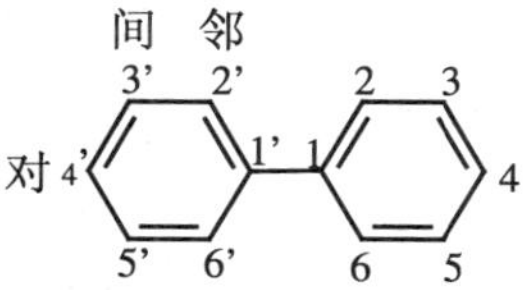

间 邻
3' 2' 2 3
对 4' 1' 1 4
5' 6' 6 5

联苯对热很稳定，当它与二苯醚以 26.5∶73.5 的比例混合时，受热到 400℃也不分解，是工业上普遍使用的热载体；也是高质量绝缘液的原料，用作医药、农药、增塑剂、防腐剂；还用于制造染料、工程塑料和高能燃料等。

六、萘

萘是白色晶体。熔点 80℃，不溶于水，沸点 218℃易溶于热的乙醇或乙醚中。具有特殊气味，可用作驱虫剂。衣物防虫蛀所用的卫生球就是由纯萘压制而成的。萘容易升华，这就是卫生球久置后会变小或消失的缘故。

萘存在于煤焦油的萘油馏分中。将煤焦油的萘油冷却到 40～50℃，粗萘即结晶出来。再经过碱洗、酸洗、减压蒸馏或升华处理就可得到纯萘。

萘是最简单的稠环芳烃，分子式为 $C_{10}H_8$，它是有两个苯环通过共用两个相邻的碳原子稠合而成：

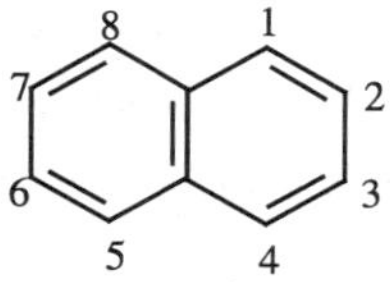

8 1
7 2
6 3
5 4

萘的化学性质与苯相似，但比苯活泼。也可发生取代、加成和氧化等一系列反应，生成许多有用的稠环芳烃衍生物。工业上主要用于制取邻苯二甲酸酐，以供生产萘酐、涤纶、工程塑料、油漆、应用在染料、橡胶助剂、润湿剂、表面活性剂、医药和农药中间体或产品。

七、蒽和菲

蒽和菲的分子式都是 $C_{14}H_{10}$，它们都是由 3 个苯环稠合而成的稠环芳烃。由于 3 个苯环彼此稠合的方式不同，它们互为同分异构体。其中 3 个苯环以直线式稠合排列的叫做蒽，以角式稠合排列的叫做菲。它们的构造式如下：

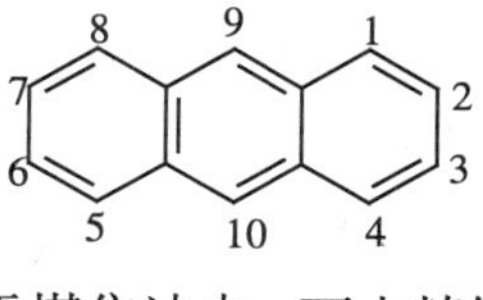

8 9 1
7 2
6 3
5 10 4

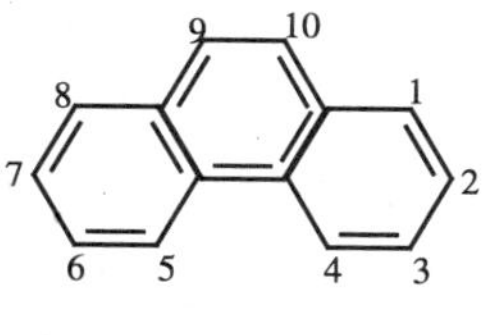

9 10
8 1
7 2
6 5 4 3

蒽和菲都存在于煤焦油中，可由精馏法制得。蒽是带有浅蓝色荧光的针状晶体。

熔点 217℃，沸点 354℃不溶于水，微溶于醇、醚，能溶于苯、氯仿和二硫化碳。

菲是白色具有荧光的片状晶体。熔点 101℃，沸点 340℃不溶于水，微溶于乙醇，可溶于乙醚、冰醋酸、苯和四氯化碳等，溶液发出蓝色的荧光。有毒，容易被肠、胃吸收。

此外，蒽又是塑料、绝缘材料的原料，也用于合成油漆。菲可用于造纸工业中作纸浆的防雾剂；用于硝化甘油炸药和硝化纤维的稳定剂；用于制烟幕弹等。在医药工业上可用于合成具有特殊生理功能的生物碱吗啡、咖啡因、二甲基吗啡等；在塑料工业用于合成鞣剂；在高温高压下加氢制得的过氢菲是高级喷气式飞机的燃料。

八、其他稠环芳烃

芘和芘都是由 4 个苯环稠合而成的稠环芳烃。因稠合排列的方式不同，互为同分异构体。它们的构造式如下：

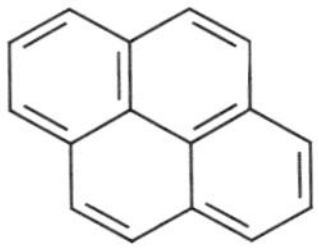

芘 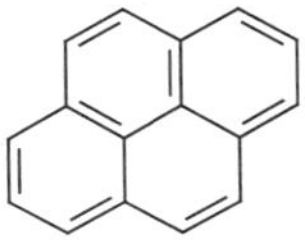　　　　芘

芘又叫稠二萘，是银灰色或黄绿色鳞片状或平斜方八面晶体。熔点 254℃，不溶于水，微溶于醇、醚等，可溶于热甲苯，有毒，在紫外线照射下显紫色荧光。存在于高温焦油中，可由分馏方法制得。主要用作非磁性金属材料表面探伤荧光剂、化学仪器紫外线过滤剂、光敏剂、照相感光剂等。也用作合成染料的原料、农药“敌稗”的溶剂和增效剂。

芘又叫嵌二萘，是浅黄色单斜晶体。熔点 151℃，不溶于水，易溶于乙醚、二硫化碳、苯和甲苯等。存在于高温焦油中，可用分馏法制取。是有机合成原料。可用于制染料（如艳橙 GR 等）、合成树脂、工程塑料以及增塑剂等。

芴是两个苯环通过共用一个五元环稠合而成的稠环芳烃，构造式如下：

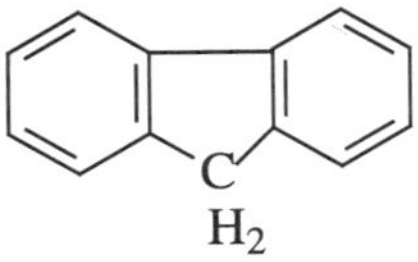

C
H_2

芴是白色小片状晶体。熔点 118℃，不溶于水，可溶于乙醇、乙醚和苯等。存在于高温焦油中，经精馏、分离和萃取制得。是重要的有机合成原料。可用于合成芳基透明尼龙、阴丹士林染料、杀虫剂、除草剂、湿润剂、洗涤剂、消毒剂、液体闪光剂等。还可用于制抗冲击的有机玻璃和芴醛树脂以及用于静电复印的三硝基芴酮。医药工业上用作抗痉挛药、镇静药、镇痛药、降血压药等的原料。

*第七节　非苯芳烃和休克尔规则

一、休克尔规则

一百多年前，凯库勒就预见到，除了苯外，可能存在其他具有芳香性的环状共轭多烯烃。为了解决这个问题，化学家们做了许多努力，但用共价键理论没有很好地解决这个问题。

1931 年，休克尔（E. Huckel）用简单的分子轨道计算了单环多烯烃的π电子能级，从而提出了一个判断芳香性体系的规则，称为休克尔规则。休克尔提出，单环多烯烃要有芳香性，必须满足三个条件。

（1）成环原子共平面或接近于平面，平面扭转不大于 0.1 nm；

（2）环状闭合共轭体系；

（3）环上π电子数为 $4n+2$（$n=0$，1，2，3…）。

符合上述三个条件的环状化合物，就有芳香性，这就是休克尔规则。例如：

其他不含苯环，π电子数为 $4n+2$ 的环状多烯烃，具有芳香性，我们称它们为非苯系芳烃。

二、非苯芳烃

（1）环戊二烯负离子

$$+\ Na \xrightarrow[N_2]{苯} \quad + \frac{1}{2}H_2$$

$H\ Na^+$

符合 $4n+2$ 规律，具有芳香性

（2）环辛四烯负离子

$$\xrightarrow[THF]{2K}$$

符合 $4n+2$ 规律，具有芳香性

（3）薁　由一个五元的环的环戊二烯和七元环的环庚三烯稠合而成。含 10 个π电子，符合 Huckel（4*n*+2）规则，具有芳香性。

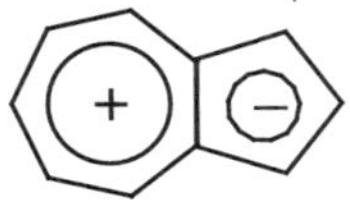

分子有明显的极性，其中五元环是负性的，七元环是正性的，偶极矩是 0.8D。发生酰基化反应，取代基进入 1，3 位。

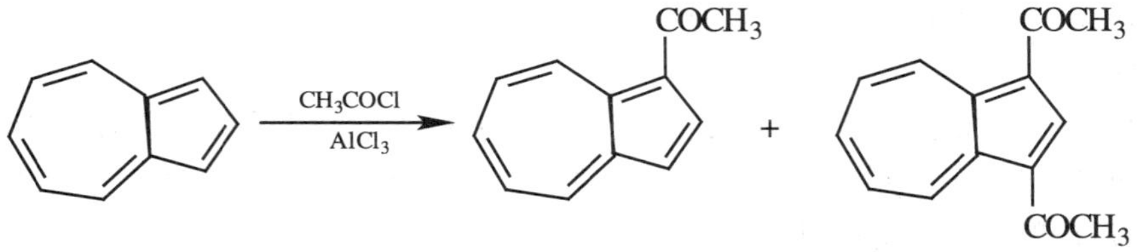

CH_3COCl / $AlCl_3$ ； $COCH_3$ + $COCH_3$ $COCH_3$

第八节　芳烃的来源

工业上芳烃的主要来源是煤和石油。

一、炼焦副产品回收芳烃

煤干馏时得到的焦炉气和煤焦油中含有芳烃，可通过溶剂提取或分馏等方法将它们分离出来。

1．从焦炉气中提取

焦炉气中含有的芳烃主要是苯和甲苯以及少量二甲苯。可用重油把它们溶解、吸收，然后再蒸馏即得粗苯混合物。粗苯混合物中含苯为 50%～70%，甲苯为 15%～22%，二甲苯为 4%～8%。可用分馏的方法将它们进一步分离开。

2．从煤焦油中分离

煤焦油为黑色黏稠状液体，组成十分复杂，估计有上万种有机化合物，现已鉴定的就有几百种。其中含有一系列的芳烃以及芳烃的含氧、含氮衍生物。可先按沸点范围不同将它们分馏成若干馏分，然后再采用萃取、磺化或分子筛吸附等方法将不同芳烃从各馏分中分离出来。

芳烃在煤焦油各馏分中的分布情况见表 6-3。

二、石油的芳构

在加压、加热和催化剂存在下，将石油中的烷烃和环烷烃转化为芳烃的过程叫做芳构化，也叫做石油的重整。常用的催化剂是铂，用铂催化进行的重整又叫铂重整。

表 6-3 煤焦油分馏的各组分

馏分	温度范围/℃	主要成分	含量
轻油	<170	苯、甲苯、二甲苯	1%～3%
酚油	170～210	异丙苯、苯酚、甲基酚	6%～8%
萘油	210～230	苯、甲基萘、二甲萘等	8%～10%
洗油	230～300	联苯、苊、芴等	8%～10%
蒽油	300～360	蒽、菲及其衍生物、苊等	15%～20%
沥青	360 以上	沥青、游离碳	40%～50%

石油芳构化主要有 3 种情况。

1．环烷烃催化脱氢

在催化剂存在下，环烷烃可发生脱氢反应生成芳烃。例如：

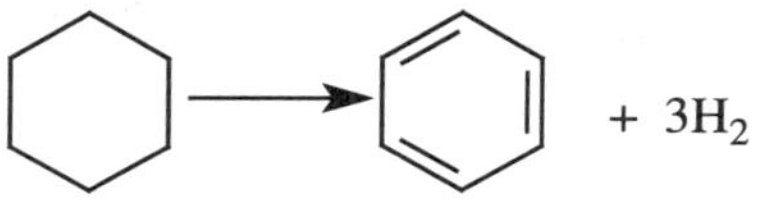

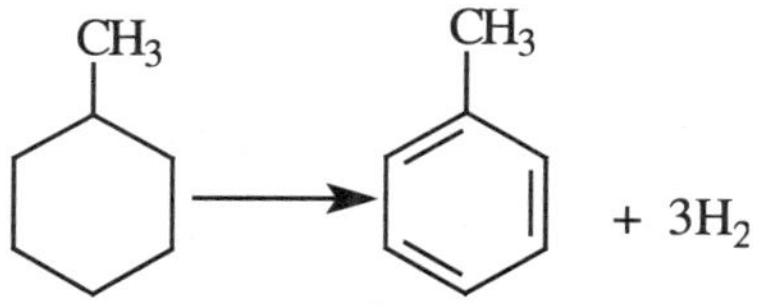

环己烷 → 苯 + $3H_2$

甲基环己烷（CH_3）→ 甲苯（CH_3）+ $3H_2$

2．环烷烃异构化、脱氢

在高温和催化剂存在下，环烷烃先发生异构化反应，再脱氢得到芳烃。例如：

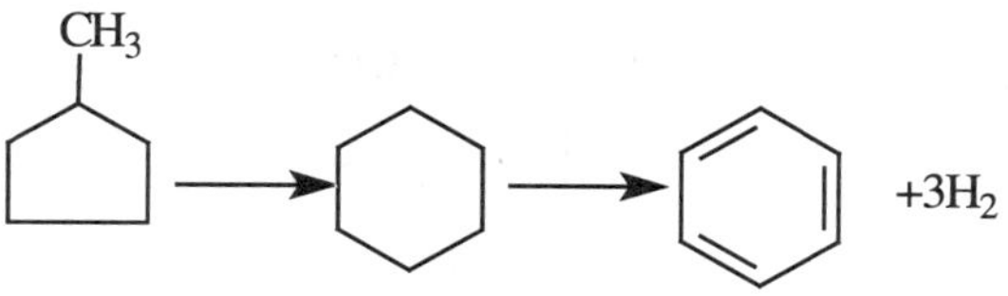

甲基环戊烷（CH_3）→ 环己烷 → 苯 $+3H_2$

3．烷烃脱氢环化、再脱氢

在高温和催化剂存在下，开链烷烃可发生脱氢形成脂环化合物，脂环化合物进一步脱氢则生成芳烃。例如：

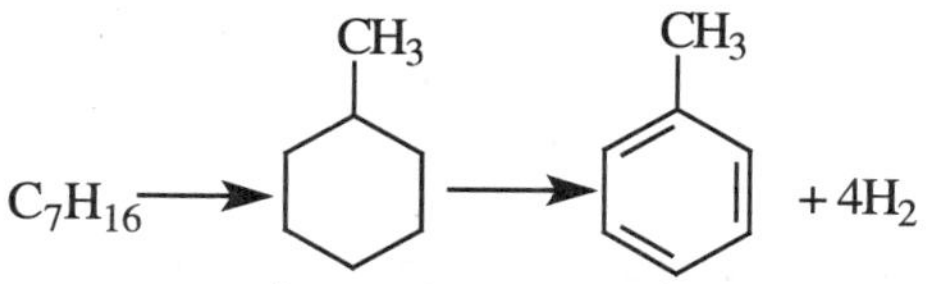

C_7H_{16} → 甲基环己烷（CH_3）→ 甲苯（CH_3）$+4H_2$

庚烷

复习与思考题

1. 芳烃和芳香族化合物有什么不同？芳香族化合物都具有芳香气味吗？
2. 苯的分子结构具有什么特点？
3. 什么叫做苯的芳香性？
4. 苯具有高度不饱和性，但却不易发生加成和氧化反应，为什么？
5. 写出分子式为 C_9H_{12} 的芳烃的异构体并命名。
6. 命名下列化合物：

(1) CH_2CH_3，CH_2CH_3

(2) $CH{=}CH_2$，CH_3

(3) $CH_2CH_2CH_3$，H_3C，CH_2CH_3

(4) C_2H_5，$H_3C-HC-CH-CH_3$

7. 给下列芳烃命名：

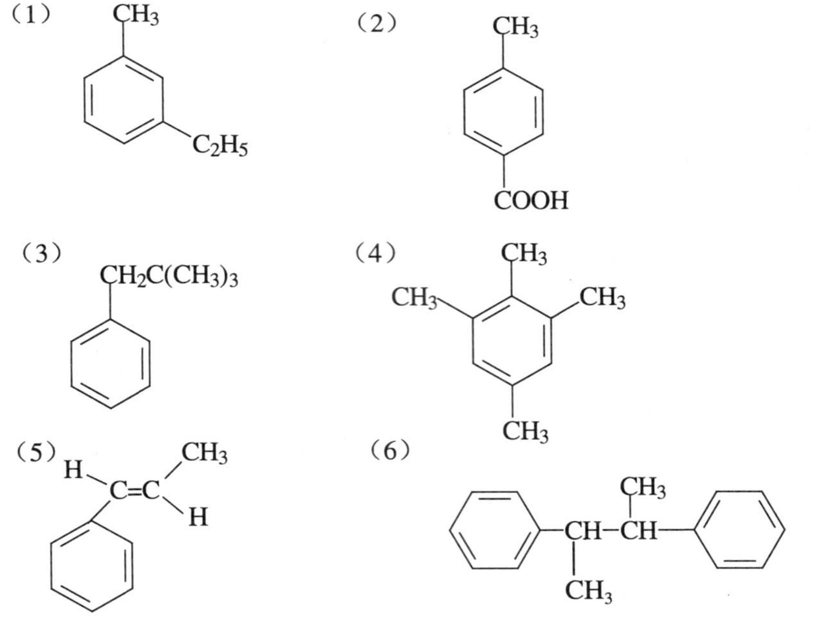

8. 芳烃的环上卤代和侧链卤代反应条件有什么不同？
9. 当侧链为两个以上碳原子的烃基时，取代反应主要发生在哪个部位？为什么？
10. 芳烃硝化反应常用的硝化试剂是什么？浓硫酸起什么作用？

11. 磺化反应有什么特点？常用的磺化试剂是什么？

12. 芳烃的磺化反应在工业生产和实验室中具有哪些实际应用？

13. 芳烃烷基化反应常用的烷基化试剂有哪些？

14. 芳烃的烷基化反应过去使用什么催化剂？现在使用什么催化剂？新旧催化剂有哪些不同之处？

15. 芳烃酰基化反应常用的酰基化试剂有哪些？

16. 芳烃的烷基化和酰基化反应在生产实际中有哪些重要应用？

17. 完成下列化学反应。

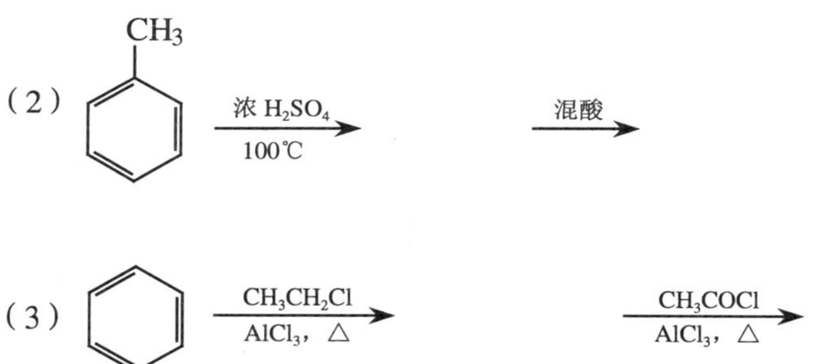

18. 苯环容易发生加成反应吗？为什么？

19. 苯催化加氢反应在工业上有什么用途？

20. 乙苯与单质溴的反应，在光照和三氯化铁的作用下，产物有什么不同？

21. 苯环容易发生氧化反应吗？为什么？

22. 烷基苯为什么容易发生氧化反应？烷基苯的氧化产物是什么？

23. 烷基苯的氧化在工业生产和实验室中有哪些实际应用？

24. 用化学方法鉴别下列化合物：苯，乙苯，苯乙烯。

25. 什么叫做定位基？什么是定位效应？

26. 定位基可分为几类？它们各具有什么样的定位效应？

27. 两类定位基各具有什么样的结构特点？它们的排列顺序有什么规律？

28. 单环芳烃取代反应的定位规律有哪些实际应用？

29. 下列化合物进行硝化时，硝基将主要进入苯环的什么位置？试用箭头标出。

(1) CH_3, OCH_3　(2) SO_3H, NO_2　(3) $NHCOCH_3$, Cl　(4) COOH, NO_2

(5) Br, NO_2　(6) COOH, CH_3　(7) CH_3　(8) NO_2

30. 由苯、甲苯和必要的无机试剂合成下列化合物:

(1) CH_3, NO_2　(2) COOH, $C(CH_3)_3$　(3) Br, Br, Br, NO_2

31. 芳烃的工业来源主要有哪些?

32. 什么叫煤的干馏?煤的干馏都有哪些产品?

33. 石油芳构化有几种类型的反应?

34. 试写出正己烷芳构化制苯的反应式。

35. 写出 C_9H_{12} 的芳烃的构造异构体并命名。

36. 写出下列化合物的构造式。

(1) 对硝基苯甲酸　(2) 间甲苯酚　(3) 对氯苯胺

(4) 2,4,6-二溴苯甲酚　(5) 间苯二磺酸　(6) 2,4-二溴苯甲酚

37. 试排列下列各组化合物进行硝化反应的活性顺序。

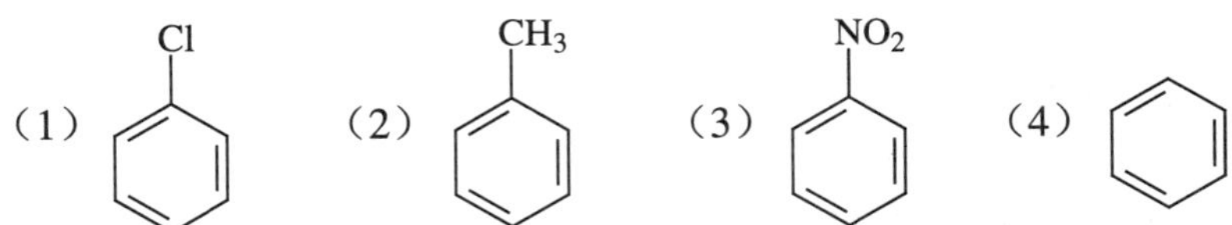

38. 给下列化合物命名:

（1） $CH{=}CH_2$ / Cl （2） SO_3H / NO_2 （3） CH_3 / OCH_3 （4） CH_3

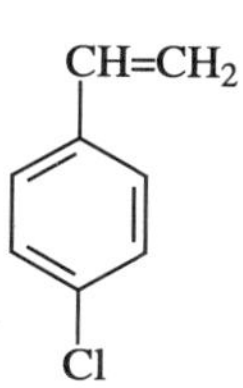

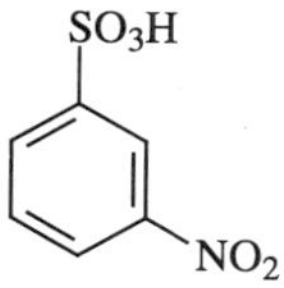

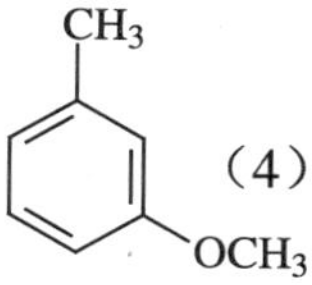

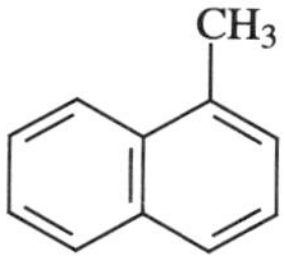

（5） CH_3 / CH （6） NO_2 （7） OH / CH_3 （8） NO_2 / NO_2

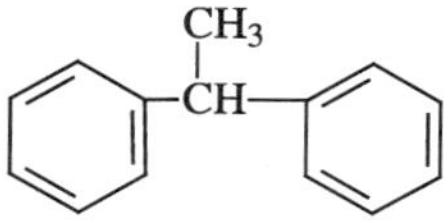

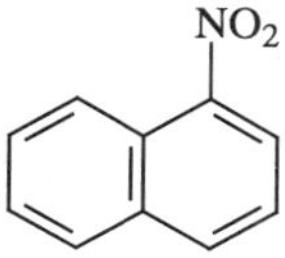

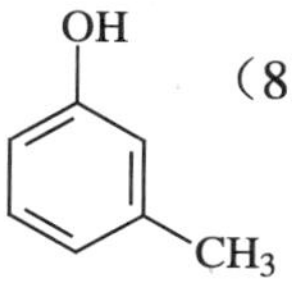

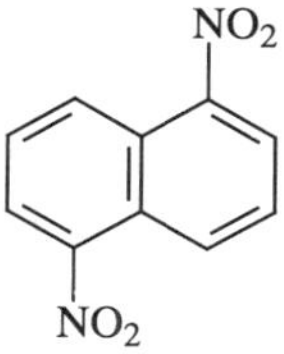

39. 用箭头标出下列化合物进行硝化反应时，硝基进入苯环的位置。

（1） 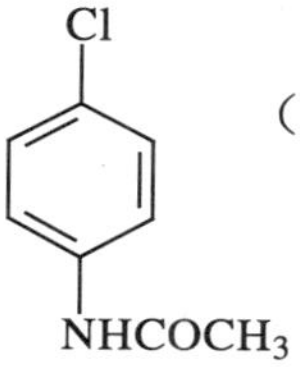 Cl / $NHCOCH_3$ （2） NO_2 / Br （3） NO_2 / SO_3H （4） CH_3 / OCH_3

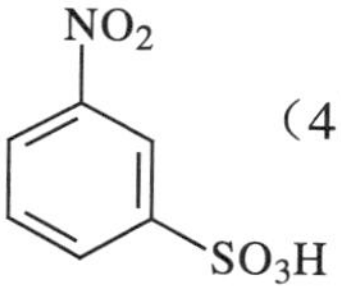

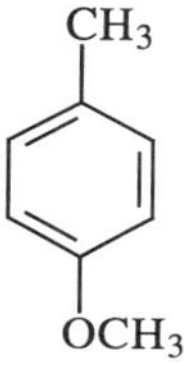

（5） COOH / CH_3 （6） OH / CH_2CH_3 （7） $NHCH_3$ / Br （8） $NHCH_3$ / CN

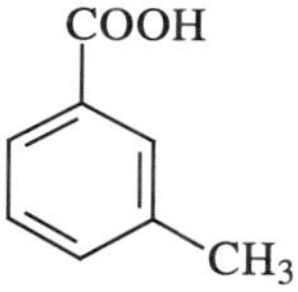

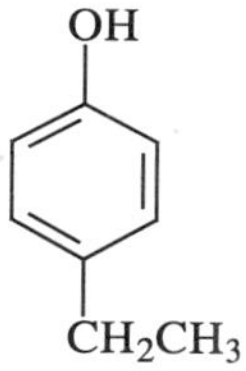

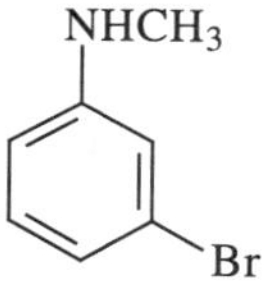

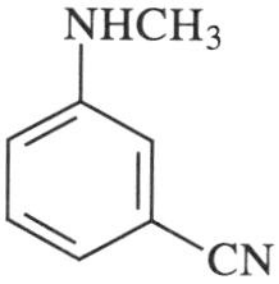

40. 完成下列化学反应。

（1） 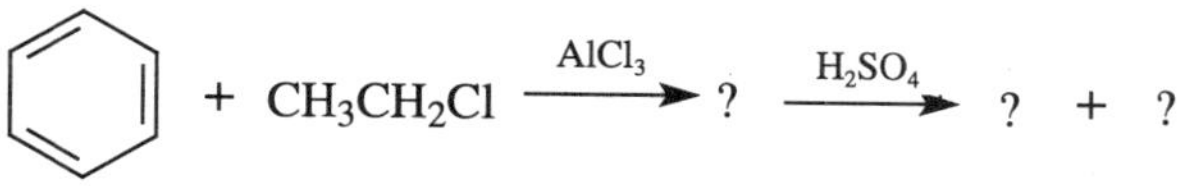 + CH_3CH_2Cl $\xrightarrow{AlCl_3}$? $\xrightarrow{H_2SO_4}$? + ?

（2） CH_3 $\xrightarrow{?}$ CH_2Cl $\xrightarrow{?}$ CH_2

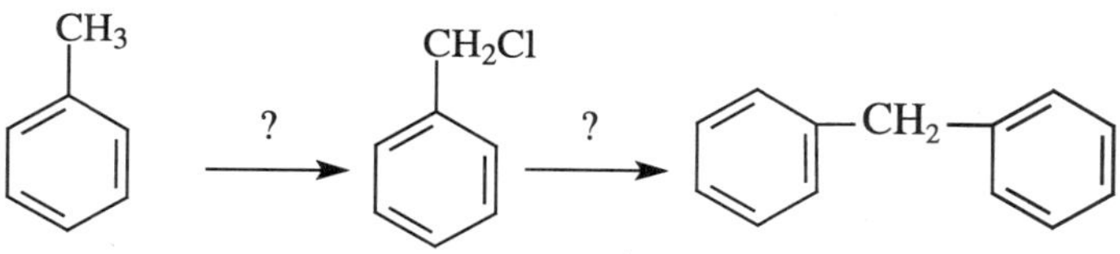

（3） CH_3 $\xrightarrow[\triangle]{KMnSO_4}$?

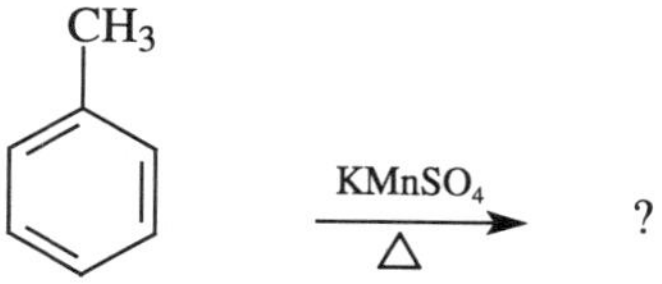

（4）$C_6H_5CH{=}CH_2 \xrightarrow[\triangle,p]{H_2/Ni}$?

（5）$C_6H_5CH_2CH_3 \xrightarrow[光]{Br_2}$? $\xrightarrow{浓\ H_2SO_4}$?

（6）$C_6H_5CH_3$（甲苯） $\xrightarrow{?}$ 对甲苯磺酸（CH_3、SO_3H 处于对位） $\xrightarrow{?}$ 对磺基苯甲酸（$COOH$、SO_3H 处于对位）

（7）萘 $\xrightarrow{?}$ 1-甲基萘（CH_3） $\xrightarrow{?}$ 1-甲基-4-硝基萘（CH_3、NO_2）

（8）萘 $\xrightarrow{混酸}$? $\xrightarrow{混酸}$?

41. 用化学方法鉴别下列各组化合物。

（1）甲苯和 1-己烯　　　　（2）环己烷、苯、环己烯、3-甲基-1-丁炔

42. 写出下列反应物的构造式:

（1）$C_8H_{10} \xrightarrow[\triangle]{KMnO_4溶液}$ C_6H_5—COOH

（2）$C_9H_{12} \xrightarrow{KMnO_4溶液} C_6H_5COOH$

（3）$C_8H_{10} \xrightarrow[\triangle]{KMnO_4溶液}$ HOOC—C_6H_4—COOH（对位）

（4） $C_9H_{12} \xrightarrow[\triangle]{KMnO_4溶液}$ 间苯二甲酸（结构式：苯环1,3-位各连COOH）

43. 以甲苯为主要原料，选择适当的无机（或有机）试剂合成下列化合物。

（1） $O_2N-C_6H_4-COOH$（对位）　　（2） $CH_3-C_6H_4-CH(CH_3)_2$（对位）

（3） 苯环上1-COOH，3-NO_2，4-Br　　（4） 对位 $Br-C_6H_4-CH_2Cl$

（5） 苯环上1-CH_2，2,6-二Br，4-O_2N　　（6） 间氯苯甲酸

44. 分子式为 C_8H_{10} 的芳烃，发生硝化反应时，只得一种一元硝化产物，用重铬酸钾氧化时，可得二元芳酸。试推测该芳烃的构造式并写出各步化学反应式。

45. 某芳烃其分子式为 C_9H_{12}，用 $K_2Cr_2O_7$ 硫酸溶液氧化后得一种二元酸，将原来芳烃进行硝化所得的一元硝基化合物主要有两种，问该芳烃的可能构造式如何？并写出各步反应式。

46. A、B、C 三种芳烃分子式同为 C_9H_{12}，氧化时 A 得一元羧酸，B 得二元酸，C 得三元酸。但经硝化时甲和乙分别得到两种一硝基化合物，而丙只得一种一硝基化合物，试推测 A、B、C 三者的结构。

47. 某芳烃化合物 A 的分子式为 C_9H_{10}，能使溴的四氯化碳溶液褪色。用高锰酸钾的硫酸溶液氧化 A 时，得到乙酸（CH_3COOH）和芳酸 B。B 发生硝化反应时，只得一种主要产物 C。试推测化合物 A、B、C 的构造式并写出各步化学反应式。

第七章 卤代烃

【学习目标】

1. 了解卤代烃的分类和异构现象，掌握其命名方法。
2. 了解卤代烷的物理性质及其变化规律。
3. 熟悉官能团（—X）的特征反应，掌握卤代烃的鉴别方法。
4. 了解卤代烷分子中断裂 C—X 键、β—C—H 键并形成新化合物的反应规律，熟悉重要化学反应的主要工艺条件，掌握其在生产、生活中的实际应用。

第一节 卤代烃的分类、同分异构和命名

烃分子中的一个或者几个氢原子被卤原子取代后生成的产物叫做卤代烃。常用通式 R—X 或 ArX 表示，其中卤原子是卤代烃的官能团。

一、卤代烃的分类

根据卤代烃分子中的烃基结构不同，可将其分为饱和卤代烃（即卤代烷）、不饱和卤代烃（主要指卤代烯烃）和芳香族卤代烃（即卤代芳烃）。例如：

卤代烷烃 $R—CH_2—X$ CH_3CH_2Br （溴乙烷）

卤代烯烃 $R—CH=CH—X$ $CH_2=CHCl$ （氯乙烯）

卤代芳烃 $C_6H_5—X$ $C_6H_5—Cl$ （氯苯）

$C_6H_5—CH_2X$ $C_6H_5—CH_2Cl$ （苄氯）

根据分子中所含卤原子的数目不同，可分为一卤代烃、二卤代烃和三卤代烃等，二元以上的卤代烃统称为多卤代烃。例如：

一卤代烃 CH_3Cl

多卤代烃 CH_2Cl_2 $CHCl_3$ CCl_4

根据与卤原子直接相连的碳原子类型不同，又可分为伯卤代烃、仲卤代烃和叔卤代烃。

例如：

$R—CH_2—X$ 伯卤代烃 一级卤代烃（1°）

$R_2CH—X$ 仲卤代烃 二级卤代烃（2°）

$R_3C—X$ 叔卤代烃 三级卤代烃（3°）

伯（1°）卤代烃 $R—CH_2—X$ CH_3CH_2I（1-碘乙烷）

仲（2°）卤代烃 $R_2—CH—X$ $CH_3CH(Cl)CH_3$（2-氯丙烷）

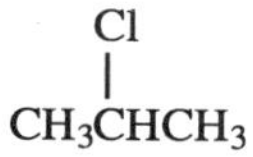

叔（3°）卤代烃 $R_3—C—X$ $CH_3C(Cl)(CH_3)CH_3$（2-甲基-2-氯丙烷）

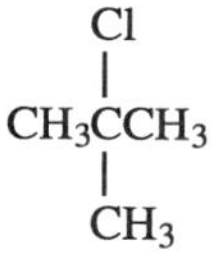

二、卤代烃的同分异构

这里只讨论卤代烷的同分异构现象。

碳原子数相同的卤代烷，可因碳链构造和卤原子位置不同而产生异构体。例如分子中含有 4 个碳原子的一氯代烷，具有下列 4 种异构体：

（1）$CH_3CH_2CH_2CH_2Cl$ （2）$CH_3CH_2CH(Cl)CH_3$

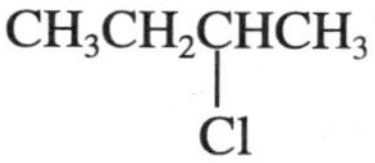

（3）$CH_3CH(CH_3)CH_2Cl$ （4）$CH_3C(CH_3)(Cl)CH_3$

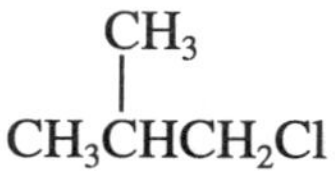

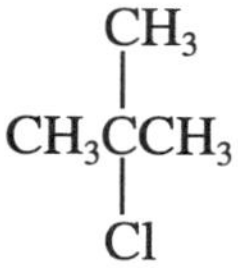

其中（1）和（2）、（3）和（4）为位置异构；（1）和（3）、（2）和（4）为碳链异构。

三、卤代烃的命名

1. 习惯命名法

习惯命名法是在烃基名称的后面加上卤原子的名称，叫做“某基卤”或“卤（代）某烃”。例如：

CH_3Cl	CH_3CH_2Br	$C(CH_3)_3Cl$	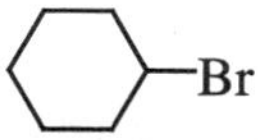 $C_6H_{11}—Br$
甲基氯（氯甲烷）	乙基溴（溴乙烷）	叔丁基氯（氯代叔丁烷）	环己基溴（溴代环己烷）

习惯命名法只适用于烃基结构较为简单的卤代烃。

2. 俗名或商品名

$CHCl_3$　　CHI_3　　CCl_2F_2　　（六氯环己烷结构式）

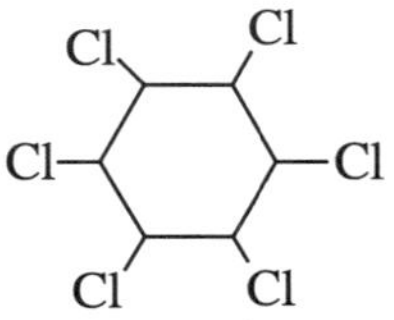

氯仿　　碘仿　　氟利昂　　六六六（林丹）

3. 系统命名法

系统命名法是以烃为母体，卤原子只作为取代基。命名原则与一般烃类的相同。

（1）饱和卤代烃

$CH_3—CH_2—CH(CH_3)—CH(Cl)—CH_3$　　3-甲基-2-氯戊烷

（2）不饱和烃

$CH_2=CH—CH(CH_3)—CH_2—Cl$　　3-甲基-4-氯-1-丁烯

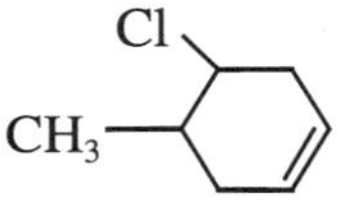

（环己烯环上连有 Cl 和 CH_3）　　4-甲基-5-氯环己烯

（3）卤代芳烃

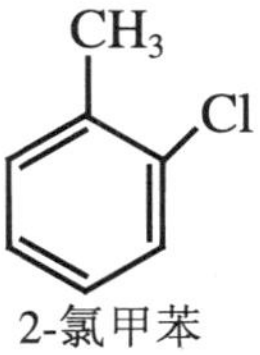

2-氯甲苯 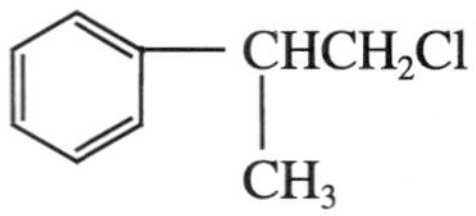　　1-氯-2-苯基丙烯

命名卤代芳烃时，以芳烃为母体，卤原子作为取代基，如果卤原子连在苯环的侧链上，命名时则以烷烃为母体，卤原子和苯环作为取代基。

第二节　卤代烃的性质

一、卤代烃的物理性质

一些常见卤代烷的物理常数见表 7-1。

表 7-1　卤代烷的物理常数

烷基名称或卤代烷名称	氯化物		溴化物		碘化物	
	沸点/℃	密度（20℃）/（g/cm³）	沸点/℃	密度（20℃）/（g/cm³）	沸点/℃	密度（20℃）/（g/cm³）
甲基	−24.2	0.916	3.5	1.676	42.4	2.279
乙基	12.3	0.898	8.4	1.460	72.3	1.936
正丙基	46.6	0.891	71.0	1.354	102.5	1.749
异丙基	35.7	0.862	59.4	1.314	89.5	1.703
正丁基	78.5	0.886	101.6	1.276	130.5	1.615
仲丁基	63.3	0.873	91.2	1.261	120.4	1.605
异丁基	68.9	0.875	91.5	1.261	120.4	1.605
叔丁基	52	0.842	73.3	1.221	100	1.545
1,2-二卤乙烷	83.5	1.256	131	2.180	分解	2.13
四卤甲烷	76.8	1.594	189.5	3.27	升华	4.50

1．物态

在常温常压下，氯甲烷、溴甲烷和氯乙烷为气体，其他的一卤代烷均为液体。纯净的卤代烷是无色的。但碘代烷由于不稳定，见光易分解产生游离碘，所以久置后的碘代烷常带有红棕色。因此贮存碘代烷时，需用棕色瓶盛装。

一卤代烷具有不愉快的气味，其蒸气有毒，应避免吸入体内。

2．沸点

卤代烷的沸点随相对分子质量的增加而升高。由于分子中的卤原子极性比较大，所以卤代烷的沸点比相应的烷烃高。烃基相同的卤代烷，其沸点顺序为：RI＞RBr＞RCl。在同分异构体中，直链卤代烷的沸点最高，支链越多，沸点越低，这与烷烃的类似。此外，卤代烃与相对分子质量相近的烷烃的沸点接近，只有氟代烷的例外。

3．相对密度

一氯代烷的相对密度小于 1，比水轻。一溴代烷和一碘代烷的相对密度大于 1，比水重。多卤代烷的相对密度大于 1。一卤代烷的碳数越多，密度越小。

在同系列中，卤代烷的相对密度随着相对分子质量的增加而减小。这是由于卤原子在分子中质量分数逐渐减小的缘故。

4．溶解性

卤代烷不溶于水，可溶于醇、醚、烃等有机溶剂。有些卤代烷（如氯仿和四氯化碳）本身就是优良的有机溶剂。多卤代烷可用作干洗剂。

5．火焰颜色

卤代烷在铜丝上燃烧时能产生绿色火焰，这是鉴定卤原子的简便方法。

二、卤代烷的化学性质

卤代烷的化学反应主要发生在官能团卤原子以及受卤原子影响而比较活泼的β氢原子上：

$$\mathrm{R—\overset{\beta}{C}H_2—\overset{\alpha}{C}H_2—X}$$

① C—X 键断裂 { X 原子被取代；与金属 Mg 反应 }

② C—X 键及β位 C—H 键断裂，消除反应。

（一）取代反应

卤代烷分子中的碳卤键（C—X）是强极性共价键，在极性试剂作用下，容易发生断裂，X 原子被其他原子或基团取代。

1．水解

卤代烷不溶于水，并且是一个可逆反应，因此水解反应很慢。为了加速反应并使反应进行到底，通常用强碱（KOH 或 NaOH）的水溶液与卤代烷共热，使 X 原子被羟基（—OH）取代生成醇。

$$\mathrm{R—\boxed{X+H}—OH \xrightarrow{NaOH} R—OH+H_2O+NaX}$$

$$\mathrm{R{-}{-}\vdots{-}{-}X+H{-}{-}\vdots{-}{-}OH \xrightarrow{NaOH} R—OH+H_2O+NaX}$$

通常卤代烷是由相应的醇制得，因此该反应只适用于制备少数结构较复杂的醇。

2．醇解

卤代烷与醇钠在相应的醇溶液中反应，卤原子被烷氧基（—OR）取代生成醚。此反应称为威廉逊（Williamson）合成法，是制备混醚的最好方法。例如：

$$\mathrm{CH_3—\underset{Br}{\overset{CH_3}{C}}—CH_3 + CH_3ONa \xrightarrow[\text{回流}]{CH_3OH} CH_3—\underset{CH_3}{\overset{CH_3}{C}}—O—CH_3 + NaBr}$$

甲基叔丁基醚为无色液体。沸点 55.3℃，微溶于水，可溶于有机溶剂。是一种新型的高辛烷值汽油调和剂，可代替有毒的四乙基铅，减少环境污染，提高汽油质量和使用安全性。

3．氨解

卤代烷与氨在醇溶液中共热时，卤原子被氨基（—NH_2）取代生成伯胺。这是工业上制取伯胺的方法之一。例如：

$$CH_3CH_2CH_2CH_2—Br+2NH_3 \longrightarrow CH_3CH_2CH_2CH_2—NH_2+NH_4Br$$

正丁胺为无色透明液体，有氨的气味，沸点 77.8℃。可用做裂化汽油防胶剂、石油产品添加剂、彩色相片显影剂，也可用于合成杀虫剂、乳化剂及治疗糖尿病的药物等。

4．氰解

$$R—X+NaCN \xrightarrow{C_2H_5OH} R—CN+HCl$$

卤代烷与氰化钠（或氰化钾）在醇溶液中共热时，卤原子被氰基（—CN）取代生成腈。例如：

腈可进一步水解生成酸，这是制备酸的一个重要方法， 此反应的特点是产物比原料增加一个碳原子，在有机合成中用于增长碳链。

在上述取代反应中，各级卤代烷的反应活性顺序为：

伯卤烷＞仲卤烷＞叔卤烷

其中伯卤烷的取代物产率较高，仲卤烷的取代物产率较低，叔卤烷则很难得到相应的取代产物，而主要发生消除反应生成烯烃。

5．与硝酸银-乙醇溶液反应

卤代烷与硝酸银在乙醇溶液中反应生成硝酸酯，同时析出卤化银沉淀。

$$RX+AgONO_2 \xrightarrow{\text{乙醇}} RONO_2+AgX$$

在这一反应中，不同卤代烷的反应活性为： 叔卤代烷＞仲卤代烷＞伯卤代烷

RI＞RBr＞RCl

在常温下叔卤代烷反应很快，立即生成卤化银沉淀；仲卤代烷反应较慢；伯卤代烷则需要加热才能反应。这一反应速率的差异可用于鉴别卤代烷。

6．与碘化钠-丙酮溶液反应

碘化钠易溶于丙酮，而氯化钠和溴化钠不溶，所以在丙酮中，氯代烷和溴代烷可以生成不溶于丙酮的卤代盐，以沉淀析出。

$$R—Br+NaI \xrightarrow{CH_3COCH_3} R—I+NaX\downarrow$$

（二）消除反应

在一定条件下，从有机物分子中相邻的两个碳原子上脱去卤化氢或水等小分

子，生成不饱和化合物的反应叫做消除反应。

卤代烷与强碱的醇溶液共热时，分子中的 C—X 键和β位 C—H 键发生断裂，脱去一分子卤化氢而生成烯烃。

$$R-\underset{\large H}{\underset{|}{C}H}-\underset{\large Cl}{\underset{|}{C}H_2}\xrightarrow[\triangle]{KOH\text{-}C_2H_5OH}R-CH{=}CH_2+HCl$$

仲卤代烷或叔卤代烷在发生消除反应时，因含有不同的β-H 原子，可以得到两种不同的烯烃。例如：

实验表明，卤代烷脱卤化氢时，主要脱去含氢较少的β-C 上的氢原子，从而生成含烷基较多的烯烃。这一经验规律叫做查依采夫（Saytzeff）规则。例如：

$$H_3C-\underset{\underset{7}{H}}{\underset{|}{C}H}-\underset{Br}{\underset{|}{C}H}-\underset{\underset{6}{H}}{\underset{|}{C}H_2}\xrightarrow[\triangle]{KOH\text{-}C_2H_5OH}\underset{81\%}{H_3C-CH{=}CH-\underset{4}{CH_3}}+\underset{19\%}{\underset{1}{H_3C}-\underset{2}{CH_2}-\underset{3}{CH}{=}\underset{4}{CH_2}}$$

$$CH_3CH_2CH_2\underset{Br}{\underset{|}{C}}HCH_3\xrightarrow{KOH，乙醇}\underset{69\%}{CH_3CH_2CH{=}CHCH_3}+\underset{31\%}{CH_3CH_2CH_2CH{=}CH_2}$$

$$CH_3CH_2-\overset{CH_3}{\overset{|}{\underset{Br}{\underset{|}{C}}}}-CH_3\xrightarrow{KOH，乙醇}\underset{71\%}{CH_3CH{=}C(CH_3)_2}+\underset{29\%}{CH_3CH_2CH_3{=}CH_2}$$

$$\text{1-氯-1,2-二甲基环己烷}\xrightarrow{KOH，乙醇}\underset{主}{\text{1,2-二甲基环己烯}}+\underset{次}{\text{2,3-二甲基环己烯}}+\underset{极少}{\text{2-甲基-1-亚甲基环己烷}}$$

各级卤代烷发生消除反应的活性顺序为：叔卤烷＞仲卤烷＞伯卤烷。

实际上，卤代烷的消除与取代是同时进行的竞争反应。究竟哪一种反应占优势，取决于卤代烷的结构和反应条件。一般规律是：卤代烷、稀碱、强极性溶剂、低温有利于取代反应，叔代烷、浓的强碱、弱极性溶剂、高温有利于消除反应。

所以，卤代烷的水解反应要在稀碱的水溶液中进行，而卤代烷的消除反应要在浓碱的水溶液中进行更为有利。

（三）与金属镁反应——格氏试剂的生成

格氏试剂是由法国化学家 V.Grignard 首先发现，并在 1912 年被授予诺贝尔奖。在绝对乙醚（无水、无醇的乙醚，又称无水乙醚或干醚）中，卤代烷与金属镁作用生成烷基卤化镁。烷基卤化镁又叫格利雅（Crighard）试剂，简称格氏试剂，用符号 RMgX 表示：

$$RX+Mg \xrightarrow{\text{无水乙醚}} RMgX$$

卤代烷与金属镁的反应活性为：R—I＞R—Br＞R—Cl

碘代烷价格昂贵，氯代烷活性较小，因此实验室中常用溴代烷来制取格氏试剂。

格氏试剂能发生多种化学反应，在有机合成中具有重要的用途。

格氏试剂的性质十分活泼，可被水、醇、酸、氨等含活泼氢的物质分解，生成相应的烷烃。

$$RMgX + \begin{cases} \xrightarrow{HOH} R—H + Mg\begin{matrix} OH \\ X \end{matrix} \\ \xrightarrow{R'—OH} R—H + Mg\begin{matrix} OR \\ X \end{matrix} \\ \xrightarrow{R'COOH} R—H + Mg\begin{matrix} OCOR' \\ X \end{matrix} \\ \xrightarrow{HX} R—H + Mg\begin{matrix} X \\ X \end{matrix} \\ \xrightarrow{R'—C\equiv CH} R—H + Mg\begin{matrix} X \\ C\equiv CR' \end{matrix} \end{cases}$$

上述反应的酸、水、醇、氨都是含有酸性氢的化合物，分子中的氢容易与格氏试剂发生反应。除此之外，格氏试剂容易被空气中的水汽分解，所以必须保存在绝对无水乙醚中。由于格氏试剂能发生多种化学反应，在有机合成中具有重要的用途。例如，在有机分析中常用甲基碘化镁与含活泼氢的物质作用，通过测定生成甲烷的体积，计算出被测物质中所含活泼氢原子的数目。

第三节 亲核取代反应和消除反应历程

一、亲核取代反应机理

卤代烷的亲核取代反应是一类重要反应。亲核取代历程可以用一卤代烷的水解为例来说明。

$$OH^- + CH_3—Br \longrightarrow CH_3OH + Br^-$$

在溴甲烷分子中，溴的电负性较大，吸电子的能力强，C—Br 之间的共用电子对偏向溴原子，所以使溴原子带有部分的负电荷，与溴直接相连的碳原子带有部分正电荷，OH^-是一个亲核试剂，直接进攻带有部分正电荷的碳正离子，结果是羟基代替溴原子，生成甲醇。这类取代反应叫做亲核取代，通常用 S_N 来表示。

在上述反应中，溴甲烷叫做底物，溴甲烷中的溴原子叫做离去基团。

在研究水解速度与反应物浓度的关系时，发现有些卤代烷的水解仅与卤代烷的浓度有关。而另一些卤代烷的水解速度则与卤代烷和碱的浓度都有关系。这说明，卤代烷的亲核取代反应是按照不同的历程进行的。

（一）双分子亲核取代反应机理（S_N2）

对于溴甲烷这类水解反应，决定反应速率是由两种分子参与的。反应过程可以描述如下：认为整个反应是一步完成的，亲核试剂是从反应物离去基团的背面向碳进攻。

$$HO^- + H_3C{-}Br \longrightarrow [HO\text{---}CH_3\text{---}Br] \longrightarrow HO{-}CH_3 + Br^-$$

这类反应进程中的能量变化可用反应进程-位能曲线表示。

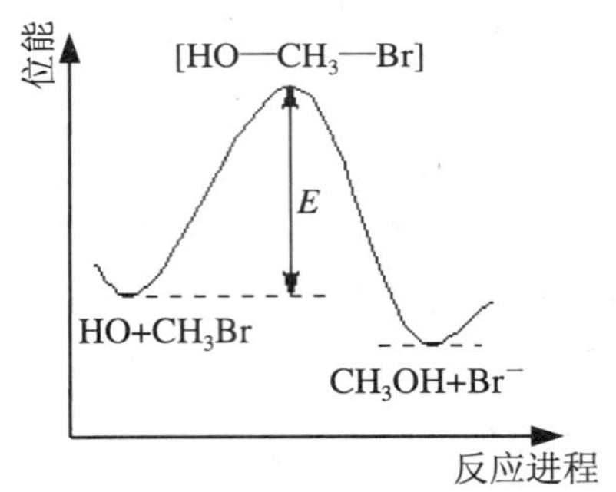

由于在反应过程中，决定其反应速度是发生共价键变化的两种分子，或者说有两种分子参与了过渡态的形成，因此，这类反应历程称为双分子亲核取代反应历程，简称为双分子历程，用 S_N2 表示，从轨道理论来看，S_N2 在反应的过渡态中，中心碳原子从原来的 sp^3 杂化轨道变为 sp^2 杂化轨道，三个 C—H 键排列在一平面上，互成 120°，另外还有一个 p 轨道与 OH^-和 Br^-部分键合。

如果 OH^-从溴的同侧进攻，则形成的过渡态 C—OH 和 C—Br 势必处在同一侧，它们之间斥力较大，内能高，不稳定，难生成。

$$RCH_2{-}Br + HO^- \longrightarrow \text{H---C(R)(H)(Br)(HO)}$$

内能高，不稳定

因此，在反应中亲核试剂只能从背面进攻碳原子。

（二）单分子亲核取代反应机理（S_N1）

溴代叔丁烷的水解分两步：

（1）$(CH_3)_3C—Br \xrightarrow{慢} [(CH_3)_3C\text{---}Br] \longrightarrow (CH_3)_3C^+ + Br^-$

（2）$(CH_3)C^+ + OH^- \xrightarrow{快} [(CH_3)_3C\text{---}OH] \longrightarrow (CH_3)_3C—OH$

对于多步反应来说，生成最后产物的速率由速率最慢的一步来控制。叔丁基溴的水解反应中，C—Br 键的离解需要较大的能量，反应速度比较慢，而生成的碳正离子只有高度的活泼性，它生成后立即与 OH^- 作用，因为第一步反应所需活化能较大，是决定整个反应速率的步骤，所以整个反应速率仅与卤代烷的浓度有关。

这类反应历程进行过程的能量变化可用位能曲线图表示。

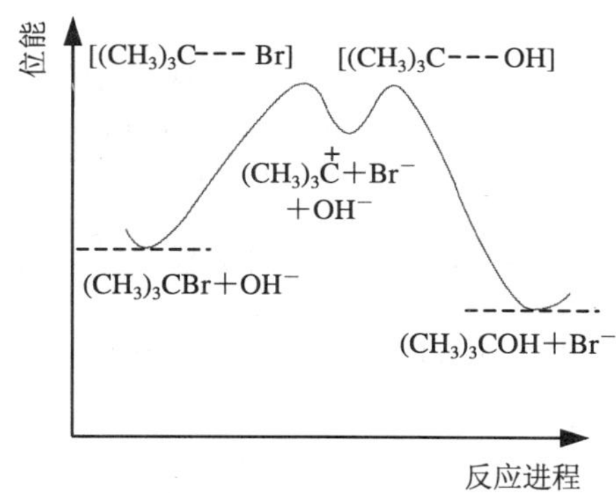

S_N1 反应的特征是分步进行的单分子反应，并有活泼中间体碳正离子的生成。

（三）影响亲核取代反应活性的因素

饱和碳原子上的亲核取代反应可按两种不同历程进行。但对一种反应物来说，在一定条件下究竟按什么历程进行？反应活性如何？这与反应物的结构，亲核试剂的性质和溶剂的性质等因素都有密切的关系。

1. 烷基结构

卤代烷烷基的电子效应和空间效应对取代反应活性都有明显的影响。

（1）对 S_N2 历程的影响

$$Nu^- + R—X \longrightarrow [\overset{\delta^-}{Nu}\text{---}R\text{---}\overset{\delta^-}{X}] \longrightarrow Nu—R + X^-$$

过渡态

甲基溴、乙基溴、异丙基溴和叔丁基溴在极性较小的无水丙酮中与碘化钾作用

是按 S_N2 历程进行的，生成相应的碘化烷。

$$I^- + RBr \longrightarrow RI + Br^-$$

相对速率次序为：

CH_3Br	CH_3CH_2Br	$(CH_3)_2CHBr$	$(CH_3)_3C\text{-}Br$
150	1	0.01	0.001

在 S_N2 反应中，决定反应速率的关键是其过渡态是否容易形成。从电子效应来看：α-碳上电子云密度低，有利于亲核试剂进攻。从空间效应看：当α-碳原子周围取代数目越多，拥挤程度也将越大，对反应所表现的立体障碍也将加大，进攻试剂必须克服空间阻力，才能接近中心碳原子而达到过渡态。所以，从空间效应来说，随着α-碳原子上烷基的增加，S_N1 反应速率将依次下降。空间效应是最重要的因素。

（2）对 S_N1 历程的影响

$$R—X \xrightarrow{慢} \underset{过渡态}{[\overset{\delta^+}{R}\text{---}\overset{\delta^-}{X}]} \longrightarrow \underset{中间体}{R^- + X^+}$$

决定速率的一步

当反应按 S_N1 历程进行时，α-碳原子上的烷基取代基增多，使其反应速率增加。

$$R—Br + H_2O \xrightarrow{甲酸} ROH + HBr$$

反应速率比：

CH_3Br	CH_3CH_2Br	$(CH_3)_2CHBr$	$(CH_3)_3CBr$
1.0	1.7	4.5	10^7

卤代烷起 S_N1 反应的速率与碳正离子稳定性的次序是一致的。中间体越稳定反应速率越大，S_N1 电子效应是主要影响因素。

综上所述：（反应速度）

$$RX = \underset{\xrightarrow{S_N1\ 增加}}{\overset{\xleftarrow{S_N2\ 增加}}{CH_3X\quad 1^\circ\quad 2^\circ\quad 3^\circ}}$$

在伯碳原子上的亲核取代反应主要按 S_N2 历程进行，在叔碳原子的亲核取代反应主要按 S_N1 历程进行，在仲碳原子的亲核取代反应则根据具体反应条件而定。

空间阻力较大，又不易形成碳正离子的卤代物不易发生 S_N1、S_N2 亲核取代反应。

2. 离去基团的性质

亲核取代反应无论按哪种历程进行，都包括 C—X 键的断裂。因此，无论是 S_N1 或 S_N2 反应，离去基团的碱性越弱，在决定速率步骤中越容易离开中心碳原子，即反应物越容易被取代。假使离去基团特别容易离去，那么反应中有较多的碳正离子中间体生成，反应就按 S_N1，假使离去基团不容易离去，反应就按 S_N2。

如：碱性次序 $I^-<Br^-<Cl^-$；在卤代烷中它们的离去倾向是：$I^->Br^->Cl^-$。

卤代烷的亲核取代反应活性是：RI＞RBr＞RCl；也可以从 C—X 键的键能和可极性化来解释。一些离去基团的离去次序为：

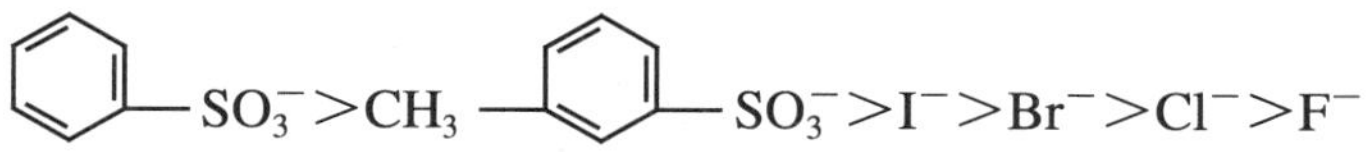

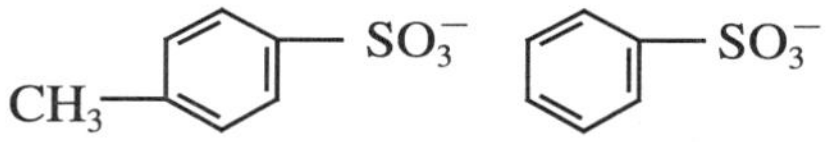

$$C_6H_5SO_3^- > CH_3-C_6H_4-SO_3^- > I^- > Br^- > Cl^- > F^-$$

$CH_3-C_6H_4-SO_3^-$　$C_6H_5-SO_3^-$　等强酸的酸根都是很好的离去基团

$$ROH+R'SO_2Cl \longrightarrow ROSO_2R'$$

比醇易发生亲核取代反应

二、消除反应机理

卤代烷分子中消去卤化氢生成烯烃常称为消除反应（Elimination）用 E 表示。由于卤代烷中 C—X 键有极性，卤素的诱导作用可通过α碳传递到β碳上，致使β-H 原子有一定的“酸性”。在碱的作用下卤代烷易于消去β-H 和卤原子，称为β-消除，这种消除反应是烯烃的一种制备方法。

与卤代烷的 S_N 反应相似，卤代烷在发生消除反应时，也有双分子和单分子消除机理，分别记为 E2 和 E1。

（一）双分子消除机理（E2）

卤代烷与浓的强碱乙醇溶液，在加热的条件下，消除卤化氢的反应，一般都是 E2 机理。

在卤代烷的双分子消除反应机理中，反应是一步完成的，其反应速率与反应物和亲核试剂的浓度成正比，故称为双分子消除反应机理。

在反应过程中，碱对卤代烷的β-H 进攻，同时 C—X 键开始发生异裂，在达到过渡态时，C_β—H 键和 C_α—H 键都达到了高度的异裂活化状态，此时 C_β—C_α之间已有了部分双键的性质，这两个原子已有部分 sp^2 杂化的特性。这时反应体系处于最高能量水平，随着反应的进行，β-H 完全成碱结合，卤负离子彻底离去，最终生成了烯烃。

$$CH_3-\overset{\beta}{C}H(H)-\overset{\alpha}{C}H_2-X + {}^-OH \longrightarrow \left[\begin{matrix} CH_3 \quad H \\ C-CH_2\text{---}X \\ H\text{---}OH^- \end{matrix} \right] \longrightarrow CH_3-CH=CH_2+H_2O+X^-$$

（二）单分子消除反应（E1）

在 OH^-浓度很低时，叔卤代烷一般发生 E1 机理。E1 反应与 S_N1 反应有相似的机理，反应也是分两步进行。首先卤代烷在碱性水溶液中解离为碳正离子，随后 OH^-若进攻碳正离子的中心碳原子，则生成取代产物；若进攻β-H 则发生消除反应生成烯烃。两者也是相伴而生。E1 消除反应的机理可表示如下（以叔丁基卤为例）：

$$(CH_3)_3C-X \longrightarrow [(CH_3)_3C^+] + X^-$$

$$\left[CH_3-\overset{CH_3}{C^+}-CH_2-H \right] + {}^-OH \begin{cases} \xrightarrow{S_N1} (CH_3)_3COH \\ \xrightarrow{E1} (CH_3)_2C=CH_2+H_2O \end{cases}$$

第一步是慢步骤，第二步是快步骤，即反应速度取决于卤代烷的浓度，反应的动力学方程为：υ=k[RX]，故这种反应机理称为单分子消除反应机理。

与 S_N1 反应相似，E1 反应也常常发生重排反应，例如：

$$(CH_3)_3CCH_2Br \xrightarrow{C_2H_2OH} (CH_3)_3C\overset{+}{C}H_2+Br^-$$

$$CH_3-\underset{CH_3}{\overset{CH_3}{C}}-\overset{+}{C}H_2 \longrightarrow CH_3-\underset{CH_3}{\overset{+}{C}}-CH_2CH_3 \longrightarrow (CH_3)_2C=CH-CH_3+H^+$$

（三）消除反应的取向

当卤代烷含有两个或两个以上不同的β-氢原子可供消除时，究竟哪一个氢原子被消除呢？这就是取向问题。实验证明，卤代烷脱卤化氢时，氢原子主要从含氢较小的相邻碳原子（β-碳原子）上脱去。换言之，主要生成双键碳原子上连有较多取代基的烯烃。这是一条经验规律，称为 Saytzeff 规则，反之，生成双键碳原子上连有较少取代基的烯烃，则为 Hofmann 烯烃。例如：

$$\underset{\underset{\text{Br}}{|}}{\overset{\alpha}{(CH_3)_2C}}-\overset{\beta}{CH_2}-CH_3 \xrightarrow[\text{E1}]{CH_3CH_2OH} (CH_3)_2\overset{+}{C}-CH_2-CH_3 \longrightarrow \begin{cases} (CH_3)_2C{=}CH-CH_3 \\ CH_2{=}C(CH_3)CH_2CH_3 \end{cases}$$

（四）影响消除反应的活性

1．烷基的结构

不同结构的卤代烷发生消除反应（E1 和 E2）的活性一般为：3°RX＞2°RX＞1°RX

因为对于 E1 反应机理，第一步 R^+的形成为决定反应速度的步骤，R^+越稳定，越易形成，其 R^+稳定性为 $3°R^+>2°R^+>1°R^+$。对于 E2 反应机理，因为强碱是与β-H 相结合的，它不攻击α-C。存在 S_N2 机理中的那种空间位阻，所以当α-C 上连有较多的支链烷基时，对 E2 反应反而有利。这是因为多个支链烷基的存在对部分双键的形成有推动作用，不仅可以降低过渡态的热力学能，还会使生成的烯烃获得最大程度的稳定。

2．碱的浓度

碱的浓度大，碱性强，有利于碱对卤代烷的β-H 进攻，容易发生消除反应。

3．离去基团

离去基团越容易离去，越容易进行消除反应。

第四节　卤代烯烃和卤代芳烃

烯烃分子中的氢原子被卤原子取代后生成的产物叫做卤代烯烃。芳烃分子中的氢原子被卤原子取代后生成的产物叫做卤代芳烃。

一、卤代烯烃和卤代芳烃的分类

根据分子中卤原子与双键碳原子或芳环的相对位置不同，可将卤代烯烃和卤代芳烃分为三类：

1．乙烯型卤代烃

卤原子直接与双键碳原子或芳环相连的卤代烃叫做乙烯型卤代烃。例如：

$CH_3CH_2{=}CH—Cl$　　　$C_6H_5—Cl$

丙烯基氯　　　氯苯

2．烯丙型卤代烃

卤原子与双键碳原子或芳环相隔一个饱和碳原子的卤代烃叫做烯丙型卤代烃。例如：

$CH_2{=}CH_2{-}CH_2Cl$ 烯丙基氯

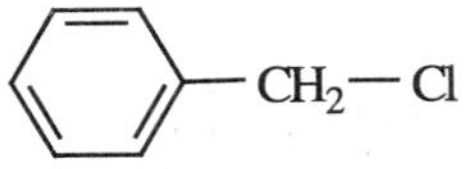

$C_6H_5{-}CH_2{-}Cl$ 苄基氯

3．孤立型卤代烃

卤原子与双键碳原子或芳环相隔两个或两个以上饱和碳原子的卤代烃叫做孤立型卤代烃。例如：

$CH_2{=}CH_2{-}CH_2CH_2Cl$ 4-氯-1-丁烯

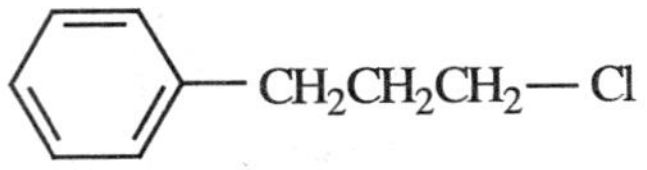

$C_6H_5{-}CH_2CH_2CH_2{-}Cl$ 苯丙基氯

二、不同结构的卤代烯烃和卤代芳烃反应活性的差异

不同类型的卤代烃由于卤原子与双键或芳环的相对位置不同，相互影响也不同，因此化学反应活性有很大差异。

1．乙烯型卤代烃很不活泼

乙烯型卤代烃的化学性质很不活泼。例如，氯乙烯即使在加热甚至煮沸时，也不与硝酸银的醇溶液反应。利用这一性质可区别卤代烷与乙烯型卤代烃。

又如，溴乙烯需在四氢呋喃中才能和金属镁反应生成格氏试剂。

2．烯丙型卤代烃非常活泼

与乙烯型卤代烃不同，烯丙型卤代烃的化学性质非常活泼。例如烯丙基氯在常温下可迅速与硝酸银的醇溶液反应，析出氯化银沉淀：

此反应可用于鉴别烯丙型卤代烃。

烯丙型卤代烃也非常容易发生水解、醇解等取代反应。例如：

烯丙醇为无色液体。沸点 96.9℃，可溶于水、乙醇和石油醚。对眼睛有刺激性，有毒。可用于制备甘油、增塑剂、树脂和医药等。

3．孤立型卤代烃的活性与卤代烷相似

孤立型卤代烃中的卤原子与双键或苯环相隔较远，相互影响很小，所以其卤原子的活性和卤代烷相似。

不同类型的卤代烃与硝酸银醇溶液反应的活性为：

烯丙型＞孤立型＞乙烯型

第五节 重要的卤代烃

一、三氯甲烷

三氯甲烷（$CHCl_3$）俗称氯仿。是一种无色有甜味的透明液体。沸点 61.2℃，不溶于水，可溶于乙醇、乙醚、苯及石油醚等有机溶剂。工业上通过甲烷氯代或四氯化碳还原制得：

$$CCl_4 \xrightarrow{\text{催化氢化}} CHCl_3$$

氯仿是优良的有机溶剂，能溶解油脂、蜡、有机玻璃和橡胶等。

氯仿还具有麻醉性，在医学上曾被用做全身麻醉剂，因其对肝脏有严重伤害，并有致癌作用，现已很少使用。

氯仿在光照下容易被氧化成光气：

$$2CHCl_3+O_2 \xrightarrow{\text{日光}} 2\ \underset{\text{光气}}{Cl_2C{=}O}+2HCl$$

光气毒性很大，吸入肺中会引起肺水肿。若每升空气中含有 0.5 mg 光气，人吸入 10 min 后即可致死。所以氯仿应保存在密封的棕色瓶中。若加入 1%的乙醇，可以增加其稳定性。

二、四氯化碳

四氯化碳(CCl_4)是无色液体。沸点 76.8℃，不溶于水，可溶于乙醇和乙醚。工业上由甲烷氯代或由二硫化碳与氯在催化剂存在下制取四氯化碳。

四氯化碳不能燃烧，其蒸气比空气重，能隔绝燃烧物与空气的接触，所以常用作灭火剂。但其在高温下遇水能产生剧毒的光气：

$$CCl_4+H_2O \xrightarrow{500℃} COCl_2+2HCl$$

所以用四氯化碳灭火时，要注意空气流通，以防止中毒。现在世界上许多国家已禁止使用这种灭火剂。

四氯化碳主要用做溶剂、萃取剂和灭火剂，也可用做干洗剂。

三、氯乙烯

氯乙烯($CH_2{=}CHCl$)为无色气体。沸点－13.8℃，不溶水，易溶于乙醇及丙酮等有机溶剂。氯乙烯容易燃烧，与空气形成爆炸性混合物，爆炸极限为 3.6%～26.4%(体积分数)。空气中允许的最高浓度为 50 μg/g。长期接触高浓度氯乙烯可引起许多疾病，并可致癌。

工业上可用乙烯、乙炔为原料生产氯乙烯。

乙炔与氯化氢在氯化汞催化下发生加成反应制得氯乙烯：

$$CH{\equiv}CH+HCl \xrightarrow{HgCl_2} CH_2{=}CHCl$$

此法历史悠久，流程简单，转化率高，但成本也高，而且汞催化剂有毒。

目前工业上生产氯乙烯主要采用以乙烯为原料的氧氯化法。乙烯与氧气、氯化氢在氯化铜催化下反应，先生成 1,2-二氯乙烷，再热解得到氯乙烯：

$$H_2C{=}CH_2+2HCl+1/2O_2 \xrightarrow[215\sim300℃,\ 0.34\sim0.59MPa]{CuCl_2} CH_2Cl{-}CH_2Cl+H_2O$$

热解反应中生成的氯化氢可循环使用。

氯乙烯主要用于生产聚氯乙烯，也可用做冷冻剂。

四、四氟乙烯

四氟乙烯($F_2C{=}CF_2$)为无色气体。沸点－76.3℃，不溶于水，可溶于有机溶剂。工业上由氯仿与干燥氟化氢在五氯化锑催化下先生成二氟一氯甲烷，再经高温裂解制得：

$$CHCl_3+2HF \xrightarrow{SbCl_5} CHClF_2+2HCl$$

四氟乙烯主要用于合成聚四氟乙烯。聚四氟乙烯是一种用途广泛，性能优良的塑料，俗称塑料王。

五、氯苯

氯苯为无色液体。沸点 132℃，不溶于水，可溶于乙醇、乙醚及氯仿等有机溶剂。有毒，空气中的允许量为 75 μg/g。易燃烧，在空气中的爆炸极限为 1.3%～7.1%(体积分数)。氯苯可由苯在铁粉存在下直接氯代制取，也可用苯的蒸气、氯化氢与空气在氯化亚铜催化作用下制得：

$$C_6H_6 + Cl_2 \xrightarrow[\triangle]{Fe} C_6H_5Cl + HCl$$

氯苯是重要的化工原料，主要用于制备苯酚、苯胺、硝基氯苯、苦味酸、DDT等，也可用做油漆溶剂。

六、苯甲基氯

苯甲基氯又称苄基氯，为无色油状液体。沸点 179℃，具有强烈刺激性气味，能刺激皮肤和呼吸道黏膜，其蒸气有催泪作用。不溶于水，易溶于乙醇、乙醚、氯仿等有机溶剂。毒性较大，空气中允许量为 1 μg/g，爆炸极限为 1.1%～14%（体积分数）。

工业上，苯甲基氯是在光照下。将氯气通入到沸腾的甲苯中制得：

$$C_6H_5CH_3 + Cl_2 \xrightarrow[\triangle]{h\nu} C_6H_5CH_2Cl + HCl$$

苄基氯是重要的化工原料，可用于生产染料、香料、药物及合成树脂等。

七、杀虫剂 DDT

杀虫剂 DDT 是芳香族多氯代烃，其构造式为：

$$(p\text{-}ClC_6H_4)_2CH\text{—}CCl_3$$

DDT 为白色晶体，熔点 124℃。是一种效力极强的杀虫剂。能有效地灭杀多种害虫，促进农作物生长，提高农作物产量。也可用做医药，曾在遏制斑疹、伤寒、疟疾等疾病的传播中发挥了重要作用。其缺点是不能迅速降解为无毒物质，使用后大量残留在土壤中，污染环境，对人体有害。目前已被逐渐淘汰。

复习与思考题

1. 用系统命名法给下列化合物命名：

（1）$CH_3CH_2\text{—}CH(CH_3)\text{—}CH_2\text{—}Br$

（2）$CH_3CH_2\text{—}CH(CH_3)\text{—}CH(Br)\text{—}CH_2CH_3$

（3）$\begin{array}{c} \quad\quad\quad\quad\quad\quad\quad\ \ Cl\ \ Br\ \ \ F \\ \quad\quad\quad\quad\quad\quad\quad\ \ |\quad\ |\quad\ \ | \\ CH_3CH_2CH_2-C-CH-CH-CH_3 \\ \quad\quad\quad\quad\quad\quad\ \ | \\ \quad\quad\quad\quad\quad\quad\quad\quad CH(CH_3)_2 \end{array}$

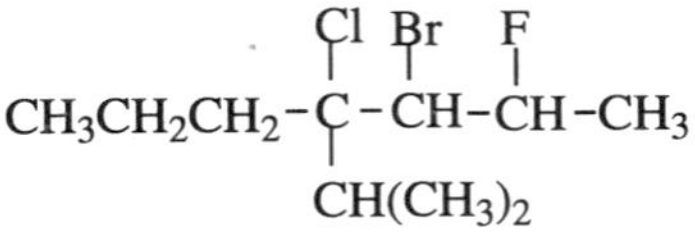

（4）$\begin{array}{l} CH_2{=}CCH_2Cl \\ \quad\quad\ \ | \\ \quad\quad CH_3 \end{array}$

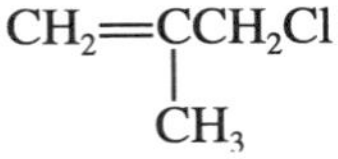

（5）$CH_2{=}CHCH_2CH_2Cl$

（6）$CH_3CH{=}CHCH(CH_3)CH_2I$

（7）$\begin{array}{l} H_3C\quad\quad\quad\ H \\ \quad\ \ C{=}C \\ H\quad\quad\quad\quad CH_2Cl \end{array}$

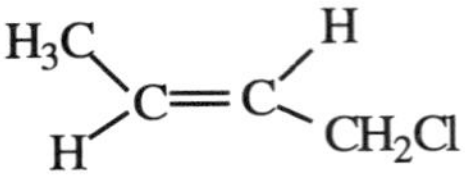

（8）$\begin{array}{l} \quad\ \ Cl \\ \quad\ \ | \\ CH_3CHCH_2CH_3 \end{array}$

（9）$\begin{array}{l} CH_2{=}C-CHCH{=}CHCH_2Cl \\ \quad\quad\ \ |\quad\ \ | \\ \quad\quad CH_3\ Br \end{array}$

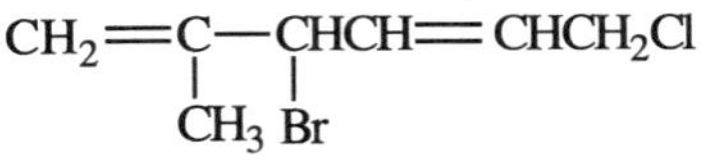

2. 写出下列各化合物的构造式：

（1）2-甲基-2-氯丁烷　　（2）异丙基氯

（3）3-甲基-2,3-二溴戊烷　　（4）2-甲基-3-氯-1-戊烯

（5）1,2,3,4,5,6-六氯环己烷（俗名：六六六）　　（6）对氯叔丁苯

3. 为什么碘代烷需要用棕色试剂瓶盛装？

4. 将下列各组化合物的沸点按从高到低的顺序排列：

（1）一溴代甲烷，一溴代乙烷，一溴代丁烷

（2）$CH_3CH_2CH_2CH_2Cl$　　$(CH_3)_2CHCH_2Cl$

（3）正庚烷　　正己烷　　2-甲基戊烷　　2,2-二甲基丁烷　　正戊烷

5. 在同系列中，卤代烷的相对密度随着相对分子质量的增加而减小，为什么？

6. 卤代烷可以发生哪些取代反应？各生成什么产物？

7. 将下列各组化合物按活性由大到小的顺序排列：

（1）水解反应：$CH_3CH_2CH_2CH_2Br$　　$CH_3CH_2CHBrCH_3$

（2）与硝酸银、乙醇溶液反应

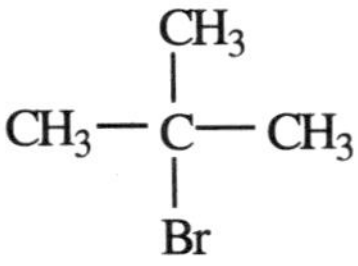

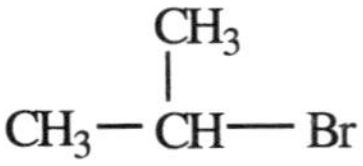

$\begin{array}{c} CH_3 \\ | \\ CH_3-C-CH_3 \\ | \\ Br \end{array}$　　$\begin{array}{c} CH_3 \\ | \\ CH_3-CH-Br \end{array}$　　CH_3Br

（3）与碘化钠-丙酮溶液反应

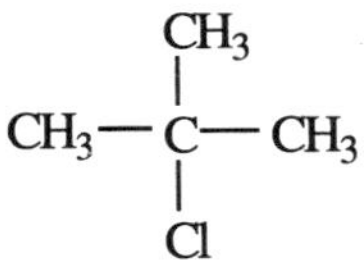

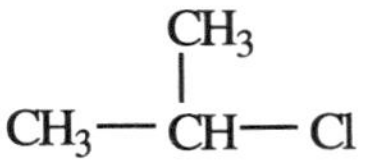

$\begin{array}{c} CH_3 \\ | \\ CH_3-C-CH_3 \\ | \\ Cl \end{array}$　　$\begin{array}{c} CH_3 \\ | \\ CH_3-CH-Cl \end{array}$　　CH_3CH_2Cl

8. 完成下列化学反应：

（1）$CH_3CH_2CH(CH_3)CHBrCH_3 \xrightarrow{NaOH/H_2O}$

（2）$(CH_3)_2CHCHBrCH_3 \xrightarrow[\triangle]{KOH\text{-乙醇}}$

（3）$CH_3CH{=}CH_2 \xrightarrow{HBr} \quad \xrightarrow{NaCN} \quad \xrightarrow{H_3^+O}$

（4）环己基—$Br + CH_3CH_2ONa \xrightarrow{CH_3CH_2OH}$

9. 用化学方法鉴别下列各组化合物：

CH_3-CH_2Cl　　$CH_3-CH(CH_3)-Br$　　CH_3CH_2I

10. 2-溴丁烷在氢氧化钠的醇溶液中反应生成两种烯烃：1-丁烯和 2-丁烯，你能判断出哪种烯烃是主要产物吗？为什么？

$$CH_3-CHBr-CH_2-CH_3 \xrightarrow[\triangle]{NaOH\text{-醇}} CH_2{=}CH-CH_2-CH_3 + CH_3-CH{=}CH-CH_3$$

2-丁烯　　1-丁烯

11. 卤代烷发生消除反应时，遵循什么原则?生成的烯烃具有怎样的结构特点?

12. 卤代烷在碱溶液中可以发生哪些反应？各需要什么反应条件?

13. 比较下列各组化合物发生消除反应的活性。

$H_3C-C(CH_2CH_3)(CH_3)-Br$　　$H_3C-CH(CH_3)-Br$　　CH_3CH_2Br　　CH_3CH_2Cl

14. 完成下列化学反应。

（1）$CH_3-CH(CH_3)-CH(Cl)CH_3 \xrightarrow[\triangle]{\text{浓 }KOH/\text{乙醇}} \quad \xrightarrow{Br_2}$

（2）$C_6H_5-CH_2-CH(Br)-CH_3 \xrightarrow[\triangle]{\text{浓 }KOH/\text{乙醇}}$

（3）环戊烯基—$CH_2CH(Br)CH_2CH_3 \xrightarrow[\text{乙醇}]{KOH}$

15. 制备格氏试剂需要在什么条件下进行?使用格氏试剂时，应注意哪些问题?

16. 可以用 $HOCH_2CH_2Br$ 与 Mg 作用制取格氏试剂吗?为什么?

17. 完成下列化学反应

(1) Cl—⟨苯环⟩—Br+Mg $\xrightarrow[\triangle]{\text{干醚}}$

(2) ⟨苯环：邻位 —CH═CHBr，—CH_2Cl⟩ $\xrightarrow{KCN}$

(3) ⟨1-甲基环己烯，CH_3⟩ + Br_2 ⟶ A $\xrightarrow[\triangle]{\text{NaOH 乙醇}}$ B $\xrightarrow{\text{顺丁烯二酸酐（CH═CH，C═O，O，C═O）}}$ C

(4) CH_3—⟨苯环⟩—Br $\xrightarrow[\text{无水乙醚}]{Mg}$ A $\xrightarrow{C_2H_5OH}$ B+C

18. 完成以下制备

(1) 由溴代正丁烷制备：① 1-丁醇　② 2-丁醇　③ 1,1,2,2-四溴丁烷

(2)

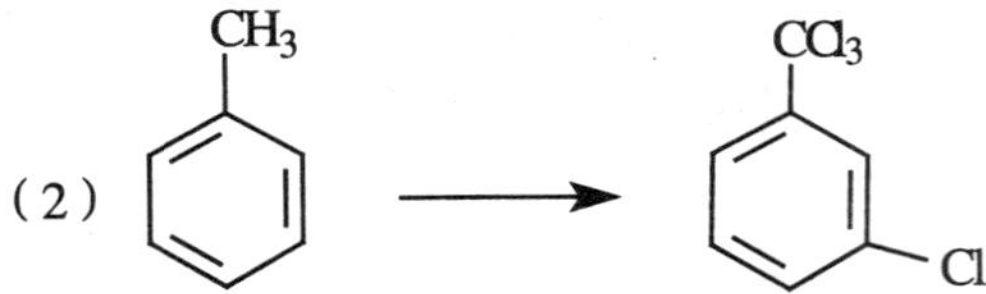

19. 比较下列化合物进行 S_N2 反应的活性大小：

① 1-溴丁烷　2,2-二甲基-1-溴丁烷　2-甲基-1-溴丁烷　3-甲基-1-溴丁烷

② 2-环戊基-2-溴丁烷　1-环戊基-1-溴丙烷　溴甲基环戊烷

20. 比较下列化合物进行 S_N1 反应速率：

① 3-甲基-1-溴丁烷　2-甲基-2-溴丁烷　3-甲基-2-溴丁烷

② 苄基溴　α-苯基乙基溴　β-苯基乙基溴

③

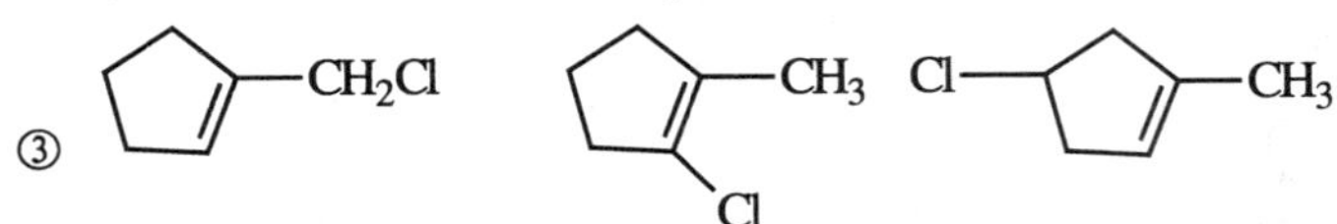

21. 写出下列两组化合物在浓 KOH 醇溶液中脱卤化氢的反应式，并比较反应速率的快慢。

(1) 溴代正丁烷　2-甲基-2-溴丁烷　2-溴丁烷

(2) 3-溴环己烯　5-溴-1,3-环己二烯　溴代环己烯

22. 哪一种卤代烷脱卤化氢后可产生下列单一的烯烃？

23. 卤代烯烃和卤代芳烃可以分为几种类型？各具有怎样的结构特点？

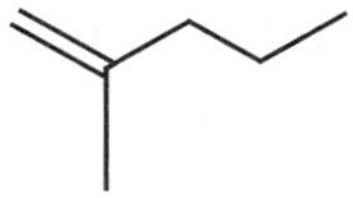

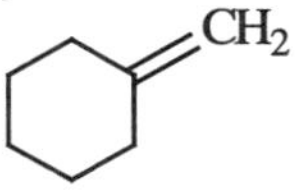

24. 写出分子式为 C_4H_7Cl 的卤代烯烃的所有构造异构体及系统名称，并指出各属于哪类卤代烯烃。

25. 完成下列化学反应

（1）Cl, CH_2Cl (对位取代苯) + Mg(1 mol) $\xrightarrow{\text{无水乙醚}}$

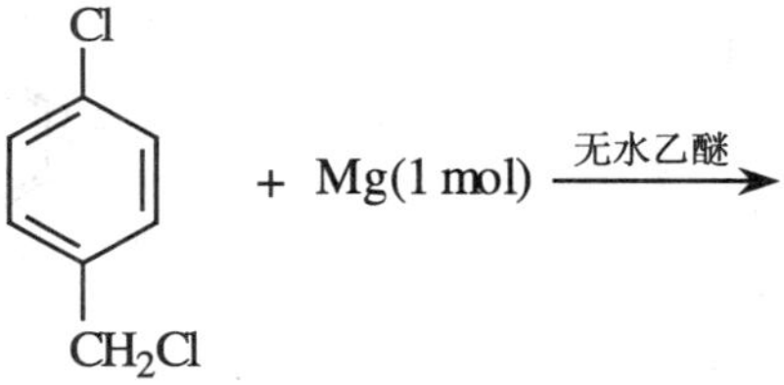

（2）Cl, I (对位取代苯) + Mg(1 mol) $\xrightarrow{\text{四氢呋喃}}$

（3）CH=CHBr, CH_2Cl (邻位取代苯) + NaCN(1 mol) $\longrightarrow$

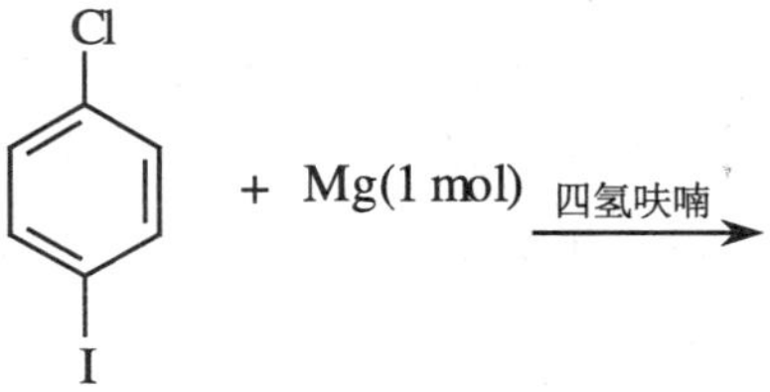

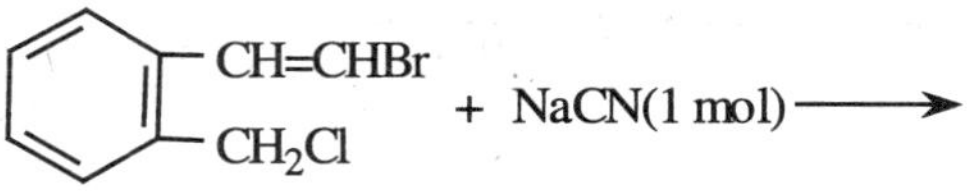

26. 用化学方法鉴别下列各组化合物

（1）C_6H_5—Cl　　C_6H_5—CH_2Cl

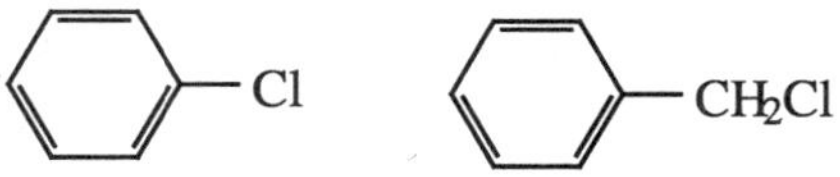

（2）CH_3CH_2CH=CH—Br　　C_6H_5—Br

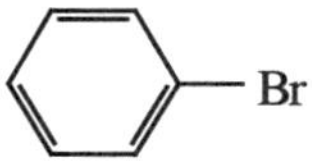

（3）3-溴环己烯　　氯代环己烷　　甲苯　　环己烷

27. 制备格氏试剂时，氯苯比溴苯难，需在四氢呋喃及较强烈条件下才能与金属镁反应。试写出氯苯与 Mg(在绝对乙醚中)作用的化学反应式。

28. 用系统命名法命名下列化合物：

(1) $CH_3CH_2-\underset{\underset{CH_3}{|}}{\underset{CH-CH_3}{|}}{CH}-\overset{Cl}{\overset{|}{CH}}-CH_3$ (2) $CH_3-\overset{Br}{\overset{|}{CH}}-\underset{CH_3}{\underset{|}{CH}}-\overset{Cl}{\overset{|}{CH}}-CH_3$ (3) H_5C_2 C_2H_5 Br

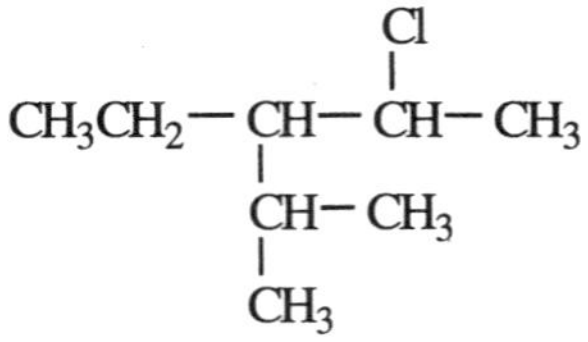

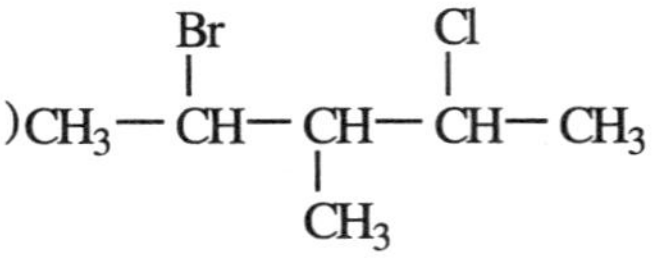

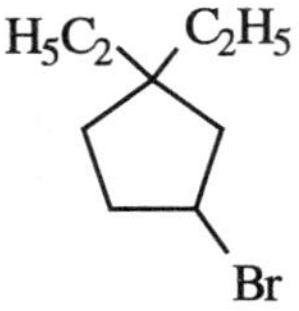

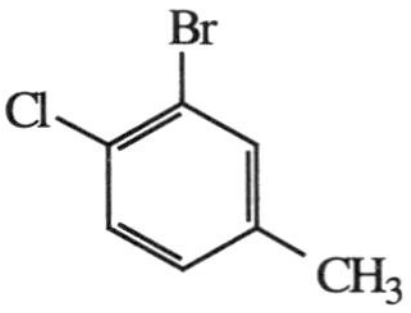

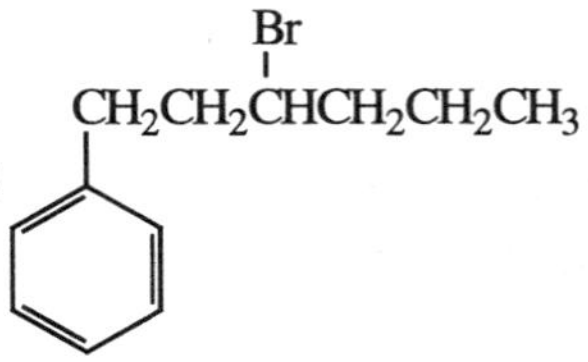

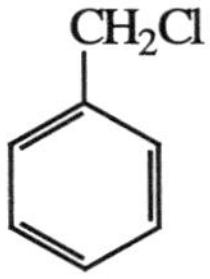

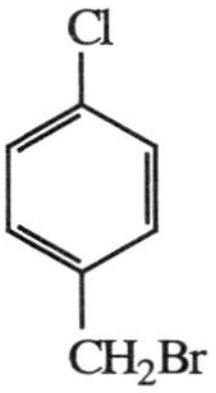

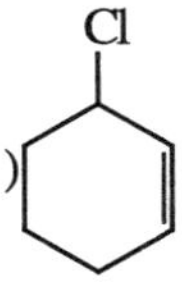

(4) Br Cl CH_3 (5) $CH_2CH_2\overset{Br}{\overset{|}{C}}HCH_2CH_2CH_3$ (6) CH_2Cl

(7) Cl CH_2Br (8) Cl (9) Cl CH_3

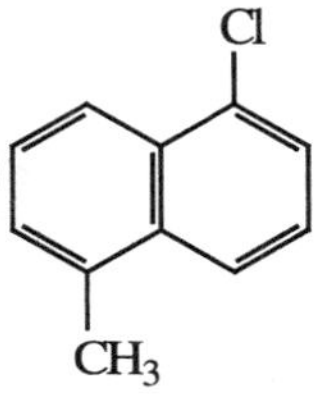

29. 写出下列化合物的构造式。

(1) 2,4-二甲基-3-氯庚烷 (2) 2-甲基-3-氯-1-戊烯

(3) 1-苯基-2-氯乙烷 (4) 六六六

(5) 反-1-氯-4-溴环己烷 (6) 苄基溴

30. 完成下列反应:

(1) $CH_3-CH_2CH=CH_2 \xrightarrow{HBr} ? \xrightarrow{NaCN} ? \xrightarrow[H_2O]{H_2SO_4}$

(2) 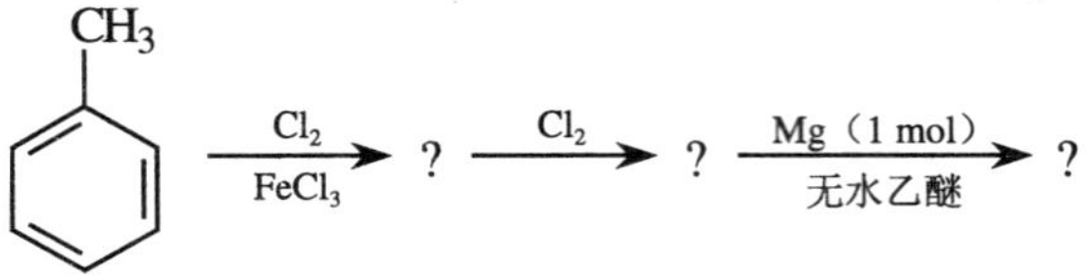 CH_3 $\xrightarrow[FeCl_3]{Cl_2} ? \xrightarrow{Cl_2} ? \xrightarrow[\text{无水乙醚}]{Mg\ (1\ mol)} ?$

(3) $CH_3-\underset{CH_3}{\underset{|}{\overset{CH_3}{\overset{|}{C}}}}-CH_3+NaOCH_3 \longrightarrow ?$

(4) CH_3 $+HBr \longrightarrow ? \xrightarrow[\text{干醚}]{Mg} ? \xrightarrow[(2)\ H_2O]{(1)\ CO_2} ?$

(5) $=CH_2+HBr \xrightarrow{\text{过氧化物}} ? \xrightarrow[CaCOCH_3]{NaI} ?$

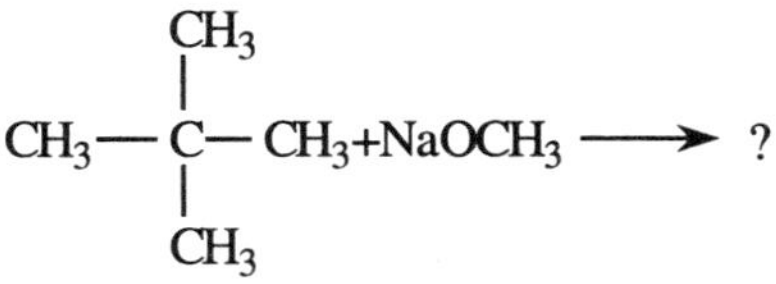

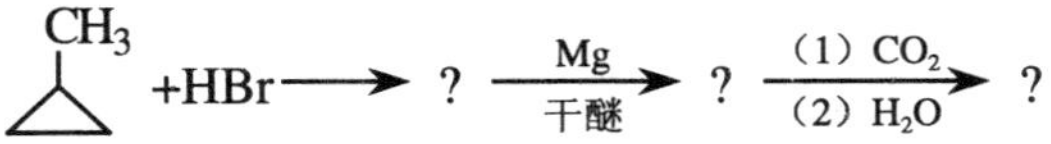

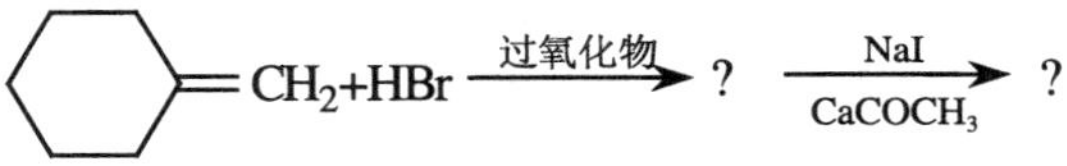

(6) $C_6H_5CH_2CH_3 \xrightarrow[h\nu]{Br_2\ (1\ mol)}$? $\xrightarrow[干醚]{Mg}$? $\xrightarrow[(2)\ H_2O]{(1)\ 环氧乙烷}$?

(7) $CH_3-CH(CH_3)-CHBr-CH_3 \xrightarrow[H_2O]{KOH}$

(8) $CH_3-CBr(CH_3)-CH_3 \xrightarrow[C_2H_5OH,\ \triangle]{KOH}$

(9) $ClCH_2CH_2CH_2I$+KCN（1 mol）$\xrightarrow[\triangle]{CH_3CH_2OH}$

(10) 邻位取代苯（$CH{=}CHBr$，CH_2Cl）+KCN（1 mol）$\xrightarrow[\triangle]{CH_3CH_2OH}$

31. 比较下列化合物进行 S_N2 反应的快慢:

(1) $CH_3CH_2CH_2Br$　　$CH_3CHBrCH_3$

(2) 溴代环己烷（Br）　　1-甲基-1-氯环己烷（CH_3，Cl）

(3) 溴苯（C_6H_5Br）　　$C_6H_5CH_2Br$

32. 指出下列化合物进行 E2 消除所生成的烯烃的结构:

(1) $CH_3CHClCH(CH_3)CH_2CH_3$　(2) 环己烷（CH_3，Br）　(3) 环己烷（Cl，CH_3）　(4) 环己烷（Br，CH_2CH_3）

33. 用化学方法去区别下列各组化合物:

（1）丙烯基溴、烯丙基溴、正丙基溴

（2）$CH_3CH_2CH_2Cl$、$CH_3CH_2CH_2I$、$CH_3CH_2CH_2Br$

（3）$CH_3CH{=}CHCl$、$CH_2{=}CHCH_2Cl$、$(CH_3)_2CHCl$、$CH_3(CH_2)_4CH_3$

34. 完成下列转变:

（1）$CH_3-CH{=}CH_2 \longrightarrow \underset{Cl}{\underset{|}{CH_2}}-\overset{OH}{\overset{|}{CH}}-\underset{Br}{\underset{|}{CH_2}}$

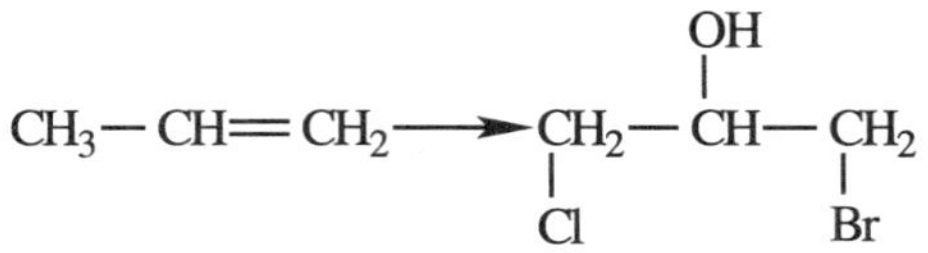

（2）$C_6H_5CH_3$（甲苯）$\longrightarrow CH_3-C_6H_4-CH_2-C_6H_4-Cl$

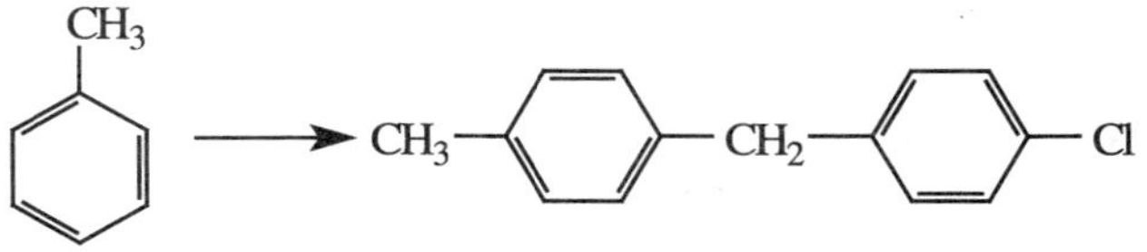

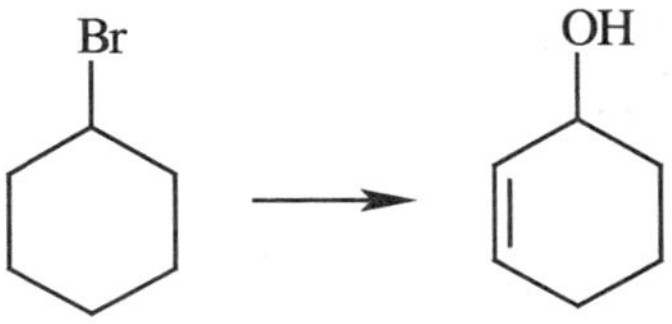

（3）$C_6H_{11}Br$（溴代环己烷）$\longrightarrow$ 环己烯醇（OH 与双键相邻）

（4）$C_6H_{11}Cl$（氯代环己烷）$\longrightarrow$ 1,2,3-三溴环己烷

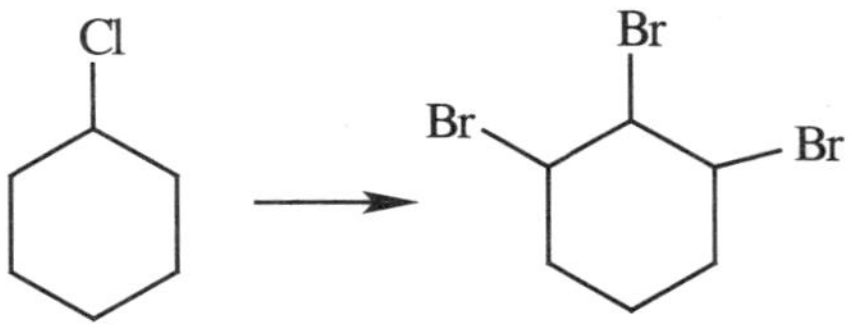

35. 分子式为 C_4H_8 的化合物（A），加溴后的产物用 NaOH/醇处理，生成 C_4H_6（B），（B）能使溴水褪色，并能与 $AgNO_3$ 的氨溶液发生沉淀，试推出（A）（B）的结构式并写出相应的反应式。

36. 某卤代烃（A），分子式为 $C_6H_{11}Br$，用乙醇溶液处理得（B）C_6H_{10}，（B）与溴反应的生成物再用 KOH-乙醇处理得（C），（C）可与 $CH_2{=}CH-\overset{O}{\overset{\|}{C}}H$ 进行狄-阿反应生成（D），将（C）臭氧化及还原水解可得 $H-\overset{O}{\overset{\|}{C}}-CH_2CH_2-CH$ 和 $H\overset{O}{\overset{\|}{C}}-\overset{O}{\overset{\|}{C}}H$，试推出（A）（B）（C）（D）的结构式。

【阅读材料】

氟利昂

在20世纪30年代以前，氨、二氧化硫和丙烷是工业和家用电冰箱常用的制冷剂，但由于氨和二氧化硫有毒，并有较强的腐蚀性和刺激性，丙烷又是易燃的危险品，因此科学家们力图寻找一种性能优异、安全可靠的制冷剂。终于在1925年由美国化学家托马斯·米德奇雷（Thorns Midaley）研制出一种理想的制冷剂——氟利昂。

氟利昂是含有一个或两个碳原子的氟氯烷烃的商品名称。常用代号F-abc表示。a、b、c分别为阿拉伯数字。其中a为碳原子数减1，b为氢原子数加1，c为氟原子数。氯原子数不必标出，可以根据通式推知。

一些常见氟利昂的构造式及代号如下：

氟利昂	CCl_3F	CCl_2F_2	CCl_2FCClF_2	$CClF_2CClF_2$
代号	F-11	F-12	F-113	F-114

常温下，氟利昂为无色气体，容易压缩成液态，减压后立即汽化，同时吸收大量热，因此可广泛用做制冷剂。氟利昂制冷剂的优点很多，如沸点低、易液化、无毒、无味、不腐蚀金属、热稳定性好、不易燃烧和爆炸等。氟利昂的这些优越性能，使其在制冷剂中出类拔萃，独占鳌头，主要用于电冰箱和空气调节器中（一台家用冰箱约需1 kg的F-12制冷剂）。

此外，氟利昂可用作气雾剂（加入到发胶、摩丝中）、发泡剂（制造各种泡沫塑料）、清洗剂（干洗衣物、清洗电子元件、首饰等）及灭火剂。

20世纪70年代随着科学技术的不断发展，人们发现逸入大气中的氟利昂受日光辐射分解出活泼的氯自由基，能破坏大气臭氧层，导致紫外线大量照射到地球表面，使人体免疫系统失调，造成患白内障、皮肤癌的人增多，农作物减产。为防止大气臭氧层被进一步破坏，国际协会组织已规定在2010年停止生产和使用氟利昂。

氟利昂产品受到极大限制后，人们开始寻找它们的替代品。现在已经研制出F-32、F-125、F-134a和F-143a等制冷剂，这些化合物分子中不含氯原子，对臭氧层无破坏作用。

第八章 醇 酚 醚

【学习目标】

1. 掌握醇、酚、醚的命名方法、结构特点及化学性质的差异。
2. 掌握氢键对醇、酚物理性质的影响。
3. 掌握醇、酚、醚的基本反应和鉴别方法。
4. 了解重要醇、酚、醚及其在生产、生活中的实际应用。

第一节 醇

醇、酚、醚都属于烃的衍生物，而且是含氧衍生物。醇和酚是烃的羟基衍生物，而醚则是醇或酚通过化学反应制得的。

一、醇的分类和命名法

在结构上，醇可以看成是烃分子中的氢原子被羟基（—OH）取代后的生成物。羟基是醇类的官能团。

（一）醇的分类

根据醇分子中含羟基的数目不同，醇可以分为一元醇、二元醇和多元醇。

例如：

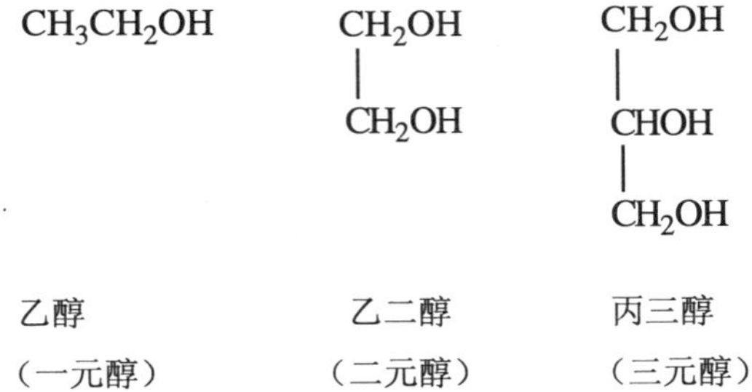

在一元醇中，羟基连接在一级碳原子上的叫一级醇（或称为伯醇），羟基连接在二级碳原子上的叫二级醇（或称为仲醇），羟基连接在三级碳原子上的叫三

级醇（或称为叔醇），它们分别含有：$-CH_2OH$，$-\overset{|}{C}HOH$，$-\underset{|}{\overset{|}{C}}OH$链节。

根据醇分子羟基的不同，醇又可以分为脂肪醇、脂环醇和芳香醇。例如：

R—OH　　（环己基）—OH　　（苯基）—CH_2OH

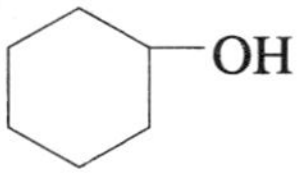

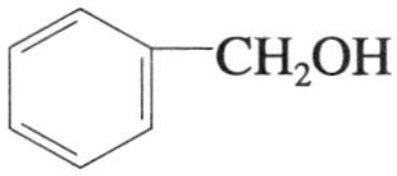

脂肪醇　　脂环醇　　芳香醇

醇分子中如果含有不饱和烃基，就是不饱和醇。羟基连接在丙烯分子中的单键碳原子上叫烯丙醇。例如：

$$CH_2=CHCH_2OH$$

烯丙醇

羟基连接在丙炔分子中的单键碳原子上叫炔丙醇。例如：

$$HC\equiv CCH_2OH$$

炔丙醇

羟基和碳碳双键直接相连的醇—CH=CHOH 叫烯醇。例如：

$$CH_2=CHOH$$

乙烯醇

（二）醇的命名

简单的一元醇可用普通命名法命名，即根据与羟基相连的烃基名称来命名。在“醇”字前面加上烃基的名称，一般把烃基中的“基”字省去。例如：

CH_3OH　　$CH_3\overset{OH}{\overset{|}{C}H}-CH_3$　　$CH_3-\overset{CH_3}{\overset{|}{C}H}-CH_2OH$

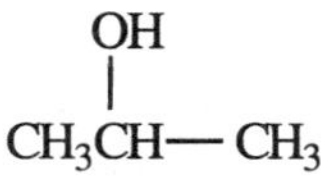

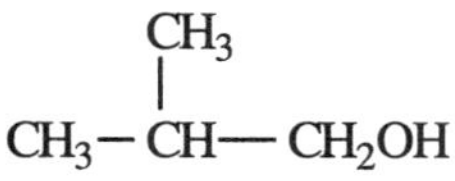

甲醇　　异丙醇　　异丁醇

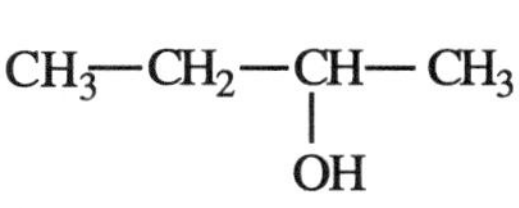

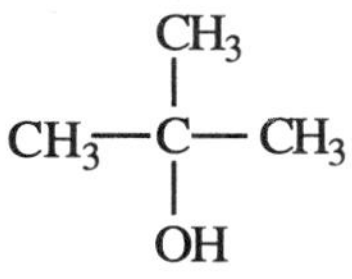

$CH_3-CH_2-\underset{OH}{\underset{|}{C}H}-CH_3$　　$CH_3-\underset{OH}{\underset{|}{\overset{CH_3}{\overset{|}{C}}}}-CH_3$

仲丁醇（二级丁醇或第二丁醇）　　叔丁醇（三级丁醇或第三丁醇）

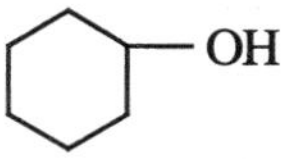

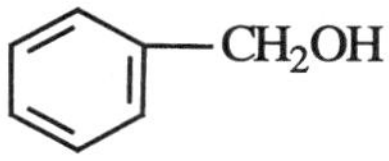

（环己基）—OH　　（苯基）—CH_2OH

环己醇　　苄醇

也可以把醇看成是甲醇的衍生物来命名。例如：

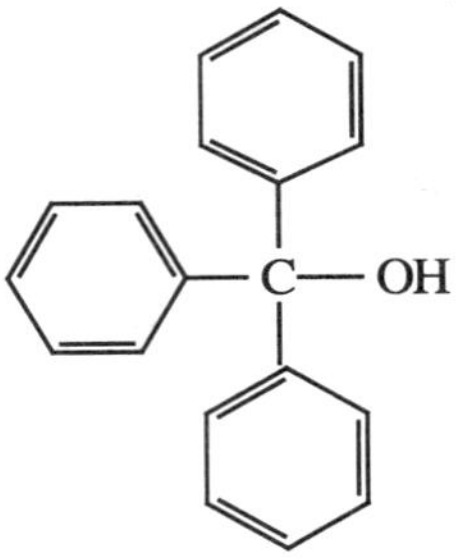

三苯基甲醇 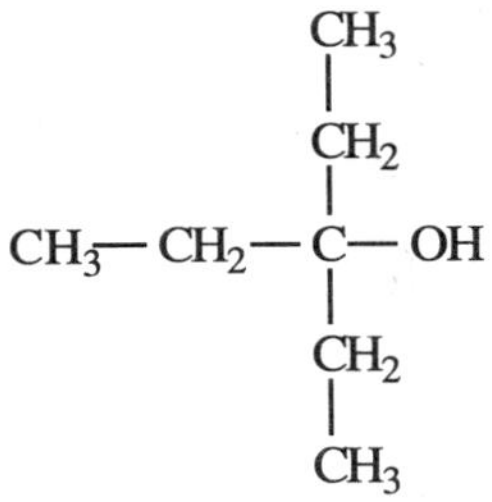　　　　三乙基甲醇

结构比较复杂的醇，采用系统命名法，即选择含有羟基最长的碳链作为主链，把支链看作取代基，从离羟基最近的一端开始编号，把主链所含碳原子的数目“某醇”，羟基的位次用阿拉伯数字注明在醇名称的前面，并在醇名称与数字之间画一短线，支链取代基的位次和名称加在醇名称的前面。例如：

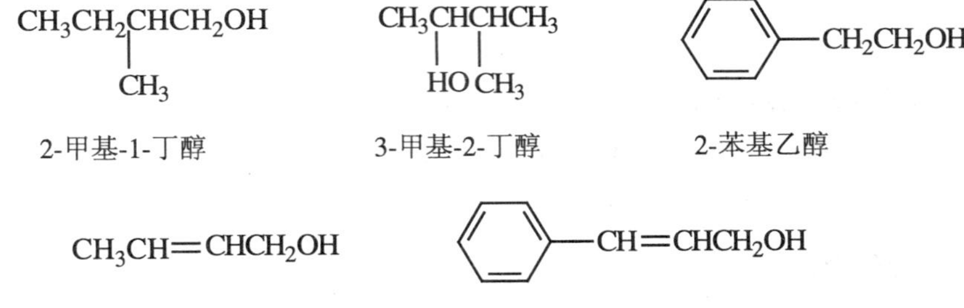

2-甲基-1-丁醇　　　　3-甲基-2-丁醇　　　　2-苯基乙醇

2-丁烯醇（巴豆醇）　　　　3-苯基-2-丙烯醇（肉桂醇）

如果羟基在 1 位的醇，可省去羟基的位次数。

多元醇的命名方法，要选择含有尽可能多地带羟基的碳链作为主链，羟基和烃基的数目用二、三、四等数字写在醇字和烃基的前面，羟基和烃基的位次用 2、3、4 等阿拉伯数字写在某烃基和某醇的前面，并且用短线连接。

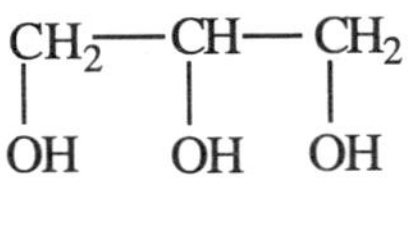

丙三醇（甘油） 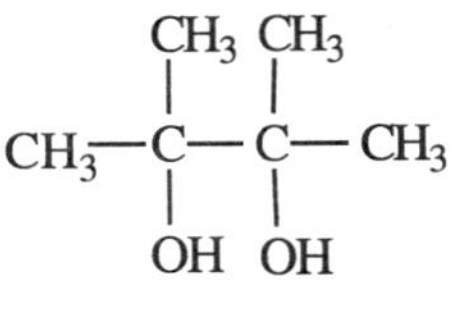　　　　2,3-二甲基-2,3-丁二醇 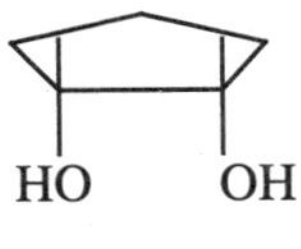　　　　顺-1,2-环戊二醇

如果分子中除羟基外还有其他官能团时，需按规定的官能团次序选择最前面的一个官能团作为此化合物的类名，其他官能团则作为取代基。在 IUPAC 规定的次序为：正离子（如铵离子）、羧酸、磺酸、酸的衍生物（脂、酰卤、酰胺等）、腈、醛、酮、醇、酚、硫醇、胺、醚、硫醚、过氧化物。例如：

$CH_3CH(OH)CH_2CH_2CH_2NH_2$

6-氨基-2-己醇

$CH_3CH(OH)CH_2CH_2CH_2CHO$

5-羟基己醛

对于卤素、硝基等官能团只能作为取代基来命名。例如：

$NO_2-C_6H_4-CH_2OH$

对硝基苯甲醇

4-氯-3-羟基环己甲酸

二、醇的性质

（一）醇的物理性质

直链饱和一元醇中，含 4 个碳原子（C_4）以下的醇为有酒味的流动液体，含 5～11 个碳原子（C_5～C_{11}）的为具有不愉快气味的油状液体，含 12 个碳原子（C_{12}）以上的醇为无臭无味的蜡状固体，一些常见醇的物理常数见表 8-1。

表 8-1　醇的物理性质

名称	沸点/℃	熔点/℃	相对密度	折射率
甲醇	64.96	−93.9	0.791 4	1.328 8
乙醇	78.5	−117.3	0.789 3	1.361 1
正丙醇	97.4	−126.5	0.803 5	1.385 0
正丁醇	117.25	−89.53	0.809 8	1.399 3
正戊醇	137.3	−79	0.814 4	1.410 1
正十二醇	255.9	26	0.830 9	—
正十六醇	344	50	0.817 6	1.428 3
2-丙醇	82.4	−89.5	0.785 5	1.377 6
2-丁醇	99.5	−114.7	0.806 3	1.397 8
2-甲-1-丁醇	108.39	−108	0.802	1.396 8
2-甲-2-丙醇	82.2	25.5	0.787 7	1.387 8
2-戊醇	118.9	—	0.810 3	1.405 3
2-甲-1-丁醇	128	—	0.819 3	1.410 2
3-甲-1-丁醇	128.5	—	0.809 2	1.405 3
2-甲-2-丁醇	102	−8.4	0.805 9	1.405 2
环戊醇	140.85	−19	0.947 8	1.453 0
环己醇	161.1	25.15	0.962 4	1.464 1
苯甲醇	205.35	−15.3	1.041 9	1.539 6
三苯甲醇	380	164.2	1.199 4	—
乙二醇	198	−11.5	1.108 8	1.431 8
丙三醇	290 分解	20	1.261 3	1.474 6

直链饱和一元醇的沸点变化情况与烷烃相似，也是随着碳原子数目的增加而有规律的上升，每增加一个系差（CH_2），沸点将升高 18～20℃，与含碳原子数目相同有支链的醇比较，则含支链越多的醇沸点越低，例如：正丁醇的沸点为 117℃，异丁醇的沸点为 108℃，二级丁醇的沸点为 99.5℃，三级丁醇的沸点为 82℃。但是，低级醇的沸点比和它相对分子质量相近的烷烃要高得多，甲醇（相对分子质量 32）的沸点为 64.9℃，而乙烷（相对分子质量 30）的沸点为–88.6℃。随着分子量的逐渐加大，其沸点差距会越来越小，例如：甲醇的沸点比甲烷高 229℃，乙醇的沸点比乙烷高 167℃，而十六醇的沸点比十六烷只高出 57℃。

低级醇的沸点会这么高是因为醇分子中的氢氧键和水一样，是高度极化的。分子间是可以通过氢键缔合的。

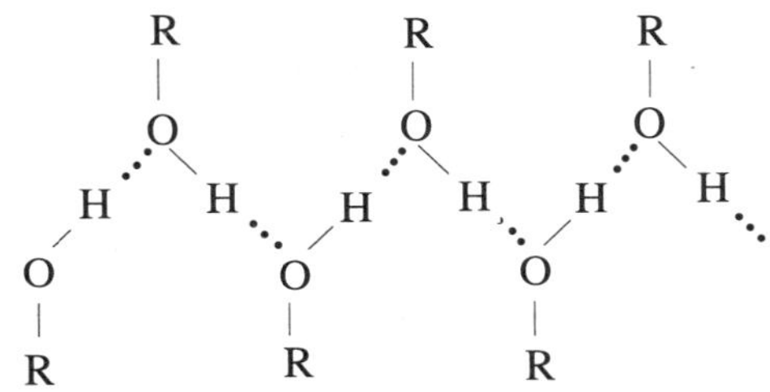

醇在蒸气状态下氢键是完全断裂的，要使醇变成蒸气，不仅要破坏分子间的范德华力，而且还要使氢键断裂（在 O—H···O 中，氢键的键能为 25 kJ/mol）。因此，醇的沸点比相应的烷烃要高得多。

醇分子中由于烃基的存在对缔合有阻碍作用，这是因为烃基能遮住羟基，使其他分子不易接近，因此，烃基越大，其位置的阻碍作用越大，直链饱和一元醇的沸点随相对分子量的增加与相应的烷烃越来越接近。

甲醇、乙醇、丙醇在常温下能与水任意混溶，从正丁醇起在水中的溶解度显著下降（正丁醇溶解度仅为 8%），到癸醇以上则不溶于水。显然醇在水中的溶解度随碳原子数目的增多而下降。低级醇由于能形成氢键（醇与醇，醇与水），故能与水混溶。但由于烃基的大小对缔合有一定的影响，烃基越大，其形成氢键的能力就越弱，醇在水中的溶解度降低，直至不溶。高级醇与烷烃非常相似，不溶于水，而可溶于汽油中。符合于“相似相溶”的原理。

低级醇还能与一些无机盐形成结晶状的分子化合物，称为结晶醇，也称为醇化物。例如：$MgCl_2{\cdot}6CH_3OH$，$CaCl_2{\cdot}4C_2H_5OH$，$CaCl_2{\cdot}4CH_3OH$ 等。结晶醇不溶于有机溶剂而溶于水，在实际工作中常利用这一性质使醇与其他有机物分离或从反应物中除去醇类物质。

例如：工业用的乙醚中，常含有少量乙醇，利用乙醇与 $CaCl_2$ 生成结晶醇的性质，可加入 $CaCl_2$ 便除去乙醚中的少量乙醇。

（二）醇的化学性质

醇的化学性质主要由羟基官能团所决定，同时也受烃基的影响。从化学键来看，C—O 键或 O—H 键都是极性键，这是醇容易发生化学反应而断裂化学键的两个部位。

$$R—C\,\vdots\,—O\,\vdots\,—H$$

在发生化学反应时究竟是 C—O 键断裂，还是 O—H 键断裂，应该取决于烃基的结构以及反应条件。醇的烃基结构不同时，将产生不同的反应活性。

1. 醇的酸碱性

水可以与金属钠反应，生成氢氧化钠和氢气。

$$HOH + Na \longrightarrow NaOH + H_2\uparrow$$

乙醇也可以和金属钠反应，生成醇钠和氢气。是因为醇分子中的羟基（—OH）的氢也可以被金属钠取代生成醇钠和氢气。

$$C_2H_5OH + Na \longrightarrow C_2H_5ONa + H_2$$

生成的乙醇钠可以溶解在过量的乙醇中，如果此反应在无水乙醚中进行，则生成固态的乙醇钠。

醇与金属钠反应和水与金属钠反应相比要缓和得多，这说明醇的酸性比水要弱，或者说烷氧基负离子 RO^-的碱性比 HO^-强，所以当醇钠遇水时立即水解而回复到醇和氢氧化钠。

$$RCH_2ONa + H_2O \longrightarrow RCH_2OH + NaOH$$

随着醇烃基（R—）分子的逐渐加大，醇与金属钠反应的速度也会逐渐减慢。醇的反应活性顺序是：伯醇＞仲醇＞叔醇。

醇分子中的（O—H）键的强弱决定着羟基氢原子的活泼性，三级醇（R—C—OH）羟基的氧受到三个共电子基团（R）的影响，使氧原子上的电子云密度较高，氢原子和氧原子结合得比较牢。而一级醇（R—CH_2—OH）羟基的氧只受到一个共电子基团（R）的影响，氧原子上的电子云密度较低，氢原子受到的束缚力较小，容易取代。

实验证明，甲醇、乙醇的 pK_a（电离常数倒数的对数值）分别为 15.09 和 15.93，其酸性最强，叔醇的 pK_a＞19 酸性最弱。

表 8-2 醇的酸性

醇	pK_a
H_2O	15.7
CH_3OH	15.09
CH_3CH_2OH	15.93
$(CH_3)_2CHOH$	～18
$(CH_3)_3COH$	19.2

醇钠在有机合成中作为强碱试剂，其碱性比 NaOH 还强。

工业上制备乙醇钠是通过乙醇和固体氢氧化钠作用，并在反应液中加苯进行共沸蒸馏除水，而制得乙醇钠。工业乙醇钠为含 17%～19% 的乙醇钠的乙醇溶液，而且还会含少量苯。

醇不仅具有酸性而且还具有碱性。

醇分子中羟基氧原子上有孤电子对，能从强酸接受质子生成鎓盐。

$$C_2H_5—\ddot{\underset{..}{O}}H + HI \rightleftharpoons C_2H_5—\underset{H}{\overset{+}{\ddot{O}}}H\,I^-$$

醇还能与路易斯酸生成鎓盐：

$$C_2H_5—\ddot{\underset{..}{O}}H + BF_3 \rightleftharpoons C_2H_5—\underset{BF_3}{\ddot{O}}H$$

2. 羟基被卤原子取代的反应

（1）醇与氢卤酸反应

醇与氢卤酸反应是制备卤代烃的重要方法之一。

$$R—OH + HX \rightleftharpoons R—X + H_2O$$

其反应速度与氢卤酸的性质和醇的结构有关，醇与氢卤酸反应时氢卤酸的活性次序为：HI＞HBr＞HCl＞HF。

例如：一级醇，与（47%HI）氢碘酸一起加热就可生成碘代烃；与（48%）氢溴酸反应时必须在硫酸存在下加热才能生成溴代烃；与浓氢氯酸（浓盐酸）反应必须有氯化锌存在并加热才能产生氯代烃。

醇与氢卤酸反应醇的活性次序为：叔醇＞仲醇＞伯醇。

由于在溶液中醇的共轭碱，烷氧基负离子是溶剂化的，溶剂化使烷氧基负离子的稳定性增强。伯醇的共轭碱被多个水分子包围，通过溶剂化使负电荷分散，增加了稳定性。

烯丙式醇和三级醇（叔醇）活性较强，在室温下和浓盐酸一起震荡后就会有氯化物生成。

例如：

$$CH_3CH_2CH_2CH_2OH \xrightarrow[\text{或 }NaBr+H_2SO_4,\ \triangle]{HBr,\ H_2SO_4} CH_3CH_2CH_2CH_2Br$$

$$CH_3CH_2CH_2OH \xrightarrow[\triangle]{HCl+ZnCl_2} CH_3CH_2CH_2Cl$$

$$(CH_3)_3C{-}OH \xrightarrow[\text{室温}]{\text{浓 }HCl} (CH_3)_3C{-}Cl$$

利用醇和盐酸反应速度的快慢，可以区别一级醇、二级醇、三级醇，所使用的试剂是 $ZnCl_2$+HCl（浓）所配制成的溶液，此溶液称为卢卡斯（Lucas）试剂。低级一元醇（C_6 以下）能溶解于卢卡斯试剂中。相应的氯代烷则不溶，可以从出现混浊所需要的时间来衡量醇的反应活性。例如：三级醇与卢卡斯试剂反应很快，立即生成氯代烷而分层；二级醇与卢卡斯试剂则反应较慢，需静置一段时间才变混浊，最后才分层；一级醇则在常温下不发生反应。

醇与氢氯酸的反应是亲核取代反应。其反应历程为：醇首先与酸中的氢离子结合生成锌盐（质子化醇）：

$$ROH + H^+ \rightleftharpoons R{-}\overset{+}{O}H_2$$

对伯醇来说，卤素负离子作为亲核试剂会从烃基（R）的方向向α-碳原子进攻，按 S_N2 历程进行取代反应。

$$X^- + R{-}\overset{+}{O}H_2 \xrightarrow{S_N2} RX + H_2O$$

对叔醇来说，生成的锌盐先解离成水和碳正离子，然后再和卤素负离子结合生成卤代烷烃。

$$R_3C{-}OH + H^+ \rightleftharpoons R_3C{-}\overset{+}{O}H_2 \rightleftharpoons R_3C^+ + H_2O$$

$$R-\overset{\overset{R}{|}}{\underset{\underset{R}{|}}{C^+}}+X^- \xrightarrow{快} R-\overset{\overset{R}{|}}{\underset{\underset{R}{|}}{C}}-X$$

某些醇与氢卤酸反应会发生烃基的移位重排。反应生成的卤代烃，其分子中的烃基与原来醇分子中的不同。例如：

$$CH_3-\overset{\overset{CH_3}{|}}{\underset{\underset{H}{|}}{C}}-\overset{\overset{OH}{|}}{\underset{\underset{H}{|}}{C}}-CH_3+HCl \longrightarrow CH_3-\overset{\overset{CH_3}{|}}{\underset{\underset{H}{|}}{C}}-\overset{\overset{Cl}{|}}{\underset{\underset{H}{|}}{C}}-CH_3+\underset{(重排产物)}{CH_3-\overset{\overset{CH_3}{|}}{\underset{\underset{Cl}{|}}{C}}-\overset{\overset{H}{|}}{\underset{\underset{H}{|}}{C}}-CH_3} \qquad (1)$$

$$CH_3-\overset{\overset{CH_3}{|}}{\underset{\underset{CH_3}{|}}{C}}-CH_2OH+HBr \longrightarrow CH_3-\overset{\overset{CH_3}{|}}{\underset{\underset{CH_3}{|}}{C}}-CH_2Br+\underset{(重排产物为主)}{CH_3-\overset{\overset{CH_3}{|}}{\underset{\underset{Br}{|}}{C}}-CH_2CH_3} \qquad (2)$$

这是由于在反应过程中生成的碳正离子不够稳定，容易重排生成比较稳定的碳正离子。从（1）式看，先得到一个二级碳正离子。

$$CH_3-\overset{\overset{CH_3}{|}}{\underset{\underset{H}{|}}{C}}-\overset{\overset{OH}{|}}{\underset{\underset{H}{|}}{C}}-CH_3+H^+ \longrightarrow CH_3-\overset{\overset{CH_3}{|}}{\underset{\underset{H}{|}}{C}}-\overset{\overset{\overset{+}{O}H_2}{|}}{\underset{\underset{H}{|}}{C}}-CH_3 \longrightarrow CH_3-\overset{\overset{CH_3}{|}}{\underset{\underset{H}{|}}{C}}-\overset{+}{\underset{\underset{H}{|}}{C}}-CH_3$$

相邻碳上的氢原子可以带一对电子转移过来，形成新的碳氢键，同时产生一个更为稳定的三级碳正离子。

$$CH_3-\overset{\overset{CH_3}{|}}{\underset{\underset{H}{|}}{C}}-\overset{+}{\underset{\underset{H}{|}}{C}}-CH_3 \longrightarrow CH_3-\overset{\overset{CH_3}{|}}{\underset{+}{C}}-\overset{\overset{H}{|}}{\underset{\underset{H}{|}}{C}}-CH_3$$

这样就得到了更稳定的重排产物。

对（2）来说，反应物是一级醇，由于β-碳原子上连有几个甲基，阻碍了亲核试剂从背面的 S_N2 进攻，反应仍然按 S_N1 历程进行，也可得到重排产物。

$$CH_3-\overset{\overset{CH_3}{|}}{\underset{\underset{CH_3}{|}}{C}}-CH_2OH+H^+ \rightleftharpoons CH_3-\overset{\overset{CH_3}{|}}{\underset{\underset{CH_3}{|}}{C}}-CH_2\overset{+}{O}\begin{matrix}H\\H\end{matrix} \xrightleftharpoons{H_2O}$$

$$CH_3-\underset{CH_3}{\overset{CH_3}{\overset{|}{\underset{|}{C}}}}-\overset{+}{C}H_2 \rightleftharpoons CH_3-\underset{+}{\overset{CH_3}{\overset{|}{C}}}-CH_2-CH_3$$

（较稳定）

$$\downarrow Br^- \qquad\qquad \downarrow Br^-$$

$$CH_3-\underset{CH_3}{\overset{CH_3}{\overset{|}{\underset{|}{C}}}}-CH_2Br \qquad CH_3-\underset{Br}{\overset{CH_3}{\overset{|}{\underset{|}{C}}}}-CH_2-CH_3$$

（重排产物为主）

（2）醇与 PX_3、$SOCl_2$ 反应

醇与三卤化磷反应，其产物为不发生重排反应的卤代烃。

$$3ROH + PX_3 \longrightarrow 3R-X + P(OH)_3$$

此反应通常是用来制备溴代烃或碘代烃。反应历程为：

$$R-OH+\underset{I}{\overset{I}{\overset{|}{\underset{|}{P}}}}-I \longrightarrow R-\underset{H}{\overset{+}{O}}-\overset{I}{\overset{|}{P}}-I+I^-$$

$$I^-+R-\underset{H}{\overset{+}{O}}-\overset{I}{\overset{|}{P}}-I \xrightarrow{S_N2} I-R+HOP\langle^{I}_{I}$$

或

$$R-\underset{H}{\overset{+}{O}}-\overset{I}{\overset{|}{P}}-I \xrightarrow[-HOPI_2]{S_N1} R^+ \xrightarrow{I^-} RI$$

例如：伯和仲溴代烃可以由醇和三溴化磷（或红磷加溴）制备，反应中先生成亚磷酸酯，亚磷酸酯再与溴离子起 S_N2 反应生成溴代烃。

$$\underset{\text{乙醇}}{3C_2H_5OH} + PBr_3 \longrightarrow \underset{\substack{\text{溴乙烷}\\82\%\sim90\%}}{3CH_3CH_2Br} + H_3PO_4$$

$$3(CH_3)_2CHOH + PBr_3 \longrightarrow \underset{\substack{\text{2-溴丙烷}\\69\%\sim73\%}}{3(CH_3)_2CHBr} + H_3PO_4$$

$$3RCH_2OH+PBr_3 \longrightarrow \underset{\text{亚磷酸酯}}{(RCH_2O)_3P}+3HBr$$

$$\underset{\text{亚磷酸酯}}{RCH_2OP(OCH_2R)_2} + HBr \longrightarrow RCH_2\overset{+}{O}(H)P(OCH_2R)_2 + Br^-$$

$$Br^- + RCH_2-\overset{+}{O}(H)P(OCH_2R)_2 \longrightarrow RCH_2Br + HOP(OCH_2R)_2$$

碘代烷可以由醇与碘和红磷一起加热制备：

$$\underset{\text{甲醇}}{6CH_3OH}+3I_2+2P \longrightarrow \underset{\text{碘甲烷}}{6CH_3I}+2H_3PO_4$$

醇与 PCl_3 的作用非常复杂，副反应比较多，尤其是伯醇与 PCl_3 反应产物通常是亚磷酸酯，而不是氯代烃。

$$3ROH+PCl_3 \longrightarrow \underset{\text{亚磷酸酯}}{(RO)_3P}+3HCl$$

即使用 PCl_5，也同样会有酯的生成。

$$ROH+PCl_5 \longrightarrow RCl+POCl_3+HCl$$

$$POCl_3+3ROH \longrightarrow \underset{\text{磷酸酯}}{(RO)_3PO}+3HCl$$

醇还可以用其他方法制备卤代烃。利用氯化亚砜与醇反应也可以得到纯净的氯代烃产品。

$$R-OH+SOCl_2 \xrightarrow[\text{醚}]{\triangle} RCl+SO_2\uparrow+HCl$$

但氯化亚砜具有腐蚀性，而且价格昂贵。

（3）分子内和分子间脱水

醇的脱水反应有两种方式，一种是分子内脱水生成烯，另一种是分子间脱水生成醚。

① 分子内脱水

醇分子内脱水是在较高的温度（400～800℃）下，直接加热即可生成烯。如果有催化剂存在下反应温度可以大大降低，例如：乙醇在有 $AlCl_3$ 或浓硫酸存在下较低温度即可以进行分子内脱水。

$$H-\underset{H}{\overset{H}{C}}-\underset{H}{\overset{H}{C}}-OH \xrightarrow[\text{(或浓 }H_2SO_4\text{)}]{AlCl_3} H-\overset{H}{C}=\overset{H}{C}-H + H_2O$$

在强酸存在下，醇的脱水反应机理为：

(A) $CH_3CH_2OH + H_2SO_4 \xrightleftharpoons{\text{快}} CH_3CH_2\overset{+}{O}H_2 + HSO_4^-$

(B) $CH_3CH_2\overset{+}{O}H_2 \xrightleftharpoons[\text{快}]{\text{慢}} CH_3CH_2^+ + H_2O$

(C) $H-CH_2-\overset{+}{C}H_2 \xrightarrow{\text{快}} CH_2=CH_2 + H^+$

醇通过生成𨦡盐而产生碳正离子，碳正离子不稳定很快从相邻碳原子上消去质子而形成烯烃。显然𨦡盐的脱水比醇要更容易，也就是说，水比—OH羟基是一个更好的离去基团，事实上要直接从醇分子中分离出氢氧离子是很难的，所以，凡是在醇分子中断裂C—O键的反应，都是需要有酸性催化剂存在下进行。其作用是形成质子化醇。

不同类型的醇其脱水反应的难易程度不同，反应活性次序为：叔醇 > 仲醇 > 伯醇。其难易程度可从下列反应中所用的硫酸的浓度及温度比较出来。

$$CH_3CH_2OH \xrightarrow[170℃]{95\%H_2SO_4} CH_2=CH_2 + H_2O$$

$$CH_3CH_2CH_2CH_2OH \xrightarrow[140℃]{75\%H_2SO_4} CH_3CH=CHCH_3$$

2-丁烯
（主要产物）

$$CH_3CH_2\underset{H}{C}H-CH_3 \xrightarrow[100℃]{60\%H_2SO_4} CH_3CH=CHCH_3 + CH_3CH_2CH=CH_2$$

2-丁烯（主要产物）　2-丁烯（少量）

$$CH_3-\underset{OH}{\overset{CH_3}{C}}-CH_3 \xrightarrow[85\sim90℃]{20\%H_2SO_4} CH_3-\overset{CH_3}{C}=CH_2 + H_2O$$

异丁烯

② 分子间脱水

醇分子间脱水生成醚。其反应历程为：在酸存在下醇先生成𨦡盐；

$$CH_3CH_2OH + H_2SO_4 \longrightarrow CH_3CH_2\overset{+}{O}H_2 + \overset{-}{H}SO_4$$

鉎盐中带正电荷的氧原子吸引电子的能力较强，使得α-碳原子变得更容易被亲核试剂攻击，另一个醇分子就可以作为亲核试剂进攻，发生亲核取代反应（S_N2）。

$$CH_3CH_2\underset{|\atop H}{O}\!: + \underset{|\atop CH_3}{CH_2} - \overset{+}{O}H_2 \longrightarrow CH_3CH_2 - \underset{|\atop H}{\overset{+}{O}} - CH_2CH_3 + H_2O$$

$$CH_3CH_2 - \underset{|\atop H}{\overset{+}{O}} - CH_2CH_3 + {}^{-}HSO_4 \longrightarrow CH_3CH_2OCH_2CH_3 + H_2SO_4$$

（4）酯化反应

① 硫酸酯的生成

醇与硫酸作用得到硫酸氢酯。称为酯化反应。例如：

$$CH_3CH_2OH + HOSO_2OH \longrightarrow CH_3CH_2OSO_2OH + H_2O$$

硫酸氢乙酯（乙基硫酸）

从上式可以看出，酯是酸分子中的氢原子被烃基取代而生成的产物，醇与酸反应而形成酯的反应称为酯化反应。

硫酸氢酯是酸性酯，可以和碱作用生成盐。高级醇的硫酸氢酯的钠盐如十二醇的硫酸氢酯的钠盐（$C_{12}H_{25}—O—SO_2ONa$）是一种合成洗涤剂，具有去污垢的作用。

把硫酸氢甲酯或乙酯在减压条件下蒸馏即可得到硫酸二甲酯或二乙酯。

$$CH_3OSO_2 \boxed{-OH + HOSO_2-} OCH_3 \xrightarrow[\text{减压}]{\triangle} CH_3OSO_2OCH_3 + H_2SO_4$$

硫酸二甲酯

硫酸二甲酯或二乙酯是中性酯，不溶于水，具有很强的毒性，在有机合成中用作烷基化试剂，可以通过此反应向其他化合物中引入甲基或乙基。

② 硝酸酯的生成

醇与浓硝酸或发烟硝酸作用得到硝酸酯。称为酯化反应。例如：

$$ROH + HONO_2 \longrightarrow RONO_2 + H_2O$$

丙三醇（甘油）与硝酸或发烟硝酸发生酯化反应，可以制得三硝酸甘油酯，俗称硝化甘油，是一种炸药。

$$\begin{matrix} CH_2-O-H \\ | \\ CH-O-H \\ | \\ CH_2-O-H \end{matrix} \quad \begin{matrix} HO-NO_2 \\ \\ HO-NO_2 \\ \\ HO-NO_2 \end{matrix} \xrightarrow{\text{浓 } H_2SO_4} \begin{matrix} CH_2-ONO_2 \\ | \\ CH-ONO_2 \\ | \\ CH_2-ONO_2 \end{matrix} + 3H_2O$$

三硝酸甘油酯

③ 磷酸酯的生成

醇与磷酸作用得到磷酸酯，称为酯化反应。例如：

$$3ROH + (HO)_3P{=}O \longrightarrow (RO)_3P{=}O + 3H_2O$$

磷酸三酯

当用丁醇与磷酸反应时生成磷酸三丁酯。

$$3C_4H_9OH + (HO)_3P{=}O \longrightarrow (C_4H_9O)_3P{=}O + 3H_2O$$

磷酸三丁酯

磷酸三丁酯常用做萃取剂或增塑剂。更多的磷酸酯都是重要的农药。

④ 羧酸酯的生成

醇与有机酸或酰卤反应可生成有机酸酯。称为酯化反应。例如：

$$CH_3CH_2OH + CH_3\overset{\displaystyle O}{\overset{\|}{C}}OH \xrightarrow{H^+} CH_3\overset{\displaystyle O}{\overset{\|}{C}}OC_2H_5 + H_2O$$

乙酸乙酯

（5）氧化与脱氢

① 氧化

伯醇在重铬酸钾的硫酸溶液氧化下首先生成相应的醛，醛可以继续氧化生成相应的酸。醛和酸具有和醇含有相同的碳原子数。如果要制得醛，必须把生成的醛及时从反应混合液中通过蒸馏进行分离，以避免继续氧化成酸。

$$\underset{\text{伯醇}}{R{-}CH_2{-}OH} + \underset{\text{（橙红）}}{Cr_2O_7^{2-}} \longrightarrow \underset{\text{醛}}{R{-}\overset{\displaystyle H}{\overset{|}{C}}{=}O} + \underset{\text{（绿）}}{Cr^{3+}}$$

$$\text{醛} \xrightarrow{K_2Cr_2O_7} \underset{\text{羧酸}}{R{-}C(=O){-}OH}$$

仲醇氧化会生成与醇含有相同碳原子数的酮。

$$\underset{\text{仲醇}}{R{-}\underset{\displaystyle OH}{\underset{|}{CH}}{-}R'} \xrightarrow[\text{或 } CrO_3\text{ 冰醋酸}]{K_2Cr_2O_7} \underset{\text{酮}}{R{-}\underset{\displaystyle O}{\underset{\|}{C}}{-}R'}$$

叔醇分子中不含α-氢，在以上条件下不能被氧化。但在高锰酸钾或重铬酸钾的硫酸溶液一起加热回流，则可以氧化生成含碳原子数较少的产物。

$$CH_3-\underset{CH_3}{\overset{CH_3}{\underset{|}{\overset{|}{C}}}}-OH \xrightarrow{[O]} CH_3-\underset{O}{\underset{\|}{C}}-CH_3 + H-\underset{O}{\underset{\|}{C}}-H$$

叔丁醇　　丙酮　　甲醛

丙酮 $\xrightarrow{[O]}$ $CH_3COOH + CO_2$（乙酸）；甲醛 $\xrightarrow{[O]}$ $CO_2 + H_2O$

脂环醇氧化生成酮，如果用硝酸等强氧化剂氧化，则碳环破裂生成含相同碳原子数的二元羧酸。

$$\text{环己醇} \xrightarrow[55\sim60℃]{50\%HNO_3,\ V_2O_5} \text{环己酮} \xrightarrow{(O)} \begin{matrix} CH_2CH_2COOH \\ | \\ CH_2CH_2COOH \end{matrix}$$

环己醇　　环己酮　　己二酸

如果上述氧化剂改为重铬酸钾和硫酸。则氧化前后溶液的颜色不同，氧化前为六价铬（Cr^{6+}）显橙红色，氧化后六价铬还原为三价铬（Cr^{3+}）显绿色。

$$3C_2H_5OH + \underset{\text{橙红色}}{2K_2Cr_2O_7} + 8H_2SO_4 \longrightarrow 3CH_3COOH + \underset{\text{绿色}}{2Cr_2(SO_4)_3} + 2K_2SO_4 + H_2O$$

根据伯醇、仲醇、叔醇的氧化难易不同，氧化产物的结构和反应过程中溶液颜色的变化即可以区别伯、仲、叔醇。

② 催化脱氢

伯、仲醇的蒸气在高温下通过催化剂活性铜时，发生脱氢反应，生成醛或酮。

$$RCH_2OH \underset{325℃}{\overset{Cu}{\rightleftharpoons}} RC\begin{matrix} {}^{\diagup\!\!\!\diagup O} \\ {}_{\diagdown H} \end{matrix} + H_2$$

醛

$$\begin{matrix} R \diagdown \\ R \diagup \end{matrix} CH-OH \underset{325℃}{\overset{Cu}{\rightleftharpoons}} \begin{matrix} R \diagdown \\ R \diagup \end{matrix} C=O + H_2$$

酮

如果同时通入空气，则氢气被氧化成水，反应可以进行到底。例如：

$$CH_3CH_2OH + O_2 \underset{550℃}{\overset{Cu或Ag}{\rightleftharpoons}} CH_3CHO + H_2O$$

醇的催化脱氢多数用于工业生产上。

三、重要的醇

1. 甲醇

甲醇最初是用木材干馏得到的，因此也叫作木醇，其特征是：无色透明的液体，挥发性强，有特殊的气味，易燃，其沸点温度是 65℃，空气中的爆炸极限为 6%～36.5%（体积分数），能溶于水，毒性很强，长期接触可导致失明，甚至死亡。

甲醇分子中与羟基相连的碳原子上有三个氢原子，这三个氢原子都可以被氧化，氧化后的最后产物是 CO_2。

$$CH_3OH \rightarrow H-\underset{\underset{O}{\|}}{C}-H \rightarrow H-\underset{\underset{O}{\|}}{C}-OH \rightarrow HO-\underset{\underset{O}{\|}}{C}-OH \rightarrow CO_2 + H_2O$$

甲醇　　甲醛　　甲酸

目前制备甲醇主要是用合成气（CO_2 和 H_2）为原料，在加热、加压和催化剂存在下合成的。

$$CO_2+2H_2 \xrightarrow[20MPa，300℃]{ZnO，Cr_2O_3，CuO} CH_3OH$$

这个反应与条件密切相关，如果操作条件控制的严格，其反应的转化率几乎可达到 100%，而且纯度可达 99%，纯度受催化剂、CO_2 及氢气比例的影响，如果改变其比例，产物除甲醇外，还会得到其他醇类。

此法制得的甲醇可以直接用蒸馏法除去大部分水分，再用金属镁处理，即可制得无水乙醇。

将甲烷和氧气按 9∶1（体积）混合，于 200℃和 10 MPa 下通过铜管也可以制得甲醇：

$$CH_4+\frac{1}{2}O_2 \xrightarrow{Cu} CH_3OH$$

甲醇是很好的有机溶剂，可作为油漆的溶剂，也作为甲基化剂等。甲醇也是重要的化工原料，工业上主要用来制备甲醛。也可以制备羧酸甲酯、氯甲烷、甲胺、硫酸二甲酯等。

2. 乙醇

乙醇俗名酒精，是最常见和应用最广的一种醇。

乙醇：无色透明的液体，易燃，沸点 78.5℃，能与水及多数有机物混溶。普通的酒精是含有 95.6%乙醇和 4.4%水的恒沸混合物，其沸点为 78.15℃，用蒸馏的方法无法将乙醇中的水分进一步除去。工业上制备无水乙醇的方法：用 95%的乙醇加入一定量的苯，然后蒸馏。在 64.9℃时，蒸出的是苯-水-乙醇三元恒沸混合物，然后升温至 68.3℃蒸馏出的是苯-乙醇二元恒沸混合物，待苯全部蒸出后，最后在 78.3℃时蒸出的是市售无水乙醇，市售无水乙醇质量分数为 99.5%。实验室制备无水乙醇，可在工业乙醇中加入生石灰后回流，使水与生石灰结合后再进行蒸馏，可以得到 99.5%的乙醇。再用金属镁处理剩余的水，镁与乙醇作用生成乙醇镁，乙醇镁与水作用，生成氢氧化镁沉淀和乙醇，再进行蒸馏即可得到质量分数为 99.95%的无水乙醇。

乙醇也可以用发酵的方法制备。早在几千年前，我国劳动人民就懂得用发酵法酿酒，而且一直沿用至今，仍然应用。

$$(\text{谷物、甘薯等}) \longrightarrow \text{淀粉} \xrightarrow[\text{HOH}]{\text{淀粉酶}} \text{麦芽糖} \xrightarrow[\text{HOH}]{\text{麦芽糖酶}} \text{葡萄糖} \xrightarrow{\text{酒化酶}} C_2H_5OH + CO_2$$

发酵液乙醇的浓度为 12%左右，经精馏后可得 95.5%的乙醇。用淀粉为原料经发酵制得的不仅有乙醇，还有一些高沸点的杂醇油，杂醇油含有正丙醇、异丁醇、异戊醇及 2-甲基-1-丁醇等。

工业上也用乙烯水化法生产乙醇。

乙醇的用途很广，是常用的有机溶剂，也是有机合成工业的重要原料，在医药上用 70%～75%的乙醇作为消毒剂和防腐剂。

3. 乙二醇

乙二醇 CH_2OHCH_2OH 是最简单而且是最重要二元醇，乙二醇是带有甜味的黏稠状的无色液体，沸点 198℃，相对密度 1.13，能与水、乙醇及丙酮等混溶。但不溶于极性较小的乙醚、苯、卤代烃等，因为是分子中增加了一个羟基产生的影响。

乙二醇的工业制法是由乙烯通过在银催化剂作用下，经过氧气生成环氧乙烷，然后水合得乙二醇。也可以使乙烯经过氯乙醇转变为环氧乙烷再水合。

$$CH_2{=}CH_2 \xrightarrow[250\sim280℃]{O_2,\ Ag} \underset{\diagdown\ O\ \diagup}{CH_2{-}CH_2} \xrightarrow[190\sim220℃,\ 1.5\ MPa]{H_2O,\ H^+} \underset{OH\quad\ OH}{CH_2{-}CH_2}$$

$$CH_2{=}CH_2 \xrightarrow[0℃]{Cl,\ H_2O} \underset{OH\quad\ Cl}{CH_2{-}CH_2} \xrightarrow{NaOH} \underset{\diagdown\ O\ \diagup}{CH_2{-}CH_2} \xrightarrow{H_2O,\ H^+} \underset{OH\quad\ OH}{CH_2{-}CH_2}$$

乙二醇是合成纤维“涤纶”等高分子化合物的重要原料，也可用于制造树脂、增塑剂等，还是常用的高沸点溶剂。乙二醇的熔点低，60%的水溶液的凝固点为－40℃，是汽车冬季很好的防冻剂，也是飞机发动机制冷剂，乙二醇的硝酸酯是一种炸药。

4．丙三醇

丙三醇俗称甘油，是无色无臭有甜味的黏稠状液体。沸点 290℃，相对密度 1.261，能与水混溶，但不溶于有机溶剂，具有强烈的吸水性。

工业上合成甘油是利用石油裂解气中的丙烯，通过氯丙烯法生产。

丙烯在高温下和氯气发生取代反应：

$$CH_3CH{=}CH_2+Cl_2 \xrightarrow{500℃} \underset{\displaystyle Cl}{\underset{|}{CH_2}}{-}CH{=}CH_2+HCl$$

3-氯丙烯

3-氯丙烯与 HOCl（Cl_2 +H_2O）加成生成二氯丙醇：

$$CH_2Cl{-}CH{=}CH_2+HOCl \xrightarrow[25\sim30℃]{} \begin{cases} \underset{\displaystyle Cl}{\underset{|}{CH_2}}{-}\underset{\displaystyle Cl}{\underset{|}{CH}}{-}\underset{\displaystyle OH}{\underset{|}{CH_2}} \\ \underset{\displaystyle Cl}{\underset{|}{CH_2}}{-}\underset{\displaystyle OH}{\underset{|}{CH}}{-}\underset{\displaystyle Cl}{\underset{|}{CH_2}} \end{cases}$$

2-氯丙醇

2-氯丙醇和石灰乳作用生成环氧氯丙烷：

$$\left.\begin{array}{l} \underset{\displaystyle Cl}{\underset{|}{CH_2}}{-}\underset{\displaystyle Cl}{\underset{|}{CH}}{-}\underset{\displaystyle OH}{\underset{|}{CH_2}} \\ \underset{\displaystyle Cl}{\underset{|}{CH_2}}{-}\underset{\displaystyle OH}{\underset{|}{CH}}{-}\underset{\displaystyle Cl}{\underset{|}{CH_2}} \end{array}\right] \xrightarrow[80\sim90℃]{Ca(OH)_2 或 NaOH} \underbrace{CH_2{-}CH}_{O}CH_2Cl$$

环氧氯丙烷

环氧氯丙烷水合即可得到甘油：

$$\underbrace{CH_2{-}CH}_{O}CH_2Cl \xrightarrow[H_2O，\triangle]{10\%NaOH} \underset{\displaystyle OH}{\underset{|}{CH_2}}{-}\underset{\displaystyle OH}{\underset{|}{CH}}{-}\underset{\displaystyle OH}{\underset{|}{CH_2}}$$

甘油

甘油是油脂的组成部分，可以从动植物油脂水解制得，也是油脂水解制肥皂时的副产物。

甘油是重要的有机原料，重要的用途之一是制备甘油三硝酸酯，还广泛用于合成树脂、食品、纺织、皮革等工业。

5．苯甲醇

苯甲醇又称为苄醇，无色有淡淡芳香气味的液体，沸点 205.4℃，微溶于水，可溶于乙醇、乙醚、苯等有机溶剂。

苯甲醇是由氯化苄（苯甲基氯）为原料合成而制得：

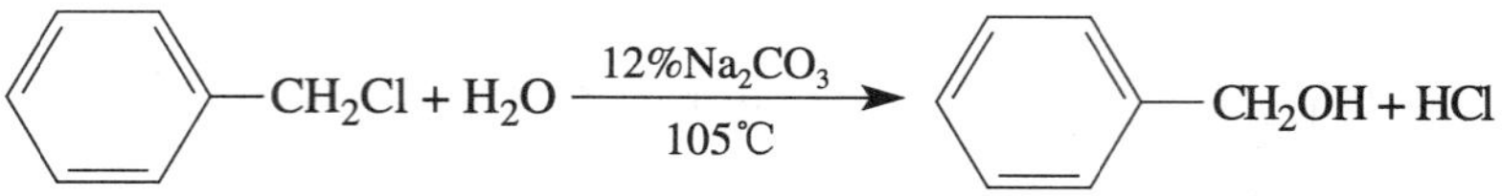

$$C_6H_5-CH_2Cl + H_2O \xrightarrow[105℃]{12\%Na_2CO_3} C_6H_5-CH_2OH + HCl$$

苯甲醇可作为有机合成原料，也作为溶剂、定香剂及色层分析用试剂。

第二节　酚

一、酚的命名法

酚的通式为 Ar-OH，是羟基直接连在苯环上的化合物，这是酚与醇在结构上的主要区别。例如：

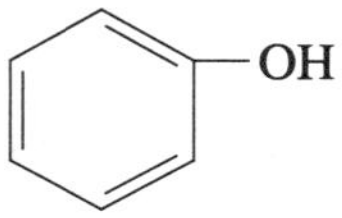

C_6H_5-OH　　　　$C_6H_5-CH_2OH$

苯酚 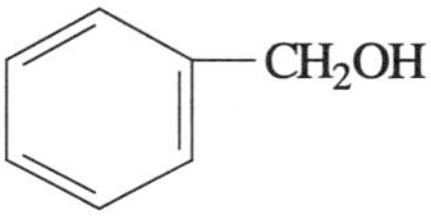　　　　苯甲醇

酚的命名一般是在酚字的前面加上芳环的名称，作为母体。其他取代基按最低系列原则及立体化学中的次序规则冠以名称和位次。例如：

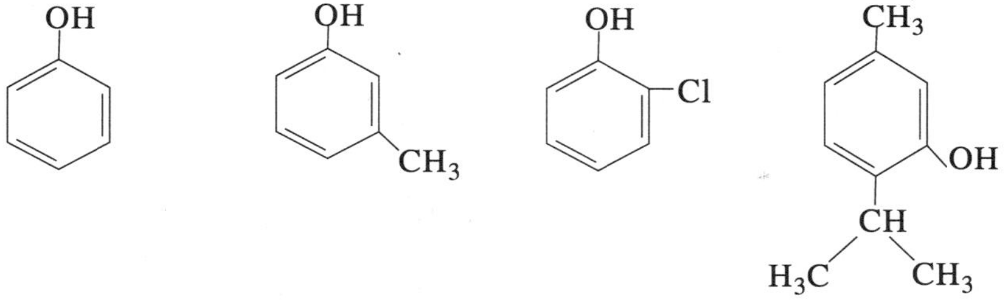

苯酚　　间甲苯酚　　邻氯苯酚　　5-甲基-2-异丙基苯酚

如果芳环上连有—COOH、—SO_3H 等官能团时，羟基要作为取代基命名。例如：

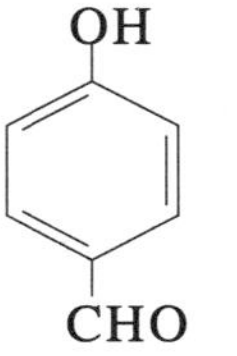

$HO-C_6H_4-CHO$　　　　$HO-C_6H_4-SO_3H$

对羟基苯甲醛 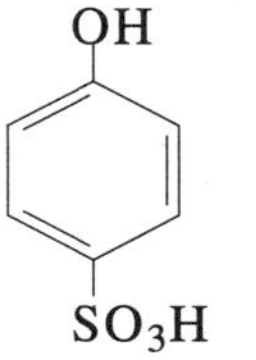　　　　对羟基苯磺酸

多元酚则需要表示出羟基的位次和数目。例如：

对苯二酚　　1,2,3-苯三酚　　1,2,4-苯三酚

二、酚的物理性质

酚一般为固体，只有少数烷基酚为液体。烷基酚分子间形成氢键，所以沸点都很高。有特殊气味，微溶于水，100 g 水中大约可溶解 9 g 苯酚。加热可使苯酚在水中的溶解度升高，酚在水中的溶解度随羟基（—OH）数目的增加而增加。纯的酚是无色的，但酚在空气中容易氧化而带有红色。

表 8-3　常见酚的物理常数

名称	熔点/℃	沸点/℃	溶解度/（g/100 g 水）	pK_a（25℃）
苯酚	43	181	9.3	9.89
邻甲苯酚	30	191	2.5	10.20
间甲苯酚	11	201	2.3	10.17
对甲苯酚	35.5	201	2.6	10.01
邻氯苯酚	9	174.9	2.8	8.49
邻硝基苯酚	44.5	214	0.2	7.23
间硝基苯酚	96	194（9 333Pa）	1.4	8.40
对硝基苯酚	114	297（分解升华）	1.6	7.15
2,4-二硝基苯酚	113	升华	0.56	4.0
邻苯二酚	105	245	45.1	9.48
间苯二酚	110	281	123	9.44
对苯二酚	170	286	8	9.96
1,2,3-苯三酚	133	309	62	7.0
1,3,5-苯三酚	218	升华	1	7.0
α-萘酚	94	279（升华）	不溶	9.31
β-萘酚	123	286	0.1	9.55

由上表可知，在硝基苯酚的三个异构体中，邻位异构体的熔点和溶解度都比间位和对位异构体低得多，这是由于，间位、对位异构体分子间形成氢键而缔合。故熔点、溶解度都较高。

酚具有很强的毒性，口服致死量 530 mg/kg 体重。

当水中含有微量酚时，都会有一种特异难闻的气味，如果饮用水中含有酚，在进行氯化消毒时会生成 2,4-二氯苯酚，此物质即使浓度极低，人们也能感觉到。因

此，为了保护人体健康，防止环境污染，防止自然生态被破坏，对含有酚的污水，国家严格控制其含量。

三、酚的化学性质

酚类分子中都含有羟基和芳环，由于两者直接相连，相互影响，所以酚羟基与醇羟基在性质上有很大的差异。由于酚羟基参与了芳环的共轭效应，使 O—H 键极性增大，C—O 键加强。所以酚表现出的酸性比醇要强。另外酚的芳环受羟基的影响，也比相应的芳烃更易发生亲电取代反应。

1. 酚羟基的反应

（1）酸性

酚具有酸性，酚的酸性比醇强（例如：苯酚的 $pK_a≈10$ 其水溶液可使石蕊变红，而醇 $pK_a≈18$ 与水相近，水的 $pK_a=15.7$），但比碳酸要弱（碳酸的 $pK_{a1}=6.38$）。因此酚能溶于氢氧化钠溶液而生成钠盐，而醇不能。

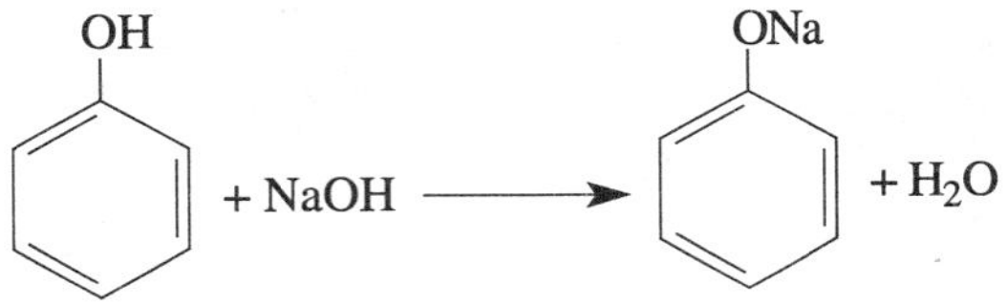

OH　　+ NaOH ⟶ 　ONa　　$+ H_2O$

苯酚钠

当苯酚钠溶液中通入 CO_2 气之后，可以使酚又重新游离出来。

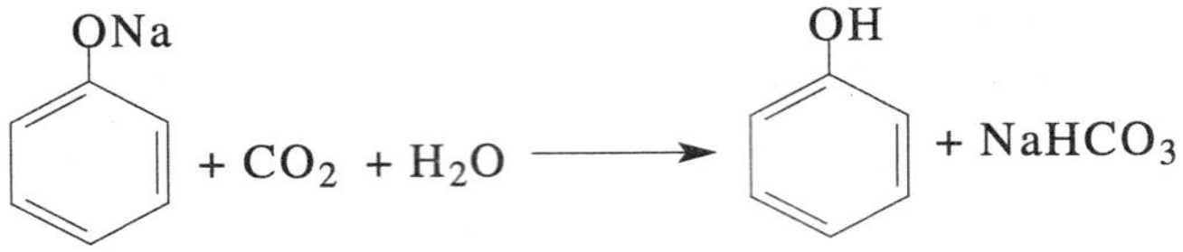

ONa　　$+ CO_2$ $+ H_2O$ ⟶ 　OH　　$+ NaHCO_3$

溶于水　　　　不溶于水

酚具有酸性，是由于在这个共轭体系中，电子云向苯环移动，使得羟基氧上的电子云密度降低，O—H 键间的结合力减弱，从而使氢能以 H^+的形式解离出来而显酸性。

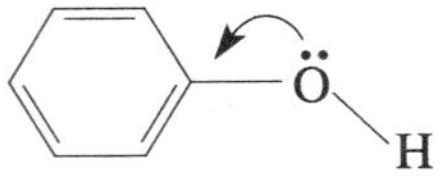

Ö
H

由此可见，如果苯环上连有吸电子基时，可使酚的酸性增强。如果苯环上连有推电子基时，可使酚的酸性减弱。例如：硝基（$—NO_2$）是吸电子基，而甲基（$—CH_3$）是推电子基。所以

$$K_a = 7\times10^{-9} \qquad K_a = 6.7\times10^{-11}$$

（2）与三氯化铁的显色反应

酚的许多反应产物都能吸收可见光，大多数的酚与三氯化铁作用能生成带颜色的络合物离子，用来鉴定酚。

$$\underset{\text{苯酚}}{6C_6H_5OH} + FeCl_3 \longrightarrow \underset{\text{紫色}}{H_3[Fe(OC_6H_5)_6]} + 3HCl$$

不同的酚所产生的颜色也不一样，常见的颜色有紫色、蓝色、绿色、棕色等，这个特性常用来鉴定酚。

表 8-4 各类酚与三氯化铁反应所显颜色

苯酚	对甲苯酚	间甲苯酚	对苯二酚	邻苯二酚	间苯二酚	连苯三酚	α-萘酚	β-萘酚
蓝紫色	蓝色	蓝紫色	暗绿色结晶	深绿色	蓝紫色	淡棕红色	紫红色沉淀	绿色沉淀

（3）酚醚的生成

醇可以烷基化成为醚，酚和醇相似，也能够烷基化成酚醚，但酚醚不能直接通过酚分子间脱水制得。酚醚一般是由酚在碱性溶液中与卤代烃作用生成的。

$$C_6H_5OH \xrightarrow{OH^-} C_6H_5O^- \begin{cases} \xrightarrow{RX} C_6H_5-O-R + X^- \\ \xrightarrow{(CH_3)_2SO_4} C_6H_5-O-CH_3 + CH_3OSO_3^- \end{cases}$$

二芳基醚可以用酚钠与芳卤制得，因为芳环上的卤原子不活泼，所以需加催化剂、加热。例如：

$$C_6H_5O^-Na^+ + Br-C_6H_5 \xrightarrow[210℃]{Cu} C_6H_5-O-C_6H_5 + NaBr$$

（4）酚酯的生成

酚酯是不能直接酯化而制得，一般是与酰氯或酸酐作用来制备酚酯。例如：

苯甲酰氯　　苯甲酸苯酯（75%～80%）

$$\text{C}_6\text{H}_5\text{OH} + \text{C}_6\text{H}_5\text{COCl} \xrightarrow[40\sim45℃]{10\%\text{NaOH}} \text{C}_6\text{H}_5\text{COOC}_6\text{H}_5 + \text{HCl}$$

2. 芳环上的反应

由于酚羟基与苯环的 p—π共轭，使芳环的电子云密度增加。例如：它可使邻位的电子云密度增加最多，所以苯酚的羟基是邻位、对位的定位基，使邻、对位的亲电取代反应容易进行。

（1）卤代

苯酚与溴水在常温下可迅速反应生成 2,4,6-三溴苯酚白色沉淀。

$$\text{C}_6\text{H}_5\text{OH} + 3Br_2 \xrightarrow{H_2O} \text{2,4,6-Br}_3\text{C}_6\text{H}_2\text{OH}\downarrow + 3HBr$$

这个反应很灵敏，极稀的苯酚溶液（10 μg/g）也能与溴生成沉淀，此反应常用做苯酚的鉴别和定量测定。

如果反应在 CS_2，CCl_4 等非极性溶剂中进行，即可制得一溴代苯酚。

$$\text{C}_6\text{H}_5\text{OH} + Br_2 \xrightarrow[0℃]{CS_2\text{或}CCl_4} \text{p-BrC}_6\text{H}_4\text{OH} + \text{o-BrC}_6\text{H}_4\text{OH} + HBr$$

67%对溴苯酚　　33%邻溴苯酚

如果在酸性溶液中进行卤化，则可得到 2,4-二卤代苯酚。

$$\text{C}_6\text{H}_5\text{OH} + Br_2 \xrightarrow[30℃]{HBr} \text{2,4-Br}_2\text{C}_6\text{H}_3\text{OH}$$

（2）硝化

苯酚比苯容易硝化，在室温下苯酚与稀硝酸作用生成邻硝基苯酚和对硝基苯酚的混合物。

$$\text{C}_6\text{H}_5\text{OH} + HNO_3\text{（稀）} \xrightarrow{20℃} o\text{-}NO_2C_6H_4OH + p\text{-}NO_2C_6H_4OH$$

30%～40%　　15%

（3）磺化

浓硫酸易使苯酚磺化。在室温下反应，生成几乎等量的邻位和对位取代产物。如果在高温下反应。则对位异构体为主要产物。

$$C_6H_5OH \xrightarrow{98\%H_2SO_4} o\text{-}HO_3SC_6H_4OH + p\text{-}HO_3SC_6H_4OH$$

	邻位	对位
20℃	49%	51%
100℃	10%	90%

（4）傅瑞德尔-克拉夫茨反应

酚羟基易与无水氯化铝反应而生成不溶于有机溶剂的络合物酚氯化铝盐，使芳环亲电取代活性降低，使反应不能顺利进行。这时可采用其他的路易斯酸（如：乙酸和三氟化硼）作催化剂处理苯酚，可获得高产率的对羟基苯乙酮。

$$C_6H_5OH + CH_3COOH \xrightarrow{BF_3} p\text{-}HOC_6H_4COCH_3 + H_2O$$

酚的傅瑞德尔-克拉夫茨烷基化反应通常是以烯烃或醇为烷基化试剂，以浓硫酸、磷酸或酸性离子交换树脂作为催化剂，反应迅速生成二烷基化和三烷基化产物。

$$p\text{-}CH_3C_6H_4OH + (CH_3)_2C{=}CH_2 \xrightarrow{\text{浓 }H_2SO_4} 2,6\text{-}[(CH_3)_3C]_2\text{-}4\text{-}CH_3C_6H_2OH$$

4-甲基-2,6-二叔丁基苯酚

（俗称：二四六抗氧剂）

3. 氧化和加氢

（1）氧化

酚容易被氧化，但酚氧化是一个很复杂的反应，可以用不同的氧化剂得到多种类型的氧化产物。酚置于空气中，随氧化的不断进行，酚的颜色由无色逐渐变为粉红色、红色甚至暗红色。

苯酚用铬酸氧化，生成黄色的对苯醌。

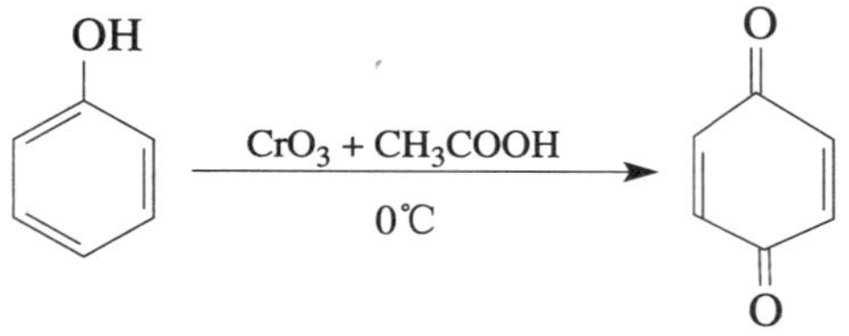

$$C_6H_5OH \xrightarrow[0℃]{CrO_3 + CH_3COOH} O=C_6H_4=O$$

羟基对位的取代基可能在氧化反应中脱去：

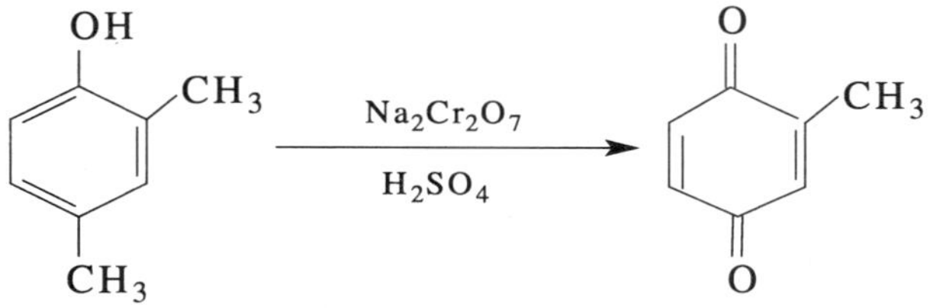

$$\text{2,4-二甲苯酚} \xrightarrow[H_2SO_4]{Na_2Cr_2O_7} \text{2-甲基对苯醌}$$

2,4-二甲苯酚　　　　2-甲基对苯醌

二元酚更易被氧化。例如：邻或对苯二酚在室温下即可被弱氧化剂如氧化银或氯化铁氧化为邻或对苯醌。

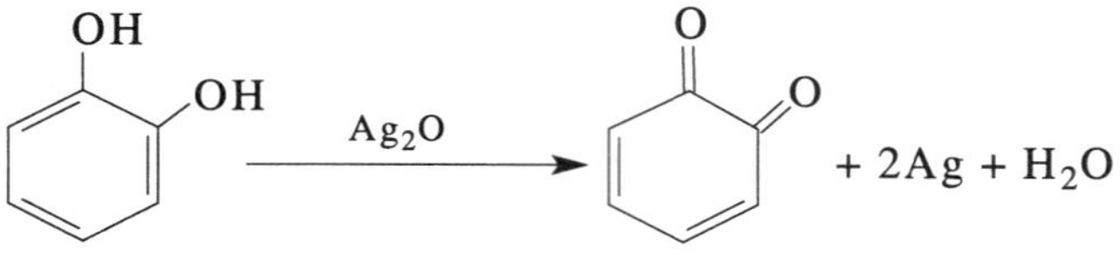

$$C_6H_4(OH)_2 \xrightarrow{Ag_2O} \text{邻苯醌} + 2Ag + H_2O$$

邻苯醌

（2）加氢

酚可以通过催化加氢生成环烷基醇。例如：在工业生产中，苯酚在雷内镍催化下于140～160℃通入氢气可生成环己醇。

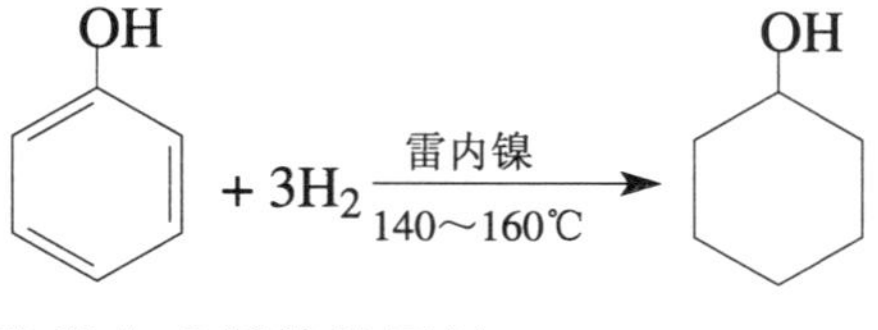

$$C_6H_5OH + 3H_2 \xrightarrow[140\sim160℃]{\text{雷内镍}} C_6H_{11}OH$$

环己醇是制备聚酰胺类合成纤维的原料。

四、重要的酚

1．苯酚

苯酚俗称石炭酸，纯净的苯酚为无色透明的针状结晶，具有特殊气味，熔点 43℃，在空气中逐渐氧化而呈微红色。苯酚微溶于水，25℃时溶解度为 8 g，65℃以上可与水混溶。苯酚易溶于乙醇及乙醚等有机溶剂。

苯酚有毒，对皮肤有强烈的腐蚀性，能灼烧皮肤，一旦触及皮肤，要及时用酒精擦洗。

工业上，苯酚是一种重要的化工原料，大量用于制造酚醛树脂（电木粉）、及其他高分子材料、离子交换树脂、合成纤维、染料、药物、炸药等，有着广泛的用途。

工业上，可以通过分离煤焦油而制得苯酚，由于煤焦油中酚的含量有限，不能满足工业发展的需要，目前工业大量生产苯酚使用的主要方法是异丙苯法。是以丙烯、苯为原料，先制得异丙苯，然后在 100～120℃时通入空气，使异丙苯氧化成氢过氧化异丙苯，最后与硫酸反应，分解为两种重要的化工原料苯酚和丙酮。

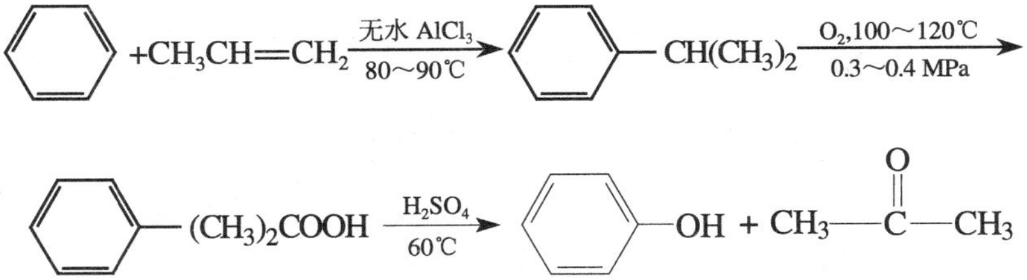

$$C_6H_6 + CH_3CH{=}CH_2 \xrightarrow[80\sim90℃]{\text{无水 }AlCl_3} C_6H_5{-}CH(CH_3)_2 \xrightarrow[0.3\sim0.4\ MPa]{O_2,100\sim120℃}$$

$$C_6H_5{-}(CH_3)_2COOH \xrightarrow[60℃]{H_2SO_4} C_6H_5{-}OH + CH_3{-}\overset{\overset{\large O}{\|}}{C}{-}CH_3$$

苯酚具有一定的杀菌消毒能力，可用做防腐剂和消毒剂。

2．对苯二酚

苯二酚有三种同分异构体：

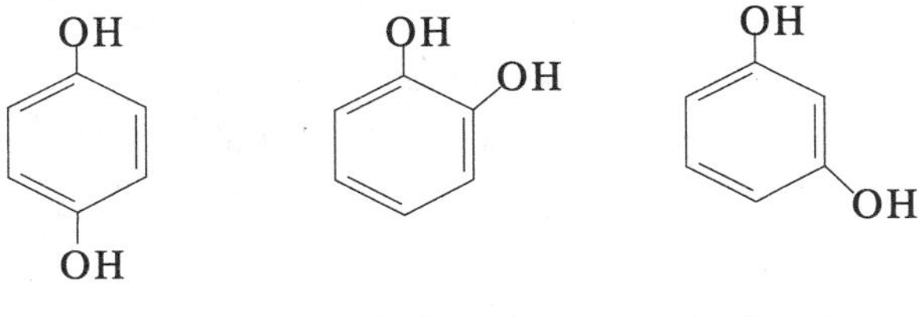

对苯二酚　　邻苯二酚　　间苯二酚

对苯二酚又名氢醌，为无色晶体，熔点 170℃，能溶于水、乙醇和乙醚等有机溶剂中，对苯二酚很容易氧化，被弱氧化剂（如：氧化银、溴化银）氧化生成黄色的对苯醌，所以它本身是一个还原剂。

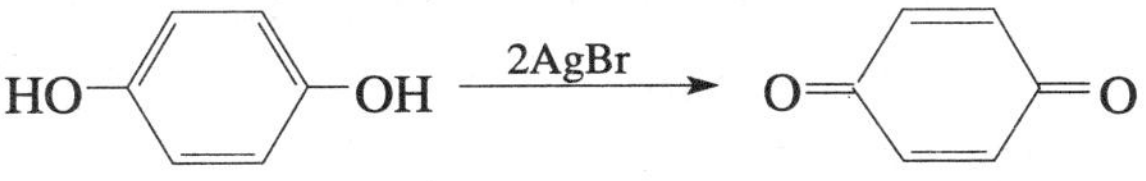

$$HO{-}C_6H_4{-}OH \xrightarrow{2AgBr} O{=}C_6H_4{=}O$$

对苯二酚是由苯胺氧化成为对苯醌，再经还原而制得：

$$C_6H_5NH_2 \xrightarrow[\text{稀 } H_2SO_4,\ <10℃]{MnO_2} O{=}C_6H_4{=}O \xrightarrow[60\sim65℃]{Fe+H_2O} HO{-}C_6H_4{-}OH$$

3. 萘酚

萘酚有两种异构体：

α-萘酚　　β-萘酚

两种萘酚都少量地存在于煤焦油中，两种萘酚都可以由相应的萘磺酸钠经碱熔而制得。

$$C_{10}H_7SO_3Na\ (\alpha) \xrightarrow[300℃]{NaOH} C_{10}H_7ONa \xrightarrow{\text{稀 } H_2SO_4} C_{10}H_7OH$$

$$C_{10}H_7SO_3Na\ (\beta) \xrightarrow[300℃]{NaOH} C_{10}H_7ONa \xrightarrow{\text{稀 } H_2SO_4} C_{10}H_7OH$$

α-萘酚为无色针状晶体，在空气中及光照下易被氧化，逐渐变为玫瑰色。熔点96℃，难溶于水，微溶于四氯化碳，易溶于乙醇、乙醚、氯仿、苯及碱溶液中。

α-萘酚具有毒性，其毒性比β-萘酚强3倍。

工业上，纯粹的α-萘酚是从α-萘胺为原料在酸性（15%～20%硫酸）条件下直接加压水解制得的。

$$C_{10}H_7NH_2 + H_2O \xrightarrow[200℃,\ 1.4\ MPa]{\text{稀 } H_2SO_4} C_{10}H_7OH + NH_3$$

α-萘酚可用作抗氧化剂、橡胶防老剂、也可以用来合成香料、农药、染料等。

β-萘酚为无色或稍带有黄色的片状晶体，熔点 122～123℃，溶解性与α-萘酚相似，在空气和光照下颜色会逐渐加深。

β-萘酚可由萘高温磺化碱熔而制得。

$$\text{萘} + H_2SO_4 \xrightarrow{162\sim164℃} \text{2-萘磺酸}(SO_3H) \xrightarrow[\text{中和}]{NaSO_3} \text{2-萘磺酸钠}(SO_3Na)$$

$$\xrightarrow[320\sim330℃]{NaOH\ \text{熔融}} \text{2-萘酚钠}(ONa) \xrightarrow[\text{酸化}]{SO_2+H_2O} \text{2-萘酚}(OH) + NaSO_3$$

4. 双酚 A 和环氧树脂

双酚 A 学名为 2,2-二对羟苯基丙烷，为白色针状晶体，熔点 154℃，分解温度是 180℃，不溶于水，而溶于丙酮。工业上以苯酚与丙酮为原料在酸催化下缩合制得：

$$HO-C_6H_4 + CH_3-\overset{}{C}(=O)-CH_3 + C_6H_5-OH \xrightarrow[40℃,\ 2h]{H_2SO_4} HO-C_6H_4-C(CH_3)_2-C_6H_4-OH$$

双酚 A 可与环氧氯丙烷（$\underset{\backslash O/}{CH_2-CH}-CH_2Cl$）在氢氧化钠作用下，发生一系列缩合反应，生成末端具有环氧基的线型高分子化合物环氧树脂。

$$2ClCH_2-\underset{\backslash O/}{CH-CH_2} + HO-C_6H_4-C(CH_3)_2-C_6H_4-OH \xrightarrow[55\sim60℃]{NaOH}$$

$$\underset{\backslash O/}{CH_2-CH}-CH_2-O-C_6H_4-C(CH_3)_2-C_6H_4-O-CH_2-\underset{\backslash O/}{CH-CH_2}$$

$$n\ HO-C_6H_4-C(CH_3)_2-C_6H_4-OH \xrightarrow[n\ \underset{\backslash O/}{CH_2-CH}-CH_2,\ NaOH]{}$$

$$\underset{\backslash O/}{CH_2-CH}-CH_2\left[O-C_6H_4-C(CH_3)_2-C_6H_4-O-CH_2-\underset{OH}{CH}-CH_2\right]_n$$

$$-O-C_6H_4-C(CH_3)_2-C_6H_4-O-CH_2-\underset{\diagdown O \diagup}{CH-CH_2}$$

线型环氧树脂的平均分子量为 350～4 000，使用时需要用固化剂处理，使其交联成体形结构而具有强的黏结性，可用作金属或非金属材料的黏合剂，俗称万能胶。用环氧树脂浸渍玻璃纤维即可制得质量轻、强度高，常用作结构材料的玻璃钢。环氧树脂也可用做表面涂层。环氧树脂常用的固化剂有乙二胺、间苯二胺等。

第三节　醚

一、醚的分类和命名法

1. 醚的分类

醚的通式是 R—O—R、Ar—O—Ar 或 Ar—O—R，醚是两个烃基通过氧原子结合起来的化合物。从结构上可以看做是水分子中的两个氢原子被烃基取代的生成物，而 C—O—C 键称为醚键，是醚的官能团。

当与氧原子相连接的两个烃基相同时，称为简单醚，简称为单醚。当与氧原子相连接的两个烃基不相同时，称为混合醚，简称为混醚。

当与氧原子相连接的两个烃基都是饱和烃时，称为饱和醚。当与氧原子相连接的两个烃基中有一个是不饱和烃，则称为不饱和醚。当与氧原子相连接的两个烃基中有一个是芳基，则称为芳醚。当烃基与氧原子连接成环，则称为环醚[$(CH_2)_nO$，$n \geqslant 2$]。多氧大环醚称为冠醚。

2. 醚的命名法

醚的命名用得比较广的是习惯命名法，通常是在“醚”之前先写出与氧相连的两个烃基的名称（基字可以省去）。单醚在烃基名称前加“二”字，（一般烃基可以省去，但芳醚和某些不饱和醚除外）。混醚则将次序规则中较优先的烃基放在后面。芳醚则是把芳基放在前面。例如：

$CH_3CH_2OCH_2CH_3$	$C_6H_5-O-C_6H_5$	$CH_3OCH_2CH=CH_2$	$C_6H_5-OCH_3$
（二）乙醚	二苯醚	甲基烯丙基醚	苯甲醚（茴香醚）

结构比较复杂的醚利用系统命名法命名，可以将醚当做烃的氧基衍生物，将较大的烃基当做母体，剩下的 RO—部分（烷氧基）看做取代基。烷氧基的命名，只要在相应的烃基名称后面加“氧”字即可。芳醚则以芳环为母体，也可以大的烃基为母体。例如：

$$CH_3CH_2CH_2\underset{\displaystyle OCH_3}{\underset{|}{C}H}CH_2CH_3 \qquad HOCH_2CH_2CH_2CH_2O\underset{\displaystyle CH_3}{\underset{|}{C}H}CH_3$$

3-甲氧基己烷　　　　4-异丙氧基-1-丁醇

环醚一般叫做环氧某烃或按杂环化合物命名的方法命名。例如：

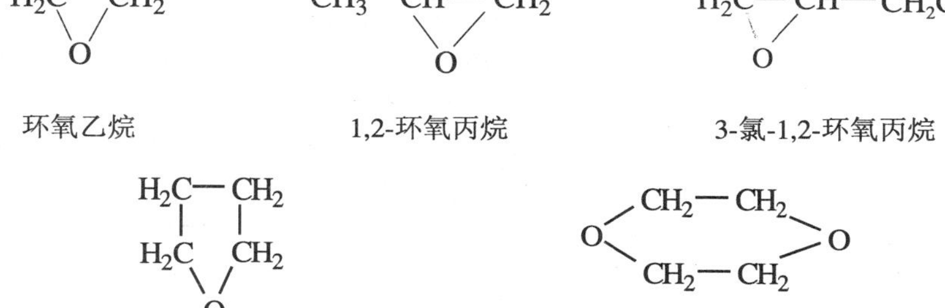

环氧乙烷　　1,2-环氧丙烷　　3-氯-1,2-环氧丙烷

1,4-环氧丁烷（四氢呋喃）　　1,4-二氧六环（二噁烷）

多元醚（多元醇的烃衍生物）命名时，首先写出多元醇的名称，再写出另一部分烃基的数目和名称，最后加上“醚”字。例如：

$$\begin{array}{l} CH_2—O—CH_2CH_3 \\ | \\ CH_2—O—CH_2CH_3 \end{array} \qquad CH_3OCH_2CH_2OH$$

乙二醇二乙醚　　　　乙二醇一甲醚

二、醚的物理性质

在常温下除了甲醚和甲乙醚为气体之外，大多数醚均为易燃的、具有芳香气味的液体。醚分子中没有强负电性原子相连接的氢，因此分子间不能形成氢键。所以醚的沸点和其相对分子量相同的醇相比要低得多。例如：甲醚的沸点为－24.9℃，乙醇的沸点为 78.5℃；正丁醇的沸点为 117.3℃，乙醚的沸点为 34.5℃。

醚在水中的溶解度与相同碳原子数的醇相近，例如：乙醚和正丁醇在水中的溶解度都是每 100 克水中约溶解 8 克，因为醚分子中氧原子仍能与水分子中氢原子生成氢键。另外醚分子中 C—O—C 键的键角不是 180°，而与水相似，两个 C—O 键的偶极矩不能互相抵消，所以醚具有一定的偶极矩，分子具有弱极性。

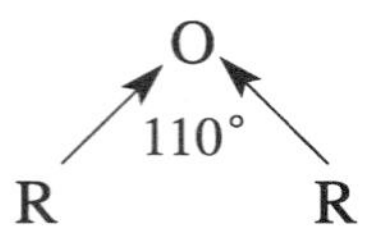

醚的极性比烷烃大，因此在水中有一定的溶解度，醚是良好的有机溶剂，常用来提取有机物或作有机反应的溶剂。

表 8-5 醚的物理常数

名称	熔点/℃	沸点/℃	相对密度	折射率
甲醚	−138.5	−24.9	0.661	—
甲乙醚	—	10.8	0.725 2	1.342 0[4]
乙醚	−116.62	34.5	0.713 7	1.352 6
丙醚	−122	90.1	0.736 0	1.380 9
异丙醚	−85.89	68	0.724 1	1.367 9
正丁醚	−95.3	142	0.768 9	1.399 2
正戊醚	−69	190	0.783 3	1.411 9
乙烯基醚	−101	28	0.773	1.398 9
苯甲醚	−37.5	155	0.996 1	1.517 9
苯乙醚	−29.5	170	0.966 6	1.507 6
二苯醚	26.84	257.93	1.074 8	1.578 7
环氧乙烷	−111	10.73（101 325 Pa）	0.882 4	1.359 7
四氢呋喃	−65	67	0.889 2	1.405 0
1,4-二氧六环	11.8	101（99 992 Pa）	1.033 7	1.422 4

三、醚的化学性质

醚是一类不活泼的化合物（除环醚外），对于大多数试剂比如碱、稀酸、氧化剂、还原剂等都十分稳定，醚在常温下和金属钠不反应，可以用金属钠作为干燥剂来干燥醚。但是稳定性是相对的，由于醚键（C—O—C）的存在，可以发生一些特有的反应。

1. 锌盐和配位化合物的生成

由于醚链上的氧原子上具有未共用的孤电子对，能接受强酸中的 H^+ 而生成锌盐，所以醚都能溶于强酸中。

$$R-\ddot{\underset{\cdot\cdot}{O}}-R + H_2SO_4 \rightleftharpoons \left[R-\underset{\underset{H}{|}}{\ddot{O}}-R\right]^+ + HSO_4^-$$

锌盐是强酸弱碱盐，不稳定，遇水很快分解为原来的醚。在此过程中如果冷却程度不够，则部分醚可能水解生成醇。这一性质通常用于将醚从烷烃或卤代烃等混合物中分离出来。

醚所提供的孤电子对与亲电试剂（路易斯酸）如：BF_3、$AlCl_3$、RMgX（格利雅试剂）等生成配位化合物。

$$R-\ddot{\underset{\cdot\cdot}{O}}-R+BF_3 \longrightarrow R_2O \rightarrow BF_3$$

箭头表示成键电子对都由氧提供。

$$R-\ddot{\underset{\cdot\cdot}{O}}-R+AlCl_3 \longrightarrow R_2O \rightarrow AlCl_3$$

$$2R-\ddot{\underset{\cdot\cdot}{O}}-R+R'MgX \longrightarrow R'-Mg(\leftarrow OR_2)_2-X$$

鉎盐或络合物的生成使醚分子中 C—O 键变弱，因此在酸性试剂作用下，醚链会断裂。

2．醚键断裂

在较高温度下，强酸能使醚键断裂，能使醚键断裂的最有效的试剂是浓氢卤酸（一般用 HI 或 HBr）。例如：

$$R-O-R'+HX \rightleftharpoons R-\overset{+}{\underset{H}{O}}-R'+X^- \xrightarrow[\triangle]{-S_N2} R-X+R'-OH \xrightarrow{HX} R'-X+H_2O$$

醚与氢卤酸反应的活性顺序：HI > HBr > HCl

芳基烷基醚与氢卤酸作用时，总是烷氧键断裂，生成酚和卤代烷。这是因为氧原子和芳环之间的键是由于 p-π共轭结合得牢固，而烷基没有这种效应。例如：

$$C_6H_5-O \,\vdots\, CH_3 \xrightarrow[120\sim130℃]{57\%HI} C_6H_5-OH+CH_3I$$

而 Ar—OH 不能进一步生成 Ar—X。二芳基醚（如二苯基醚）即使在氢碘酸作用下醚链也不易断裂（即不反应）。

3. 过氧化物的生成

醚对氧化剂是比较稳定的，但许多烷基醚在长时间和空气接触可被空气中的氧气氧化为过氧化物。过氧化物是不稳定的，而且不易挥发，加热时容易发生强烈的爆炸。沸点比醚要高，蒸馏醚时切勿蒸干，蒸干醚是很危险的。因此醚类应尽量避免暴露在空气中，一般应放在棕色玻璃瓶中，避光保存。可以加入微量的对苯二酚或其他阻氧化剂以阻止过氧化物生成。

储存过久的乙醚在使用前，尤其是在蒸馏前，应当检验是否有过氧化物存在。检验过氧化物的方法：① 可以用硫酸亚铁和硫氰化钾（KCNS）混合液与醚一起振荡，如果有过氧化物存在，会将亚铁离子氧化成为铁离子，铁离子与硫氰根作用生成血红色的络离子：

$$\text{过氧化物} + Fe^{2+} \longrightarrow Fe^{3+} \xrightarrow{SCN^-} Fe(SCN)_6^{3-}$$

② 将少量醚、2%碘化钾溶液、几滴稀硫酸和两滴淀粉溶液一起振荡，如有过氧化物则碘离子被氧化为碘，遇淀粉呈蓝色。

除去过氧化物的方法是在蒸馏以前，加入适量 5%的 $FeSO_4$ 于醚中并振荡，使过氧化物分解除去。

四、重要的醚

1. 乙醚

乙醚是常见和重要的醚，为易挥发的无色液体，沸点 34.5℃，易燃，乙醚的爆炸极限为 2.34%～36.15%（体积分数），遇火引起猛烈爆炸，即使没有火焰，乙醚蒸气遇到热的金属（如铁丝网）也会着火。使用时要特别注意安全。

工业上，乙醚是用硫酸或氧化铝为催化剂使乙醇脱水而制得的。所以普通的乙醚中含有少量的水、乙醇和乙醛。若要除去微量的水和乙醇，可以将普通乙醚先用固体 $CaCl_2$ 处理，然后再用金属钠干燥。经过这样处理后的乙醚叫做绝对乙醚。

乙醚微溶于水，能溶于有机物，乙醚本身性质比较稳定，所以是常用的有机溶剂，吸入乙醚蒸气会导致失去知觉，所以乙醚也用作麻醉剂。

2. 二苯醚

二苯醚为具有特殊气味的无色晶体，熔点 26.8℃，沸点 258℃，不溶于水、酸及碱，可溶于醚、苯和冰醋酸。

工业上是由苯酚的钾盐或钠盐与氯苯或溴苯在氧化铜作催化剂，温度 300～400℃，压力约 10 MPa 的条件下作用，可制备二苯醚。

$$C_6H_5ONa + C_6H_5Cl \xrightarrow[300\sim400^\circ C]{CuO,\ 10\ MPa} C_6H_5{-}O{-}C_6H_5 + NaCl$$

用 73.5%的二苯醚和 26.5%的联苯制成低共熔混合物（熔点 12℃，沸点 260℃），即使在 1 MPa 下，加热至 400℃二苯醚也不分解，所以工业上常用二苯醚作为载热体。

五、环醚和冠醚

脂环醚的性质和制备方法与醚类似，环醚中最常见的是三环醚、五环醚和六环醚。三环醚的性质与一般的醚不同，其环容易打开，性质比较活泼。

分子中含有 $\gt C\overset{O}{—}C\lt$（C—C 与 O 成三元环）的三元环醚化合物，称为环氧化合物。最简单的环氧化合物（环醚）就是环氧乙烷。

环氧乙烷又名氧化乙烯，为无色气体，有毒，沸点 10.73℃，可溶于水、醇、乙醚中，容易液化，通常将其保存在钢瓶中。

环氧乙烷有很强的活性，不仅可以在酸性条件下反应（开环），而且在碱性条件下也可以反应，而一般的醚对碱是稳定的。

工业上是通过乙烯进行空气催化氧化而制得环氧乙烷。

$$CH_2=CH_2 + \frac{1}{2}O_2 \xrightarrow[1\sim2MPa]{Ag,\ 250\sim280℃} \underset{\diagdown O \diagup}{CH_2—CH_2}$$

环氧乙烷在酸催化下可以和水、醇、酚、氢卤酸等含活泼氢的化合物反应，生成双官能团化合物。

$$\underset{\diagdown O \diagup}{H_2C—CH_2} + HOH \xrightarrow{H^+} \underset{HO\quad\ OH}{H_2C—CH_2}$$

乙二醇

$$\underset{\diagdown O \diagup}{H_2C—CH_2} + HOC_2H_5 \xrightarrow{H^+} \underset{HO\quad\ OC_2H_5}{H_2C—CH_2}$$

乙二醇乙醚

$$\underset{\diagdown O \diagup}{H_2C—CH_2} + HBr \longrightarrow \underset{Br\quad\ OH}{H_2C—CH_2}$$

2-溴乙醇

工业上常用甲醇、乙醇、丁醇等为原料与环氧乙烷作用，来制备相应的乙二醇醚，产物同时具有醇和醚的性质，是很好的溶剂，称之为溶纤素，广泛用于纤维素酯和油漆工业。

环氧乙烷与乙二醇作用生成二乙二醇醚：

$$\underset{\backslash O/}{H_2C-CH_2}+\underset{HO}{H_2C}-\underset{OH}{CH_2}\longrightarrow \underset{OH}{CH_2}-CH_2-O-CH_2-\underset{OH}{CH_2}$$

二乙二醇醚

二乙二醇醚再与一分子的环氧乙烷作用，可生成三乙二醇醚：

$$\underset{\backslash O/}{H_2C-CH_2}+\underset{OH}{CH_2}-CH_2-O-CH_2-\underset{OH}{CH_2}\longrightarrow$$

$$\underset{OH}{CH_2}-CH_2-O-CH_2-CH_2-O-CH_2-\underset{OH}{CH_2}$$

三乙二醇醚

在多量环氧乙烷作用下，生成多缩乙二醇醚，它们都是良好的溶剂，也可以用作农药的乳化剂以及去泡剂。

环氧乙烷与格利雅试剂作用是制备伯醇的重要方法，通过反应能使碳链增长两个碳原子。

$$R-MgX+\underset{\backslash O/}{CH_2-CH_2}\longrightarrow RCH_2CH_2\overset{-}{O}\overset{+}{M}gX\xrightarrow{H^+}RCH_2CH_2OH+MgX$$

对于一个不对称的环氧丙烷，开环反应就存在一个取向问题，实验证明，开环取向与反应的酸碱性条件有关。一般情况下，在酸催化下的开环反应中，亲核试剂进攻取代较多的碳原子，而在碱催化下的开环反应则进攻取代较少的碳原子，这两个反应都是S_N2类型。

碱催化：

$$CH_3-\underset{\backslash O/}{CH-CH_2}+CH_3OH\xrightarrow{CH_3ONa}CH_3-\underset{OH}{CH}CH_2OCH_3$$

（断键处）

酸催化：

$$CH_3-\underset{\backslash O/}{CH-CH_2}+H_2{}^{18}O\xrightarrow{H^+}CH_3-\underset{^{18}OH}{CH}-CH_2OH$$

（断键处）

冠醚也叫大环多醚，是 20 世纪 70 年代发展起来的具有特殊络和性能的化合物，其结构特征是分子中具有$\leftarrow OCH_2CH_2 \rightarrow_n$重复单元，由于它们的形状似皇冠，故称之为冠醚。例如：

冠醚

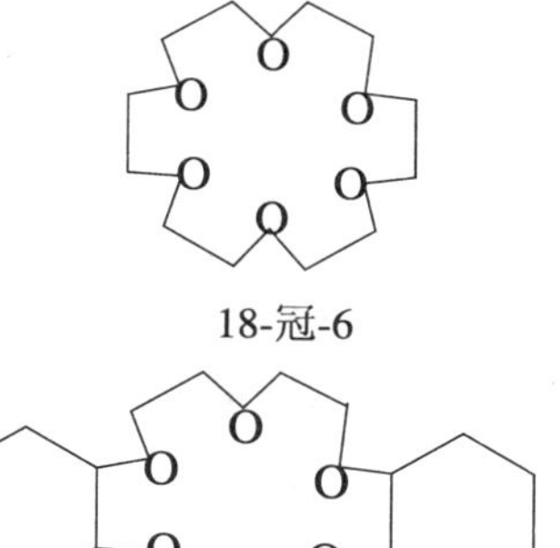

18-冠-6

二苯基-18-冠-6

二环己基-18-冠-6

这类化合物具有独特的命名法，名称为 x-冠-y，“冠”字前面的数字 x 代表环上原子总数，“冠”字后面的数字 y 代表环中氧原子数。

冠醚很重要的特点是结构中有空穴，不同结构的冠醚，其空穴大小不同，空穴的大小应与金属离子半径相适应，这就决定了它们对金属离子的络合具有较高的选择性。例如：18-冠-6 空穴直径为 0.26～0.32 nm，它只能与离子半径为 0.133 nm 的 K^+络合，而 12-冠-4 的空穴直径为 0.12 nm，它只能与离子半径为 0.06 nm 的 Li^+络合。

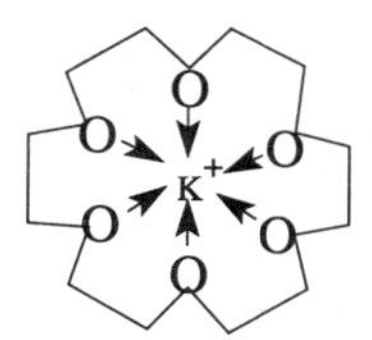

18-冠-6-K^+络合物

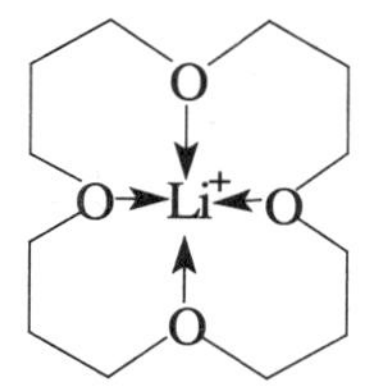

12-冠-4-Li^+络合物

$KMnO_4$ 水溶液对烯烃的氧化作用很弱，而加入冠醚后对高锰酸钾的氧化催化明显提高，由于形成了上述钾离子，削弱了对阴离子的影响，以 (K^+)MnO_4络合物的形式进入有机相，不仅能使反应在均相中进行，而且还提高了高锰酸根的氧化活性。

由此可见冠醚可使不溶于有机相的无机物变得可溶，所以冠醚是近年来发展起来的能使水相中的反应物转入有机相的试剂，称之为相转移催化剂。

复习与思考题

1. 写出分子式为 $C_6H_{13}OH$ 醇的一级、二级、三级醇构造式各一个，并用系统命名法命名。

2. 命名下列化合物：

（1）CH_3 OH CH_3 （2）OH HO OH

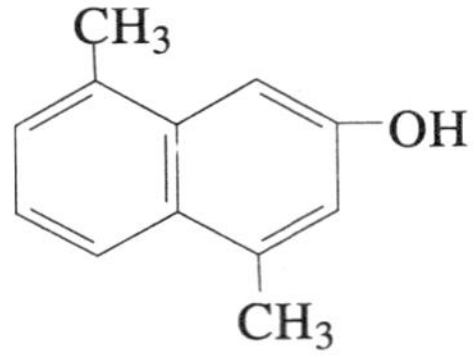

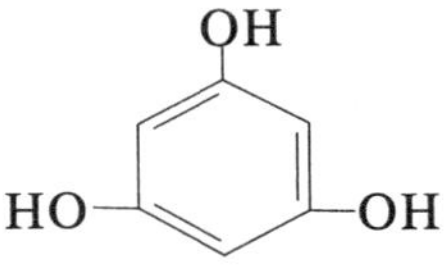

（3）$(CH_3)_2CHCH_2OH$ （4）$(CH_3)_2CHCHOHCH_3$

（5）OH CH_3 O_2N $CHCH_2CH_3$ NO_2 （6）CH_2OH OH OH

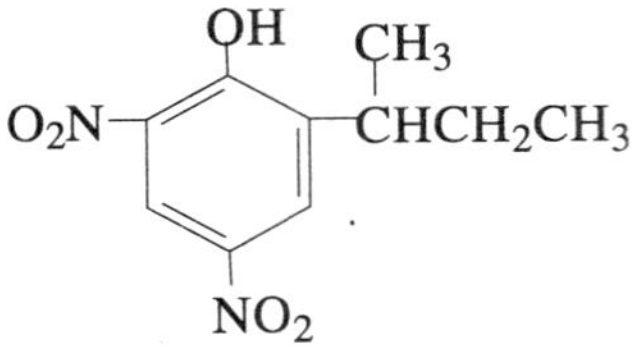

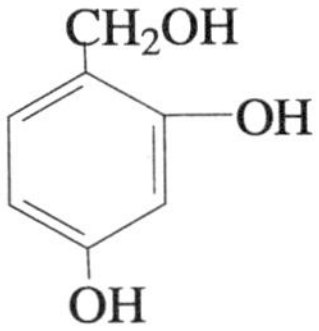

3. 写出下列化合物的结构式：

（1）1-苯乙醇（α-苯乙醇） （2）4-甲基-1-己醇

（3）异丁基仲丁基甲醇 （4）1,4-丁炔二醇

（5）环己基甲醇 （6）1,3-环己二醇

（7）2-丁烯-1-醇 （8）对羟基苯甲醇

（9）邻苯二酚 （10）2-甲氧基苯酚（愈疮木酚）

（11）4-甲氧基苯甲醇（茴香醇） （12）1-丙烯基-4-甲氧基苯（茴香脑）

4. 为什么乙醚沸点（34℃）比正丁醇沸点（118℃）低得多？

5. 将下列化合物按沸点高低排列：

（1）CH_3CH_2OH，CH_3CHO，CH_3Cl

（2）CH_3CH_2OH，$CH_2OHCH_2CH_2OH$，$CH_2OHCHOHCH_2OH$

6. 比较下列各组化合物的水溶性：

（1）$CH_3CH_2\underset{\substack{|\\CH_3}}{C}HOH$，$CH_3(CH_2)_3OH$，$(CH_3)_3COH$

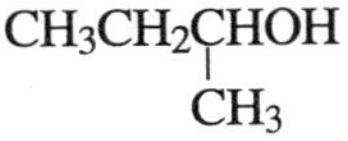

（2）$CH_3CH_2CH_2OH$，CH_3CH_2CHO，CH_3CH_2Br

7. 比较 CF_3CH_2OH 和 CH_3CH_2OH 的酸性强弱。

比较间溴苯酚、间甲苯酚、间硝基苯酚、苯酚的酸性强弱。

8. 列出 1-丁醇、2-丁醇、2-甲基-2-丙醇与金属钠反应的活性次序。并列出三种醇钠的碱性强弱顺序。

9. 下列醇与盐酸反应哪一个活性最强：

（1）$CH_2{=}CH{-}\underset{\substack{|\\CH_3}}{C}HOH$ （2）$CH_2{=}CH{-}\overset{\substack{CH_3\\|}}{\underset{\substack{|\\CH_3}}{C}}{-}OH$ （3）$CH_2{=}\overset{\substack{CH_3\\|}}{C}H{-}\underset{\substack{|\\CH_3}}{C}HOH$

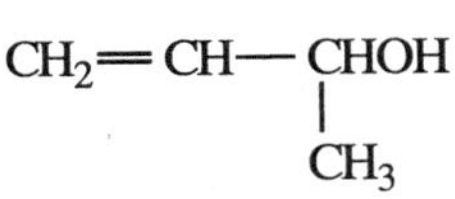

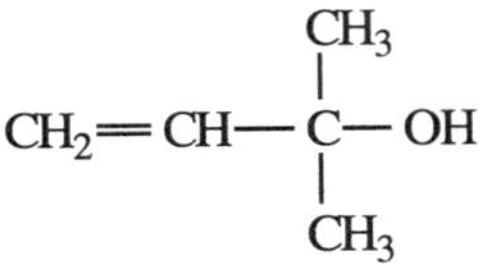

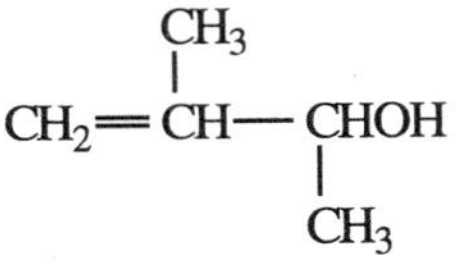

10. 以醇为原料制备下列烯烃：

（1）$CH_3CH_2-\underset{\displaystyle CH_3}{\underset{|}{C}}=CH_2$

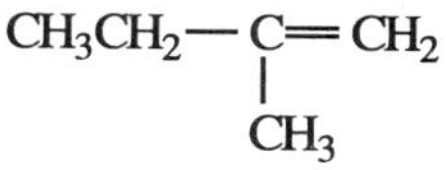

（2）$CH_3-CH_3=\underset{\displaystyle CH_3}{\underset{|}{C}}-C_6H_5$

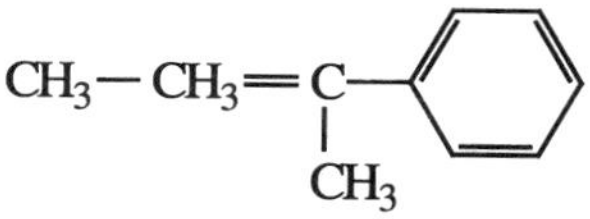

（3）$(CH_3)_2C=CH-CH_2CH_2Br$

11. 以下列物质制备异丙醇（用方程式表示）：

（1）以烯烃为原料

（2）以卤代烃为原料

（3）工业上以什么原料为宜（写出制备方程式）

12. 选择合适的醇和酚为原料制备下列混醚：

（1）甲基仲丁基醚

（2）乙基叔丁基醚

（3）苯基乙基醚

13. 以苯酚为原料制备邻溴苯酚（设计一种较好的方法）。

14. 比较下列氧负离子的稳定性和各自共轭酸的酸性：

（1）$CH_3O-C_6H_4-O^-$ （2）$O_2N-C_6H_4-O^-$ （3）$C_6H_5-O^-$

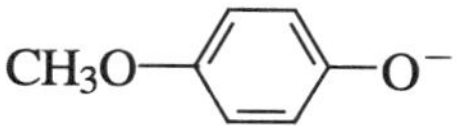

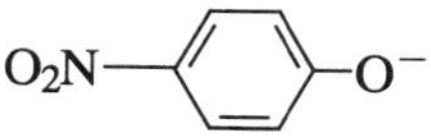

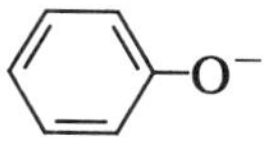

15. 某醇的分子式为 $C_5H_{12}O$，经氧化后得酮，经浓硫酸加热脱水得烃，此烃经氧化生成另一种酮和一种羧酸。试推测该醇的结构式。

16. 用化学方法鉴别下列各组化合物：

（1）苯酚、2,4,6-三硝基苯酚、2,4,6-三甲基苯酚

（2）苯甲醚、苯酚、1-苯基乙醇

第九章 醛 酮 醌

【学习目标】

1. 掌握醛、酮的命名方法。
2. 理解碳氧双键和碳碳双键的结构差异以及在加成反应上的不同。
3. 掌握醛、酮的化学性质及醛、酮化学性质的差异，并会简单地鉴别。

醛、酮、醌分子结构中都有羰基（$>C{=}O$）所以称为羰基化合物。醛、酮、醌存在于自然界中的一些高等植物中。人体内的某些激素以及某些代谢中间体中也是含有羰基的化合物。它们是一类具有重要生理意义的有机化合物。

第一节 醛和酮的分类、命名和同分异构体

羰基碳原子至少连有一个氢原子的化合物叫醛。$-\overset{\overset{\displaystyle O}{\|}}{C}-H$ 叫醛基。醛的通式是 $R-\overset{\overset{\displaystyle O}{\|}}{C}-H$；醛基总是位于碳链的一端。羰基碳原子两侧同时与两个烃基相连接的化合物叫酮。在酮分子中的羰基也叫做酮基。酮的通式是 $R-\overset{\overset{\displaystyle O}{\|}}{C}-R'$。

一、醛和酮的分类

根据羰基相连烃基不同，醛、酮可分为脂肪族醛或酮、脂环族醛或酮、芳香族醛或酮。例如：

脂肪族醛或酮：

$$CH_3-\overset{\overset{\displaystyle O}{\|}}{C}-H \qquad H-\overset{\overset{\displaystyle O}{\|}}{C}-CH{=}CH_2 \qquad CH_3-\overset{\overset{\displaystyle O}{\|}}{C}-CH_2-CH_3$$

脂环族醛或酮：

芳香族醛或酮：

根据羰基相连烃基的饱和与否醛、酮可分为饱和醛或酮和不饱和醛或酮，例如：

饱和醛或酮：

$CH_3-C(=O)-H$　　$CH_3-C(=O)-CH_2-CH_3$

不饱和醛或酮：

$H-C(=O)-CH=CH-CH_3$　　$CH_3-C(=O)-CH=CH-CH_3$

根据酮分子中羰基碳原子两侧连接两个烃基是否相同可分为单酮和混酮，例如：

单酮：$CH_3-C(=O)-CH_3$

混酮：$CH_3-C(=O)-CH_2-CH_3$

根据分子中的羰基的多少可分一元醛或酮和多元醛和酮。例如：

一元醛或酮：

$CH_3-C(=O)-H$　　$CH_3-C(=O)-CH_2-CH_3$

二元醛和酮：

$$OHC-CH_2-CH_2-CH_2-CHO \qquad CH_3-\overset{\overset{O}{\|}}{C}-CH_2-\overset{\overset{O}{\|}}{C}-CH_3$$

碳原子的位置也可用希腊字母表示

$$\overset{\delta}{C}-\overset{\gamma}{C}=\overset{\beta}{C}-\overset{\alpha}{C}-CHO \qquad CH_3CH=CHCH_2CHO$$

β-丁烯醛

二、醛和酮的命名

1．普通命名法

醛的普通命名类似伯醇，称为“某醛”例如：

CH_3-CHO　乙醛

$CH_3-CH_2-\overset{\overset{O}{\|}}{C}-H$　丙醛

C_6H_5-CHO　苯甲醛

$C_6H_5-CH_2CH_2CHO$　苯丙醛

酮的普通命名类似“醚”，称为“某某酮”。

$CH_3-\overset{\overset{O}{\|}}{C}-CH_2-CH_3$　甲乙酮

$CH_3CH_2\overset{\overset{O}{\|}}{C}CH_2CH_3$　二乙酮

$C_6H_5-\overset{\overset{O}{\|}}{C}-CH_3$　苯乙酮

2．系统命名法

醛、酮系统命名时，选择包括羰基原子在内的最长碳链为主链，称为某醛或酮；编号从醛基一端或距离酮基近的一端开始。由于醛基一定在碳链的一端，故书写时不必标出其位次；酮基的位次必须表明。分子中的芳环、脂环作为取代基对待；取代基的位次和名称写在母体前面。例如：

$CH_3-CH(CH_3)-CH_2-CHO$　3-甲基丁醛

$CH_3-CH(CH_3)-CH(CH_2CH_3)-CHO$　3-甲基-2-乙基丁醛

$C_6H_5-CH_2-CHO$　苯基乙醛

$CH_3-C_6H_4-CHO$　对-甲苯甲醛

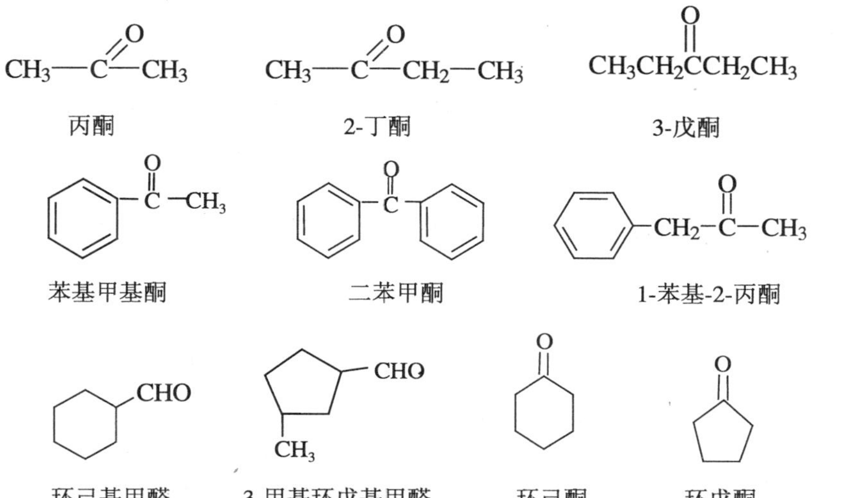

丙酮　2-丁酮　3-戊酮

苯基甲基酮　二苯甲酮　1-苯基-2-丙酮

环己基甲醛　3-甲基环戊基甲醛　环己酮　环戊酮

取代基的位次可以用希腊字母α、β、γ表示；例如：

$CH_3-CH(CH_3)-CH_2-CHO$

β-甲基丁醛

$C_6H_5-CH_2CH_2COCH_3$

β-苯基丁酮

不饱和醛酮的命名是选择含有羰基与不饱和键的最长碳链为主链，称为某烯醛或烯酮，编号时，羰基位次最小，并注明不饱和键的位次。例如：

$CH_2=C(CH_2CH_2CH_3)CH_2CHO$

3-丙基-3-丁烯醛

$CH_2=CHCH(CH_2CH_2CH_3)COCH_3$

3-丙基-4-烯-2-戊酮

3. 多官能团有机化合物的命名

多元醛、酮的命名，是将所有的羰基都选到主链里，编号时，使多羰基的位次之和最小。例如：

$OHC\,CH(CH_2CH_3)CH_2CHO$

2-乙基丁二醛

$CH_3COCH_2CH(CH_3)CHO$

2-甲基-4-戊酮醛

$CH_3COCH_2CH_2COCH_3$

2,5-己二酮

三、酮的同分异构

醛或酮的同分异构有碳链异构。

例如：3-甲基丁醛与戊醛互为同分异构体；2-戊酮、3-甲基-2-丁酮互为同分异构体。

$$CH_3-\underset{\substack{|\\CH_3}}{CH}-CH_2-CHO \qquad CH_3-CH_2-CH_2-CH_2-CHO$$

3-甲基丁醛　　　　戊醛

$$CH_3-\overset{\substack{O\\\|}}{C}-CH_2-CH_2-CH_3 \qquad CH_3-\overset{\substack{O\\\|}}{C}-\overset{\substack{CH_3\\|}}{CH}-CH_3$$

2-戊酮　　　　3-甲基-2-丁酮

酮除了有碳链异构外，还有位置异构例如 2-戊酮与 3-戊酮互为位置异构。

$$CH_3-CH_2-\overset{\substack{O\\\|}}{C}-CH_2-CH_3 \qquad CH_3-\overset{\substack{O\\\|}}{C}-CH_2-CH_2-CH_3$$

3-戊酮　　　　2-戊酮

碳原子数相同的饱和一元醛和酮有共同的分子式 $C_nH_{2n}O$，互为官能团异构，例如：3-甲基丁醛与 3-戊酮互为官能团异构。

$$CH_3-\underset{\substack{|\\CH_3}}{CH}-CH_2-CHO \qquad CH_3-CH_2-\overset{\substack{O\\\|}}{C}-CH_2-CH_3$$

3-甲基丁醛　　　　3-戊酮

第二节　醛和酮的性质

一、物理性质

在常温下除甲醛为气体外，其他低级醛、酮为液体，高级醛和酮为固体。一般低级醛、酮具有刺鼻的气味，而某些高级醛、酮则有果香味。例如，肉桂醛有肉桂香，环十五酮有麝香的香味。

由于羰基的极性，增加了分子间的引力，故沸点比相应的烷烃高。但是醛或酮不存在分子间形成氢键而缔合的现象，醛或酮的沸点比相应的醇低。一些醛、酮的物理常数见表 9-1。

表 9-1 醛、酮的物理参数

名称	熔点/℃	沸点/℃	密度/(g/cm^3)	溶解度/(g/100 g)
甲醛	−192	-19.5	0.815(−20℃)	55
乙醛	−123.5	20.2	7 834	溶
丙醛	−81	48.8	807	20
丁醛	−99	75.7	8 170	微溶
戊醛	−91	103	8 095	微溶
苯甲醛	−26	178.1	1.041 5(10～4℃)	0.33
丙酮	−94.5	56.5	7 898	溶
丁酮	−86.4	79.6	8 054	溶
2-戊酮	−77.8	102	8 061	几乎不溶
环己酮	−16.4	155.7	9 478	微溶
苯乙酮	19.7	202.3	1.028 1	微溶

醛、酮的羰基能与水分子中的氢形成氢键，因此低级醛、酮有一定的水溶性，C_5 以下的脂肪醛、酮溶于水，但是高级醛、酮不溶于水，一般 C_6 以上的脂肪醛、酮几乎不溶于水，醛、酮易溶于乙醇、乙醚等有机溶剂。

二、化学性质

醛、酮中的羰基碳为 sp^2 杂化，碳原子的 3 个 sp^2 杂化轨道分别与氧原子及另外 2 个原子形成 3 个σ键，键角接近 120°，并共处同一平面。碳原子未经杂化的轨道与氧的 p 轨道则平行重叠形成π键，而且垂直于σ键所在的平面。因此羰基的碳氧双键是由一个σ键和一个π键组成的（图 9-1）。

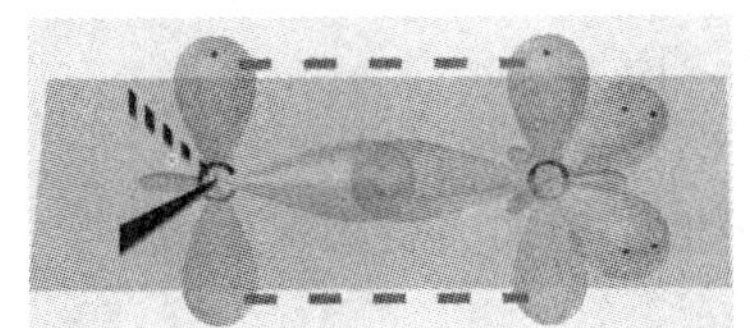

～120°　$\overset{\delta^+}{C}$ ═ $\overset{\delta^-}{O}$:

图 9-1 羰基的结构

羰基与碳碳双键相比，既有相同的一面：二者都是由一个σ键和一个π键组成的；又有不同的一面：羰基由于π键的极化，使得氧原子上带部分负电荷，碳原子上带部分正电荷。氧原子可以形成比较稳定的氧负离子，它较带正电荷的碳原子要稳定得多，因此反应中心是羰基中带正电荷的碳。所以羰基易与亲核试剂进行加成反应（亲核加成反应）。

此外，受羰基的影响，与羰基直接相连的α-碳原子上的氢原子（α-H）较活泼，能发生一系列反应。

亲核加成反应和α-H的反应是醛、酮的两类主要化学性质。

醛、酮的反应与结构关系一般描述如下：

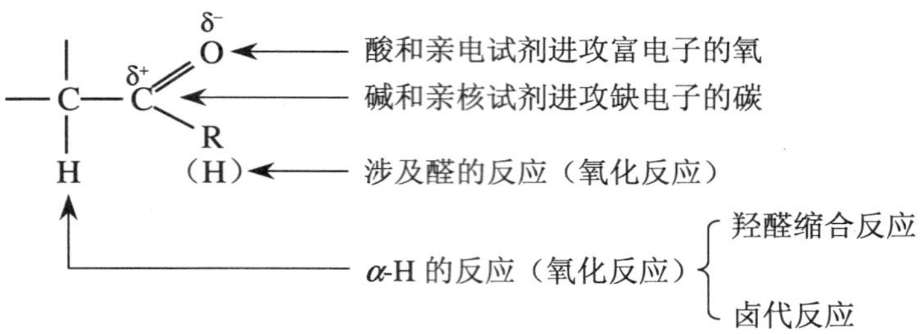

（一）亲核加成

1．加氢氰酸

醛、脂肪族甲基酮及8个碳以下的环酮能与氢氰酸发生加成反应生成α-氰醇。反应通式为：

$$\begin{matrix} R \\ (CH_3)H \end{matrix}\!\!>C{=}O + HCN \rightleftharpoons R-\overset{\displaystyle OH}{\underset{\displaystyle CN}{C}}-H(CH_3)$$

在醛、酮与氢氰酸加成反应中，真正起作用的是CN^-这一亲核试剂。碱的加入增加了反应体系的CN^-浓度，酸的加入则降低了氰基负离子浓度，这是由于弱酸氢氰酸在溶液中存在下面的平衡。

$$HCN \rightleftharpoons CN^- + H^+$$

不同结构的醛、酮进行亲核加成反应的难易程度不同，其由易到难的顺序为：

$$HCHO > RCHO > RCOCH_3 > RCOR$$

2．亚硫酸氢钠

醛、甲基酮以及环酮可与亚硫酸氢钠的饱和溶液发生加成反应，生成α-羟基磺酸钠，它不溶于饱和的亚硫酸氢钠溶液中而析出结晶。

$$\begin{matrix} R \\ (CH_3)H \end{matrix}\!\!>C{=}O + NaHSO_3 \rightleftharpoons R-\overset{\displaystyle OH}{\underset{\displaystyle SO_3Na}{C}}-H(CH_3)\downarrow$$

本加成反应可用来鉴别醛、脂肪族甲基酮和8个碳原子以下的环酮。由于反应为可逆反应，加成物α-羟基磺酸钠遇酸或碱，又可恢复成原来的醛和酮，故可利用这一性质分离和提纯醛酮。

3．格氏试剂

醛、酮与格氏试剂加成，加成产物不必分离，而直接水解可制得相应的醇。

格氏试剂与甲醛作用生成伯醇，生成的醇比用作原料的格氏试剂多一个碳原子。

$$HCHO + RMgX \longrightarrow RCH_2OMgX + H_2O \xrightarrow{H^+} RCH_2OH$$

格氏试剂与其他醛作用生成仲醇。例如：

$$RCHO + RMgX \longrightarrow R_2CHOMgX + H_2O \xrightarrow{H^+} R_2CHOH$$

格氏试剂与酮作用生成叔醇。例如：

$$RCOR + RMgX \longrightarrow R_3COMgX + H_2O \xrightarrow{H^+} R_3COH$$

4. 加醇

在干燥氯化氢或浓硫酸作用下，一分子醛和一分子醇发生加成反应，生成半缩醛。例如：

$$CH_3CH_2CHO + CH_3OH \xrightleftharpoons{\text{干燥 HCl}} CH_3CH_2CH(OH)OCH_3$$

半缩醛一般不稳定，它可继续与一分子醇反应，两者之间脱去一分子水，而生成稳定的缩醛。

$$CH_3CH_2CH(OH)OCH_3 + CH_3OH \xrightleftharpoons{\text{干燥 HCl}} CH_3CH_2CH(OCH_3)_2$$

5. 与氨的衍生物缩合

氨的衍生物可以是伯胺、羟胺、肼、苯肼、2,4-二硝基苯肼以及氨基脲。醛、酮能与氨的衍生物发生加成作用，反应并不停留在加成一步，加成产物相继发生脱水形成含碳氮双键的化合物。反应式如下：

$$\text{R(R)HC=O} + H_2N-R \xrightarrow{-H_2O} \text{R(R)HC=NR}$$

$$\text{R(R)HC=O} + H_2NOH \xrightarrow{-H_2O} \text{R(R)HC=NOH}$$

$$\text{R(R)HC=O} + H_2NNH_2 \xrightarrow{-H_2O} \text{R(R)HC=NNH}_2$$

$$\text{R(R)HC=O} + H_2NNH-C_6H_5 \xrightarrow{-H_2O} \text{R(R)HC=NNH}-C_6H_5$$

$$\underset{(R)H}{\overset{R}{\;}}\!\!>C{=}O + H_2NNHCONH_2 \xrightarrow{-H_2O} \underset{(R)H}{\overset{R}{\;}}\!\!>C{=}NNHCONH_2$$

上述的氨衍生物可用于检查羰基的存在，又叫羰基试剂。特别是 2,4-二硝基苯肼几乎能与所有的醛、酮迅速反应，生成橙黄色或橙红色的结晶，常用来鉴别醛和酮。

（二）氧化还原反应

醛、酮既能被氧化，又能被还原。

1. 氧化反应

醛、酮都能被氧化，但是难易程度不同。醛容易被氧化，一些弱氧化剂就能使醛发生氧化反应。常用氧化剂有托伦试剂、斐林试剂等。酮一般不被氧化，只要遇到强氧化剂（如高锰酸钾等），发生碳碳断键，生成两个分子的羧酸分子。

托伦试剂是由氢氧化银和氨水制得的无色溶液。托伦试剂与醛水浴共热，醛被氧化成羧酸而弱氧化剂中的银被还原成金属银析出。若反应试管干净，银可以在试管壁上生成明亮的银镜，故又称银镜反应。酮不能反应，利用托伦试剂可把醛与酮区别开来。

$$R-CHO \xrightarrow[OH^-]{[Ag(NH_3)_2]^+} R-COONH_4 + Ag\downarrow$$

斐林试剂是由硫酸铜和酒石酸钾钠的氢氧化钠溶液两部分配制而成的深蓝色二价铜络合物，与醛共热则被还原成砖红色的氧化亚铜沉淀。

$$R-CHO+Cu^{2+}NaOH+H_2O \longrightarrow RCOONa+Cu_2O\downarrow$$

甲醛与斐林试剂作用，有铜析出可生成铜镜，故此反应又称铜镜反应。

$$HCHO+Cu^{2+}+NaOH+H_2O \xrightarrow{\triangle} HCOONa+Cu\downarrow$$

但芳醛不与斐林试剂作用，因此，利用斐林试剂可把脂肪醛和芳香醛区别开来。

2. 还原反应

醛、酮都可以被还原，还原剂不同，条件不同，产物也不同。比如：

（1）催化加氢　醛或酮在金属催化剂（如 Pt、Ni 等）存在下加氢，羰基还原，分别生成伯醇和仲醇。

$$\underset{\text{戊醛}}{CH_3(CH_2)_3CHO} \xrightarrow[Ni]{H_2} \underset{\text{1-戊醇}}{CH_3(CH_2)_3CH_2OH}$$

$$CH_3-\overset{\overset{\large O}{\|}}{C}-CH_3 \xrightarrow[Ni]{H_2} CH_3-\underset{}{\overset{\overset{\large OH}{|}}{C}}H_2-CH_3$$

丙酮　　　　2-丙醇

（2）金属氢化物还原　用硼氢化钠或异丙醇-异丙醇铝作为还原剂，羰基还原成醇，而且分子中碳碳双键和碳碳三键不被还原。例如：

① 硼氢化钠

$$C_6H_5-CH{=\!=}CHCHO \xrightarrow{NaBH_4} \xrightarrow{H^+} C_6H_5-CH{=\!=}CHCH_2OH$$

肉桂醛　　　　肉桂醇

② 异丙醇-异丙醇铝

$$CH_3CH{=\!=}CH-CHO + CH_3-\underset{\underset{\large OH}{|}}{CH}-CH_3 \xrightarrow{Al[OCH(CH_3)_2]_3}$$

2-丁烯醛　　　　异-丙醇

$$CH_3CH{=\!=}CH-CH_2OH + CH_3-\underset{\underset{\large O}{\|}}{C}-CH_3$$

2-丁烯醇　　　　丙酮

（3）克莱门森还原　醛、酮与锌汞齐及浓盐酸回流反应，羰基被还原成亚甲基，这一反应称为克莱门森还原。克莱门森还原是由芳脂酮制备相应烃的好方法，产量高。例如：

$$C_6H_5-COCH_2CH_2CH_3 \xrightarrow[HCl,\ \triangle]{Zn\text{-}Hg} C_6H_5-CH_2CH_2CH_2CH_3$$

（4）沃尔夫-凯惜纳-黄鸣龙反应　将醛、酮与肼在高沸点溶剂，例如在一缩乙二醇中与碱共热，羰基先与肼生成腙。腙在碱性加热条件下失去氮，结果羰基变成亚甲基。例如：

$$C_6H_5-COCH_2CH_3 \xrightarrow[(HOCH_2CH_2)_2O,\ \triangle]{NH_2,\ NaOH} C_6H_5-CH_2CH_2CH_3$$

克莱门森还原和沃尔夫-凯惜纳-黄鸣龙反应都是把羰基变成亚甲基，但是克莱门森还原是在强酸条件下进行，沃尔夫-凯惜纳-黄鸣龙反应是在强碱条件下进行。

（三）坎尼扎罗反应

没有α-氢原子的醛在浓碱作用下发生醛分子之间的氧化还原反应，即一分子醛被还原成醇，另一分子醛被氧化成羧酸，这一反应称为坎尼扎罗反应，属歧化反应。例如：

$$\underset{\text{甲醛}}{2HCHO} \xrightarrow{\text{浓 NaOH(50\%)}} \underset{\text{甲酸钠}}{HCOONa} + \underset{\text{甲醇}}{HCH_2OH}$$

$$2\,\underset{\text{苯甲醛}}{C_6H_5CHO} \xrightarrow[\triangle]{\text{浓 NaOH}} \underset{\text{苯甲酸钠}}{C_6H_5COONa} + \underset{\text{苯甲醇}}{C_6H_5CH_2OH}$$

如果是两种不含α—H 的醛在浓碱条件下作用，若两种醛其中一种是甲醛，由于甲醛是还原性最强的醛，所以总是甲醛被氧化成酸而另一醛被还原成醇。

$$CH_3-\overset{CH_3}{\overset{|}{C}H}-CH_2CHO + HCHO + NaOH \longrightarrow CH_3-\overset{CH_3}{\overset{|}{C}H}-CH_2-CH_2OH + HCOONa$$

（四）α-氢原子的反应

醛酮α-碳原子上的氢原子受羰基的影响变得活泼。这是由于羰基的吸电子性使α-碳上的α-H 键极性增强，氢原子有变成质子离去的倾向。或者说α-碳原子上的碳氢σ键与羰基中的π键形成σ-π共轭（超共轭效应），也加强了α-碳原子上的氢原子解离成质子的倾向。

1. 卤化和卤仿反应

醛、酮的α-H 易被卤素取代生成α—卤代醛、酮，特别是在碱溶液中，反应能很顺利地进行。

$$C_6H_5-\overset{O}{\overset{\|}{C}}-CH_3 + Br_2 \longrightarrow C_6H_5-\overset{O}{\overset{\|}{C}}-CH_2Br$$

含有α—甲基的醛酮在碱溶液中与卤素反应，则生成卤仿。

$$\underset{(H)}{R}-\overset{O}{\overset{\|}{C}}-CH_3 + \underset{(NaOX)}{NaOH} + X_2 \longrightarrow \underset{(H)}{R}-\overset{O}{\overset{\|}{C}}-CX_3 \xrightarrow{OH^-} \underset{\text{卤仿}}{CHX_3} + RCOONa$$

若 X_2 用 I_2 则得到 CHI_3（碘仿）黄色固体，称其为碘仿反应。

碘仿反应的范围：

具有 $CH_3C(=O)—H(R)$ 结构的醛、酮和具有 $CH_3CH(OH)—H(R)$ 结构的醇。

碘仿为浅黄色晶体，现象明显，故常用来鉴定上述反应范围的化合物。

2. 羟醛缩合反应

有α-H 的醛在稀碱（10%NaOH）溶液中能和另一分子醛相互作用，生成β-羟基醛，故称为羟醛缩合。例如：

$$CH_3—\overset{O}{\overset{\|}{C}}—H + CH_3—\overset{O}{\overset{\|}{C}}—H \xrightarrow[5℃]{10\%NaOH} CH_3—\overset{OH}{\overset{|}{C}H}—CH_2\overset{O}{\overset{\|}{C}}—H$$

通过醇醛缩合，在分子中形成了新的碳碳键，可以增长碳链。

第三节　重要的醛和酮

一、甲醛（HCHO）

甲醛(蚁醛)是最简单的醛。甲醛是一种无色、具有刺激性且易溶于水的气体。通常以水溶液保存。其 35%～40%的水溶液通称为福尔马林，可使蛋白质变性，具有很强的杀菌作用，医学中常用作消毒剂和防腐剂，如常作为浸种消毒和浸渍标本的溶液。

甲醛水溶液在室温下会慢慢发生聚合反应，生成多聚甲醛，但是加热又会解聚。

$$n\text{HCHO} \underset{解聚}{\overset{聚合}{\rightleftharpoons}} \text{+}CH_2O\text{+}_n$$

为了防止甲醛聚合，可在它的水溶液里加少量的甲醇或乙醇。

甲醛为较高毒性的物质，在我国有毒化学品优先控制名单上甲醛高居第二位。

在工业上，甲醛是重要的化工原料，常制成聚合体，以便储存和出售。它多用于制造药物（如乌洛托品）和塑料（如酚醛树脂、脲醛树脂、合成纤维）等。

二、乙醛

乙醛是无色具有刺激气味的液体，易挥发，沸点 21℃，易溶于水和酒精。和甲醛一样乙醛也易聚合，形成环状的三聚乙醛。三聚乙醛在少许浓硫酸的存在下加热蒸馏即可解聚。

乙醛的 3 个α-氢被氯取代后的衍生物叫三氯乙醛，是具有刺激气味的无色油状液体，沸点 98℃。它与水加成而生成稳定的水合三氯乙醛，简称水合氯醛。

水合氯醛是白色晶体，熔点 51.7℃，能溶于水，具有镇静催眠作用。

乙醛是有机合成工业中的重要原料，主要用来生产乙酸、丁醇等。

三、丙酮 (CH_3COCH_3)

丙酮是最简单的酮，为无色有香味的易挥发性的液体 56.5℃，易溶于水、酒精和乙醚等多种有机溶剂。它能溶解多种有机物，是一个良好的有机溶剂，也是重要的有机合成原料。常用来制备有机玻璃、合成树脂、合成橡胶、药物等。

四、环己酮（环己酮结构式 =O）

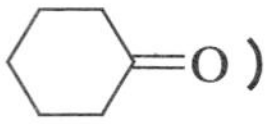

无色透明油状液体，带有泥土气息，含有痕迹量的酚时，则带有薄荷味。微溶于水，易溶于乙醇和乙醚。可以作为高沸点溶剂。

高浓度的环己酮蒸气有麻醉性，对中枢神经系统有抑制作用。对皮肤和黏膜有刺激作用。高浓度的环己酮发生中毒时会损害血管，引起心肌、肺、肝、脾、肾及脑病变，发生大块凝固性坏死。通过皮肤吸收引起震颤麻醉、降低体温、终至死亡。

环己酮在工业上主要用于制备合成纤维素的单体，如：己内酰胺、己二胺、己二酸等。

五、苯甲醛（苯环—CHO）

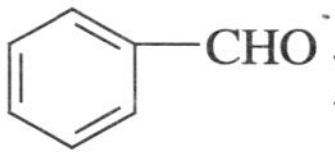

苯甲醛是最简单的芳香醛，它常以结合状态存在于水果（如杏、桃、梅）的核仁中。它是具有苦杏仁味的无色油状液体（久存变微黄色），也叫苦杏仁油。沸点 178℃，易溶于酒精和乙醚。

可作为香料、调味剂。也是作为药物原料。

第四节　醌

一、醌的定义和命名

1. 定义

醌是一类共轭状不饱和二酮。其结构特点是分子中含有醌型（对苯醌结构式）和（邻苯醌结构式）结构，分子中碳氧双键和碳碳双键形成π-π共轭体系，但是醌环不是闭合的共轭体

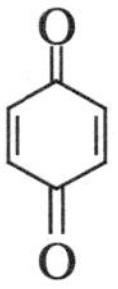

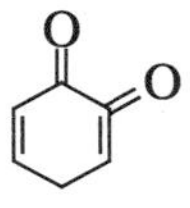

系，所以没有芳香性；又因为具有较大共轭体系的化合物都有颜色，所以醌类都有颜色。对位醌一般为黄色，邻位醌一般为红色或橙色。

2. 醌的命名

根据环的不同醌类可分为苯醌、萘醌、菲醌等。所以醌的命名一般在“醌”字前面加上芳基的名称，并注明羰基的位次。例如：

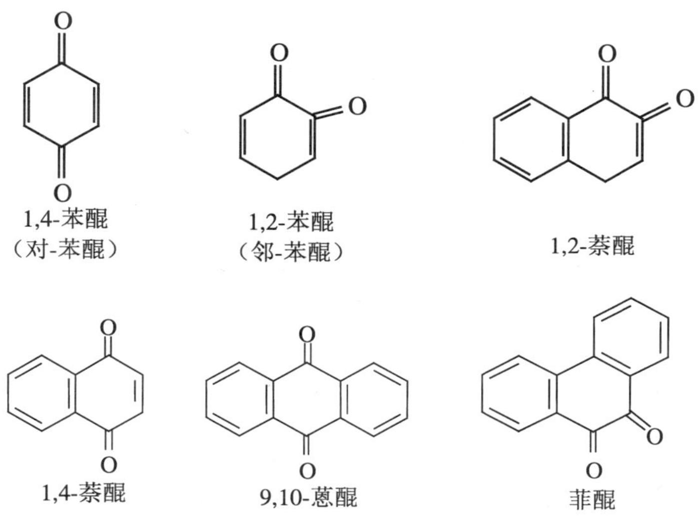

二、苯醌

苯醌包括对苯醌和邻苯醌。邻苯醌为红色结晶，无固定燃点，在 60～70℃分解。对苯醌为黄色结晶，有刺激性气味，易升华，易溶于水、乙醇、乙醚。熔点为117℃。

一种俗称放屁虫的甲虫，就是利用苯醌作为防御武器的，因为苯醌对眼睛有刺激性。在这种甲虫体内某一个腺体里贮存有对苯二酚及过氧化氢，而在体内前庭室里存有一种可以催化过氧化氢对苯二酚的酶。当甲虫遇到敌人袭击时，它就将对苯二酚及过氧化氢注入前庭室中，在酶的作用下，立刻开始猛烈的氧化反应，同时将对苯二酚氧化的产物——苯醌由下腹部喷出，在这种有刺激性的苯醌烟雾的掩护下，甲虫就可以逃跑。

三、蒽醌

蒽醌为黄色晶体，熔点 286℃。自然界存在的茜素（茜红）、大黄素等植物都是蒽醌的衍生物。茜素存在于茜草中，是最早被使用的天然染料之一。大黄素是广泛分布于霉菌、真菌、地衣、昆虫及花中的色素。

茜素　　　　　　　　大黄素

复习与思考题

1. 选择题

（1）下列化合物中，可以发生羟醛缩合反应的是（　　）。

A. $CH_3CH(OH)CH_3$　　B. C_6H_5CHO　　C. HCHO

D. CH_3CH_2CHO　　E. CH_3CBr_2CHO

（2）下列哪个属于甲基酮（　　）。

A. $C_6H_5COCH_3$　　B. $CH_3CH(OH)CH_3$　　C. $CH_3CH_2CH_2CHO$

D. C_6H_5CHO　　E. CH_3CH_2COOH

（3）乙醛在下列试剂下发生氧化反应的是（　　）。

A. 斐林试剂　　B. 乙醇和干燥 HCl　　C. 2,4-二硝基苯肼

D. 稀 NaOH　　E. 硼氢化钠

（4）不能用醛酮加氢还原得到的醇是（　　）。

A. 甲醇　B. 乙醇　C. 2-丙醇　D. 2-甲基-2-丙醇　E. 苯甲醇

（5）不能用来鉴别甲醛的试剂是（　　）。

A. 托伦试剂　B. 斐林试剂　C. 氢氰酸　D. 希夫试剂

E. 碘和氢氧化钠溶液

（6）下列化合物不能和 2,4-二硝基苯肼生成黄至棕红色沉淀的是（　　）。

A. 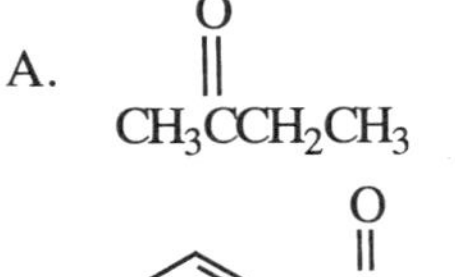

B. $CH_3CH(OH)CH_2CH_3$

C. CH_3CH_2COOH

D. 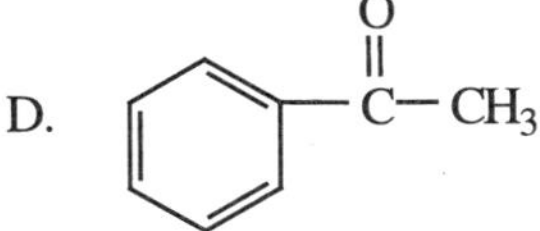

E. C_6H_5CHO

（7）含有α-氢的醛是（　　）。

A. 2,2-二甲基丁醛　B. 苯甲醛　C. 甲醛　D. 3,3-二甲基丁醛

E. 邻-甲基苯甲醛

（8）不能和饱和亚硫酸氢钠生成结晶的是（　　）。

A. CH_3CH_2CHO （$CH_3CH_2\overset{O}{\overset{\|}{C}}H$）　B. $CH_3CH_2\overset{O}{\overset{\|}{C}}CH_3$　C. $CH_3CH_2\overset{O}{\overset{\|}{C}}CH_2CH_3$

D. 环己酮　E. 环戊酮

（9）在有机合成中，常用于保护醛基的反应为（　　）。

A. 羟醛缩合反应　B. 生成缩醛反应　C. 歧化反应　D. 傅 –克反应

E. 氧化反应

（10）能发生碘仿反应又能和饱和亚硫酸氢钠生成结晶的是（　　）。

A. $CH_3CH_2\overset{O}{\overset{\|}{C}}H$　B. $CH_3CH_2\overset{O}{\overset{\|}{C}}CH_3$　C. $CH_3-\overset{OH}{\overset{|}{C}H}-CH_2CH_3$

D. 2-甲基环己酮

2. 命名下列化合物:

（1）$(CH_3)_2CHCHO$　　（2）$CH_3\underset{CH_3CH_2}{\underset{|}{C}H}\ CH_2CHO$

（3）C_6H_5CHO　　（4）$CH_3\overset{O}{\overset{\|}{C}}CH_2CH_3$

（5）$CH_3\overset{O}{\overset{\|}{C}}CH_2\overset{O}{\overset{\|}{C}}CH_3$　　（6）甲基环戊烷（环戊基—CH_3）

（7）环己基—$\overset{O}{\overset{\|}{C}}CH_3$　　（8）$CH_3-CH=CH-\overset{O}{\overset{\|}{C}}-CH_2CH_3$

3. 写出下列结构简式:

（1）二苯甲酮　（2）3-甲基-2-乙基戊醛　（3）丁-2-烯醛

（4）蚁醛　（5）4-甲基环己酮　（6）苯乙醛

4. 完成下列反应式:

（1）$CH_3CH_2CHO \xrightarrow{H_2/Ni}$

（2）环己酮 $=O + HCN \longrightarrow$

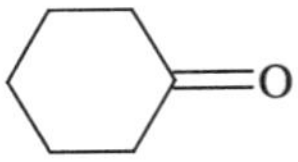

（3）$CH_3COCH_2CH_3 + H_2NNHC_6H_5 \longrightarrow$

（4）$CH_3CH_2CHO \xrightarrow{稀\ NaOH}$

（5）$CH_3COCH_3 \xrightarrow{I_2+NaOH}$

5. 鉴别下列化合物

（1）苯甲醛、乙醛、丙酮　　（2）异丙醇、丙醇、环己酮

（3）2-戊酮、3-戊酮、2-戊醇、3-戊醇　　（4）乙醇、异丙醇、丙醇、叔丁醇

6. 比较下列化合物与氢氰酸反应的活性次序：

二苯酮、苯乙酮、三氯乙醛、氯乙醛、苯甲醛、乙醛

7. 从中草药陈蒿中提取出一种治疗胆病的化合物 $C_8H_8O_2$，该化合物遇三氯化铁显紫色，与2,4-二硝基苯肼生成苯腙，并能起碘仿反应，试推测其可能的结构式。

【阅读材料】

化学家黄鸣龙（1898—1979 年）

有机化学家，江苏省扬州人，1924 年获德国柏林大学博士学位，1955 年当选为中国科学院学部委员（院士），是中国有机化学先辈之一。1940—1943 年，黄鸣龙任职于昆明中央研究院化学研究所，正值抗日战争期间，用仅有的盐酸、氢氧化钠、酒精等试剂，在频繁的空袭警报干扰下，进行山道年等的立体化学研究。黄鸣龙在做基希纳-沃尔夫还原反应时，曾突然出现意外的情况，但他并未停止试验，而是照样研究下去，得到出乎意料的好结果。他仔细分析原因，又经过一系列改变条件的实验，终于达到了改良的目的。他的英名也载入有机化学史册。

羧酸及其衍生物

【学习目标】

1. 掌握羧酸及其衍生物的分类、命名、性质。
2. 熟悉常见取代酸的命名及其取代酸的重要性质。
3. 了解油脂的存在、组成、性质。
4. 了解乙酰乙酸乙酯、丙二酸二乙酯在有机合成中的应用。

第一节 羧酸的分类和命名法

羧酸广泛存在于自然界中，和人们的生活密切相关。例如食用醋的主要成分是醋酸，醋酸是自然界中羧酸的典型代表。烃基或氢原子与羧基相连的化合物称为羧酸，羧酸的官能团是羧基（—COOH），羧酸可以用通式 R（Ar、H）、COOH 表示。例如：

H—COOH	CH_3—COOH	C_6H_5—COOH
甲酸	乙酸	苯甲酸

一、羧酸的分类

按照与羧基所连的烃基的不同，羧酸可分为脂肪酸和芳香酸；脂肪酸又可根据烃基是否饱和，分为饱和脂肪酸和不饱和脂肪酸。

按照分子中所含羧基的数目，羧酸可分为一元羧酸和多元羧酸。详细见表 10-1。

在对羧酸进行分类时，我们可将两种分类合并使用，例如乙酸是饱和一元脂肪酸、丁烯二酸是不饱和二元脂肪酸，邻苯二甲酸是二元芳香酸等。饱和一元脂肪酸的通式是 $C_nH_{2n}O_2$。

二、羧酸的命名法

羧酸的系统命名原则与醛相似，只要将“醛”字改成“酸”字即可。

表 10-1 羧酸的分类

类别	脂肪酸		芳香酸
	饱和脂肪酸	不饱和脂肪酸	
一元羧酸	乙酸 $CH_3—COOH$	丙烯酸 $CH_2=CH—COOH$	苯甲酸 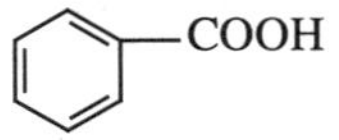 COOH
二元羧酸	乙二酸 COOH | COOH	丁烯二酸 H—C—COOH ‖ H—C—COOH	邻苯二甲酸 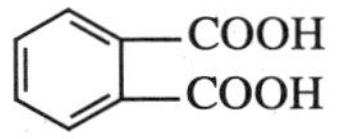 COOH COOH

1．一元脂肪酸

饱和一元脂肪酸：选择一条含有羧基的最长碳链为主链，根据主链中碳原子数目称为某酸；从羧基碳开始给主链编号，用阿拉伯数字标明取代基的位次，也可从与羧基相邻的碳原子开始用希腊字母标明取代基的位次；将取代基的位次、数目、名称写在主链名称之前。例如：

$$\overset{\beta}{\overset{3}{CH_3}}—\overset{\alpha}{\overset{2}{\underset{|\atop CH_3}{CH}}}—\overset{1}{COOH}$$

2-甲基丙酸

或α-甲基丙酸

$$\overset{\delta}{\overset{5}{CH_3}}—\overset{\gamma}{\overset{4}{\underset{|\atop CH_3}{CH}}}—\overset{\beta}{\overset{3}{CH_2}}—\overset{\alpha}{\overset{2}{\underset{|\atop CH_2CH_3}{CH}}}—COOH$$

4-甲基-2-乙基戊酸

或γ-甲基-α-乙基戊酸

不饱和一元脂肪酸：以饱和一元脂肪酸命名原则为基础，不同的是选择一条既含有羧基又含有不饱和键的最长碳链为主链，根据主链中碳原子数目称为某烯酸或某炔酸，并标明不饱和键的位次。例如：

$$H_3C—\underset{|\atop CH_3}{C}=CH—COOH$$

3-甲基-2-丁烯酸

2．二元脂肪酸

以一元脂肪酸命名原则为基础，不同的是选择一条含有两个羧基的最长碳链为主链，称为某二酸。例如：

$$\begin{matrix}CH_2—COOH\\ |\\ CH_2—COOH\end{matrix}$$

丁二酸（俗名：琥珀酸）

$$\begin{matrix}H_3C—CH—COOH\\ \quad\ \ |\\ \quad\ \ CH_2—COOH\end{matrix}$$

甲基丁二酸

3. 芳香酸

通常以脂肪酸为母体、芳基作为取代基，并将芳基的位次、名称写在母体名称之前。例如：

C_6H_5—COOH

苯甲酸（俗名：安息香酸）

C_6H_5—CH═CH—COOH

3-苯丙烯酸或β-苯丙烯酸（俗名：肉桂酸）

邻甲基苯甲酸

邻苯二甲酸

β-萘乙酸

第二节 羧酸的性质

一、羧酸的物理性质

一些一元羧酸的物理常数见表 10-2。

饱和一元脂肪酸中，含 1～3 个碳原子的羧酸是具有强烈刺激性气味的无色液体，含 4～9 个碳原子的羧酸是有腐败气味的油状液体，含 10 个碳原子以上的羧酸是无味的蜡状固体；二元羧酸和芳香酸都是晶状固体。

表 10-2 一些一元羧酸的物理常数

物质	熔点/℃	沸点/℃	溶解度（25℃时）/（g/100 g 水）	pK_a(25℃)	
				pK_a 或 pK_{a1}	pK_{a2}
甲酸（蚁酸）	8	100.7	∞	3.75	
乙酸（醋酸）	16.6	117.9	∞	4.76	
丙酸	−20.8	141	∞	4.87	
丁酸（酪酸）	−6	165	∞	4.88	
异丁酸	−46.1	153.2		4.84	
戊酸	−33.83	186.05	4.97	4.82	
己酸	−2	205	1.08	4.88	
十二酸（月桂酸）	44	179（2 399.8 Pa）	0.006		
十四酸	58	200（2 666.4 Pa）	0.002		
十六酸（软脂酸）	63	219（2 266.5 Pa）	0.000 7		
十八酸（硬脂酸）	70	235（2 666.4 Pa）	0.000 3		
苯甲酸（安息香酸）	122.4	249	0.34	4.19	
乙二酸（草酸）	189（分解）		10.2	1.23	4.19
丙二酸	136		138	2.85	5.70

4 碳以下的饱和一元脂肪酸可与水混溶，随着碳链的增长，溶解度逐渐减小，12 碳以上的羧酸不溶于水；饱和一元脂肪酸在水中的溶解度比相对分子质量相当的醇要大。

饱和一元脂肪酸的沸点随着碳链的增长而升高（表 10-2）；其沸点比相对分子质量相当的醇要高（表 10-3）；有支链的一元脂肪酸的沸点比含同碳原子数的直链羧酸低（表 10-2）。

表 10-3 某些酸和醇的沸点比较

相对分子质量	羧酸 沸点/℃	醇 沸点/℃
46	甲酸 100.7	乙醇 8.3
60	乙酸 118	丙醇 97.4
74	丙酸 141	1-丁醇 117.3

二、羧酸的化学性质

羧酸由烃基和羧基组成，羧基是羧酸的官能团，羧基在形式上是由羰基和羟基组成，但由于羰基和羟基间的相互影响，与醛、酮中的羰基和醇、酚中的羟基有着显著的差异。原因是羧基中羟基氧原子上未共用的 p 电子与羰基的π电子发生离域，形成 p-π共轭体系，使得羰基和羟基连成了一个整体——羧基，即显示羧基特有的性质。羧酸具有酸性；羧基的吸电子诱导效应使得α-氢原子活化，易被取代；使得芳环钝化，难于发生亲电取代反应。

1. 酸性

羧酸在水溶液中可解离出氢离子而呈酸性，能使蓝色的石蕊试纸变红。大多数一元羧酸的 pK_a 值在 3.5～5，是属于弱酸，但其酸性比碳酸（pK_a=6.38）、酚（pK_a≈10）和醇强。

$$R—COOH+H_2O \rightleftharpoons RCOO^-+H_3O^+$$

$$R—COOH+NaOH \longrightarrow R—COONa+H_2O$$

$$2R—COOH+Na_2CO_3 \longrightarrow 2RCOONa+CO_2\uparrow +H_2O$$

$$R—COOH+NaHCO_3 \longrightarrow R—COONa+CO_2\uparrow +H_2O$$

$$R—COONa+HCl \longrightarrow R—COOH+NaCl$$

由于羧基中存在 p-π共轭体系，使得羟基氧上的电子云密度降低，羟基氢氧键的极性增强，有利于氢离子的解离而呈酸性。

某些羧酸盐有抑制细菌生长的作用，常用于食品加工中作为防腐剂，常用的食品防腐剂有苯甲酸钠、乙酸钙和山梨酸钾（$CH_3CH=CHCH=CHCOOK$）等。

不同构造的羧酸的酸性有强弱之分。影响羧酸酸性强弱的因素有很多，有电子效应、立体效应、溶剂化效应等，这里主要讨论取代基的电子效应对其酸性产生的影响。电子效应对酸性的影响取决于羧酸分子中羧基上所连的基团 G 的类型，如果是吸电子基团或原子，G 的$-I$ 效应愈强，酸性愈强，如果是供电子基团或原子，G 的$+I$ 效应愈强，酸性愈弱。例如：

	CH_3—COOH	CH_3—CH_2—COOH	CH_3—CH(CH_3)—COOH	CH_3—C$(CH_3)_2$—COOH
pK_a	4.75	4.87	4.84	5.03

	CH_3—COOH	ICH_2—COOH	BrCH_2—COOH	ClCH_2—COOH	FCH_2—COOH
pK_a	4.75	3.17	2.89	2.85	2.59

	CH_3—COOH	ClCH_2—COOH	Cl_2CH—COOH	Cl_3C—COOH
pK_a	4.75	2.85	1.48	0.7

由于诱导效应随距离增大而迅速减弱，故取代基距离羧基愈远，对羧基的酸性影响愈小，当与羧基距离三四个原子后，其影响已微不足道。例如，4-氯丁酸的酸性强度与丁酸是同一数量级，但比 2-氯丁酸的酸性弱得多。

	CH_3—CH_2—CH_2—COOH	CH_3—CH_2—CHCl—COOH
pK_a	4.82	2.85

	CH_3—CHCl—CH_2—COOH	ClCH_2—CH_2—CH_2—COOH
pK_a	4.05	4.56

苯甲酸分子中的羧基受到苯环的$-I$ 和$-C$ 效应的影响，其酸性比一般的脂肪酸强，pK_a 为 4.19。对于取代苯甲酸，如果取代基在间位或对位，主要取决于取代基类型，如果是活化苯环亲电取代反应的取代基，则使其酸性减弱，钝化苯环亲电取代反应的取代基，则使其酸性增强。例如：

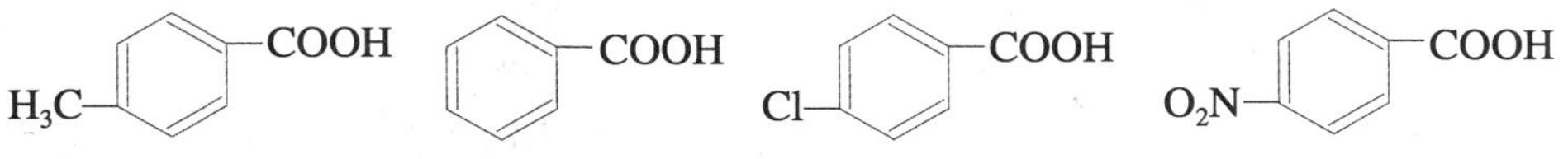

	H_3C—C_6H_4—COOH	C_6H_5—COOH	Cl—C_6H_4—COOH	O_2N—C_6H_4—COOH
pK_a	4.34	4.19	3.99	3.43

低级的二元羧酸的酸性比相应的一元羧酸强（表 10-1）。

2. 羧基被取代的反应

羧酸分子中羧基上的羟基去除后余下的部分称为酰基，并根据原酸的名称称为某酰基。

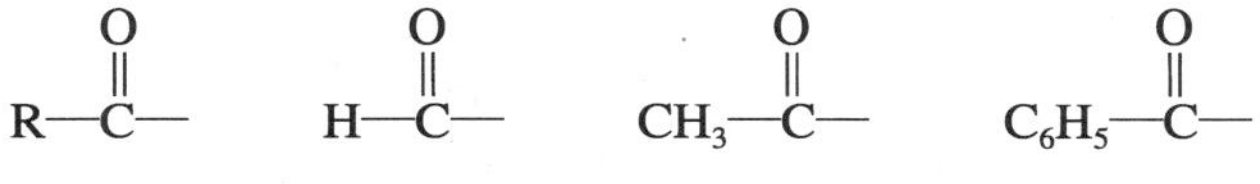

R—C(=O)—	H—C(=O)—	CH_3—C(=O)—	C_6H_5—C(=O)—
酰基	甲酰基	乙酰基	苯甲酰基

羧酸分子中羧基上的羟基可以被卤原子（—X）、酰氧基（—OOCR）、烃氧基（—OR）或氨基（—NH_2）取代，生成酰卤、酸酐、酯和酰胺等羧酸衍生物。

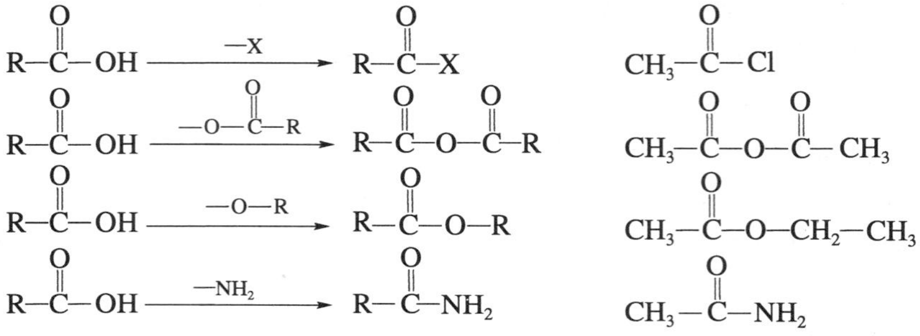

$$R-\overset{O}{\overset{\|}{C}}-OH \xrightarrow{-X} R-\overset{O}{\overset{\|}{C}}-X \qquad CH_3-\overset{O}{\overset{\|}{C}}-Cl$$

$$R-\overset{O}{\overset{\|}{C}}-OH \xrightarrow{-O-\overset{O}{\overset{\|}{C}}-R} R-\overset{O}{\overset{\|}{C}}-O-\overset{O}{\overset{\|}{C}}-R \qquad CH_3-\overset{O}{\overset{\|}{C}}-O-\overset{O}{\overset{\|}{C}}-CH_3$$

$$R-\overset{O}{\overset{\|}{C}}-OH \xrightarrow{-O-R} R-\overset{O}{\overset{\|}{C}}-O-R \qquad CH_3-\overset{O}{\overset{\|}{C}}-O-CH_2-CH_3$$

$$R-\overset{O}{\overset{\|}{C}}-OH \xrightarrow{-NH_2} R-\overset{O}{\overset{\|}{C}}-NH_2 \qquad CH_3-\overset{O}{\overset{\|}{C}}-NH_2$$

（1）酰氯的生成

羧酸（除甲酸）与三氯化磷反应生成相应的酰氯。酰氯很活泼，易水解，通常用蒸馏法将产物分离。酰氯是一类重要的酰基化试剂。

$$3R-\overset{O}{\overset{\|}{C}}-OH + PCl_3 \longrightarrow 3R-\overset{O}{\overset{\|}{C}}-Cl + \underset{\substack{\text{亚磷酸} \\ \text{（200℃分解）}}}{H_3PO_3}$$

（2）酸酐的生成

羧酸（除甲酸外）在有脱水剂存在条件下加热脱水生成酸酐。

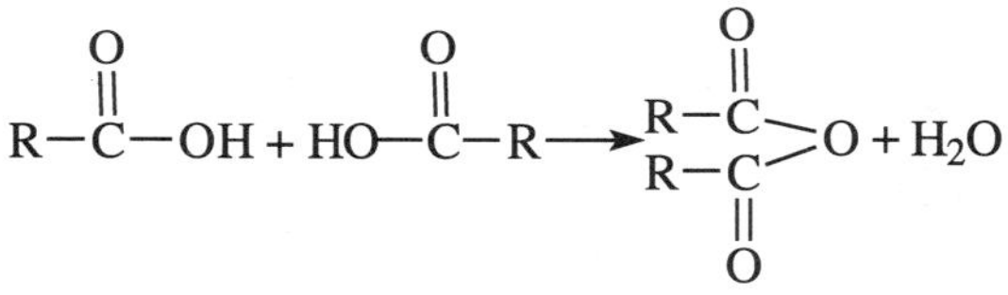

$$R-\overset{O}{\overset{\|}{C}}-OH + HO-\overset{O}{\overset{\|}{C}}-R \longrightarrow \underset{\text{酸酐}}{(R-CO)_2O} + H_2O$$

由于乙酸酐能迅速与水反应，因此乙酸酐常作为脱水剂。例如：

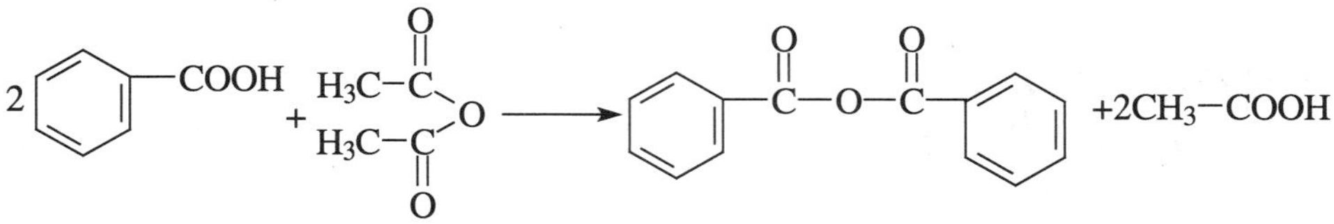

$$2\,C_6H_5-COOH + (CH_3CO)_2O \longrightarrow C_6H_5-\overset{O}{\overset{\|}{C}}-O-\overset{O}{\overset{\|}{C}}-C_6H_5 + 2CH_3-COOH$$

两个羧基相隔 2-3 个碳原子的二元酸，在没有任何脱水剂的情况下，加热就能脱水生成五元或六元的环酐。例如：

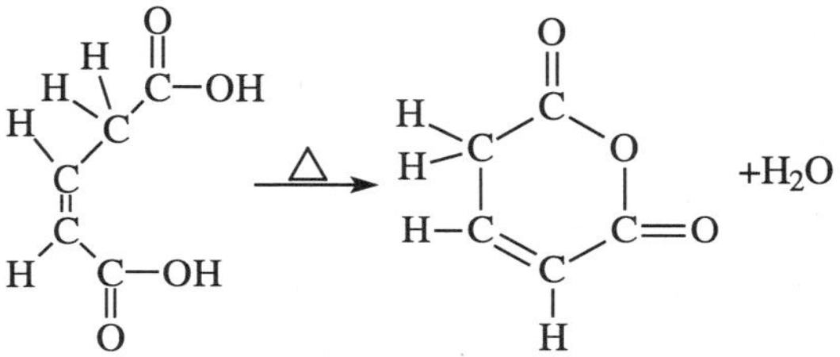

$$HOOC-CH=CH-CH_2-COOH \xrightarrow{\triangle} \text{(环酐)} + H_2O$$

$$\text{C}_6\text{H}_4(\text{COOH})_2 \longrightarrow \text{C}_6\text{H}_4(\text{CO})_2\text{O} + H_2O$$

（3）酯的生成

在强酸（浓硫酸、对四基苯磺酸等）的催化下，羧酸与醇作用生成酯。酯化反应是可逆反应。

$$\text{R}-\overset{\text{O}}{\overset{\|}{\text{C}}}-\text{OH} + \text{HO}-\text{R} \rightleftharpoons \text{R}-\overset{\text{O}}{\overset{\|}{\text{C}}}\text{O}-\text{R} + H_2O$$

在酸催化下，伯醇和大多数仲醇可以与酸直接酯化生成酯，而叔醇因立体障碍使酯化速率极慢，因此，制备叔醇的酯需采用醇与酰氯或酸酐的醇解反应。

（4）酰胺的生成

羧酸与氨或胺反作用生成铵盐，然后加热脱水得到酰胺。

$$\text{R}-\overset{\text{O}}{\overset{\|}{\text{C}}}-\text{OH} + NH_3 \rightleftharpoons \text{R}-\overset{\text{O}}{\overset{\|}{\text{C}}}-ONH_4 \longrightarrow \text{R}-\overset{\text{O}}{\overset{\|}{\text{C}}}-NH_2 + H_2O$$

例如：

$$CH_3-\overset{\text{O}}{\overset{\|}{\text{C}}}-\text{OH} + NH_3 \rightleftharpoons CH_3-\overset{\text{O}}{\overset{\|}{\text{C}}}-ONH_4 \longrightarrow CH_3-\overset{\text{O}}{\overset{\|}{\text{C}}}-NH_2 + H_2O$$

$$C_6H_5-\overset{\text{O}}{\overset{\|}{\text{C}}}-\text{OH} + H_2N-C_6H_5 \rightleftharpoons C_6H_5-\overset{\text{O}}{\overset{\|}{\text{C}}}-\overset{\text{H}}{\overset{|}{\text{N}}}-C_6H_5 + H_2O$$

3．还原

羧酸有强还原剂（$LiAlH_4$）存在下被还原成伯醇。但此还原剂价格贵，仅适用于实验室。例如：

$$CH_3-\underset{CH_3}{\underset{|}{\overset{CH_3}{\overset{|}{\text{C}}}}}-\text{COOH} \xrightarrow{LiAlH_4} CH_3-\underset{CH_3}{\underset{|}{\overset{CH_3}{\overset{|}{\text{C}}}}}-CH_2-\text{OH}$$

$$CH_2{=}CH-CH_2-CH_2-\overset{\text{O}}{\overset{\|}{\text{C}}}-\text{OH} \xrightarrow{LiAlH_4} CH_2{=}CH-CH_2-CH_2-CH_2-\text{OH}$$

4．脱羧反应

羧酸分子中羧基脱去二氧化碳的反应称为脱羧反应（decarboxylation）。脂肪羧酸不易发生脱羧反应；只有α-C 上连有强吸电子基团的羧酸或羧酸盐，加热时易发生脱羧反应。例如：

$$Cl_3C-COOH \longrightarrow CHCl_3 + CO_2\uparrow$$

$$Cl_3CCOONa \xrightarrow[H_2O]{} CHCl_3 + NaHCO_3$$

$$CH_3-\overset{O}{\overset{\|}{C}}-CH_2-COOH \longrightarrow CH_3-\overset{O}{\overset{\|}{C}}-CH_3 + CO_2$$

$$2,4,6\text{-}(NO_2)_3C_6H_2COOH \longrightarrow 1,3,5\text{-}(NO_2)_3C_6H_3 + CO_2$$

二元羧酸也较易发生脱羧反应。例如：

$$HOOC-CH_2-COOH \xrightarrow{140\sim160℃} CH_3-COOH + CO_2\uparrow$$

在生物体内，羧酸可在脱羧酶的作用下直接脱羧。脱羧反应是人体产生 CO_2 的主要代谢反应。

5．烃基上的反应

（1）α-H 卤化

羧基和羰基类似，能使α-H 活化，可被卤原子取代生成α-卤代酸。由于羧基的吸电子能力比羰基小，则致活作用比羰基小，因此，没有醛、酮分子中的α-H 活泼，必须在碘、硫或红磷等催化剂存在下α-H 才能被卤原子取代。例如：

$$CH_3-COOH \xrightarrow[P]{Cl-Cl} CH_2Cl-COOH \xrightarrow[P]{Cl-Cl} Cl-CHCl-COOH \xrightarrow[P]{Cl-Cl} Cl-\underset{Cl}{\overset{Cl}{C}}-COOH$$

控制反应条件，可使反应停留在一元或二元取代阶段。

（2）芳香酸的环上取代反应

因为羧基是间位定位基，是钝化基团，因此芳香羧酸的芳环上亲电取代较母体芳烃困难，且使取代基进入羧基的间位。例如：

$$C_6H_5COOH + Cl-Cl \xrightarrow[\triangle]{Fe} m\text{-}ClC_6H_4COOH + HCl$$

第三节 重要的羧酸

一、甲酸（H—COOH）

甲酸（methanoic acid）俗称蚁酸，存在于蜂、赤蚂蚁等动物体内和荨麻中。甲酸是无色、有强烈刺激性气味的液体，能与水、乙醇混溶。甲酸的酸性、腐蚀性较强，能刺激皮肤而引起红肿、疼痛。如果被蚂蚁或蜂类蜇伤后用稀氨水涂敷可消肿止痛。

甲酸的结构比较特殊，分子中既含羧基又含醛基，因而既具有酸性，又具有较强的还原性。

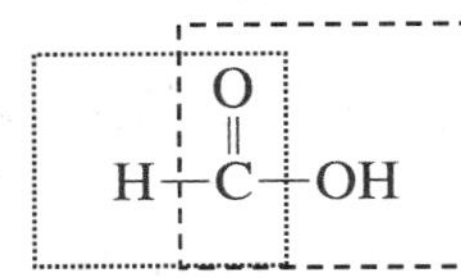

甲酸是饱和一元脂肪羧酸中酸性最强的酸。甲酸能发生银镜反应和费林反应，也能使高锰酸钾溶液褪色。这些性质常用于甲酸的定性鉴定。

二、乙酸（CH_3—COOH）

乙酸俗称醋酸（ethylic acid），是食醋中主要的酸性物质，我国自古就有关于谷物发酵制醋的记载。常温时，乙酸是无色、具有强烈的刺激性酸味的液体，熔点 16.6℃，能与水、乙醇等混溶。乙酸在温度低于 16.6℃时凝结成冰状固体，因此，又称冰醋酸。

乙酸可用低级烷烃为原料，在醋酸锰或醋酸钴催化下用空气进行液相氧化制得，这是近年来工业制取乙酸的一种重要方法。例如：

$$CH_3-CH_2-CH_2-CH_3+\frac{5}{2}O_2\xrightarrow[150\sim225℃，-5.5MPa]{(CH_3COO)_2Co}2CH_3-COOH+H_2O$$

乙酸是最重要的有机酸之一，是医药、染料、农药、塑料及其他有机合成的重要原料。

三、丙烯酸（CH_2═CH—COOH）

丙烯酸是无色、具有类似于醋酸的刺激性气味的液体，能溶于水、乙醇和乙醚等溶剂，酸性较强，对皮肤有腐蚀作用，其蒸气强烈刺激和腐蚀人体呼吸器官。

四、乙二酸（HOOC—COOH）

乙二酸俗称草酸（oxalic acid），是最简单的饱和二元羧酸，常以盐的形式存在于草本植物中。草酸通常为含有两分子结晶水的无色透明晶体，熔点 101.5℃，加热失去结晶水而成为无水草酸，易溶于水和乙醇，但不溶于乙醚。

草酸的酸性（pK_a=1.23）比其他一元羧酸和二元羧酸都强。草酸有还原性，容易被高锰酸钾氧化，因此，常用作还原剂。例如：

$$5HOOC-COOH+2KMnO_4+3H_2SO_4 \longrightarrow K_2SO_4+2MnSO_4+10CO_2+8H_2O$$

上述反应是定量进行的，在定量分析中常用于标定高锰酸钾溶液的浓度。

草酸能与多种金属离子形成水溶性络盐，例如，草酸能与铁离子生成溶于水的三草酸络铁负离子，因此，草酸在纺织、印染、服装工业中广泛用作除铁锈剂。

五、己二酸（$HOOC(CH_2)_4COOH$）

己二酸俗称肥酸，是无色或带黄色单斜晶体，熔点 153℃，无臭，微有酸味，微溶于水。

己二酸主要用于生产尼龙-66，也用于制备增塑剂等。

六、苯甲酸（C_6H_5—COOH）

苯甲酸（benzoic acid）俗称安息香酸，是最简单的芳香酸。苯甲酸为白色鳞片或针状结晶，熔点 122℃，微溶于水，溶于乙醇、乙醚、氯仿等有机溶剂中。苯甲酸的酸性（pK_a=4.19）比甲酸（pK_a=3.76）弱，但比其他一元羧酸强。

苯甲酸用于制备香料等，它的钠盐常用作食品和药物的防腐剂，苯甲酸也可用作治疗癣病的外用药。

七、对苯二甲酸（HOOC—C_6H_4—COOH）

对苯二甲酸是无色晶体，加热至 300℃升华而不熔，微溶于热水，稍溶于热乙醇。是制造聚酯纤维（商品名为涤纶）的工业原料之一。

第四节　羟基酸和酮酸

羧酸分子中烃基上的氢原子被其他原子或原子团取代所生成的化合物称为具有复合官能团的羧酸，又称取代羧酸（substituted carbonylic acid）。根据取代基的种类,取代羧酸可分为卤代酸、羟基酸、酮酸和氨基酸等，本节介绍羟基酸和羰基酸。

一、羟基酸

（一）羟基酸的分类和命名法

羧酸分子中烃基上的氢原子被羟基取代而生成的化合物，称为羟基酸（hydroxy acid）。脂肪酸分子中烃基上的氢原子被羟基取代的称为醇酸（alcohol acid），芳香酸分子中芳环上的氢原子被羟基取代的称为酚酸（phenolic acid），详见表 10-2。

羟基酸的系统命名法是以羧酸为母体，羟基作为取代基，取代基的位次可用阿拉伯数字或希腊字母表示。许多羟基酸存在于自然界中，因此也常根据其来源命名（表 10-4）。

表 10-4　一些羟基酸的结构式和名称

结构式	系统命名	俗名	类别
$H_3C-C(H)(OH)-COOH$	2-羟基丙酸 或α-羟基丙酸	乳酸	
$H-C(COOH)(OH)-CH-COOH$	2-羟基丁二酸	苹果酸	醇酸
$HOOC-CH(OH)-CH(OH)-COOH$	2,3-二羟基丁二酸 或α，β-二羟基丁二酸	酒石酸	
$C_6H_4(OH)COOH$（邻位）	邻羟基苯甲酸	水杨酸	酚酸

（二）羟基酸的性质

羟基酸分子中的羧基和羟基都能和水分子形成氢键，因此，羟基酸的水溶性一般很强，在水中的溶解度大于相应的脂肪酸、醇或酚，熔点比相应的羧酸高，一般是黏稠液体或晶体。

羟基酸含有羧基和羟基两种官能团，因此，羟基酸兼有羧酸和醇的性质。例如：羟基可酯化，可氧化成羰基；羧基具有酸性，可成盐、成酯；酚羟基可与三氯化铁溶液显色等。除此之外，由于羟基酸分子中两种官能团的相互影响，也表现出其特有的性质，两个官能团靠得越近，相互影响越大。

1. 酸性

因羟基是吸电子基团，羟基的$-I$效应使得醇酸的酸性比相应的羧酸强。羟基离羧基越近，对醇酸酸性的影响越大。例如：

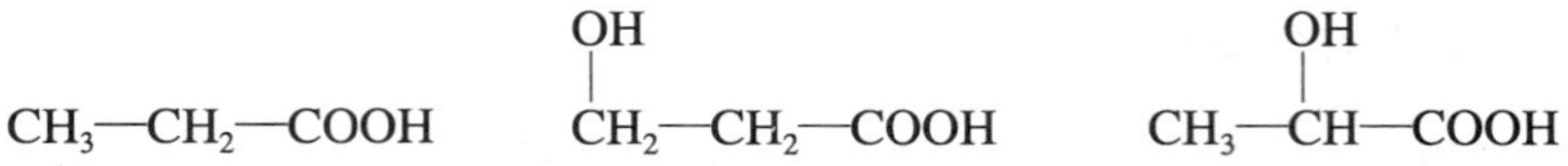

	$CH_3—CH_2—COOH$	$CH_2(OH)—CH_2—COOH$	$CH_3—CH(OH)—COOH$
pK_a	4.88	4.51	3.87

2. 氧化反应

醇酸可以被氧化生成酮酸或醛酸。α-羟基酸中的羟基比醇分子中的羟基更易氧化。例如稀硝酸不能氧化醇，但能氧化α-羟基酸而生成α-酮酸。

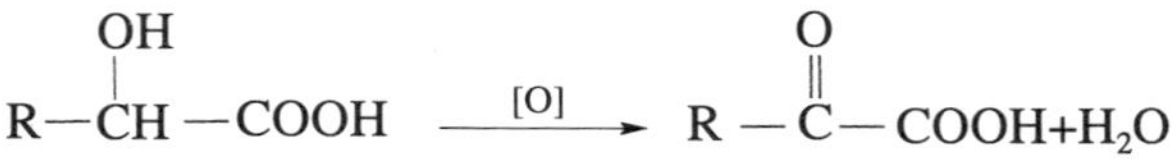

$$R—CH(OH)—COOH \xrightarrow{[O]} R—C(=O)—COOH + H_2O$$

生物体内有关代谢中，醇酸在酶的作用下氧化成酮酸。例如：

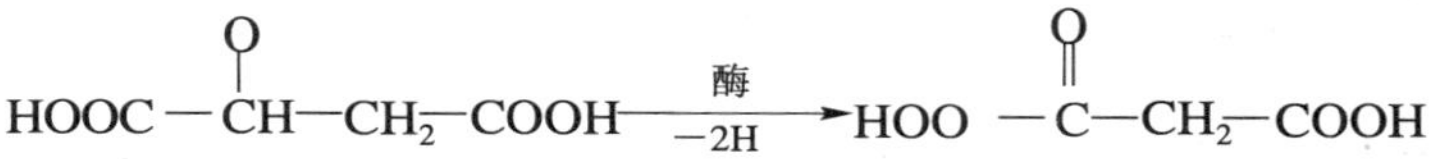

$$HOOC—CH(O)—CH_2—COOH \xrightarrow[-2H]{酶} HOO—C(=O)—CH_2—COOH$$

3. 脱水反应

羟基酸对热较敏感，加热易脱水，产物因羟基与羧基的相对位置不同而生成交酯、不饱和酸或内酯。

α-羟基酸经加热，两分子间失去两分子水生成交酯。例如：

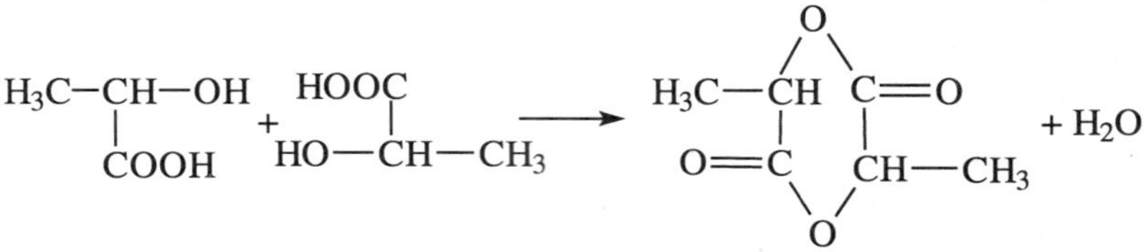

$$H_3C—CH(COOH)—OH + HOOC—CH(OH)—CH_3 \longrightarrow \text{(环状交酯：}H_3C—CH—O—C(=O)—CH(CH_3)—O—C(=O)\text{)} + H_2O$$

β-羟基酸受热容易去水主要生成α,β不饱和酸。例如：

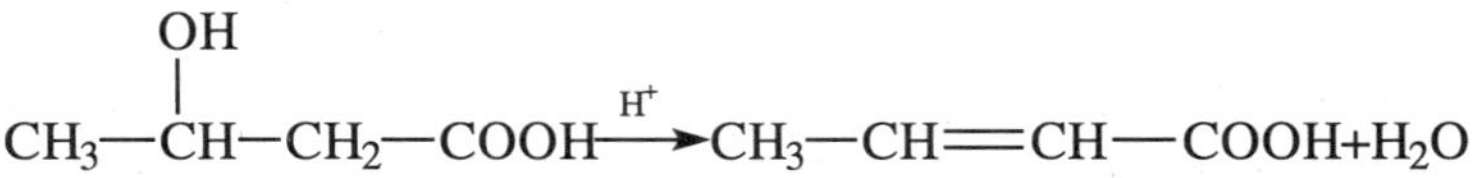

$$CH_3—CH(OH)—CH_2—COOH \xrightarrow{H^+} CH_3—CH=CH—COOH + H_2O$$

γ羟基酸极易失水（常温）生成五元环的γ内酯。例如：

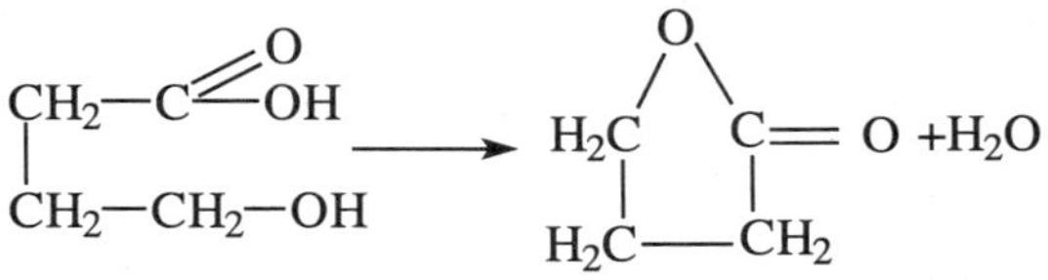

$$CH_2(—COOH)—CH_2—CH_2—OH \longrightarrow \text{(五元环：}H_2C—C(=O)—O—CH_2—CH_2\text{)} + H_2O$$

γ羟基丁酸　　　　γ丁内酯

药物中有一类称为大环内酯类抗生素，它们具有一个十四至十六元内酯环的基本结构。红霉素、麦迪霉素、乙酰螺旋霉素均为大环内酯类抗生素 。

4．酚酸的脱羧反应

羟基有邻位或对位的酚酸，受热易发生脱羧反应。例如：

$$\text{邻羟基苯甲酸（C}_6\text{H}_4\text{(OH)COOH）} \xrightarrow{\triangle} \text{苯酚（C}_6\text{H}_5\text{OH）} + CO_2$$

二、羰基酸

（一）羰基酸的分类和命名法

分子中含羰基和羧基的化合物称为羰基酸。根据羰基在碳链中的位置，羰基酸可分为醛酸和酮酸，羰基在碳链的一端的是醛酸，羰基在碳链当中的是酮酸，酮酸还可分为α-酮酸、β-酮酸等。

羰基酸的系统命名法是选择含有羰基和羧基的最长碳链为主链，根据主链的碳原子数目称为“某酮酸或某醛酸，并用阿拉伯数字或希腊字母标明羰基的位次（表10-5）。

表 10-5 一些羰基酸的结构式和名称

类别		构造式	名 称
醛酸		$H-\overset{O}{\overset{\Vert}{C}}-CH_2-COOH$	丙醛酸
酮酸	α-酮酸	$CH_3-\overset{O}{\overset{\Vert}{C}}-COOH$	丙酮酸
	β-酮酸	$CH_3-\overset{O}{\overset{\Vert}{C}}-CH_2-COOH$	β-丁酮酸或 3-丁酮酸或乙酰乙酸

（二）羰基酸的性质

酮酸一般为液体或晶体，水中溶解度大于相应的羧酸和酮。

羰基酸是有复合官能团的化合物。醛酸具有醛和羧酸的典型性质；酮酸除具有一般酮和羧酸的典型性质外，它还有两种官能团相互影响引起的特有性质。

1．脱羧反应

酮酸中因羰基的影响而较易发生脱羧反应。α-酮酸在一定的条件下脱羧生成醛，β-酮酸在室温或微热就易脱羧生成酮。例如：

$$CH_3-\overset{\overset{\displaystyle O}{\|}}{C}-COOH \xrightarrow[\triangle]{H_2SO_4} CH_3-\overset{\overset{\displaystyle O}{\|}}{C}-H+CO_2$$

$$CH_3-\overset{\overset{\displaystyle O}{\|}}{C}-CH_2-COOH \longrightarrow CH_3-\overset{\overset{\displaystyle O}{\|}}{C}-CH_3+CO_2\uparrow$$

生物体内的α-酮酸、β-酮酸在酶的作用下发生脱羧反应。例如：

$$\underset{\text{草酰乙酸}}{HOOC-\overset{\overset{\displaystyle O}{\|}}{C}-CH_2-COOH} \xrightarrow{\text{酶}} HOOC-\overset{\overset{\displaystyle O}{\|}}{C}-CH_3+CO_2$$

2．氧化和还原反应

α-酮酸较易发生氧化脱羧反应。例如：

$$\underset{\text{丙酮酸}}{H_3C-\overset{\overset{\displaystyle O}{\|}}{C}-COOH}+[O] \longrightarrow CH_3-COOH+CO_2$$

酮酸分子中的羰基可以被还原为羟基。例如：

$$CH_3-\overset{\overset{\displaystyle O}{\|}}{C}-COOH \underset{-2H}{\overset{+2H}{\rightleftharpoons}} CH_3-\overset{\overset{\displaystyle OH}{|}}{CH}-COOH$$

$$CH_3-\overset{\overset{\displaystyle O}{\|}}{C}-CH_2-COOH \underset{-2H}{\overset{+2H}{\rightleftharpoons}} CH_3-\overset{\overset{\displaystyle OH}{|}}{CH}-CH_2-COOH$$

这种氧化还原反应在生物体内经酶的催化普遍存在。

三、重要的羟基酸和羰基酸

（一）乳酸和丙酮酸

$$\underset{\text{乳酸}}{CH_3-\overset{\overset{\displaystyle OH}{|}}{CH}-COOH} \qquad \underset{\text{丙酮酸}}{CH_3-\overset{\overset{\displaystyle O}{\|}}{C}-COOH}$$

1．乳酸

乳酸（lactic acid）学名α-羟基丙酸，存在于青贮饲料、酸乳中，是葡萄糖经乳酸菌发酵所得的产物。人在剧烈活动时，氧气供应不足，肌肉中糖转化成乳酸，此时，肌肉内因乳酸积存感到酸胀。乳酸是无色黏稠液体，吸湿性强，能与水、乙醇、乙醚混溶，但不溶于氯仿和油脂。乳酸与苯酚的三氯化铁溶液作用，能使溶液的紫色褪去而呈亮黄色，利用此反应可检验乳酸的存在。

2. 丙酮酸

丙酮酸（ketoacetic acid）是无色液体，沸点 165℃，易溶于水、乙醇和醚。

丙酮酸是人体内糖、脂肪、蛋白质代谢的中间产物，在体内可转变为氨基酸，或柠檬酸等，具有重要的生理作用。在酶的催化下，丙酮酸能还原成乳酸，乳酸也能氧化成丙酮酸。

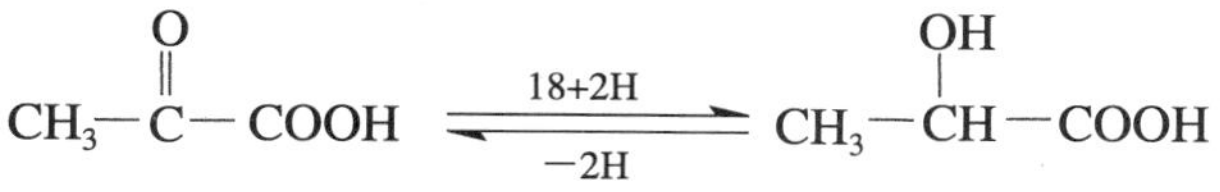

$$CH_3-\overset{\overset{\displaystyle O}{\|}}{C}-COOH \underset{-2H}{\overset{18+2H}{\rightleftharpoons}} CH_3-\overset{\overset{\displaystyle OH}{|}}{CH}-COOH$$

（二）柠檬酸、α-酮戊二酸、苹果酸和草酰乙酸

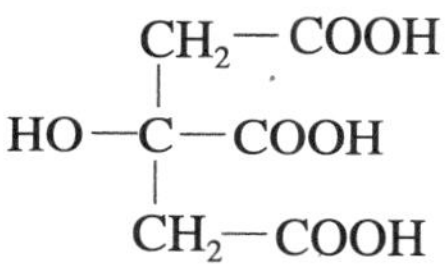

柠檬酸：$HO-C(CH_2-COOH)_2-COOH$

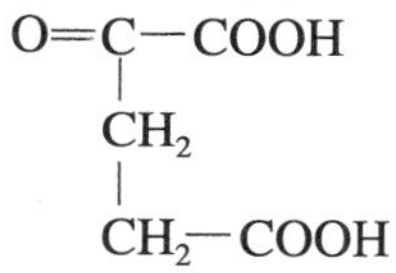

α-酮戊二酸：$O=C(COOH)-CH_2-CH_2-COOH$

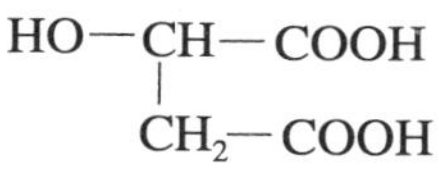

苹果酸：$HO-CH(COOH)-CH_2-COOH$

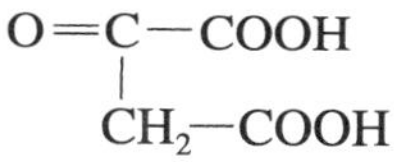

草酰乙酸：$O=C(COOH)-CH_2-COOH$

1. 柠檬酸

柠檬酸(citric acid)学名 3-羟基-3-羧基戊二酸，曾名枸橼酸。存在于柑橘等水果中，尤以柠檬中含量最多。柠檬酸通常含有 1 个结晶水，为无色结晶，熔点 100℃，无水柠檬酸的熔点为 153℃，易溶于水、乙醇和乙醚，有强的酸味，常用做调味剂，用于配制汽水和酸性饮料。柠檬酸钠是易溶于水的白色结晶，有防止血液凝固和利尿作用。柠檬酸铁铵常用做补血剂。

在人体内物质代谢的三羧酸循环过程中，柠檬酸在酶的作用下，经一系列反应生成α-酮戊二酸。可表达为：

柠檬酸 ⟶（顺乌头酸 ⟶ 异柠檬酸 ⟶ 草酰琥珀酸）⟶ α-酮戊二酸

2. α-酮戊二酸

α-酮戊二酸是晶体，熔点为 109～110℃，可溶于水。在三羧酸循环过程中，α-酮戊二酸在酶的作用下，经一系列反应先生成琥珀酸(丁二酸)、延胡索酸（顺-丁烯二酸)。再生成苹果酸。可表达为：

α-酮戊二酸 ⟶（琥珀酸 ⟶ 延胡索酸）⟶ 苹果酸

3. 苹果酸

苹果酸（malic acid）学名羟基丁二酸，最初由苹果中取得。苹果酸为无色结晶，易溶于水和乙醇，用于制药和食品工业。

在三羧酸循环过程中，苹果酸在酶的催化下脱氢氧化生成草酰乙酸。草酰乙酸也能在酶作用下还原成苹果酸。

$$\begin{matrix} HO-CH-COOH \\ | \\ CH_2-COOH \end{matrix} \underset{+2H}{\overset{-2H}{\rightleftharpoons}} \begin{matrix} O=C-COOH \\ | \\ CH_2-COOH \end{matrix}$$

4．草酰乙酸

草酰乙酸（oxalacetic acid）学名为α-酮丁二酸，是可溶于水的晶体。

在三羧酸循环过程中，草酰乙酸在酶的作用下和丙酮酸合成柠檬酸。

综上所述，人体中三大营养物质代谢产生的丙酮酸，在酶的作用下，首先和草酰乙酸生成柠檬酸，再经过下列过程：

柠檬酸 ⟶ α-酮戊二酸 ⟶ 苹果酸 ⟶ 草酰乙酸

而草酰乙酸又和丙酮酸再次合成柠檬酸，完成整个三羧酸循环过程。丙酮酸最终被完全代谢。

（三）水杨酸和阿司匹林

$$C_6H_4\begin{matrix}-OH \\ -COOH\end{matrix} \qquad\qquad C_6H_4\begin{matrix}-O-\overset{\overset{\displaystyle O}{\|}}{C}-CH_3 \\ -COOH\end{matrix}$$

水杨酸　　　　　　阿司匹林

水杨酸（salicylic acid）学名邻羟基苯甲酸，又名柳酸，是白色晶体，熔点 159℃（超过熔点温度就分解生成苯酚），微溶于水，在热水中溶解度增大，能溶于乙醇和乙醚中，加热可升华。

水杨酸具有羧酸和酚的一般性质。它显酸性，能成盐、成酯，易被氧化，与三氯化铁溶液作用显紫红色，与溴水作用，发生取代反应。

水杨酸是一种重要的外用防腐剂和杀菌剂，其酒精溶液可治疗某些霉菌感染而引起的皮肤病，水杨酸钠具有退热镇痛作用，因对胃肠有刺激，所以不宜内服。

水杨酸与乙酐在硫酸催化下生成乙酰水杨酸，俗名为阿司匹林（Aspirin）。

$$C_6H_4\begin{matrix}-OH \\ -COOH\end{matrix} + (CH_3CO)_2O \longrightarrow C_6H_4\begin{matrix}-O-\overset{\overset{\displaystyle O}{\|}}{C}-CH_3 \\ -COOH\end{matrix} + CH_3COOH$$

阿司匹林为白色结晶，熔点 135℃，无臭，微带酸味，微溶于水。在干燥空气中较稳定，在潮湿空气中易水解为水杨酸和醋酸而变质。故应密闭贮藏，避免吸潮。阿司匹林有解热、镇痛及抗风湿作用，临床应用已有一百多年。是迄今知道的最安全药物之一。

第五节 羧酸衍生物的命名法

羧酸衍生物一般是指羧基中羟基被其他原子或原子团取代的生成物。主要指酰氯、酸酐、酯和酰胺。他们都含有酰基 $R-\overset{O}{\overset{\|}{C}}-$ 或 $Ar-\overset{O}{\overset{\|}{C}}-$，因此统称为酰基化合物。例如：

$R-\overset{O}{\overset{\|}{C}}-Cl$ 酰氯　$R-\overset{O}{\overset{\|}{C}}-O-\overset{O}{\overset{\|}{C}}-R$ 酸酐　$R-\overset{O}{\overset{\|}{C}}-O-R$ 酯　$R-\overset{O}{\overset{\|}{C}}-NH_2$ 酰胺

酰氯是根据酰基来命名，称某酰氯。例如：

$CH_3-\overset{O}{\overset{\|}{C}}-Cl$ 乙酰氯　$C_6H_5-\overset{O}{\overset{\|}{C}}-Cl$ 苯甲酰氯

酸酐是根据相应的羧酸来命名，称某酸酐。例如：

$H_3C-\overset{O}{\overset{\|}{C}}-O-\overset{O}{\overset{\|}{C}}-CH_3$ 乙酸酐　$H_3C-\overset{O}{\overset{\|}{C}}-O-\overset{O}{\overset{\|}{C}}-CH_2-CH_3$ 乙丙酸酐

$C_6H_5-\overset{O}{\overset{\|}{C}}-O-\overset{O}{\overset{\|}{C}}-C_6H_5$ 苯甲酸酐　$C_6H_4(CO)_2O$ 邻苯二甲酸酐

酯是根据形成它的酸和醇的名称来命名，称某酸某酯。例如：

$CH_3-\overset{O}{\overset{\|}{C}}-O-CH_3$ 乙酸甲酯　$C_6H_5-\overset{O}{\overset{\|}{C}}-O-CH_2-CH_3$ 苯甲酸乙酯　$CH_3\overset{O}{\overset{\|}{C}}-O-CH_2-CH_2-O-\overset{O}{\overset{\|}{C}}CH_3$ 二乙酸乙二酯

酰胺是根据酰基来命名，称某酰胺。当分子中氮原子上氢原子被烃基取代时，在酰胺名称前冠以N-烃基名称。例如：

$$CH_3-\overset{O}{\overset{\|}{C}}-NH_2 \qquad C_6H_5-\overset{O}{\overset{\|}{C}}-NH_2 \qquad CH_3-\overset{O}{\overset{\|}{C}}-NH-CH_3 \qquad CH_3-CH_2-N\begin{matrix}CH_3\\CH_3\end{matrix}$$

乙酸胺　　苯甲酰胺　　N-甲基乙酰胺或乙酰甲胺　　N,N-二甲基乙酰胺

第六节　羧酸衍生物的性质

一、物理性质

室温下，酰氯、酸酐、酯和酰胺大多数为液体或固体。低级酰氯有刺激性气味；低级的酸酐有令人不愉快的气味；低级的酯有水果香味，广泛存在于水果中，这是许多花果具有香味的原因。例如，乙酸异戊酯有香蕉香味，丁酸甲酯有菠萝香味等。

酰氯、酸酐和酯因分子间没有氢键缔合，它们的沸点比相对分子质量相近的羧酸低得多；而酰胺分子间氢键缔合作用比羧酸强，其沸点比相应的羧酸高。例如：

化合物	乙酰胺	乙酸	乙酰氯
沸点	222	118	52

酰氯、酸酐的水溶性比相应的羧酸小，低级的遇水分解。四碳及四碳以下的酯有一定的水溶性。低级酰胺可溶于水。但羧酸衍生物都可溶于有机溶剂，有的本身是良好的有机溶剂，如乙酸乙酯。

二、化学性质

1. 亲核取代反应

像羧酸一样，羧酸衍生物的酰基碳也可受亲核试剂的进攻，按照先加成后消除机理进行亲核取代反应，亲核取代反应的难易与酰基碳的正电性、立体障碍及同酰基相连的基团不同有关，则羧酸衍生物的亲核取代反应的相对活性是：

酰氯＞酸酐＞酯＞酰胺

（1）水解

酰氯、酸酐、酯和酰胺都能水解生成相应的羧酸，但它们的活性不同。低级酰氯、酸酐能较快地被空气中水气水解，因此在制备及贮存这两类化合物时，必须隔绝水气。酯和酰胺水解都需酸或碱催化，还需加热。

$$R-\overset{O}{\overset{\|}{C}}-Cl + H_2O \longrightarrow R-COOH + HCl$$

$$R-\overset{O}{\overset{\|}{C}}-O-\overset{O}{\overset{\|}{C}}-R + H_2O \longrightarrow R-COOH + R-COOH$$

$$R-\overset{O}{\overset{\|}{C}}-O-R + H_2O \begin{cases} \overset{H^+}{\rightleftharpoons} R-COOH + R-OH \\ \xrightarrow{OH^-} R-COO^- + R-OH \end{cases}$$

酯在酸催化下水解是可逆的，在碱作用下水解是不可逆反应，将生成的羧酸盐从平衡体系中除去，水解反应能进行到底。

$$R-\overset{O}{\overset{\|}{C}}-NH_2 + HOH \begin{cases} \xrightarrow{H^+} R-COOH + \overset{+}{N}H_4 \\ \xrightarrow{OH^-} R-COO^- + NH_3 \end{cases}$$

（2）醇解

酰氯、酸酐、酯都可以与醇作用生成相应的酯。羧酸与醇直接酯化是可逆的，而且当遇到空间障碍时，酯化反应速率显著下降。如果先将羧酸转化为酰氯和酸酐，再与醇作用，生成酯的速率则快多了，而且反应几乎是不可逆的。这是制备酯的常用方法之一。

$$R-\overset{O}{\overset{\|}{C}}-Cl + HO-R' \longrightarrow R-\overset{O}{\overset{\|}{C}}-O-R' + HCl$$

$$R-\overset{O}{\overset{\|}{C}}-O-\overset{O}{\overset{\|}{C}}-R + HO-R' \longrightarrow R-\overset{O}{\overset{\|}{C}}-O-R' + R-COOH$$

$$R-\overset{O}{\overset{\|}{C}}-O-R + HO-R' \longrightarrow R-\overset{O}{\overset{\|}{C}}-OR' + HO-R$$

酯的醇解也称为酯交换反应。

（3）氨解

酰氯、酸酐、酯与氨反应生成酰胺。

$$R-\overset{O}{\overset{\|}{C}}-Cl + 2NH_3 \longrightarrow R-\overset{O}{\overset{\|}{C}}-NH_2 + NH_4Cl$$

$$R-\overset{O}{\overset{\|}{C}}-O-\overset{O}{\overset{\|}{C}}-R + 2NH_3 \longrightarrow R-\overset{O}{\overset{\|}{C}}-NH_2 + R-COONH_4$$

$$R-\overset{O}{\overset{\|}{C}}-O-R + NH_3 \longrightarrow R-\overset{O}{\overset{\|}{C}}-NH_2 + HO-R$$

2．酰胺的性质

（1）酰胺的酸碱性

氨呈碱性，当氨分子中的一个氢原子被酰基取代生成的酰胺一般是呈中性或近中性化合物，不能使石蕊变色。由于氮原子上的孤对电子与羰基中π键形成 p-π共轭体系，共轭结果一方面使氮上的电子云密度降低，减弱了它接受质子的能力，使氨基碱性减弱；另一方面增加了 N—H 键的极性，使酰胺表现出一定的弱酸性。则酰胺在一定的条件下能表现出弱碱性和弱酸性。

如果氨分子的两个氢原子都被酰基取代，生成的酰亚胺氮原子上的氢原子显示出明显的酸性，能与强碱的水溶液作用生成盐。

$$\text{邻苯二甲酰亚胺 (C}_6\text{H}_4(\text{C=O})_2\text{NH)} + KOH \longrightarrow C_6H_4(\text{C=O})_2NK + H_2O$$

（2）霍夫曼降解反应

酰胺与次氯酸钠或次溴酸钠的碱溶液作用生成少一个碳原子的伯胺，这是由霍夫曼（Hofmann A W von）发现的制纯伯胺的一个好方法，故称霍夫曼降解反应。例如：

$$CH_3-(CH_2)_4-\overset{\overset{\displaystyle O}{\|}}{C}-NH_2 \xrightarrow[\text{NaOH，}H_2O]{Br_2} CH_3-(CH_2)_3-CH_2-NH_2$$

（3）酰胺脱水反应

酰胺与强脱水剂（P_2O_5、PCl_5、乙酸酐等）共热则脱水生成腈。例如：

$$(CH_3)_3C-\overset{\overset{\displaystyle O}{\|}}{C}-NH_2 \xrightarrow[200℃]{P_2O_5} (CH_3)_3C-C\equiv N+H_2O$$

3．酯的性质

（1）酯与格氏试剂反应

酯与过量的格氏试剂在干醚中进行反应，然后水解，可以高产率地得到醇。这是制备叔醇和仲醇的一种方法。例如：

$$CH_3-\overset{\overset{\displaystyle O}{\|}}{C}-OC_2H_5+2\,C_6H_5MgBr \xrightarrow{\text{干醚}} (C_6H_5)_2\underset{\underset{\displaystyle CH_3}{|}}{\overset{\overset{\displaystyle OMgBr}{|}}{C}} \xrightarrow{H_2O} (C_6H_5)_2\underset{\underset{\displaystyle CH_3}{|}}{\overset{\overset{\displaystyle OH}{|}}{C}}$$

(2) 酯的还原

催化氢化和化学还原可以把酯还原为伯醇，并释放出原有酯中的醇或酚。

① 催化氢化

酯的催化氢化比烯、炔及醛、酮困难，它需要高温、高压以及特殊的催化剂。例如：

$$C_6H_5-\overset{O}{\overset{\|}{C}}-OC_2H_5+H_2 \xrightarrow[200\sim250℃,14\sim28MPa]{Cu_2+Cr_2O_3} C_6H_5-CH_2-OH+C_2H_5OH$$

② 化学还原

酯最常用的还原剂是金属钠和无水乙醇，也可采用氢化铝锂还原剂。这两种还原剂均不影响分子中的碳碳双键。例如：

$$CH_3(CH_2)_7CH=CH(CH_2)_7-\overset{O}{\overset{\|}{C}}-OCH_3 \xrightarrow[H_2O]{LiAlH_4,\text{干醚}} CH_3(CH_2)_7CH=CH(CH_2)_8OH+CH_3OH$$

$$CH_3(CH_2)_{10}CH_2OH \xrightarrow{Na,\text{无水}C_2H_5OH} CH_3(CH_2)_{10}COOCH_3+CH_3OH$$

第七节 重要的羧酸衍生物

一、*N,N*-二甲基甲酰胺（$HCON(CH_3)_2$）

N,N-二甲基甲酰胺（DMF）是无色略带氨味的透明液体，沸点 153℃，在空气中允许浓度为 20～50 μg/g。它是一种化学性质稳定、沸点高、毒性小的优良非质子极性溶剂。也是一些在一般有机溶剂中难溶的高聚物（如聚丙烯腈）的溶剂，可用作聚丙烯腈抽丝溶剂。

二、邻苯二甲酸酐

邻苯二甲酸酐是无色鳞片状晶体，熔点 131℃，沸点 284℃，易升华，难溶于冷水，可溶于热水、乙醇、乙醚、氯仿以及苯等。

邻苯二甲酸酐是重要的有机化工原料，可以和醇作用制备邻苯二甲酸二丁酯、邻苯二甲酸二辛酯等，它们是良好的增塑剂；可以和酚类作用制备酞类化合物。它们是重要的染料、指示剂、药物等，例如常用的酸碱指示剂酚酞就是用邻苯二甲酸酐和苯酚缩合而成。

三、ε-己内酰胺

ε-己内酰胺简称己内酰胺，是具有薄荷味的白色固体，熔点 69℃，能溶于水和许多有机溶剂，有毒性。

在高温和微量水的作用下，己内酰胺发生开环聚合反应生成聚己内酰胺树脂，经抽丝等工艺制成聚酰胺-6 纤维（尼龙-6），我国的商品名为“锦纶”。

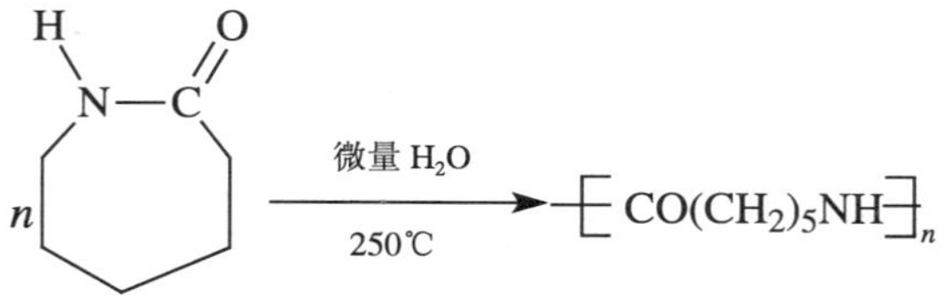

$$n\ \text{ε-己内酰胺} \xrightarrow[250℃]{\text{微量 } H_2O} \left[CO(CH_2)_5NH \right]_n$$

ε-己内酰胺　　　　聚己内酰胺

四、乙酸乙烯酯及其聚合物

乙酸乙烯酯（$CH_3COOCH{=}CH_2$）是具有强烈刺激性气味的无色可燃性液体，沸点 72.5℃，微溶于水，能溶于多种有机溶剂。其蒸气对眼有刺激性。乙酸乙烯酯在引发剂作用下，可以聚合生成聚乙酸乙烯酯（$\left[\underset{\displaystyle OCOCH_3}{\underset{|}{CH}}-CH_2 \right]_n$），再在碱催化下与甲醇进行酯交换反应生成聚乙烯醇（$\left[\underset{\displaystyle OH}{\underset{|}{CH}}-CH_2 \right]_n$）。聚乙烯醇是白色固体，溶于水而不溶于有机溶剂，广泛用作涂料和黏合剂。

用聚乙烯醇制成的聚乙烯醇纤维经含有硫酸、硫酸钠的甲醛溶液在一定温度下处理，可以得到聚乙烯醇缩甲醛纤维，即所谓的“维纶”。

五、甲基丙烯酸甲酯及其聚合物

甲基丙烯酸甲酯是无色液体，沸点 100℃。甲基丙烯酸甲酯在一定的条件下可聚合成聚甲基丙烯酸甲酯，其就是人们常说的有机玻璃，无色透明，可用于制造光学仪器、汽车和飞机的风挡以及防护罩等。

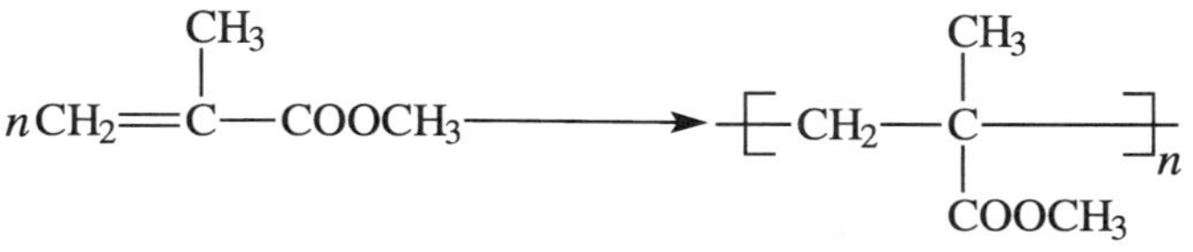

$$nCH_2{=}\overset{\displaystyle CH_3}{\overset{|}{C}}-COOCH_3 \longrightarrow \left[CH_2-\underset{\displaystyle COOCH_3}{\underset{|}{\overset{\displaystyle CH_3}{\overset{|}{C}}}} \right]_n$$

甲基丙烯酸甲酯　　　　聚甲基丙烯酸甲酯

*第八节　乙酰乙酸乙酯在合成上的应用

一、β-二羰基化合物

凡含有彼此处于β位的两个羰基的化合物称为β—二羰基化合物。例如：

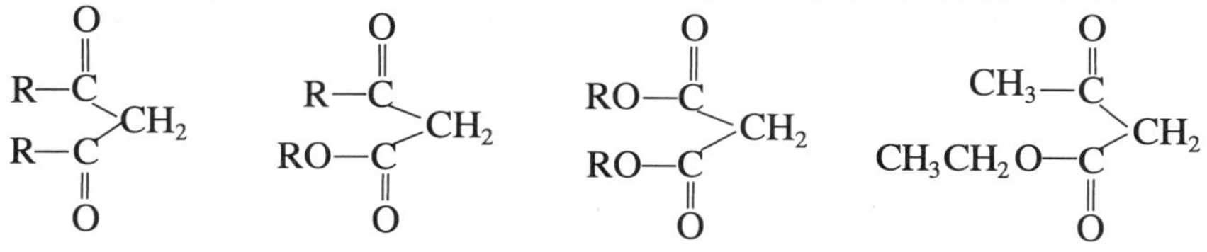

$$\underset{\beta\text{-二酮}}{\begin{matrix} R-\overset{O}{\overset{\|}{C}} \\ \quad\quad \rangle CH_2 \\ R-\underset{O}{\underset{\|}{C}} \end{matrix}} \qquad \underset{\beta\text{-酮酸酯}}{\begin{matrix} R-\overset{O}{\overset{\|}{C}} \\ \quad\quad \rangle CH_2 \\ RO-\underset{O}{\underset{\|}{C}} \end{matrix}} \qquad \underset{\text{丙二酸酯}}{\begin{matrix} RO-\overset{O}{\overset{\|}{C}} \\ \quad\quad \rangle CH_2 \\ RO-\underset{O}{\underset{\|}{C}} \end{matrix}} \qquad \underset{\text{乙酰乙酸乙酯}}{\begin{matrix} CH_3-\overset{O}{\overset{\|}{C}} \\ \quad\quad \rangle CH_2 \\ CH_3CH_2O-\underset{O}{\underset{\|}{C}} \end{matrix}}$$

这类化合物中两个羰基之间的亚甲基上的氢原子具有酸性，在碱的作用下易形成碳负离子。碳负离子是一个良好的亲核试剂，可参与许多化学反应，因此，这类化合物是重要的有机合成试剂。

二、乙酰乙酸乙酯的制法

1．克莱森酯缩合

两分子乙酸乙酯与乙醇钠共热，经酸化生成乙酰乙酸乙酯的反应是一个典型的克莱森（Claisen L）酯综合反应。

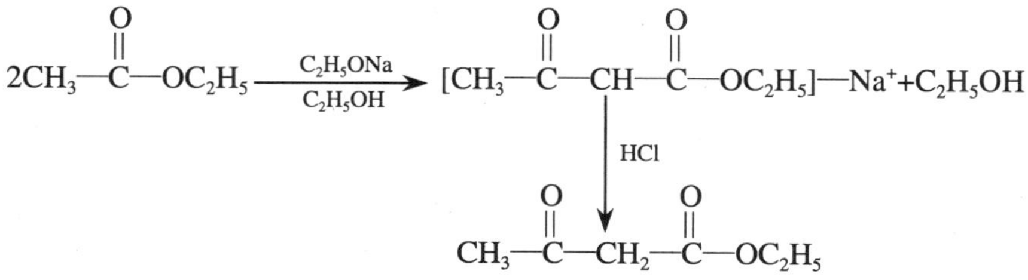

$$2CH_3-\overset{O}{\overset{\|}{C}}-OC_2H_5 \xrightarrow[C_2H_5OH]{C_2H_5ONa} [CH_3-\overset{O}{\overset{\|}{C}}-CH-\overset{O}{\overset{\|}{C}}-OC_2H_5]-Na^{+}+C_2H_5OH$$

$$\xrightarrow{HCl} \underset{\text{乙酰乙酸乙酯}}{CH_3-\overset{O}{\overset{\|}{C}}-CH_2-\overset{O}{\overset{\|}{C}}-OC_2H_5}$$

其他含α-H 的酯也可在碱催化下通过克莱森酯综合反应生成β-酮酸酯。

2．乙烯酮二聚体与乙醇加成

工业上，乙酰乙酸乙酯可用乙烯酮二聚体与乙醇作用制得。

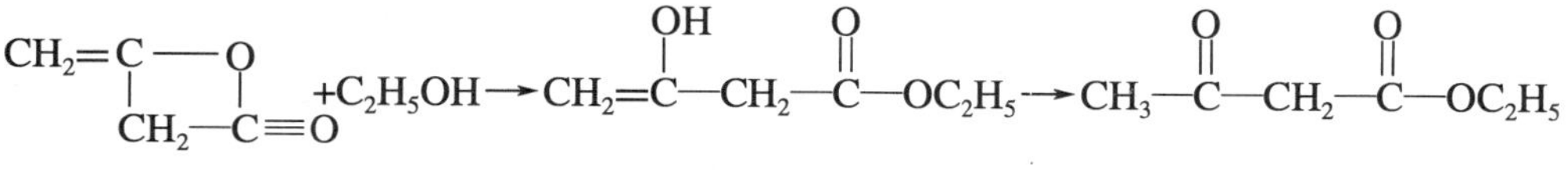

$$\begin{matrix} CH_2=C-O \\ |\quad\quad | \\ CH_2-C=O \end{matrix} +C_2H_5OH \longrightarrow CH_2=\overset{OH}{\overset{|}{C}}-CH_2-\overset{O}{\overset{\|}{C}}-OC_2H_5 \longrightarrow CH_3-\overset{O}{\overset{\|}{C}}-CH_2-\overset{O}{\overset{\|}{C}}-OC_2H_5$$

乙酰乙酸乙酯是具有水果香味的无色液体，沸点 180℃，微溶于水，易溶于乙醇、乙醚等有机溶剂，也能溶于稀氢氧化钠溶液，乙酰乙酸乙酯对石蕊呈中性。

三、乙酰乙酸乙酯在合成上的应用

乙酰乙酸乙酯通过烷基化可制备取代丙酮。

乙酰乙酸乙酯的α-H 具有显著酸性，与强碱作用，可生成乙酰乙酸乙酯碳负离子。

$$CH_3-\overset{O}{\overset{\|}{C}}-CH_2-\overset{O}{\overset{\|}{C}}-OC_2H_5 \xrightarrow[C_2H_5OH]{C_2H_5ONa} [CH_3-\overset{O}{\overset{\|}{C}}-CH-\overset{O}{\overset{\|}{C}}-OC_2H_5]^- Na^+$$

这个碳负离子可作为亲核试剂与卤代烃进行 S_N2 反应，反应结果是在乙酰乙酸乙酯的α-C 上引进烷基，即烷基化。

$$[CH_3-\overset{O}{\overset{\|}{C}}-CH-\overset{O}{\overset{\|}{C}}-OC_2H_5]^- Na^+ \xrightarrow[S_N2]{R-X} CH_3-\overset{O}{\overset{\|}{C}}-\underset{R}{\underset{|}{C}H}-\overset{O}{\overset{\|}{C}}-OC_2H_5 + NaX$$

一烷基取代乙酰乙酸乙酯

一烷基取代乙酰乙酸乙酯还有一个酸性的α-H，仍可转化成碳负离子，并进一步烷基化。

$$CH_3-\overset{O}{\overset{\|}{C}}-\underset{R}{\underset{|}{C}H}-\overset{O}{\overset{\|}{C}}-OC_2H_5 \xrightarrow[C_2H_5OH]{C_2H_5ONa} [CH_3-\overset{O}{\overset{\|}{C}}-\underset{R}{\underset{|}{C}}-\overset{O}{\overset{\|}{C}}-OC_2H_5]^- Na^+$$

$$\xrightarrow[S_N2]{R-X} CH_3-\overset{O}{\overset{\|}{C}}-\underset{R}{\underset{|}{\overset{R}{\overset{|}{C}}}}-\overset{O}{\overset{\|}{C}}-OC_2H_5 + NaX$$

当引进两个不同的烷基时，先引进体积较大的烷基；即使两个烷基相同，也要分两次引入。

一烷基或二烷基取代的乙酰乙酸乙酯在稀碱溶液（5%NaOH）中水解，酸化后生成相应的酸，加热脱羧生成酮。

$$CH_3-\overset{O}{\overset{\|}{C}}-\underset{R}{\underset{|}{C}H}-\overset{O}{\overset{\|}{C}}-OC_2H_5 \xrightarrow[H_2O\triangle]{5\%\ NaOH} CH_3-\overset{O}{\overset{\|}{C}}-\underset{R}{\underset{|}{C}H}-\overset{O}{\overset{\|}{C}}-ONa \xrightarrow[H_2O]{H_3O^+} CH_3-\overset{O}{\overset{\|}{C}}-\underset{R}{\underset{|}{C}H}-\overset{O}{\overset{\|}{C}}-OH$$

$$CH_3-\overset{O}{\overset{\|}{C}}-\underset{R}{\underset{|}{C}H}-\overset{O}{\overset{\|}{C}}-OH \xrightarrow[\triangle]{-CO_2} CH_3-\overset{O}{\overset{\|}{C}}-CH_2-R$$

一取代丙酮　　　　β-酮酸

$$CH_3-\overset{O}{\overset{\|}{C}}-CR_2-\overset{O}{\overset{\|}{C}}-OC_2H_5 \xrightarrow[H_2O\triangle]{5\%\ NaOH} CH_3-\overset{O}{\overset{\|}{C}}-CR_2-\overset{O}{\overset{\|}{C}}-ONa \xrightarrow[H_2O]{H_3O^+} CH_3-\overset{O}{\overset{\|}{C}}-CR_2-\overset{O}{\overset{\|}{C}}-OH \xrightarrow[\triangle]{-CO_2} CH_3-\overset{O}{\overset{\|}{C}}-CH(R)-R$$

二取代丙酮

由乙酰乙酸乙酯经过一系列反应制取一取代或二取代丙酮的方法，常称为乙酰乙酸乙酯合成法。此法的两个关键步骤是：（1）乙酰乙酸乙酯的烷基化；（2）水解和脱羧。烷基化试剂通常采用卤代烃。由于发生 S_N2 反应，卤代甲烷和伯卤代烃、烯丙基型和苄基型卤代烃可获得高产率；大多数的仲卤代烃只能得到较低的产率；而叔卤代烃发生的是消除反应。烷基化反应须在无水乙醇中进行。乙酰乙酸乙酯合成法应用广泛。例如：

$$CH_3-\overset{O}{\overset{\|}{C}}-CH_2-\overset{O}{\overset{\|}{C}}-OC_2H_5 \xrightarrow[2.\ CH_3CH_2CH_2CH_2Br]{1.\ C_2H_5ONa-C_2H_5OH} CH_3-\overset{O}{\overset{\|}{C}}-\underset{CH_2CH_2CH_2CH_3}{\underset{|}{CH}}-\overset{O}{\overset{\|}{C}}-OC_2H_5$$

$$\xrightarrow[\triangle]{1.\ 5\%NaOH\quad 2.\ H_3O^+} CH_3-\overset{O}{\overset{\|}{C}}-\underset{CH_2CH_2CH_2CH_3}{\underset{|}{CH}}-\overset{O}{\overset{\|}{C}}-OH \xrightarrow[\triangle]{-CO_2} CH_3-\overset{O}{\overset{\|}{C}}-CH_2CH_2CH_2CH_2CH_3$$

$$CH_3-\overset{O}{\overset{\|}{C}}-CH_2-\overset{O}{\overset{\|}{C}}-OC_2H_5 \xrightarrow[2.\ CH_3CH_2CH_2Br]{1.\ C_2H_5ONa-C_2H_5OH} CH_3-\overset{O}{\overset{\|}{C}}-\underset{CH_2CH_2CH_3}{\underset{|}{CH}}-\overset{O}{\overset{\|}{C}}-OC_2H_5$$

$$\xrightarrow[2.\ CH_3I]{1.\ C_2H_5ONa-C_2H_5OH} CH_3-\overset{O}{\overset{\|}{C}}-\underset{CH_2CH_2CH_3}{\underset{|}{\overset{CH_3}{\overset{|}{C}}}}-\overset{O}{\overset{\|}{C}}-OC_2H_5 \xrightarrow[2.\ H_3O^+]{1.\ 5\%NaOH\ \triangle} CH_3-\overset{O}{\overset{\|}{C}}-\underset{CH_2CH_2CH_3}{\underset{|}{\overset{CH_3}{\overset{|}{C}}}}-\overset{O}{\overset{\|}{C}}-OH$$

$$\xrightarrow[\triangle]{-CO_2} CH_3-\overset{O}{\overset{\|}{C}}-\overset{CH_3}{\overset{|}{CH}}-CH_2CH_2CH_3$$

3-甲基-2-己酮

*第九节　丙二酸二乙酯在合成上的应用

一、丙二酸二乙酯的制法

丙二酸二乙酯可用氯乙酸制成氰基乙酸，然后同时进行水解和酯化制得。

$$ClCH_2COOH \xrightarrow{NaOH} ClCH_2COONa \xrightarrow{CN^-} NCCH_2COONa \xrightarrow[H_2SO_4]{C_2H_5OH} CH_2(COOC_2H_5)_2$$

丙二酸二乙酯是无色液体，沸点 198.8℃，不溶于水，能与醇、醚混溶。它在合成羧酸中有重要的作用，又是合成染料、香料、药物的中间体。

二、丙二酸二乙酯在合成上的应用

丙二酸二乙酯通过烷基化可制备取代乙酸。

丙二酸二乙酯分子中的α-H 具有显著的酸性，当与强碱作用时，可生成丙二酸二乙酯碳负离子。

$$CH_2(COOC_2H_5)_2 \xrightarrow[C_2H_5OH]{C_2H_5ONa} Na^+[CH(COOC_2H_5)_2]^-$$

丙二酸二乙酯碳负离子

这个碳负离子可作为亲核试剂与卤代烃进行 S_N2 反应，反应结果是在丙二酸二乙酯的α-C 上引进烷基，即烷基化。

$$R—X + Na^+[CH(COOC_2H_5)_2]^- \xrightarrow{S_N2} R—CH(XOOC_2H_5)_2 + NaX$$

一取代丙二酸二乙酯

一烷基取代丙二酸二乙酯还有一个酸性的α-H，仍可转化成碳负离子，并进一步烷基化。

$$R—CH(COOC_2H_5)_2 \xrightarrow[C_2H_5OH]{C_2H_5ONa} Na^+[R—C(COOC_2H_5)_2]^- \xrightarrow[R-X]{S_N2} R—\underset{\displaystyle R}{\underset{|}{C}}(COOC_2H_5)_2$$

二取代丙二酸二乙酯

当引进两个不同的烷基时，先引进体积较大的烷基；即使两个烷基相同，也要分两次引入。

一烷基或二烷基取代的丙二酸二乙酯在稀碱溶液（5%NaOH）中水解，酸化后生成相应的酸，加热脱羧生成一取代酸或二取代酸。

$$R—CH(COOC_2H_5)_2 \xrightarrow[2.\ H_3O^+]{1.\ OH^-,\ H_2O} R—CH(COOH)_2 \xrightarrow[\triangle]{-CO_2} R—CH_2COOH$$

一取代乙酸

$$R-\underset{\substack{|\\ R}}{C}(COOC_2H_5)_2 \xrightarrow[2.\ H_3O^+]{1.\ OH^-,\ H_2O} R-\underset{\substack{|\\ R}}{C}(COOH)_2 \xrightarrow[\triangle]{-CO_2} R-\underset{\substack{|\\ R}}{C}HCOOH$$

二取代乙酸

由丙二酸二乙酯经过一系列反应制取一取代或二取代乙酸的方法，常称为丙二酸二乙酯合成法。如上所述，此法的两个关键步骤是：① 丙二酸二乙酯的烷基化；② 水解和脱羧。烷基化试剂通常采用卤代烃。由于发生 S_N2 反应，卤代甲烷和伯卤代烃、烯丙基型和苄基型卤代烃可获得高产率；大多数的仲卤代烃只能得到较低的产率；而叔卤代烃发生的是消除反应。

丙二酸二乙酯合成法用于合成一取代或二取代乙酸。例如：

$$CH_2(COOC_2H_5)_2 \xrightarrow[C_2H_5OH]{C_2H_5ONa} \overset{+}{Na}[CH(COOC_2H_5)_2]^- \xrightarrow{CH_2=CHCH_2CH_2Br}$$

$$CH_2=CHCH_2CH_2CH(COOC_2H_5)_2 \xrightarrow[②\ H_3O^+]{①\ OH^-,\ H_2O} CH_2=CHCH_2CH_2CH(COOH)_2$$

$$\xrightarrow[-CO_2]{150℃} CH_2=CHCH_2CH_2CH_2COOH$$

$$CH_2(COOC_2H_5)_2 \xrightarrow[②\ PhCH_2Br]{①\ C_2H_5ONa,\ C_2H_5OH} PhCH_2CH(COOC_2H_5)_2 \xrightarrow[②\ CH_3(CH_2)CH_2Br]{①\ C_2H_5ONa,\ C_2H_5OH}$$

$$CH_3(CH_2)_2CH_2\underset{\substack{|\\ CH_2Ph}}{C}(COOC_2H_5)_2 \xrightarrow[②\ H_3O^+]{①\ OH^-,\ H_2O} CH_3(CH_2)_2CH_2\underset{\substack{|\\ CH_2Ph}}{C}(COOH)_2$$

$$\xrightarrow[-CO_2]{\triangle} CH_3(CH_2)_2CH_2\underset{\substack{|\\ CH_2Ph}}{C}H(COOH)_2$$

*第十节　蜡和油脂

蜡和油脂广泛存在于动植物体内，它们都是高级脂肪酸与醇形成的酯，是一类重要的天然有机物。

一、蜡

蜡是存在于自然界中动植物体内的蜡状物质，其主要成分是含有偶数碳原子的高级脂肪酸（常见的是软脂酸、二十六酸等）和高级一元醇（常见的是十六醇、二十六醇、三十醇等）所形成的酯的混合物。蜡按其来源分为植物蜡和动物蜡两类。植物蜡存在于植物的叶、茎和果实的表面，有防止细菌侵害和水分散失的作用。动物蜡存在于动物的分泌腺、皮肤和昆虫外骨骼的表面，起保护作用。

表 10-6　几种重要的蜡

名称	熔点	主要组分	来源
虫蜡（白蜡）	81.3～84	$C_{25}H_{51}COOC_{26}H_{53}$	白蜡虫，我国特产
蜂蜡	62～65	$C_{15}H_{31}COOC_{30}H_{61}$	蜜蜂腹部
鲸蜡	42～45	$C_{15}H_{31}COOC_{16}H_{33}$	鲸鱼头部
巴西棕榈蜡	83～86	$C_{25}H_{51}COOC_{30}H_{61}$	巴西棕榈叶

蜡在常温下为固态，比脂肪硬而脆，不溶于水，可溶于非极性有机溶剂，化学性质稳定。蜡的物态与石蜡相似，但化学组成完全不同，蜡是酯，而石蜡是高级烷烃的混合物。

蜡在工业上用作纺织品的上光剂，是制造蜡纸、鞋油、蜡烛、固体润滑剂、地板蜡、化妆品和药膏的原料。

二、油脂

（一）油脂的组成

油脂广泛存在于动植物体内，是生物体维持正常生命活动不可缺少的物质。油脂是油和脂肪的总称，在常温下为液体的称油，如豆油、花生油等；在常温下是固体或半固体的称脂肪，如牛油、猪油等。油脂的主要成分是高级脂肪酸和甘油形成的酯。它的构造式表示如下：

$$
\begin{array}{l}
CH_2-O-\overset{\displaystyle O}{\overset{\|}{C}}-R_1 \\
| \\
CH-O-\overset{\displaystyle O}{\overset{\|}{C}}-R_2 \\
| \\
CH_2-O-\overset{\displaystyle O}{\overset{\|}{C}}-R_3
\end{array}
$$

R_1、R_2、R_3 代表高级脂肪酸的烃基，如果 $R_1=R_2=R_3$，则高级脂肪酸的甘油酯叫做单纯甘油酯；而$R_1 \neq R_2 \neq R_3$ ，则叫做混合甘油酯。天然的油脂大都为混合甘油酯。

组成油脂的高级脂肪酸种类很多，其中绝大多数是含有偶数碳原子的直链高级脂肪酸，常见的高级脂肪酸见表 10-7。在这些脂肪酸中，亚油酸和亚麻酸是哺乳动物自身不能合成，必须从食物中摄取，所以称之为必需脂肪酸。

表 10-7 常见的高级脂肪酸

俗名		系统命名	构造式	熔点
饱和脂肪酸	月桂酸	十二酸	$CH_3(CH_2)_{10}COOH$	44
	肉豆蔻酸	十四酸	$CH_3(CH_2)_{12}COOH$	58
	软脂酸	十六酸	$CH_3(CH_2)_{14}COOH$	63
	硬脂酸	十八酸	$CH_3(CH_2)_{16}COOH$	70
	花生酸	二十酸	$CH_3(CH_2)_{18}COOH$	77
不饱和脂肪酸	棕榈油酸	9-十六碳烯酸	$CH_3(CH_2)_5CH=CH(CH_2)_7COOH$	−1
	油酸	9-十八碳烯酸	$CH_3(CH_2)_7CH=CH(CH_2)_7COOH$	16
	亚油酸	9,12-十八碳二烯酸	$CH_3(CH_2)_4CH=CHCH_2CH=CH(CH_2)_7COOH$	−5
	亚麻油酸	9,12,15-十八碳三烯酸	$CH_3(CH_2CH=CH)_3(CH_2)_7COOH$	−11
	花生四烯酸	5,8,11,14-二十碳四烯酸	$CH_3(CH_2)_3(CH_2CH=CH)_4(CH_2)_3COOH$	−49

油脂的性质取决于脂肪酸组分的烃基构造。油脂的熔点随烃基中碳原子数的增加而升高；随烃基的不饱和程度的增加而降低。含有较多的不饱和脂肪酸的植物油在常温下为液态；含有较多饱和脂肪酸的动物油在常温下为固体或半固体。

（二）油脂的性质

纯净的油脂是无色、无味、无臭的物质，日常使用的油脂因含有色素和杂质而带有颜色。油脂比水轻，相对密度 0.9～0.95，不溶于水而易溶于乙醚、丙酮、汽油、四氯化碳等有机溶剂。因天然油脂是混合物，故没有明确的熔点，而只有一定的熔点范围。如花生油为 28～32℃、猪油为 36～46℃。

油脂属于酯类，同时分子内有不饱和的碳碳双键，因此，除具有酯的性质外，还具有双键的性质，能发生水解、加成、氧化、聚合等反应。

1. 水解反应

油脂在酸、碱的作用下可以发生水解反应。在酸的催化下与水共热，水解生成高级脂肪酸和甘油，该反应为可逆反应。与强碱（如 NaOH）溶液共热，水解生成高级脂肪酸盐和甘油，并可完全水解。高级脂肪酸钠盐俗称肥皂，因此，把油脂在碱性条件下的水解反应称为皂化反应。

$$\begin{array}{l} CH_2-O-\overset{O}{\overset{\|}{C}}-R_1 \\ | \\ CH-O-\overset{O}{\overset{\|}{C}}-R_2 \\ | \\ CH_2-O-\overset{O}{\overset{\|}{C}}-R_3 \end{array} \xrightarrow{H^+,\ H_2O} \begin{array}{l} R_1COOH \\ \\ R_2COOH \\ \\ R_3COOH \end{array} + \begin{array}{l} CH_2OH \\ | \\ CH-OH \\ | \\ CH_2OH \end{array}$$

$$
\begin{array}{l}
\mathrm{CH_2{-}O{-}\overset{\overset{\large O}{\|}}{C}{-}R_1} \\
\quad | \\
\mathrm{CH{-}O{-}\overset{\overset{\large O}{\|}}{C}{-}R_2} \\
\quad | \\
\mathrm{CH_2{-}O{-}\overset{\overset{\large O}{\|}}{C}{-}R_3}
\end{array}
\xrightarrow{H^-,\ H_2O}
\begin{array}{l}
\mathrm{R_1COO^-} \\
\\
\mathrm{R_2COO^-} \\
\\
\mathrm{R_3COO^-}
\end{array}
+
\begin{array}{l}
\mathrm{CH_2{-}OH} \\
\quad | \\
\mathrm{CH{-}OH} \\
\quad | \\
\mathrm{CH_2{-}OH}
\end{array}
$$

工业上将 1 g 油脂皂化时所需的氢氧化钾的毫克数称为皂化值。根据皂化值可以计算油脂的平均相对分子质量。皂化值越大，油脂的平均相对分子质量越小。皂化值是检验油脂质量的重要常数之一。

2．加成反应

不饱和脂肪酸甘油酯中的碳碳双键可以发生加成反应，如加氢、加卤素。

（1）加氢　含有较多不饱和高级脂肪酸甘油酯的油经加氢反应后可转化为饱和程度较高的半固态或固态的脂肪，这个过程称为油脂的氢化或硬化，加氢后的油脂称为氢化油或硬化油。硬化油饱和程度大，且为固态，因而不易变质，便于贮存和运输。

（2）加碘　油脂的不饱和程度常以碘值表示。100 g 油脂与碘加成所需碘的克数称为碘值。碘值越大，油脂的不饱和程度越大。在油脂氢化工业上，可用碘值来测定氢化程度的高低。因为碘的加成反应很慢，所以实际测定碘值时，是采用氯化碘或溴化碘的醋酸溶液，再换算成碘的加成质量。

3．氧化反应

油脂在光、热和湿的条件下，受空气中氧、细菌的作用而发生氧化、水解，生成具有强烈难闻气味的低级的羧酸、醛等物质，这种现象称为油脂的酸败。将油脂冷藏、避光或加入维生素 C 或维生素 E 等抗氧剂可抑制油脂的酸败。

在新鲜的油脂中游离脂肪酸很少，长期贮存或酸败的油脂，则游离脂肪酸含量增加。油脂中游离脂肪酸的含量常用酸值表示。中和 1 g 油脂所需 KOH 的克数称为酸值。酸值低的油脂品质较好。酸值大于 6 的油脂不宜食用。

4．干化作用

有些油涂成薄层后，在空气中逐渐形成坚韧、干硬且富有弹性的薄膜，这种特性称为油的干化作用。油的干化过程相当复杂，主要是发生一系列氧化聚合反应，生成具有网状结构的高分子聚合物。不饱和程度越大，越易干化，由多个双键形成共轭体系的更易干化，具有干化作用的油称为干化油，反之称非干化油，介于二者之间的称半干化油。这三类油可用碘值来区分：碘值大于 130 的为干化油，如桐油；碘值 100～130 的为半干化油，如棉籽油；碘值小于 100 的为非干化油，如花生油。桐油干化速度快，常作为油漆涂料使用。

复习与思考题

1. 给下列化合物命名：

（1）$BrCH_2CH_2COOH$ （2）$HOOCH_2CH_2COOH$ （3）$CH_3-CH_2-\underset{\displaystyle CH_3}{\underset{|}{CH}}-COOH$

（4）1-COOH，5-Cl 萘（COOH、Cl） （5）CH_2-COOH 连于环戊烯 （6）$C_6H_5-CH=CH-COOH$

（7）$CH_3-\underset{\displaystyle OH}{\underset{|}{CH}}-CH_2-COOH$ （8）$CH_3-\underset{\displaystyle O}{\underset{\|}{C}}-\underset{\displaystyle CH_3}{\underset{|}{CH}}-COOH$ （9）$CH_3-CH_2-\overset{\displaystyle O}{\overset{\|}{C}}-Cl$

（10）$CH_3-CH_2-\overset{\displaystyle O}{\overset{\|}{C}}-O-\overset{\displaystyle O}{\overset{\|}{C}}-CH_2-CH_3$ （11）$CH_3-CH_2-\overset{\displaystyle O}{\overset{\|}{C}}-N(CH_3)_2$

（12）$C_6H_5-\overset{\displaystyle O}{\overset{\|}{C}}-O-CH_2-CH_3$ （13）$C_6H_5-\overset{\displaystyle O}{\overset{\|}{C}}-\underset{\displaystyle CH_3}{\underset{|}{N}}-CH_3$

（14）$CH_3OOC-C_6H_4-COOCH_3$（对位） （15）Ph(H)C=C(H)COOH

2. 根据名称写出下列物质的构造式：

（1）2-丁烯酸 （2）丙酸 （3）苯甲酰胺 （4）苯甲酸酐 （5）苹果酸

3. 把下列有机化合物按酸性由强到弱的顺序排列成序：

（1）CCl_3-COOH CH_3-COOH $CHCl_2-COOH$
CH_3-CH_2-COOH C_2H_5-OH $CH_2Cl-COOH$

（2）H_2O，C_2H_5OH，CH_3COOH，NH_3，H_2CO_3，$HCOOH$， 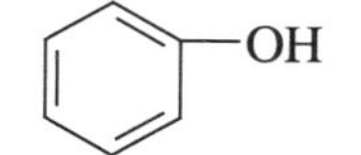

4. 写出丙酸与下列试剂作用的主要产物：

（1）PCl_3 （2）$(CH_3CO)_2O$，△ （3）C_2H_5OH，H^+，△ （4）NH_3，△
（5）Cl_2，P

5. 完成下列反应方程式：

（1）邻二甲苯（$C_6H_4(CH_3)_2$）$\xrightarrow[H^+，\triangle]{KMnO_4}$ 　　 $\xrightarrow[\triangle]{P_2O_5}$

（2）$CH_3CH_2COOH \xrightarrow[P]{Br_2}$ 　　 $\xrightarrow{NaOH}$

（3）$CH_3COOH + HOCH_3 \xrightarrow[\triangle]{H^+}$

（4）$CH_3CH_2COOH \xrightarrow{LiAlH_4}$

6. 用化学方法鉴别下列各组化合物：

（1）甲酸，乙酸，乙醛，丙酮

（2）苯酚，苯甲醛，苯乙酮，苯甲酸

7. 写出丙酰氯与下列试剂反应的主要产物：

（1）H_2O （2）CH_3CH_2OH （3）NH_3 （4）$CH_3CH(OH)CH_3$

8. 完成下列反应方程式：

环戊基$-\overset{O}{\overset{\|}{C}}-CH_3 \xrightarrow[H_2O]{I_2，NaOH}$? $\xrightarrow{PCl_3}$? $\xrightarrow{NH_3}$? $\xrightarrow[NaOH, H_2O]{Br_2}$

9. 化合物 A 和 B 的分子式为 $C_3H_6O_2$，其中 A 容易和碳酸钠作用放出 CO_2，B 不和碳酸钠作用，但和 NaOH 的水溶液共热生成乙醇和化合物 C，试推测 A 和 B 的结构简式，并写出各步反应式。

10. 化合物 A、B 的分子式都是 $C_4H_6O_2$，它们都不溶于 NaOH 溶液，也不与 $NaCO_3$ 作用，但可使溴水褪色，有类似乙酸乙酯的香味。它们与 NaOH 共热后，A 生成 CH_3COONa 和 CH_3CHO，B 生成一个甲醇和一个羧酸钠盐。该钠盐用硫酸中和后蒸出的有机物可使溴水褪色，写出 A、B 的构造式及有关反应式。

11. 由乙烯合成乙酸乙酯和丁酸。

12. 由甲醇、丙酮合成 $CH_2{=}C(CH_3)COOCH_3$。

13. 由乙烯为原料合成 $BrCH_2COOCH_2CH_3$。

14. 由丙烯合成 $CH_3-CH(COOH)-CH_3$。

第十一章 含氮、硫、磷有机化合物

【学习目标】

1. 掌握胺的结构、分类、命名、重要性质及其应用。
2. 了解重氮和偶氮化合物的性质。
3. 熟悉含硫化合物的性质。
4. 熟悉含磷化合物的分类、命名以及有机磷农药的性质和应用。

第一节 含氮有机化合物

通常将氮与碳直接相连所形成的有机化合物称为含氮有机化合物（nitrogenous compound）。它的种类很多，本节主要讨论胺、重氮化合物等。

一、胺的分类、命名法和结构

氨分子中的一个或几个氢原子被烃基取代的化合物称为胺。其可用通式表示：

$$R-NH_2 \qquad R-NH-R_1 \qquad R-\underset{\underset{R_2}{|}}{N}-R_1$$

例如：

$$CH_3-NH_2 \qquad C_2H_5-NH-C_6H_5 \qquad CH_3-\underset{\underset{C_2H_5}{|}}{N}-CH_3$$

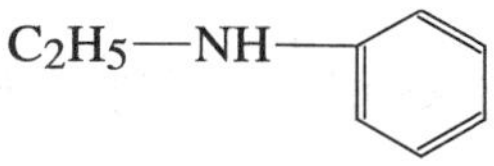

（一）胺的分类

根据氨分子中被取代的氢原子个数，胺可分为伯胺、仲胺和叔胺。例如：

通式：	RNH_2	R_2NH	R_3N	NH_3
类别：	伯胺	仲胺	叔胺	氨
化合物：	CH_3NH_2	$(CH_3)_2NH$	$(CH_3)_3N$	

官能团：氨基($-NH_2$)　亚氨基($>NH$)　次氨基或叔氮原子($\geqslant N$)

应注意的是，这里的伯、仲、叔的含义与前面所学的醇的伯、仲、叔的含义不同。醇分为伯醇、仲醇、叔醇是根据羟基所连的碳原子类型决定的，而胺分为伯胺、仲胺、叔胺是根据氨分子中被取代的氢原子个数决定的。例如：

异丙胺

$$CH_3-\underset{\underset{CH_3}{|}}{CH}-NH_2$$

伯胺（氨中一个 H 被取代）

异丙醇

$$CH_3-\underset{\underset{CH_3}{|}}{CH}-OH$$

仲醇（羟基连的是仲碳原子）

根据氨分子中取代氢原子的烃基的类型不同，胺可分为脂肪胺和芳香胺。取代烃基中只要有芳香烃烃基，即为芳香胺，否则为脂肪胺。根据胺分子中氨基的个数，又可分为一元胺和多元胺，如表 11-1 所示。

表 11-1　胺的分类

类别	脂肪胺	芳香胺
一元胺	$CH_3-CH_2-NH_2$ 乙胺	$C_6H_5-NH_2$ 苯胺
二元胺	$H_2N-CH_2-CH_2-NH_2$ 乙二胺	$H_2N-C_6H_4-NH_2$ 对苯二胺

当铵根离子中四个氢原子都被烃基取代后，分别与 X—或 OH—离子结合形成的化合物，称为季铵盐或季铵碱。

$[R_4N]^+\ X^-$　季铵盐

$[R_4N]^+\ OH^-$　季铵碱

（二）胺的命名

对于简单的伯胺根据胺分子中烃基的名称来命名，称某胺。例如：

CH_3-NH_2　甲胺

$CH_3-CH_2-NH_2$　乙胺

$C_6H_{11}-NH_2$　环己胺

$C_6H_5-NH_2$　苯胺

$C_6H_5-CH_2-NH_2$　苯甲胺

$CH_3-C_6H_4-NH_2$　对甲基苯胺

$C_{10}H_7-NH_2$　萘胺

对于简单的仲胺、叔胺的命名，当几个烃基相同时，称二某胺或三某胺；当几个烃基不同时，将基团名称由简单到复杂次序写出，称某某胺或称某某某胺或以最复杂的烃基来命名称某胺，并作母体，其他烃基的名称写在母体前，并用 N 表示烃基连在氮原子上。例如：

$CH_3-NH-CH_3$ 二甲胺

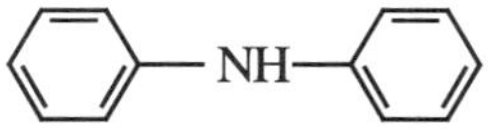

二苯胺

$CH_3-NH-CH_2-CH_3$ 甲乙胺

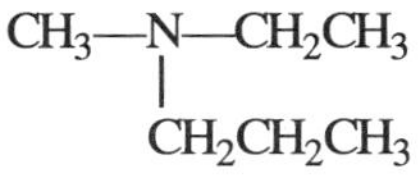

$CH_3-N(CH_2CH_2CH_3)-CH_2CH_3$

甲乙丙胺或 *N*-甲基-*N*-乙基丙胺

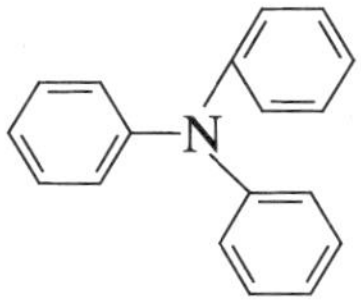

三苯胺

对于氮原子上连有脂肪烃基的芳香仲胺和叔胺的命名，是以芳香胺为母体，其他烃基名称写在母体前并用 N 表示烃基连在氮原子上。例如：

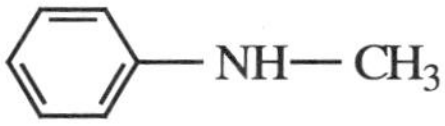

N-甲基苯胺 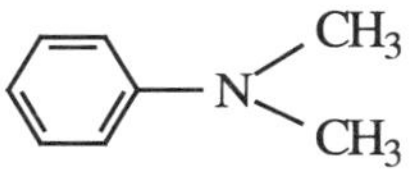　　*N*,*N*-二甲基苯胺 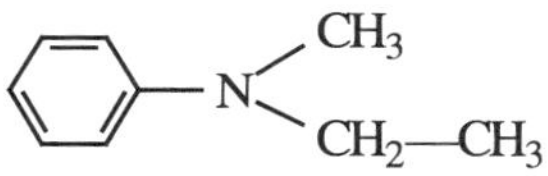　　*N*-甲基-*N*-乙基苯胺

氨基连在侧链上的芳胺，一般以脂肪胺为母体来命名。例如：

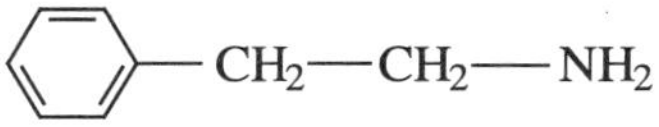

2-苯乙胺

对于构造比较复杂的胺命名时，以烃为母体，将氨基或烃氨基作为取代基。例如：

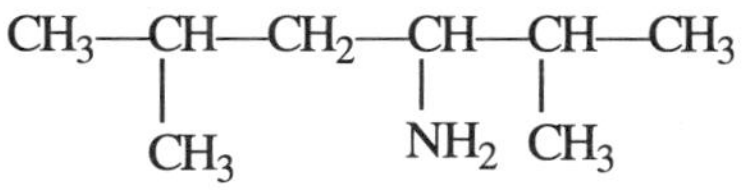

$CH_3-CH(CH_3)-CH_2-CH(NH_2)-CH(CH_3)-CH_3$

2,5-二甲基-3-氨基己烷

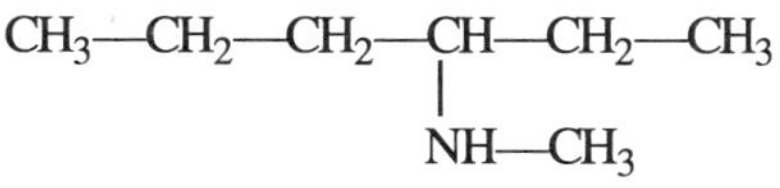

$CH_3-CH_2-CH_2-CH(NH-CH_3)-CH_2-CH_3$

3-甲氨基己烷

叔胺季铵盐和季铵碱的命名是在卤化或氢氧化与铵之间写上四个烃基的名称。例如：

$[(CH_3)_4N]^+I^-$ 碘化四甲铵

$[(CH_3)_4N]^+OH^-$ 氢氧化四甲铵

（三）胺的结构

胺分子中的氮原子在成键时和氨分子中的氮原子相同，均为 sp^3 杂化，其中三个 sp^3 杂化轨道(各有一个电子)分别与氢原子或碳原子结合形成 3 个 σ 键，剩余一对未共用电子占据另一个 sp^3 杂化轨道，形成三角锥形结构。各σ键之间的夹角接近于109°。

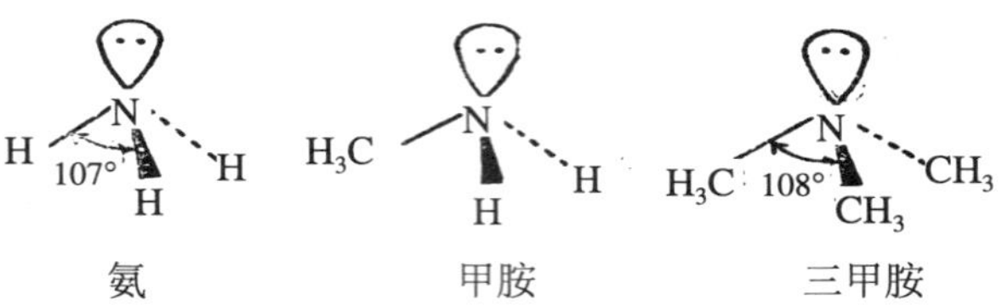

氨　　甲胺　　三甲胺

二、胺的性质

（一）物理性质

低级脂肪胺（甲胺、二甲胺、三甲胺和乙胺）在常温下是气体，其余胺为液体或固体。低级脂肪胺的气味类似于氨，二甲胺、三甲胺有鱼腥味。鱼、肉腐烂时可产生极臭而有毒的1,4-丁二胺(腐胺)和1,5-戊二胺(尸胺)。高级胺的气味会逐渐减弱。芳香胺有特殊气味，芳香胺毒性很大，与皮肤接触或吸入其蒸气，都会引起中毒。

伯胺、仲胺分子间有氢键存在，故沸点比相对分子质量相近的醚的沸点高，但由于氮的电负性值比氧小，形成的氢键比较弱，比相对分子质量相近的醇或酸的沸点低。

低级胺可溶于水，这是因为氨基与水可以形成氢键。但随着胺中烃基碳原子数的增多，其水溶性逐渐减小。

（二）化学性质

1. 碱性

与氨相似，胺分子中氮原子上也有孤对电子，能接受质子而呈现碱性。

$$NH_3 + H^+ \longrightarrow NH_4^+$$

$$RNH_2 + H^+ \longrightarrow RNH_3^+$$

胺的水溶液中存在下列平衡：

$$RNH_2 + HOH \rightleftharpoons RNH_3^+ + OH^-$$

一般脂肪胺的 pK_b=3～5，芳香胺的 pK_b=7～10，氨的 pK_b=4.76。

胺的碱性强弱，与氮原子上连接的烃基种类、烃基数目有关，他们存在以下规律：

① 连接不同种类的烃基时，碱性强弱顺序为：脂肪胺＞氨＞芳香胺

当氨分子中氢原子被脂肪烃基取代后，由于脂肪烃基是供电子基团，它的+*I*效应使氮原子上的电子云密度增大，使氮原子上容易接受质子，因此，碱性增强。当氨分子中氢原子被苯基取代后，由于苯环上π电子与氨基氮上的 p-电子形成共轭体

系，使氮原子的电子云密度降低，不易接受质子。因此，碱性减弱。

② 影响脂肪胺或芳香胺碱性的因素主要有电子效应和立体效应两个方面，综合两方面因素得到脂肪胺的碱性强弱是：

$$(CH_3)_2NH > CH_3NH_2 > (CH_3)_3N > NH_3$$

pK_b 3.27 3.38 4.21 4.76

芳香胺的碱性强弱是：

$$C_6H_5-NH_2 > C_6H_5-NHCH_3 > C_6H_5-N(CH_3)_2$$

pK_b 9.30 9.60 9.62

③ 芳香胺苯环上取代基处于氨基的邻对位时，主要体现电子效应对碱性强弱的影响。例如：

对甲苯胺 > 苯胺 > 对氯苯胺 > 对硝基苯胺 > 2,4-二硝基苯胺

pK_b 8.90 9.30 10.02 13.00 13.82

胺属于弱碱，能与强酸作用生成相应的盐。例如：

$$CH_3-NH_2+HCl \longrightarrow CH_3-NH_3^+Cl^- \quad (或写作\ CH_3-NH_2 \cdot HCl)$$

氯化甲铵（盐酸甲胺）

$$C_6H_5-NH_2 + HCl \longrightarrow C_6H_5-NH_3^+Cl^- \quad (或写作\ C_6H_5-NH_2 \cdot HCl)$$

氯化苯铵（盐酸苯胺）

生成的盐与强碱反应，可生成原来的胺。例如：

$$C_6H_5-NH_3^+Cl^- \xrightarrow[H_2O]{NaOH} C_6H_5-NH_2 + NaCl + H_2O$$

利用这个性质，可以把胺从其他非碱性物质中分离出来。

2. 氮上的烃基化反应

胺与卤代烷、醇等作用，氮原子上的氢被烃基取代的反应，称为胺的烃基化反应，此反应常用于仲胺、叔胺和季铵盐的制备。

伯胺与卤代烷作用，生成仲胺、叔胺和季铵盐的混合物。例如：

$$C_6H_5CH_2NH_2 + CH_3I \xrightarrow{C_2H_5OH} C_6H_5CH_2NHCH_3 + C_6H_5CH_2N(CH_3)_2 + C_6H_5CH_2\overset{+}{N}(CH_3)_3I^-$$

控制反应物的配比和反应条件，可得到以某种胺为主的产物。

芳胺烷基化的活性低于脂肪胺。在硫酸等催化剂存在下，芳胺能与醇反应。例如：

$$C_6H_5NH_2 + CH_3OH \xrightarrow[210\sim215℃，3\sim3.5MPa]{H_2SO_4} C_6H_5N(CH_3)_2 + H_2O$$

这是工业上合成 *N,N*-二甲基苯胺的方法。如苯胺和甲醇的物质的量之比为 1∶1.2，可合成 *N*-甲基苯胺。

3．氮上的酰基化反应

胺与酰氯、酸酐、羧酸等作用，氮原子上的氢被酰基取代的反应，称为胺的酰基化反应，简称胺的酰化。酰氯、酸酐、羧酸在反应中提供酰基，则称为酰基化试剂。伯胺、仲胺能被酰化，生成氮取代酰胺，叔胺的氮原子上没有氢，不能被酰化。

$$RNH_2 + R-\overset{O}{\overset{\|}{C}}-L \longrightarrow RNH-\overset{O}{\overset{\|}{C}}-R + HL$$

$$R_2NH + R-\overset{O}{\overset{\|}{C}}-L \longrightarrow R_2N-\overset{O}{\overset{\|}{C}}-R + HL$$

$$L = -Cl，O-\overset{O}{\overset{\|}{C}}-R，-OH$$

不同的胺或酰化剂，发生酰化反应的活性不同，伯胺活性大于仲胺，脂肪胺活性大于芳香胺，酰氯、酸酐、羧酸的活性依次减弱。

胺的酰化产物在酸或碱的作用下，可以水解生成原来的胺。例如：

$$CH_3CONHC_2H_5 + H_2O \xrightarrow{H^+或\ OH^-} CH_3COOH + C_2H_5NH_2$$

$$CH_3CONH-C_6H_5 + H_2O \xrightarrow{H^+或\ OH^-} CH_3COOH + C_6H_5-NH_2$$

芳胺酰化在有机合成中有广泛的应用。

首先，芳胺中氨基容易被氧化，但芳胺酰化后生成的酰氨基比较稳定，能起到保护氨基不被氧化的作用。例如将对甲苯胺转化为对氨基苯甲酸。

$$p\text{-}CH_3C_6H_4NH_2 \xrightarrow{CH_3COOH} p\text{-}CH_3C_6H_4NHCOCH_3 \xrightarrow{KMnO_4} p\text{-}HOOCC_6H_4NHCOCH_3 \xrightarrow{OH^-,\ H_2O} p\text{-}HOOCC_6H_4NH_2$$

其次，氨基酰基化生成酰氨基后，定位基的性质没变，但活性降低了。借此可调节氨基的定位活性。

4．与亚硝酸反应

不同的胺类与亚硝酸作用的产物不同。

① 伯胺　脂肪伯胺与亚硝酸反应，生成不稳定的重氮盐，重氮盐易分解放出氮气，并生成组成复杂的混合物，在合成上没有意义，但重氮盐放出的氮气是定量的，可用于脂肪伯胺的定量测定。其反应方程式可简单地表示为：

$$RNH_2+HNO_2 \longrightarrow RN_2^+ \longrightarrow R^++N_2\uparrow$$

R^+可生成多种产物

② 仲胺　仲胺与亚硝酸作用，生成 *N*-亚硝基胺（亦称亚硝胺），它是一种黄色油状液体或固体。

$$(CH_3CH_2)_2NH+HNO_2 \longrightarrow (CH_3CH_2)_2N—NO+H_2O$$

N-亚硝基二乙胺（黄）

$$(C_6H_5)_2NH+HNO_2 \longrightarrow (C_6H_5)_2N—NO\downarrow+H_2O$$

N-亚硝基二苯胺（黄）

N-亚硝基胺与稀酸共热，可分解生成原来的胺，因此，可利用此反应分离或提纯仲胺。

N-亚硝基胺是一种很强的致癌物质。近年认为，食品中所加的防腐剂、增色剂硝酸钠和腌肉或腌菜中所产生的亚硝酸钠在胃酸的作用下可产生亚硝酸，然后再与肌体内具有仲胺结构的化合物作用所产生亚硝基胺，具有致癌作用，故亚硝酸盐是致癌物质。

③ 叔胺　脂肪族叔胺在强酸性条件下与亚硝酸不反应。芳香叔胺与亚硝酸作用，生成氨基对位取代的亚硝基化合物。

$$C_6H_5N(CH_3)_2 \xrightarrow{NaNO_2,H^+} \xrightarrow{NaOH} O{=}N\text{-}C_6H_4\text{-}N(CH_3)_2$$

绿色固体

由于不同的胺与亚硝酸反应产生的现象不同，所以可用于区别伯、仲、叔三种不同的胺。

5．芳胺环上的亲电取代反应

芳胺中氨基氮上的孤对电子与芳环的π电子形成共轭体系，氨基的+C 效应使芳环活化，更容易发生亲电取代反应。

①卤化　苯胺与溴在常温下发生卤化反应，生成三溴苯胺白色沉淀，此反应既灵敏，又能定量完成，可用于苯胺的定性鉴别和定量测定。

$$C_6H_5NH_2 + 3Br_2 \xrightarrow{H_2O} 2,4,6\text{-}Br_3C_6H_2NH_2\downarrow + 3HBr$$

若要制备取代的苯胺衍生物，可先将氨基酰化，降低它的反应活性，再卤代，后水解。

$$C_6H_5NH_2 \xrightarrow{CH_3COOH} C_6H_5NHCOCH_3 \xrightarrow[CH_3COOH]{Br_2} p\text{-}BrC_6H_4NHCOCH_3 \xrightarrow[\triangle]{H^+,\ H_2O} p\text{-}BrC_6H_4NH_2$$

②硝化　苯胺硝化时，很容易被氧化，生成焦油状物。因此，先将苯胺酰化再硝化，然后水解可得到硝基取代的苯胺的衍生物。例如：

$$C_6H_5NH_2 \xrightarrow{CH_3COOH} C_6H_5NHCOCH_3 \xrightarrow{HNO_3,H_2SO_4} p\text{-}NO_2C_6H_4NHCOCH_3 \xrightarrow[\triangle]{H^+,H_2O} p\text{-}NO_2C_6H_4NH_2$$

③磺化　苯胺磺化时，要使磺基进入氨基的邻、对位，首先进行酰基化，再磺化。

$$C_6H_5NH_2 \xrightarrow{CH_3COOH} C_6H_5NHCOCH_3 \xrightarrow{H_2SO_4} p\text{-}HO_3SC_6H_4NHCOCH_3 \xrightarrow[\triangle]{H^+,H_2O} p\text{-}HO_3SC_6H_4NH_2$$

对氨基苯磺酸不溶于水，溶于强碱溶液，并生成可溶于水的对氨基苯磺酸钠。对氨基苯磺酸钠是合成染料的中间体。

6．胺的氧化

胺易被氧化，芳胺更易被氧化。例如，苯胺露置于空气中而被氧化变色，时间越长，颜色越深。苯胺被漂白粉氧化，会产生明显的紫色，可用于苯胺的检验。用适当的氧化剂氧化苯胺，能得到苯胺黑染料。

三、重要的胺

1．甲胺、二甲胺、三甲胺

甲胺（methyl amine）是具有氨味的无色气体，有毒，在空气中的允许浓度是10 μg/g，溶于水、乙醇和乙醚。可燃，其蒸气能与空气形成爆炸性混合物，爆炸极限是 4.95%～20.75%（体积分数）。甲胺可用于制造农药、药物、染料等。

二甲胺（dimethylamine）是无色气体，有毒，在空气中的允许浓度是 10 mg/m^3，爆炸极限是 2.80%～14.40%（体积分数），具有令人不愉快的氨味，溶于水、乙醇、乙醚。二甲胺可用于制造染料、农药、橡胶硫化促进剂等。

三甲胺（trimethylamine）是无色气体，高浓度时有氨味，低浓度时有鱼腥味，溶于水、乙醇和乙醚等，在空气中的允许浓度是 10 μg/g，爆炸极限是 2.00%～11.60%（体积分数）。三甲胺可用于制造离子交换树脂、表面活性剂等。

2．乙二胺

乙二胺是最简单的二元胺。它是具有氨味的无色或微黄色黏稠液体，熔点 8℃，沸点 117℃，溶于水和乙醇，微溶于乙醚，不溶于苯，在空气中的允许浓度是 10 μg/g，爆炸极限是 5.8%～11.1%（体积分数）。

乙二胺与氯乙酸在碱性溶液中反应生成乙二胺四乙酸盐，经酸化得到乙二胺四乙酸，简称 EDTA。它是金属螯合剂，用于定性和定量分析。

$$H_2NCH_2CH_2NH_2 + 4ClCH_2COOH \xrightarrow[50℃,\ 8\,h]{NaOH} (NaOOCH_2C)_2NCH_2CH_2N(CH_2COONa)_2$$

$$\xrightarrow{H^+} (HOOCH_2C)_2NCH_2CH_2N(CH_2COOH)_2$$

3．己二胺

己二胺是无色片状晶体，有吡啶气味，有刺激性，熔点 42℃，沸点 204℃，微溶于水，易溶于乙醇、乙醚和苯，爆炸极限是 0.7%～6.3%（体积分数）。

己二胺是重要二元胺，是生产聚酰胺尼龙-66、尼龙-610、尼龙-612 的重要原料。

4．苯胺

苯胺（aniline）是最简单的芳香胺。它是具有特殊气味的无色油状液体，沸点 184.4℃，密度为 1.022 g/cm^3，难溶于水，易溶于乙醇、乙醚等有机溶剂。苯胺易被氧化，在空气中长时间放置颜色会逐渐变深。苯胺有剧毒，可通过皮肤接触或吸入其蒸气，引起中毒，因此使用时必须小心。

苯胺可用于制造炸药、染料、农药和磺胺类药物等。

5．萘胺

α-萘胺　α-萘胺是无色针状晶体，在空气中逐渐变为浅棕色，有令人不愉快的气味，熔点 50℃，沸点 301℃，易升华，难溶于水，易溶于醇和醚，有毒，在空气中的允许浓度 1 mg/m^3。它主要用于制造染料、农药和橡胶防老剂等。

β-萘胺 β-萘胺是无色有光泽的片状晶体，熔点 110℃，沸点 306℃，不溶于冷水，能溶于热水、乙醇、乙醚，能随水蒸气挥发，有毒，有致癌作用。它主要用于制造染料中间体。

*四、季铵盐和季铵碱

1．季铵盐

叔胺与卤代烷作用，生成季铵盐。$R_3N+RX \longrightarrow R_4N^+X^-$

季铵盐是无色晶体，溶于水，不溶于非极性有机溶剂。季铵盐的最重要用途是用作阳离子表面活性剂。

2．相转移催化剂

季铵盐的另一个应用是用作相转移催化剂。

当两种反应物互不相溶时，就构成了两相。由于反应物之间不容易接触，反应较难进行，甚至不发生反应。若加入一种催化剂使反应物之一由原来所在的一相，穿过两相之间的界面，转移到另一相中，使两种反应物在均相中反应，则反应较易进行。这种催化剂叫做相转移催化剂，这种反应叫做相转移催化反应。例如，1-氯辛烷与氰化钠水溶液的反应，由于 1-氯辛烷不溶于水，自成一相——有机相，氰化钠水溶液则另成一相——水相。由于形成两相，即使加热两周也不发生反应。若加入少量氯化三正丁基十六烷基铵作催化剂，加热回流 1.5 h，反应产率达 99%。

催化剂的作用是，催化剂中的正离子与反应物中的负离子因静电吸引形成离子对，由于它在两相中均可溶解，而使负离子穿过两相之间的界面，由水相转移到有机相中，然后与 1-氯辛烷在有机相中反应生成产物。

相转移催化反应主要优点是：反应条件温和，反应速率较快，产率较高。在其他条件正不易或不能进行的反应，有时通过相转移催化反应则可以进行；操作比较简便，反应选择性高，副反应少等。

常用的相转移催化剂有氯化三乙基苄基铵、溴化四正丁基铵、溴化三甲基十六烷基铵等。一般含有 15～25 个碳原子的季铵盐有较好的催化作用。

3．季铵碱

季铵碱 $R_4N^+OH^-$是强碱，易溶于水，有很强的吸湿性。季铵盐用湿氧化银处理，会产生卤代银沉淀，滤去沉淀，滤液蒸干可得到固体季铵碱。

胆碱是一种季铵碱，其化学名称是氢氧化三甲基-β-羟乙基铵，是卵磷脂的组成成分。胆碱能调节肝中的脂肪代谢，有防治脂肪肝的作用。在生物体内，胆碱在胆碱乙酰酶的作用下，可与乙酸反应生成乙酰胆碱，乙酰胆碱在胆碱酯酶的作用下又可水解生成胆碱和乙酸。乙酰胆碱是生物体同传导神经冲动的重要物质，它在体内正常合成与分解，能保证生理代谢的正常进行。有些有机磷农药对昆虫的毒杀作用正是由于农药对有机体内的胆碱酯酶有强烈的抑制作用，使其失去活性，结果只有乙酰胆碱的合成而无乙酰胆碱的水解，乙酰胆碱过多的积累，造成神经过度兴奋直到神经错乱，无休止抽搐窒息而亡。

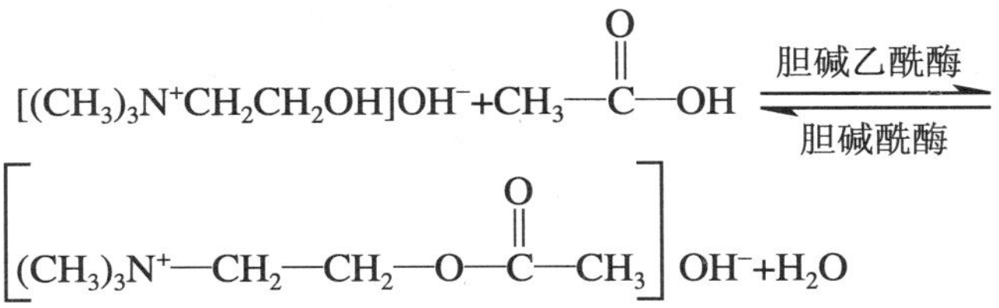

$$[(CH_3)_3N^+CH_2CH_2OH]OH^- + CH_3-\overset{\overset{\displaystyle O}{\|}}{C}-OH \underset{\text{胆碱酰酶}}{\overset{\text{胆碱乙酰酶}}{\rightleftharpoons}}$$

$$\left[(CH_3)_3N^+-CH_2-CH_2-O-\overset{\overset{\displaystyle O}{\|}}{C}-CH_3\right]OH^- + H_2O$$

* 五、表面活性剂

人们生活接触的日常用品如肥皂、洗衣剂等属于表面活性剂。凡是在很低浓度下即能显著地改变液体表面张力或两相间界面张力的物质，称为表面活性剂。表面活性剂溶于液体（特别是水）后，它能使溶液具有润湿或乳化或发泡或分散或洗涤或抗静电等能力。

1．表面活性剂的结构特征

表面活性剂的种类虽多，但在结构上有共同特征。即它们的分子中都含有亲水基团和亲油基团（或称憎水基团）。常见的亲水基团有磺基（$-SO_3^-Na^+$）、硫黄基（$-OSO_2O^-Na^+$）、磷酸基[$-OPO(O^-Na^+)_2$]、羧基（$-COO^-Na^+$）、羟基及伯、仲、叔铵盐和季铵盐等；亲油基团主要是较长碳链的烃基，如 C_{10}～C_{18} 的烷基或被烷基取代的芳基等。例如：

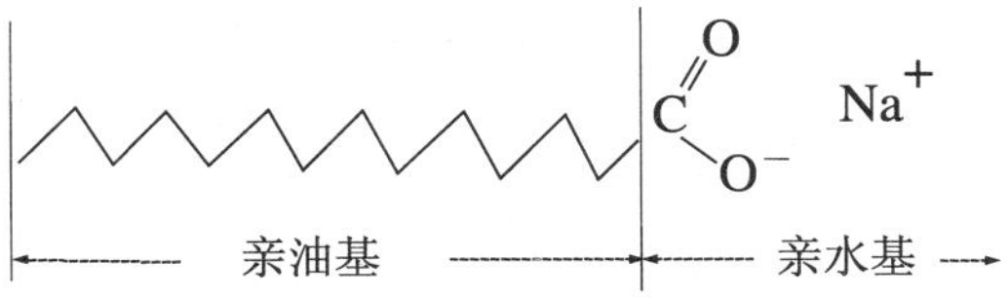

（锯齿状长碳链—COO^- Na^+）

亲油基 | 亲水基

高级脂肪酸钠

亲油基不溶于水而易溶于油类物质中，亲水基易溶于水中。如果在不相溶的水油两相物质中加入表面活性剂并进行振荡，就能发现不溶于水的油将被分散成小液滴悬浮于水中，形成稳定的乳浊液。其原因是表面活性剂的亲油基插入油滴中，而亲水基留在油滴外部，将油分散为微小的粒子，粒子的外面由一层亲水基包围，而亲水基的水溶性将不溶于水的油分散悬浮于水中。这就表明表面活性剂有乳化、洗涤等作用。

2．表面活性剂的分类、制法和用途

表面活性剂按照其功能不同可分为乳化剂、润湿剂、起泡剂、洗涤剂、分散剂等；也可按表面活性剂溶于水后亲水基是否解离可分为离子型表面活性剂和非离子型表面活性剂，离子型表面活性剂又可按离子所带电荷的不同分为阴离子、阳离子

和两性表面活性剂。

（1）阴离子表面活性剂　在水中能解离，起表面活性作用的部分是阴离子的称为阴离子表面活性剂。阴离子表面活性剂主要有三类：羧酸盐、磺酸盐和硫酸盐。

阴离子表面活性剂是用途最广、用量最大的一类，其中最常见的是：市售洗涤剂、肥皂和牙膏中的起泡剂，它们的主要成分分别是十二烷基苯磺酸钠、C_{12}～C_{18}的高级脂肪酸钠和十二烷基硫酸钠。可用作洗涤剂、起泡剂等。

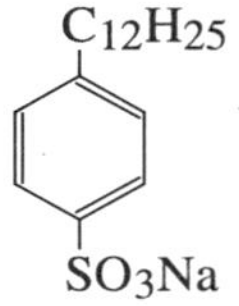

$C_{12}H_{25}-C_6H_4-SO_3Na$　　$CH_3(CH_2)_{16}COONa$　　$C_{12}H_{25}OSO_2Na$

十二烷基苯磺酸钠　　硬脂酸钠　　十二烷基硫酸钠

（2）阳离子表面活性剂　在水中能解离，起表面活性作用的部分是阳离子的称为阳离子表面活性剂。阳离子表面活性剂主要是季铵盐，也有某些含硫、含磷化合物。其中比较常见的或用量较大的是：氯化三甲基十二烷基铵、溴化二甲基苄基十二烷基铵和溴化二甲基苯氧乙基十二烷基铵。

$[C_{12}H_{25}N(CH_3)_3]^+Cl^-$　　氯化三甲基十二烷基铵

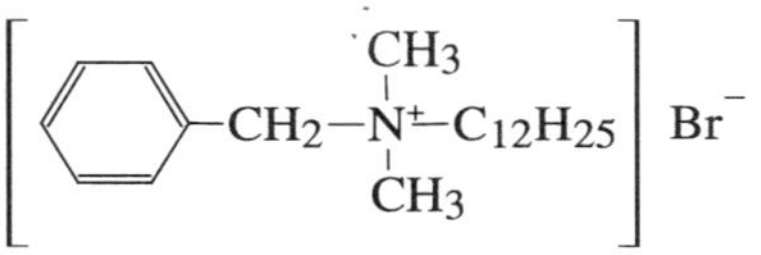

$$\left[C_6H_5-CH_2-\overset{CH_3}{\underset{CH_3}{\overset{|}{\underset{|}{N^+}}}}-C_{12}H_{25}\right]Br^-$$

溴化二甲基苄基十二烷基铵（新洁尔灭）

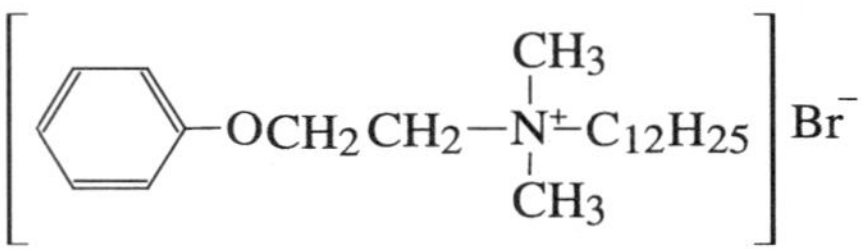

$$\left[C_6H_5-OCH_2CH_2-\overset{CH_3}{\underset{CH_3}{\overset{|}{\underset{|}{N^+}}}}-C_{12}H_{25}\right]Br^-$$

溴化二甲基苯氧乙基十二烷基铵（杜灭芬）

这类表面活性剂除具有乳化、润湿、起泡、去污等作用外，还具有较强的消毒杀菌作用；能牢固地吸附在带有负电荷的合成纤维的表面，具有使布料变得柔软的作用，能中和合成纤维因摩擦而产生的静电，具有防静电作用，能降低衣物的吸尘能力，具有保洁衣物的作用等。

阴离子和阳离子表面活性剂能相互作用而形成不溶于水的沉淀，因此，二者不能混合使用，但可以和非离子表面活性剂混合使用。

（3）两性表面活性剂　这类表面活性剂的亲水基是由阴离子和阳离子以内盐的形式构成的。阴离子可以为 COO^-、SO_3^- 和 OSO_3^-；阳离子主要是季氨基。例如：

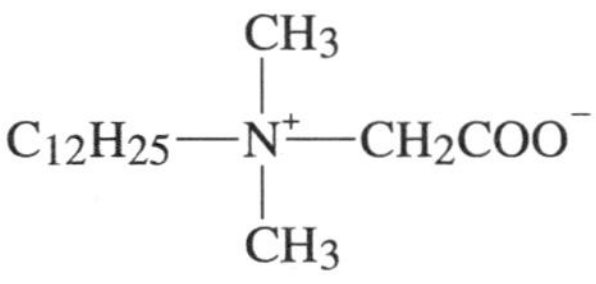

$$C_{12}H_{25}-\overset{CH_3}{\underset{CH_3}{\overset{|}{\underset{|}{N^+}}}}-CH_2COO^-$$

N，*N*-二甲基-*N*-十二烷基铵基乙酸

由于两性表面活性剂既能与洗涤物表面的酸性物质反应，又能与碱性物质反

应。它们的腐蚀性很小，渗透性、去污性、抗静电性都很好，是一类高级表面活性剂。它们对皮肤和黏膜组织的刺激性很小，可配制化妆品。

（4）非离子表面活性剂　这类表面活性剂在水中不能解离形成离子，但分子中含有多个亲水基团，使其具有足够的亲水性。非离子表面活性剂可分为聚氧乙烯缩合物和多元醇两类。

例如：

$$C_{12}H_{25}O(CH_2CHO)_nH \qquad C_{15}H_{31}COOCH_2-\overset{\overset{\displaystyle CH_2OH}{|}}{\underset{\underset{\displaystyle CH_2OH}{|}}{C}}-CH_2OH$$

聚氧乙烯十二烷基醚　　　　单软脂酸季戊甲四醇酯

聚氧乙烯型的表面活性剂性能良好，耐酸、碱，可与阴离子或阳离子表面活性剂复配使用。这类表面活性剂近年来发展十分迅速。

*六、离子交换树脂和离子交换膜

离子交换树脂是一类可以进行离子交换的体型高聚物。目前使用的离子交换树脂大多数是以苯乙烯和二乙烯基苯的共聚物或丙烯酸及其衍生物与二乙烯基苯的共聚物为基体，在基体上引入酸性或碱性可交换基团，即成离子交换树脂。

当离子交换树脂与含有某种离子的溶液接触时，发生离子交换，可以除去溶液中的某些离子。它的这种性质被广泛应用于硬水软化、海水淡化、制备去离子水、废水处理、医用药品的纯化、石油和化工产品的纯化、贵重金属的提取和回收、金属离子的分离和测定、有机合成的催化剂等。它是现代工业不可缺少的一类功能高分子材料。

1．离子交换树脂的分类、制法和使用范围

根据离子交换树脂所含交换基团性质的不同，它们可以为两大类。分子中含有酸性基团，能够以其氢离子或钾、钠离子交换溶液中阳离子的树脂，称为阳离子交换树脂；分子中含有碱性基团，能够以其氢氧根离子交换溶液中阴离子的树脂，称为阴离子交换树脂。根据离子交换树脂中交换基团解离程度的不同，再可分为强、弱酸性阳离子交换树脂和强、弱碱性阴离子交换树脂四类。

（1）强酸性阳离子交换树脂　这类离子交换树脂的交换基团为强酸性磺基，在水中能完全解离。例如：

$$P-SO_3H \longrightarrow P-SO_3^-+H^+$$

P 代表树脂的高分子基体

这类离子交换树脂的制法是：把苯乙烯和少量的对二乙烯基苯共聚，将形成的体型高分子聚苯乙烯树脂进行磺化在苯环上引入磺基。它具有不溶解于酸、碱和有机溶剂，加热不熔化，机械强度强等优点。因此，它可在碱性、中性，甚至在酸性

介质中，均能显示交换各种金属阳离子的功能，是一类用途最广、用量最大的离子交换树脂。

$2P—SO_3H+Ca^{2+} \longrightarrow (P—SO_3)_2Ca+2H^+$　　离子交换

$(P—SO_3)_2Ca+2H^+ \longrightarrow 2P—SO_3H+Ca^{2+}$　　5%～10%的盐酸浸泡再生

阳离子交换树脂主要用于去除水溶液中金属阳离子。它可以经过再生处理后能重复使用。

（2）弱酸性阳离子交换树脂　这类离子交换树脂的交换基团为弱酸性的，主要有：—COOH、—P—P(OH)$_2$、—C$_6$H$_5$—OH，在水中的解离程度较小。

$$P—COOH \rightleftharpoons P—COO^-+H^+$$

弱酸性阳离子交换树脂仅在接近中性和碱性介质中使用。虽然这是它的不足之处，但单位质量树脂的交换量比强酸性树脂几乎大一倍。因此，它被广泛应用于软化水和工业废水的处理。

（3）强碱性阴离子交换树脂　这类离子交换树脂的交换基团是—$N^+R_3OH^-$。它属于高分子季铵碱，其碱性相当于氢氧化钠，在水中能完全解离。

$$P-\overset{+}{N}R_3-OH^- \longrightarrow P-\overset{+}{N}R_3 + OH^-$$

这类离子交换树脂的制法是：把苯乙烯和对二乙烯基苯作用所得的共聚物先进行氯甲基化，再与叔胺作用，最后用强碱处理即得强碱性阴离子交换树脂。强碱性阴离子交换树脂进行离子交换时是其中的氢氧根离子与水溶液中的其他阴离子进行交换。例如：

$$P—\overset{+}{N}(CH_3)_3\ OH^- + NaCl \xrightarrow{交换} P—\overset{+}{N}(CH_3)_3\ Cl^- + NaOH$$

强碱性阴离子交换树脂可在酸性、中性、碱性介质中均能显示离子交换功能。如果某一水溶液先后经过阳离子交换树脂和阴离子交换树脂处理，可将水中的阴阳离子全部除去，从而可得到去离子水。

（4）弱碱性阴离子交换树脂　这类离子交换树脂的交换基团是伯、仲、叔氨基。它属于胺，是一种弱碱，在水溶液中解离程度较小。它们只能在中性和酸性介质中显示离子交换功能，并且只能交换 Cl^-、SO_4^{2-}、NO_3^-等阴离子，对于弱酸的阴离子几乎没有交换能力。但其交换量比强碱性阴离子交换树脂大。

2．离子交换膜

用离子交换树脂制作的对不同离子具有选择性透过的薄膜叫做离子交换膜，也叫选择性透过膜。它一般是由离子交换树脂粉末及胶黏剂制成。

根据所用离子交换树脂的不同，分为阳离子交换膜和阴离子交换膜两大类。阳离子交换膜只允许阳离子透过，阻止阴离子透过；阴离子交换膜的作用则相反。

离子交换膜用途很广，在膜分离技术领域中占有重要地位。在海水淡化的电渗析技术中，作为高能燃料电池的隔膜，作为肥渗透和超过滤设备的隔膜已广泛应用。作为仿生膜在探索生物细胞膜的奇妙选择透过性作用方面更具有深远的意义。

*七、芳香族重氮和偶氮化合物

重氮和偶氮化合物分子中均含有—N═N—原子团。如果—N═N—基的两端直接与烃基碳相连的，称偶氮化合物；如果—N═N—基只有一端直接与烃基碳相连的，称重氮化合物。例如：

偶氮化合物 $C_6H_5-N=N-C_6H_5$ 偶氮苯

重氮化合物 $C_6H_5-N=N-NH-C_6H_5$ 苯重氮氨基苯

分子中含有重氮正离子（—N⁺═N）的盐叫做重氮盐。例如：

$$[C_6H_5-N\equiv N]^+Cl^- \quad \text{氯化重氮苯}$$

1．重氮盐的制备——重氮化反应

伯胺与亚硝酸在过量无机酸存在下生成重氮盐的反应，称为重氮化反应。脂肪族重氮盐很不稳定，即使在低温也易分解放出氮气，而芳香族重氮盐较稳定些。本节主要介绍芳香族重氮盐。

$$C_6H_5-NH_2 + 2HCl + NaNO_2 \longrightarrow [C_6H_5-N\equiv N]^+Cl^- + NaCl + 2H_2O$$

重氮化反应是制备重氮盐的主要方法。则将芳香伯胺溶于过量无机酸（盐酸或硫酸）中，控制在低温下（0～5℃）滴加亚硝酸钠溶液至反应完成。反应时应控制好温度、酸度和亚硝酸的用量，以防重氮盐的转化或分解。

芳香族重氮盐也不太稳定，因此，反应通常在 0～5℃低温下进行。反应温度随芳香伯胺的碱性变化可以不同，碱性越强，反应温度要求越低，反之，可在较高的温度下进行，如对硝基苯胺的重氮化可在 40～60℃进行。

重氮化反应的终点常用碘化钾淀粉试纸测定。当试纸变蓝，表示反应已完成。由重氮化反应得到的重氮盐溶液，一般直接用于合成，而不必把重氮盐分离出来。

2．重氮盐的性质

重氮盐为白色晶体，能溶于水，不溶于有机溶剂。

重氮盐的化学性质十分活泼，受热、光照、遇到铜等金属离子或氧化剂时，均能被分解破坏，放出氮气。干燥的重氮盐受热或震动会剧烈分解，并能引起爆炸。所以重氮盐一般不制成固体，而制成溶液。制成的溶液一般也只能保存几个小时，因此，在制备后应尽快使用，不能作长期保存。重氮盐与某些金属盐（如氯化锌）能形成比较稳定的配合物。

重氮盐在溶液中的稳定性也与溶液的酸碱度有关，在 $pH<3.5$ 的强酸性溶液中比较稳定。

3. 重氮盐的反应及其在合成上的应用

重氮盐的反应可分为两大类，一类是重氮基被其他原子或原子团取代，放出氮的反应，即放氮反应；另一类是重氮基中两个氮原子保留在产物中的反应，即保留氮的反应。

（1）放氮反应

① 重氮基被卤原子和氰基取代　重氮盐的酸性溶液在亚铜盐催化下，重氮基被氯原子、溴原子或氰基取代的反应，称为桑德迈尔（Sandmeyer）反应。例如：

$$ArN_2^+Cl^- \xrightarrow{CuCl,\ HCl} ArCl + N_2\uparrow$$

$$ArN_2^+HSO_4^- \xrightarrow{CuBr,\ HBr} ArBr + N_2\uparrow$$

$$ArN_2^+Cl^- \xrightarrow{CuCN,\ KCN} ArCN + N_2\uparrow$$

桑德迈尔反应是制备氯、溴或氰基取代芳烃的一种方法，产物较纯，产率较高。

重氮盐溶液与碘化钾共热可直接得到碘代芳烃并放出氮气，反应不需要碘化亚铜催化，这是合成碘代芳烃的一种好方法。因为芳烃直接与碘发生亲电取代反应比较困难。例如：

$$C_6H_5-NH_2 \xrightarrow{HCl,NaNO_2} C_6H_5-N_2^+Cl^- \xrightarrow{KI,100℃} C_6H_5-I$$

氟代芳烃的合成首先是重氮盐与氟硼酸盐反应，然后将生成的水溶性很小的氟硼酸重氮盐干燥，再加热分解可制得相应的氟代芳烃。此反应称为希曼（Schiemann）反应。

$$ArN_2^+X^- + NaBF_4 \longrightarrow ArN_2^+BF_4^- + NaX$$

$$ArN_2^+BF_4^- \xrightarrow{\triangle} ArF + N_2\uparrow + BF_3$$

② 重氮基被羟基取代　重氮基被羟基取代的反应，又称为重氮盐的水解。

$$ArN_2^+HSO_4^- + H_2O \xrightarrow[\triangle]{40\%\sim50\%\ H_2SO_4} ArOH + N_2\uparrow + H_2SO_4$$

这是把芳烃上氨基转变成羟基的一种方法。

在重氮盐水解时应注意的是，芳香伯胺重氮化时的无机酸必须用硫酸，并且水解时应在硫酸的介质中进行，这样可防止氯原子取代重氮基而进入苯环。

③ 重氮基被氢原子取代　重氮盐与次磷酸或乙醇等反应，重氮基能被氢原子取代。利用此反应可通过重氮盐将芳环上的氨基去掉。例如：

$$C_6H_5N_2^+HSO_4^- + H_3PO_2 + H_2O \xrightarrow{\triangle} C_6H_6 + H_3PO_3 + N_2\uparrow + H_2SO_4$$

$$C_6H_5N_2^+HSO_4^- + C_2H_5OH \xrightarrow{\triangle} C_6H_6 + CH_3CHO + N_2\uparrow + H_2SO_4$$

重氮基被氢原子取代的反应，实质上是重氮盐的还原反应。反应用次磷酸的产率比用乙醇高，因此，一般采用次磷酸还原法。

利用此反应在有机合成中可合成一些用常规方法难以制得的化合物。一般可在芳环上先引入氨基，利用它的定位作用引进所需要的基团，最后再除去氨基。

例如：以苯胺为原料合成1,3,5-三溴苯。

$$C_6H_5NH_2 \xrightarrow[H_2O]{Br_2} 2,4,6\text{-}Br_3C_6H_2NH_2 \xrightarrow[0\sim5^\circ C]{NaNO_2,H_2SO_4} 2,4,6\text{-}Br_3C_6H_2N_2^+HSO_4^- \xrightarrow{H_3PO_2} 1,3,5\text{-}Br_3C_6H_3$$

苯胺　取代　三溴苯胺　重氮化　重氮盐　取代　1,3,5-三溴苯

（2）保留氮的反应

① 重氮盐还原成芳肼　这是制备芳肼及其衍生物的一个方法。所用的还原剂有氯化亚锡、锌粉、亚硫酸盐等。工业上一般采用亚硫酸盐（亚硫酸钠和亚硫酸氢钠混合物）还原。例如：

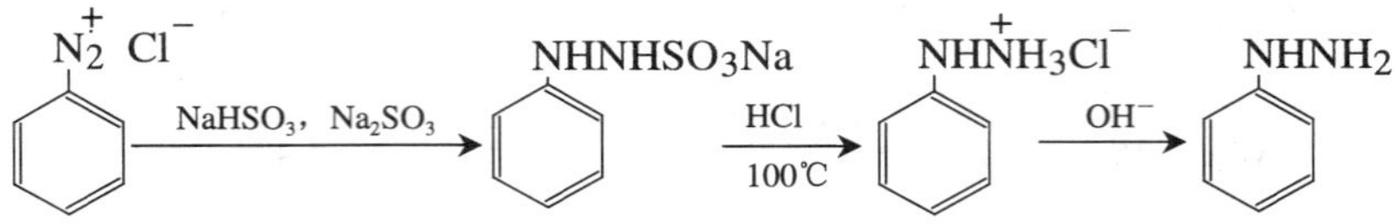

$$C_6H_5N_2^+Cl^- \xrightarrow{NaHSO_3,\ Na_2SO_3} C_6H_5NHNHSO_3Na \xrightarrow[100℃]{HCl} C_6H_5NH\overset{+}{N}H_3Cl^- \xrightarrow{OH^-} C_6H_5NHNH_2$$

苯肼磺酸钠　　　　苯肼

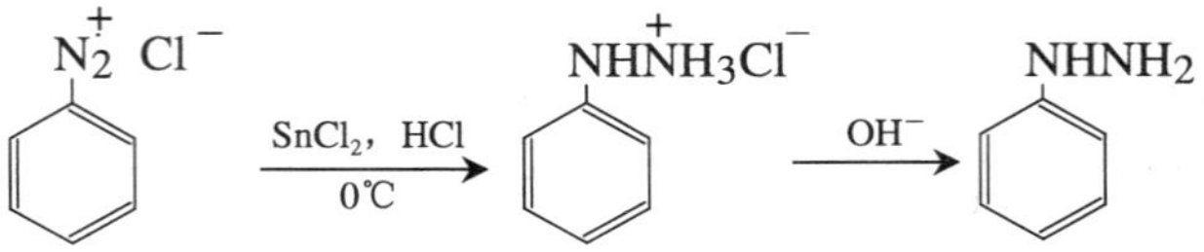

$$C_6H_5N_2^+Cl^- \xrightarrow[0℃]{SnCl_2,\ HCl} C_6H_5NH\overset{+}{N}H_3Cl^- \xrightarrow{OH^-} C_6H_5NHNH_2$$

苯肼毒性较强，使用时注意安全。苯环上带有卤原子、烷基氧、硝基、羧基和磺基等取代基的芳伯胺的重氮盐，都可采用亚硫酸盐还原法制得相应的芳肼衍生物。

② 重氮盐的偶合反应　芳香族重氮盐与酚、芳胺等作用生成偶氮化合物的反应，称为偶合反应，也叫偶联反应。通常把重氮盐称为重氮组分，把酚、芳胺等称为偶合组分。例如：

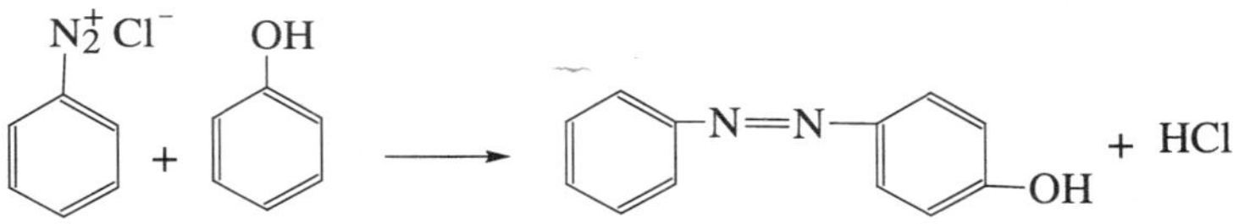

$$C_6H_5N_2^+Cl^- + C_6H_5OH \longrightarrow C_6H_5-N=N-C_6H_4-OH + HCl$$

偶合反应生成的偶氮化合物都有颜色。许多偶氮化合物是优良的染料，这类染料称为偶氮染料。偶氮染料是有机染料中品种、数量最多的一类染料。选择不同的重氮组分和偶合组分，可以合成一系列不同颜色的染料。例如：

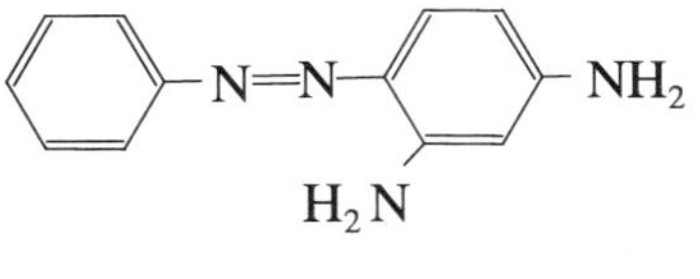

$$C_6H_5-N=N-C_6H_3(NH_2)_2$$

碱性菊橙

$$C_6H_5-N=N-C_6H_4-N=N-C_{10}H_4(OH)(SO_3Na)_2$$

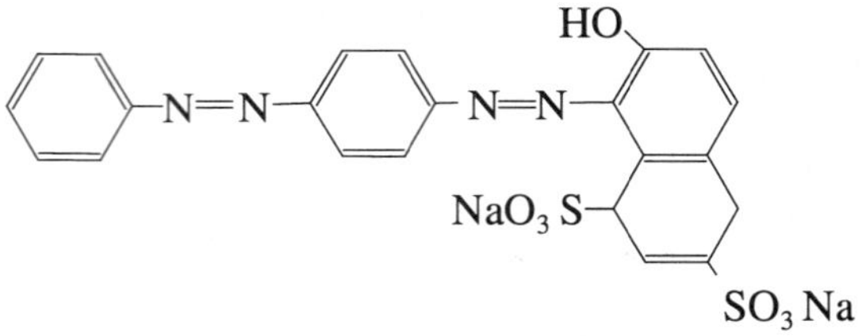

酸性大红 GR

有的指示剂也是偶氮化合物。例如：

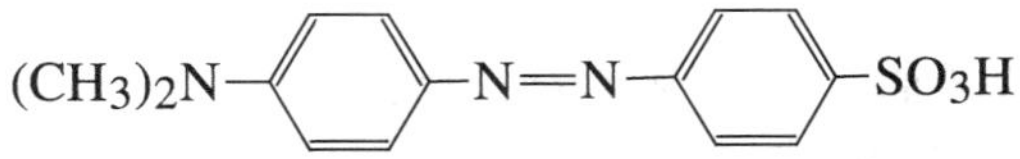

$$(CH_3)_2N-C_6H_4-N=N-C_6H_4-SO_3H$$

甲基橙

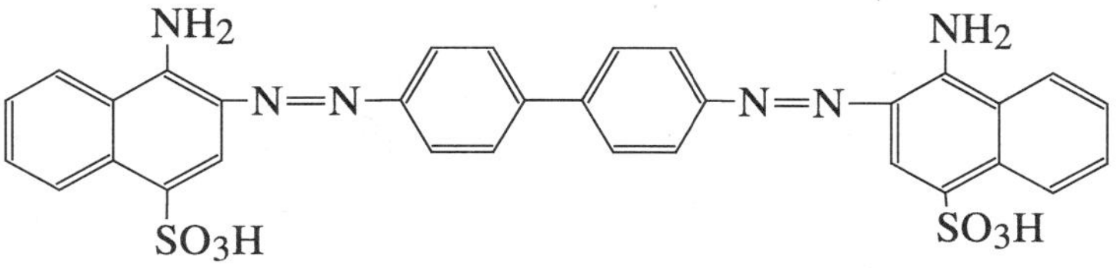

刚果红

第二节　含硫有机化合物

一、含硫有机化合物的分类和命名法

硫和氧在周期表的同一族内，因此，自然界也存在一系列相当于各类含氧化合物的含硫化合物。常见的含硫化合物有硫醇、硫酚和硫醚等。

含氧化合物	ROH 醇	ArOH 酚	ROR 醚
官能团	—OH	—OH	
含硫化合物	RSH 硫醇	ArSH 硫酚	RSR 硫醚
官能团	—SH 巯基	—SH 巯基	

本节主要介绍硫醇和硫酚。

含硫化合物可以看作含氧化合物中氧原子被硫置换而生成，因此，它们的命名与相应的含氧化合物相似，只要在含氧化合物中表示类别的字前加上硫字即分别为“硫醇”“硫酚”。例如：

CH_3SH　甲硫醇

$CH_3-CH(SH)-CH_3$　2-丙硫醇

$HO-CH_2-CH_2-SH$　2-羟基乙硫醇

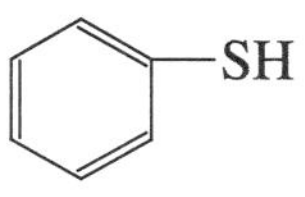

C_6H_5-SH　苯硫酚

二、硫醇、硫酚性质

醇、酚分子中的氧原子被硫原子替代后得到硫醇、硫酚，由于硫的电负性比氧小，因此，它们体现与相应醇、酚不同的性质。

（一）硫醇、硫酚的物理性质

硫醇的沸点和在水中的溶解度都比相应的醇要低得多。例如：乙醇沸点 78.3℃，能与水混溶；乙硫醇沸点 37℃，在水中的溶解度是 1.5 g/100 g 水。这是由于硫的电负性小，硫醇分子间以及硫醇与水分子间难以形成氢键的缘故。

硫醇和硫酚都有强烈的恶臭。例如，空气中乙硫醇浓度达到 1×10^{-11} g/L 时即可被人嗅觉。因此，将微量的硫醇加入有毒气体（如煤气）中，以便检查管道和贮罐是否漏气。硫醇的气味随着分子中碳原子数的增加臭味随之减弱，含有 9 个碳原子以上的硫醇具有令人愉快的气味。

（二）硫醇、硫酚的化学性质

1．酸性

硫醇和硫酚的酸性比相应的醇或酚强。硫醇显弱酸性，可溶于稀氢氧化钠溶液中。硫酚的酸性比碳酸强，可溶于碳酸氢钠溶液中。

$$R—SH+NaOH \longrightarrow R—SNa+H_2O$$

$$Ar—SH+NaHCO_3 \longrightarrow Ar—SNa+CO_2+H_2O$$

石油加工的产品中常含有微量的硫醇，可用稀氢氧化钠溶液洗涤除去硫醇。

2．氧化反应

硫醇和硫酚都容易被氧化，生成二硫化物。常用的氧化剂有 I_2、H_2O_2、NaIO 等。例如：

$$2CH_3CH_2—SH+H_2O_2 \longrightarrow CH_3CH_2—S—S—CH_2CH_3+2H_2O$$

二硫化物中的—S—S—键称为二硫键，是蛋白质分子中的重要副键，它对保持蛋白质分子的特殊结构具有重要作用。

硫醇和硫酚在强氧化剂（如硝酸）作用下，被迅速地氧化生成磺酸类化合物。

$$R—SH+3[O] \longrightarrow R—SO_3H$$

三、磺酸的性质

磺酸可以看作是硫酸分子中一个羟基被烃基取代的衍生物。磺酸是固体，它们的性质与硫酸有相似之处。如磺酸是一种强酸，有极强的吸湿作用，不溶于一般的有机溶剂，易溶于水。有机合成中常用它替代硫酸作酸性催化剂。

1．羟基的取代反应

磺酸中的羟基可被卤素、氨基、烷氧基等基团取代，生成磺酰氯、磺酰胺及磺酸酯等化合物。例如，磺酸与三氯化磷反应生成磺酰氯。

$$CH_3-C_6H_4-SO_3H+PCl_3 \longrightarrow CH_3-C_6H_4-SO_2Cl+H_3PO_3$$

对甲苯磺酸　　　　对甲苯磺酰氯

磺酰氯与氨或乙醇钠作用，可生成磺酰胺或磺酸酯类化合物。

$$CH_3-C_6H_4-SO_2Cl+NH_3 \longrightarrow C_6H_5-SO_2NH_2+HCl$$

对甲苯磺酰氯　　　　苯磺酰胺

$$CH_3-C_6H_4-SO_2Cl+C_2H_5ONa \longrightarrow C_6H_5-SO_2C_2H_5+NaCl$$

对甲苯磺酰氯　　　　苯磺酸乙酯

2．磺酸基的取代反应

芳香族磺酸中的磺酸基可被—H、—OH 等基团取代。如苯磺酸与水共热，则磺酸基被氢取代得到苯。

$$C_6H_5-SO_3H \xrightarrow[\triangle]{H_2O} C_6H_6$$

芳香族磺酸钠盐与固体氢氧化钠共熔，则磺酸基被羟基取代生成酚。

$$C_6H_5-SO_3Na \xrightarrow[\triangle]{NaOH} C_6H_5-OH + Na_2SO_4$$

四、有机硫杀菌剂

1．大蒜素

大蒜的特殊气味是大蒜素引起的。大蒜素为油状液体，难溶于水，可溶于乙醇、乙醚等有机溶剂。由于分子中含有不饱和的烯丙基，性质比较活泼。大蒜素对许多革兰氏阳性和阴性细菌以及某些真菌都有很强的抑制作用。

人工合成的乙基大蒜素较稳定，且同样具有良好的杀菌作用，对马铃薯腐烂病、棉花枯萎病和小麦锈病均有防治作用，其商品名称为“抗菌剂”。

$$CH_2{=}CH-CH_2-S-\overset{\overset{\displaystyle O}{\|}}{S}-CH_2-CH{=}CH_2$$

大蒜素

$$CH_3-CH_2-S-\overset{\displaystyle O}{\overset{\|}{S}}-CH_2-CH_3 \qquad CH_3-CH_2-S-\underset{\underset{\displaystyle O}{\|}}{\overset{\overset{\displaystyle O}{\|}}{S}}-CH_2-CH_3$$

乙基大蒜素 （401 抗菌剂） 氧化乙基大蒜素（402 抗菌剂）

2．代森锌

代森锌为淡黄色或灰色，不溶于水，有臭鸡蛋味，遇光、热和碱性物质易分解。它是一种保护性杀菌剂，对病菌具有较强的触杀作用，对人、畜低毒，对作物安全。可用于防治麦类锈病、白粉病，苹果花腐病，各种蔬菜霜霉病，马铃薯晚疫病等多种真菌性病害。

$$\begin{array}{l} CH_2-NH-\overset{\overset{\displaystyle S}{\|}}{C}-S \\ | \qquad\qquad\qquad\qquad\quad \rangle Zn \\ CH_2-NH-\underset{\underset{\displaystyle S}{\|}}{C}-S \end{array}$$

亚乙基双（二硫代氨基）甲酸锌

3．克菌丹

纯品为白色结晶，在中性或酸性溶液中稳定。对人、畜、植物安全，但对皮肤有刺激性。在果树、蔬菜上使用可防治多种病害，对豆类和蔬菜的根腐病、立枯病，马铃薯晚疫病，葡萄霜霉病等有良好的防治效果。

$$C_6H_4(CO)_2N-S-CCl_3$$

N-三氯甲硫基邻苯二甲酰亚胺

4．敌克松

原粉为棕色无味粉末，在水中不稳定，光、热、碱均可促进其分解。对人、畜毒性较高，对皮肤有刺激作用。施药后经根、茎吸收传导，被植物吸收后有较长的残效。在土壤中残效期达一个月左右。以保护作物为主，兼有治疗作用。主要用于种子和土壤处理的方法，对烟草黑茎病，水稻烂秧及大白菜软腐病等均有效。

$$(H_3C)_2N-C_6H_4-N{=}N-SO_3Na$$

二甲氨基苯重氮磺酸钠

第三节 含磷有机化合物

一、含磷有机化合物的分类和命名法

含磷有机化合物广泛存在于动植物体内，有些化合物是核酸、辅酶和磷脂等重要组成成分。它们是维持生命和生物体遗传不可缺少的物质。有些含磷的化合物在工业上用做增塑剂和稀有金属的萃取剂等；在农业上，用做杀虫剂、杀菌剂和植物生长调节剂等。

磷化氢分子中的氢被烃基取代后的化合物称为膦。磷酸或亚磷酸分子中的氢氧原子团被烃基取代后的化合物称为膦酸或亚膦酸。

三价磷化合物

PH_3	RPH_2	R_2PH	R_3P
磷化氢	伯膦	仲膦	叔膦

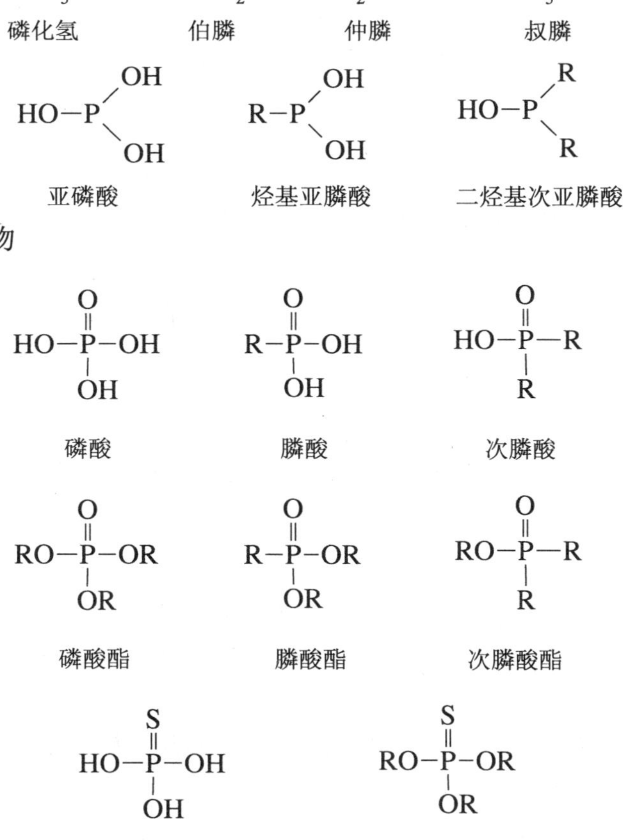

五价磷化合物

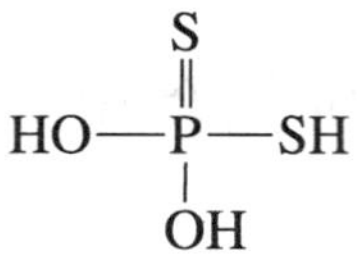

$HO-P(=S)(-OH)-SH$　　　　$RO-P(=S)(-OR)-SR$

二硫代磷酸 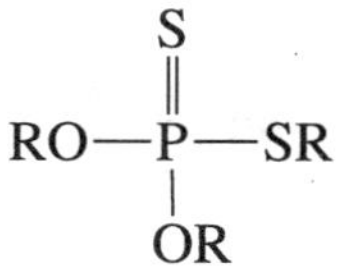　　　　二硫代磷酸酯

膦、膦酸、亚膦酸的命名是在相应的名称前加上烃基的名称。例如：

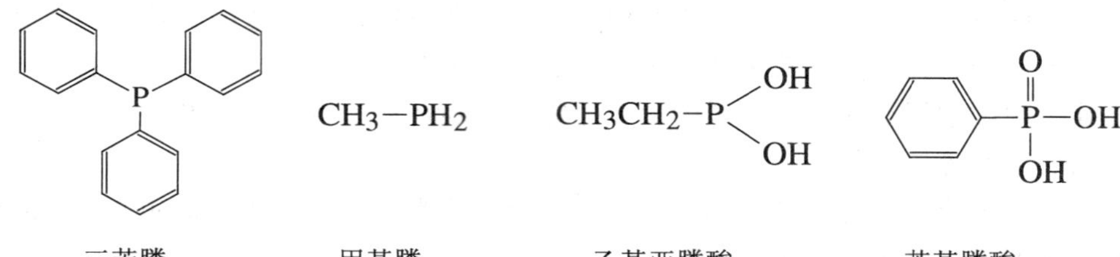

三苯膦　　甲基膦　　乙基亚膦酸　　苯基膦酸

磷酸酯、膦酸酯的命名是在相应的名称前用 *O*-烷基表示含氧酯基。例如：

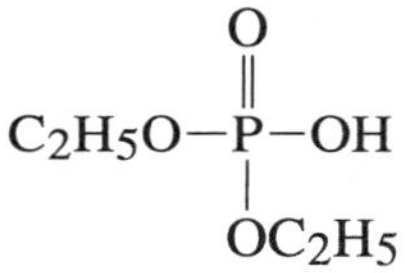

$C_2H_5O-P(=O)(-OC_2H_5)-OH$　　$C_2H_5O-P(=O)(-OC_2H_5)-C_6H_5$　　$C_2H_5O-P(=S)(-OC_2H_5)-SR$

O,O′-二乙基磷酸酯 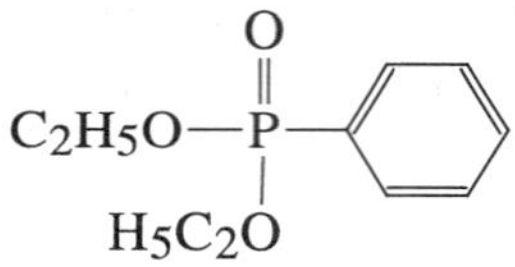　　*O,O′*-二乙基苯基膦酸酯 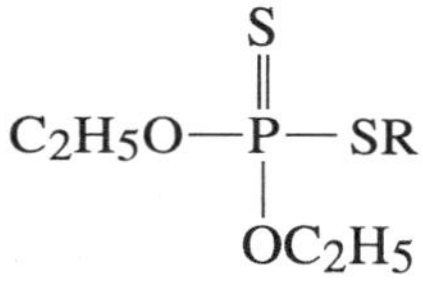　　*O,O′*-二乙基二硫代磷酸酯

二、磷酸和磷酸类化合物

1．敌敌畏

化学名称为：*O,O′*-二甲基-*O″*-（2,2-二氯乙烯基）磷酸酯，商品名称为敌敌畏。它属于磷酸酯类。

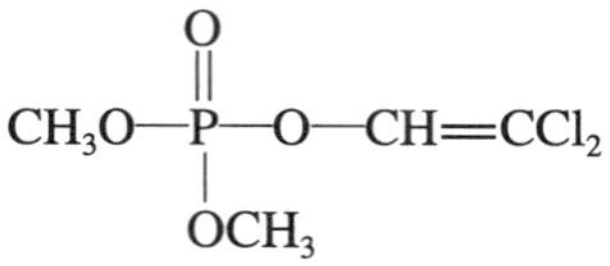

$$CH_3O-P(=O)(-OCH_3)-O-CH=CCl_2$$

O,O′-二甲基-*O″*-（2,2-二氯乙烯基）磷酸酯

敌敌畏是无色或淡黄色的液体，易挥发，微溶于水。它对昆虫兼具胃毒和触杀作用，农业上广泛用于防治刺吸口器害虫和潜叶害虫。但它对人、畜的毒性较大，不宜用于家庭卫生。

敌敌畏容易水解而失去毒性。植物体内水解作用也能迅速进行，因此，敌敌畏在植物体内不能长期滞留，在农业应用上有药效不能持久的缺点，但另一方面也有不易造成有害残毒的优点。

2．乐果

化学名称为：*O,O′*-二甲基-*S*-（*N*-甲基氨甲酰甲基）二硫代磷酸酯，商品名为乐果。

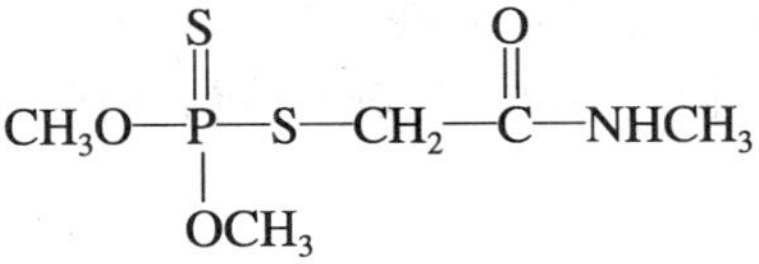

$$CH_3O-\overset{\overset{S}{\|}}{\underset{\underset{OCH_3}{|}}{P}}-S-CH_2-\overset{\overset{O}{\|}}{C}-NHCH_3$$

O,O′-二甲基-*S*-（*N*-甲基氨甲酰甲基）二硫代磷酸酯

乐果纯品是白色晶体，可溶于水和多种有机溶剂。是一种高效低毒的有机磷杀虫剂，它有内吸性，被植物吸收后能传导到整个植株，昆虫即使食用非施药部位也能中毒。

3．久效磷

久效磷纯品为白色晶体，微有酸臭味，工业品为红棕色黏稠液体，能溶于水、醇、丙酮等。具有很强的触杀和胃毒作用，还有较好的内吸杀虫和一定的杀卵作用。药效迅速，残效持久，使用浓度低。属于高效广谱性杀虫剂，防治棉花蚜虫、红蜘蛛效果好。但对人、畜剧毒。

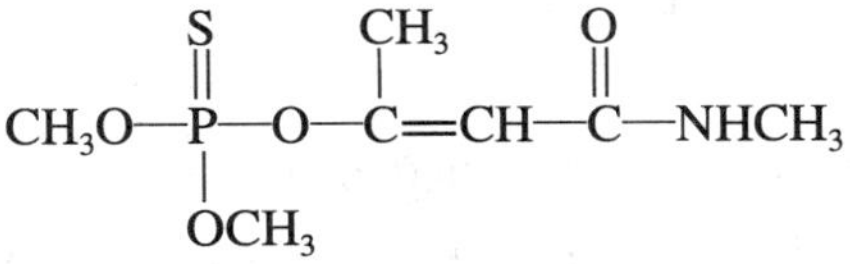

$$CH_3O-\overset{\overset{S}{\|}}{\underset{\underset{OCH_3}{|}}{P}}-O-\overset{\overset{CH_3}{|}}{C}=CH-\overset{\overset{O}{\|}}{C}-NHCH_3$$

O,O′-二甲基-*O″*-（1-甲基-2-甲胺基甲酰乙烯基）磷酸酯　商品名久效磷

4．杀螟松

原药为黄褐色油状液体，带有蒜臭味，具有触杀和胃毒作用，属广谱性杀虫剂。对水稻螟虫有特效，用于水稻、棉花、林木、果树、蔬菜、茶叶等作物的多种害虫的防治。

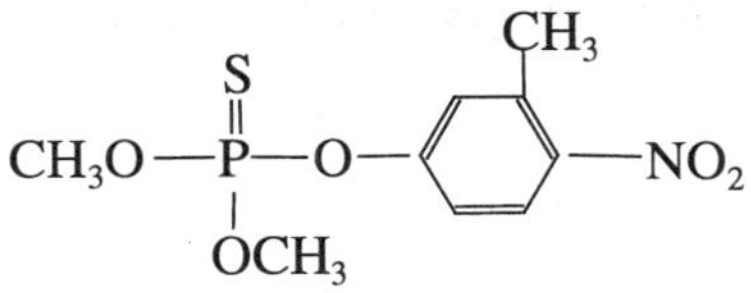

$$CH_3O-\overset{\overset{S}{\|}}{\underset{\underset{OCH_3}{|}}{P}}-O-C_6H_3(CH_3)-NO_2$$

O，*O′*-二甲基-*O″*-（3-甲基-4-硝基苯基）硫代磷酸酯　商品名杀螟松

三、膦酸和膦酸类化合物

1．乙烯利

化学名称为 2-氯乙基膦酸，构造式如下：

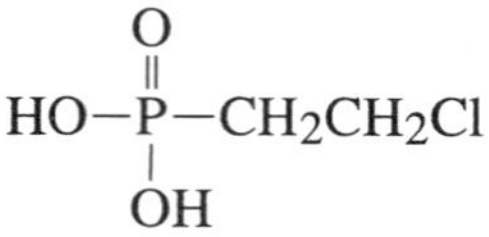

$$HO-\overset{\overset{\displaystyle O}{\|}}{\underset{\underset{\displaystyle OH}{|}}{P}}-CH_2CH_2Cl$$

纯净的乙烯利是无色针状晶体，易溶于水和乙醇。市售乙烯利通常是带棕色的溶液。乙烯利是一种合成植物调节剂。它进入植物器官后，会缓慢水解释放出乙烯，对果实起催熟作用。

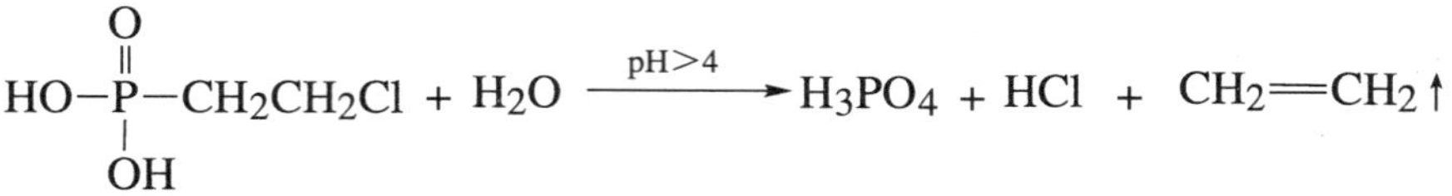

$$HO-\overset{\overset{\displaystyle O}{\|}}{\underset{\underset{\displaystyle OH}{|}}{P}}-CH_2CH_2Cl + H_2O \xrightarrow{pH>4} H_3PO_4 + HCl + CH_2{=\!=}CH_2\uparrow$$

2．敌百虫

敌百虫珠蚌无色晶体，可溶于水。它是一种高效低毒的有机磷杀虫剂，对昆虫有胃毒和触杀作用，农业上可用于防治多种害虫；家庭卫生可用来杀灭蚊蝇等。它对哺乳动物毒性很低，可用来防治家畜体内外的寄生虫。

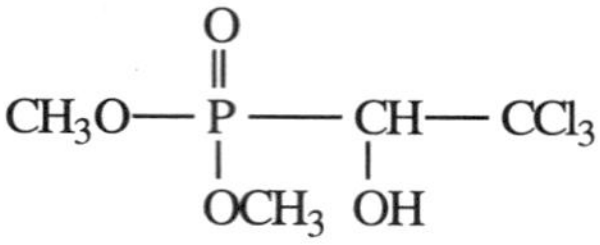

$$CH_3O-\overset{\overset{\displaystyle O}{\|}}{\underset{\underset{\displaystyle OCH_3}{|}}{P}}-\underset{\underset{\displaystyle OH}{|}}{CH}-CCl_3$$

O,O′-二甲基（1-羟基-2,2,2-三氯乙基）膦酸酯（商品名敌百虫）

3．甲胺磷

纯品为白色晶体，工业品为黄色或灰色黏稠液体，易溶于水、甲醇、丙酮等溶剂。具有触杀、内吸和胃毒作用。为高效、高毒的广谱性杀虫、杀螨剂。对抗药性蚜虫、螨类和稻飞虱、稻纵卷叶螟的效果较好。

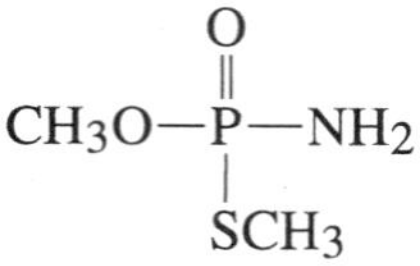

$$CH_3O-\overset{\overset{\displaystyle O}{\|}}{\underset{\underset{\displaystyle SCH_3}{|}}{P}}-NH_2$$

O,S-二甲基硫代磷酰胺（商品名甲胺磷）

复习与思考题

1. 给下列化合物命名：

（1）$H_2N-C_6H_4-N(CH_3)_2$（对位）　　（2）$C_2H_5-C_6H_4-NH-CH_3$（对位）

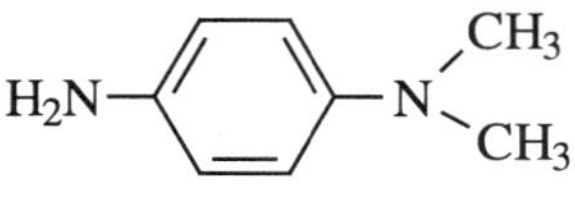

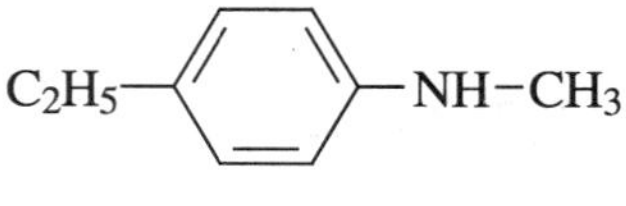

（3）$CH_3-CH_2-NH-CH_3$　　（4）$C_6H_5-NHCH_3$

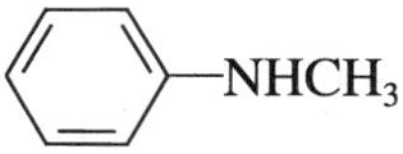

（5）$C_{10}H_7N(CH_3)_2$（1-位 $N(CH_3)_2$ 取代萘）　　（6）$CH_3-C_6H_4-NH-CH_2-C_6H_5$

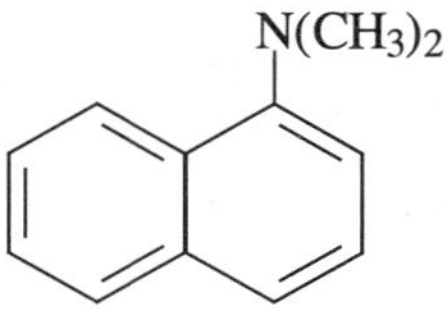

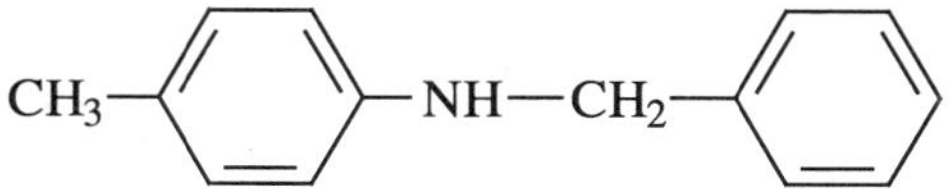

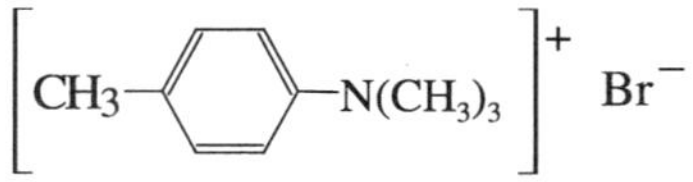

（7）$\left[CH_3-C_6H_4-N(CH_3)_3\right]^+ Br^-$　　（8）$CH_3-CH(CH_3)-CH_2-CH_2-CH(NHCH_3)-CH_2-CH_3$

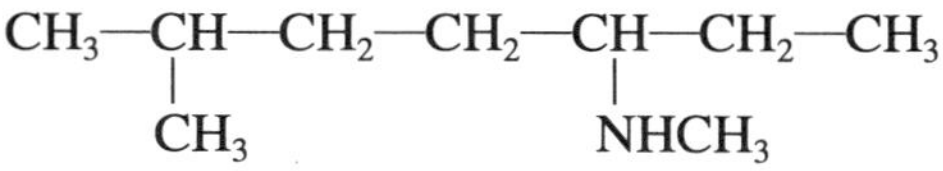

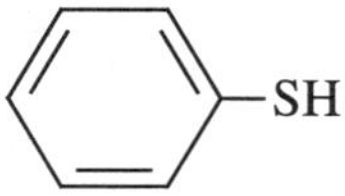

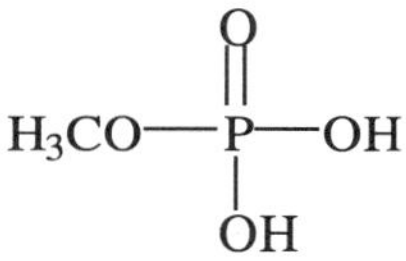

（9）CH_3-CH_2-SH　　（10）C_6H_5-SH

（11）$H_3CO-P(=O)(OH)-OH$　　（12）$H_3CO-P(=O)(OH)-CH_3$

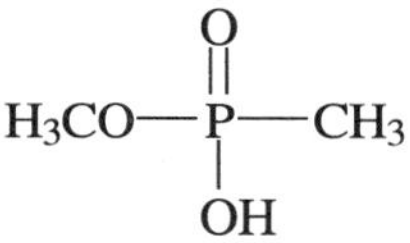

2. 写出下列化合物的构造式：

（1）间硝基乙酰苯胺　　（2）1,3-丁二胺　　（3）己二腈

（4）对羟基偶氮苯　　（5）β-萘酚　　（6）甲基异丙基胺

3. 按照碱性降低顺序，排列下列各组化合物：

氨，甲胺，苯胺，二苯胺，三苯胺

环己胺，苯胺，对氯苯胺，对甲苯胺，对硝基苯胺

4. 完成下列反应式：

（1）$C_6H_5NH_2 \xrightarrow{CH_3COOH} ? \xrightarrow[CH_3COOH]{Br_2} ? \xrightarrow[\triangle]{H,\ H_2O} ?$

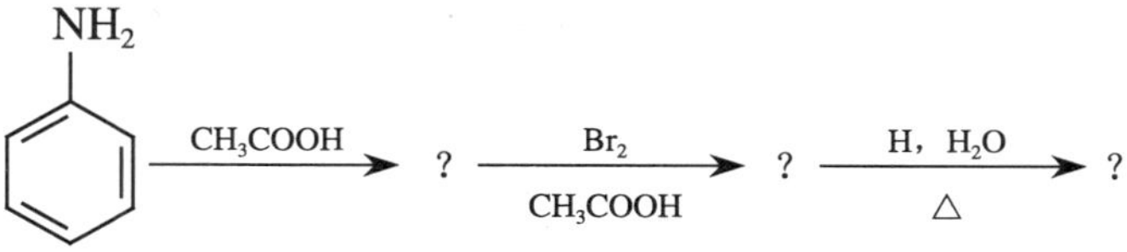

（2）$C_6H_5NH_2 \xrightarrow[H_2O]{Br_2} ? \xrightarrow[0\sim5℃]{NaNO_2,H_2SO_4} ? \xrightarrow{H_3PO_2} ?$

（3）$p\text{-}CH_3C_6H_4NH_2 \longrightarrow p\text{-}CH_3C_6H_4N_2HSO_4 \longrightarrow p\text{-}CH_3C_6H_4I$

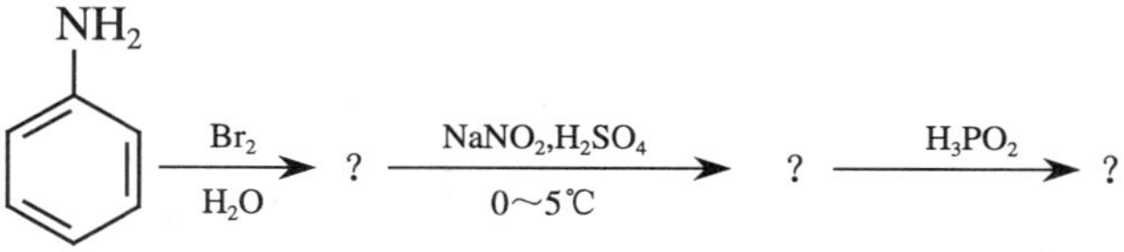

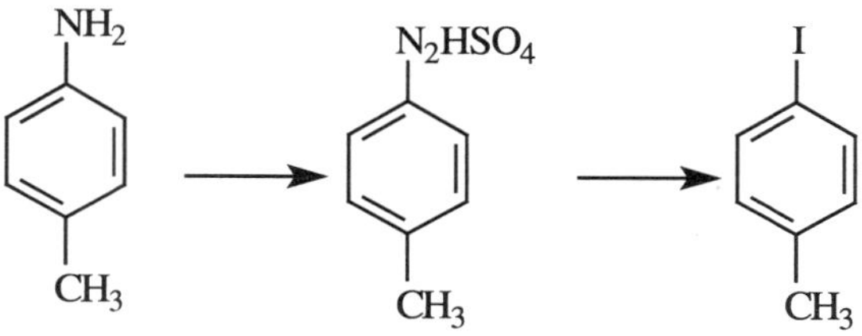

（4）苯 $\xrightarrow{\text{混酸}}$? $\xrightarrow[\text{浓 } H_2SO_4]{\text{发烟硝酸}}$? $\xrightarrow{?}$ 间硝基苯胺（NH_2、NO_2）

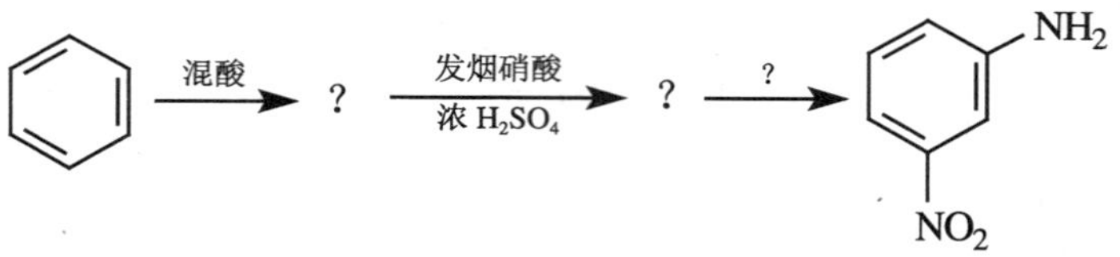

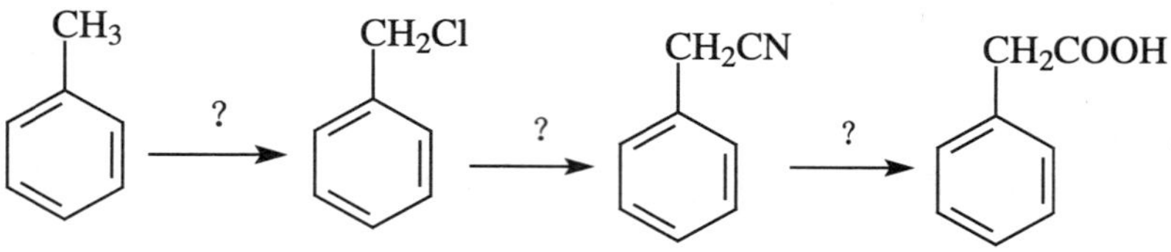

（5）甲苯（CH_3）$\xrightarrow{?}$ $C_6H_5CH_2Cl$ $\xrightarrow{?}$ $C_6H_5CH_2CN$ $\xrightarrow{?}$ $C_6H_5CH_2COOH$

（6）间二硝基苯（NO_2、NO_2）$\xrightarrow{?}$ 间二硝基苯（NO_2、NO_2）$\xrightarrow{?}$ 间硝基乙酰苯胺（$NHCOCH_3$、NO_2）

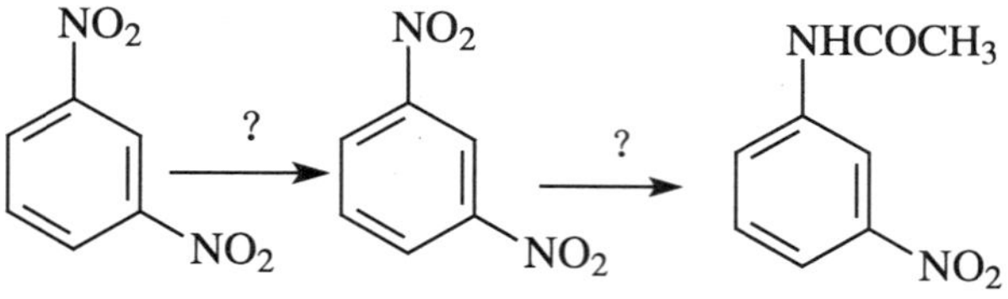

5. 用化学方法鉴别下列化合物:

（1）丙醛、丙醇、乙酸、乙胺

（2）乙胺、二乙胺、三乙胺

6. 推测结构

化合物 A 的分子式是 $C_6H_{15}N$，能溶于稀盐酸，在室温下可与亚硝酸作用生成 B 并放出氮气。B 能发生碘仿反应，与浓 H_2SO_4 共热时得到烯烃 $CH_3CH= CHCH(CH_3)_2$。试推测化合物 A、B 的构造式，并写出各步的化学反应式。

杂环化合物的性质

【学习目标】

1. 了解杂环化合物的物理性质。
2. 熟悉几种重要杂环化合物的化学性质。
3. 掌握呋喃、噻吩、吡咯鉴别方法。

杂环化合物是一大类有机物，占已知有机物的三分之一。杂环化合物在自然界分布很广、功用很多。例如，中草药的有效成分生物碱大多是杂环化合物；动植物体内起重要生理作用的血红素、叶绿素、核酸的碱基都是含氮杂环；部分维生素，抗菌素；一些植物色素、植物染料、合成染料都含有杂环。所谓杂环化合物是指组成环的原子中含有除碳以外的原子（杂原子——常见的是 N、O、S 等）的环状化合物。下面简单介绍几种常见的杂环化合物。

第一节　杂环化合物的分类和命名

按杂环的大小通常分五元杂环、六元杂环两大类，其他环较为少见。按分子内所含环的数目分为单杂环和稠杂环，此外，还可按环中杂原子的种类和数目来分类。

杂环化合物的命名多采用译音法，即化合物的名称用英文的译音，将近似的同音汉字左边加上一口字旁。杂环化合物的分类及名称见表 12-1。

对杂环的衍生物命名时。按系统命名规定，单环杂环化合物从杂原子开始依次编号，以使取代基的位次尽量小为原则。若按α、β、γ编号，则与杂原子相连的碳原子为α位，其次为β位；对于五元杂环，只有α和β位；对于六元杂环则有α、β、γ三种编位。如果杂环中有两种或两种以上的杂原子，则按 O、N、S 的次序将前边的杂原子编为 1 号，使其他杂原子的编号尽量小为原则。例如：

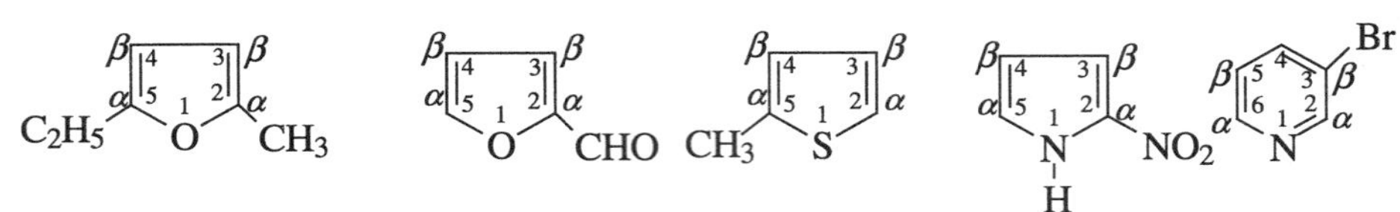

2-甲基-5-乙基呋喃	2-呋喃甲醛	5-甲基噻唑	2-硝基吡咯	3-溴吡啶
α-甲基-α′-乙基呋喃	α-呋喃甲醛	（不是 2-甲基噻唑）	α-硝基吡咯	β-溴吡啶

对于稠杂环一般都有其特定的编号次序，见表 12-1。

表 12-1　常见杂环化合物的构造、分类和名称

类别		含一个杂原子	含两个杂原子
五元单环	构造		
	名称	呋喃（furan）　噻吩（thiophene）　吡咯（pyrrole）	吡唑（pyrazole）　咪唑（imidazole）　噁唑（oxazole）　噻唑（thiazole）
五元二环	构造		
	名称	苯并呋喃（benzofuran）　苯并噻吩（benzothiophene）　吲哚（indole）	苯并咪唑（benzoimidazole）　苯并噁唑（benzoxazole）　苯并噻唑（benzothiazole）
六元单环	构造		
	名称	吡啶（pyridine）	哒嗪（pyridazine）　嘧啶（pyrimidine）　吡嗪（pyrazine）
六元二环	构造		
	名称	喹啉（quinoline）　异喹啉（isoquinoline）	嘌呤（purine）

第二节　杂环化合物的性质

一、物理性质

大部分杂环化合物不溶于水，易溶于有机溶剂。常见的分子量不太大的杂环化合物一般都是液体，个别的是固体。它们都有特殊的气味。几种常见的杂环化合物物理性质见表 12-2。

表 12-2　几种常见的杂环化合物物理性质

名称	熔点/℃	沸点/℃	溶解性能
呋喃	−86	31.4	不溶于水　易溶于乙醇、乙醚
糠醛	−39	162	微溶于水　溶于乙醇、乙醚
吡咯	−38	84	不溶于水　溶于乙醇、乙醚、苯
噻吩	−18.5	131	不溶于水　易溶于乙醇、乙醚
吡啶	−41.5	115.6	溶于水　　易溶于乙醇、乙醚
喹啉	−15	238	不溶于水　易溶于乙醇、乙醚

二、化学性质

（一）杂环化合物的结构

（1）呋喃、噻吩、吡咯在结构上具有共同点，即构成环的五个原子都为 sp^2 杂化，故成环的五个原子处在同一平面，杂原子上的孤对电子参与共轭形成共轭体系，其 π 电子数符合休克尔规则（π 电子数＝$4n+2$），所以，它们都具有芳香性。

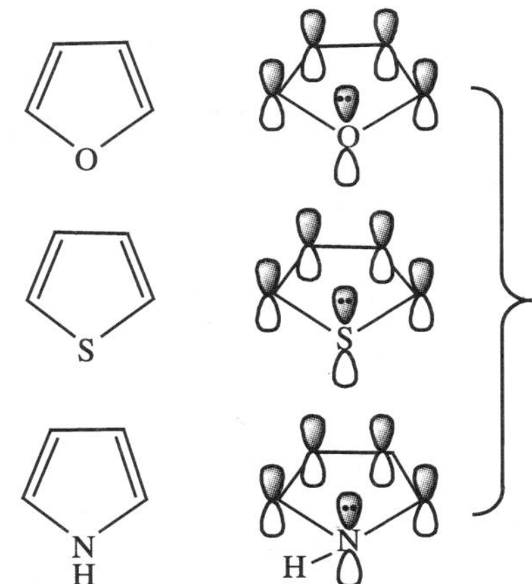

为Π_5^6 共轭体系π电子=6 符合 $4n+2$，具有芳香性，为富电子芳环

五元杂环化合物的活性顺序为：

吡咯＞呋喃＞噻吩＞苯

（2）六元环吡啶的结构与五元环吡咯的结构比较：

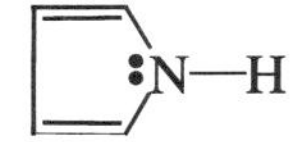

N 上的孤对电子在 p 轨道上，参与环内共轭，为富电子芳环

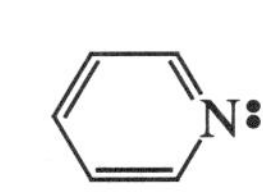

N 上的孤对电子在 sp^2 轨道上，在环外不参与环内共轭

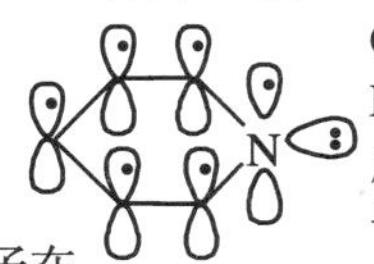

C－sp^2
N－sp^2
成环原子共平面
} Π_6^6 体系

由于吡啶环的N上在环外有一孤对电子，故吡啶环上的电荷分布不均。

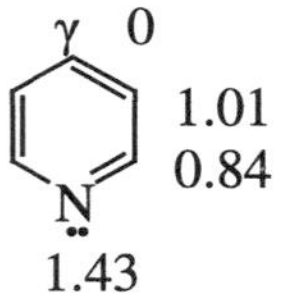

γ 0
1.01
0.84
N
1.43

电荷分布　N＞β＞α＞γ
亲电取代　β位
亲核取代　α，γ位

综合五元和六元环结构，虽然它们都具有芳香性，但环上电子云密度大小不同，其顺序为：

噻吩＞吡咯＞呋喃＞苯＞吡啶

（二）杂环化合物的化学性质

1．取代反应

（1）卤代反应　吡咯等富电子的芳杂环很易发生卤代反应，常得到卤代物。例如：

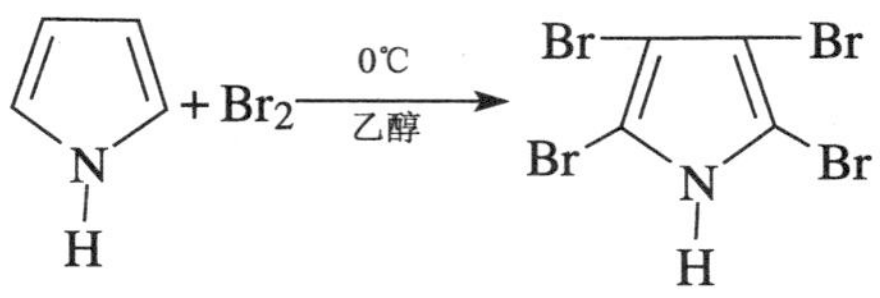

吡咯 $+ Br_2$ —(0℃，乙醇)→ 2,3,4,5-四溴吡咯（Br、Br、Br、Br，N—H）

吡啶等缺电子的芳杂环则在较剧烈的条件下才发生卤代反应。例如：

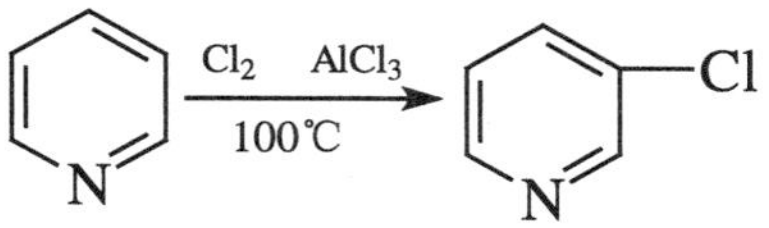

吡啶 —(Cl_2　$AlCl_3$，100℃)→ 3-氯吡啶（Cl）

（2）硝化反应　富电子的芳杂环在较缓和的条件下即可硝化，缺电子的芳杂环的硝化不需要剧烈的条件和较长的反应时间，而且产率很低。

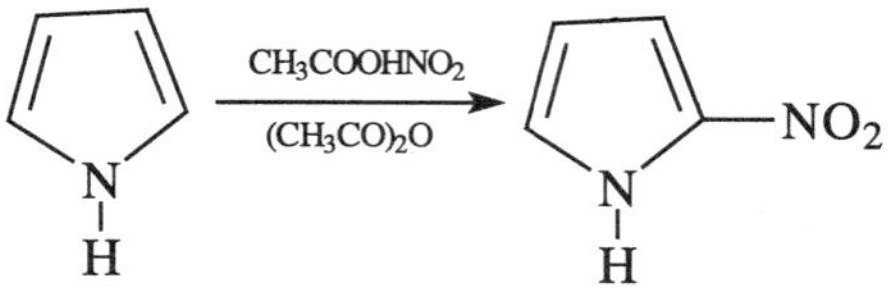

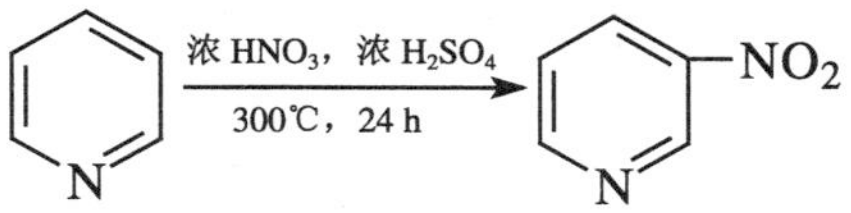

吡咯 —($CH_3COOHNO_2$，$(CH_3CO)_2O$)→ 2-硝基吡咯（NO_2）

吡啶 —(浓 HNO_3，浓 H_2SO_4，300℃，24 h)→ 3-硝基吡啶（NO_2）

3-硝基吡啶（8%）

（3）磺化反应　富电子的芳杂环较容易发生磺化。

噻吩 $\xrightarrow{H_2SO_4}$ 2-噻吩磺酸（SO_3H）

呋喃 $\xrightarrow{SO_3\text{-吡啶}}$ 2-呋喃磺酸（SO_3H）

（4）催化加氢　由于杂环化合物的芳香性比苯弱，所以加成反应一般比苯容易进行。例如：

呋喃 $\xrightarrow{H_2,\ Ni}$ 四氢呋喃

四氢呋喃（THF），性质与乙醚相似，是重要的化学溶剂。

噻吩 $+ H_2 \longrightarrow$ 二氢噻吩

虽然呋喃、吡咯、噻吩都可以加氢，但呋喃、吡咯加氢后很容易得到四氢化物，而噻吩一般是二氢化物。

吡啶 $\xrightarrow[HAc]{H_2,\ Pt}$ 哌啶

2．弱酸性

由于 N 上未共用电子对参加了杂环的共轭体系，吡咯具有弱酸性，与 N 相连接的 H 可被碱金属取代形成盐。例如：

吡咯（N—H）$+$ KOH（固体）$\longrightarrow$ 吡咯钾（N—K）$+ H_2O$

吡啶的环外有一对未作用的孤对电子，具有碱性，易接受亲电试剂而成盐。吡啶的碱性小于氨大于苯胺。

	CH_3NH_2	NH_3	吡啶	苯胺（NH_2）
pK_b	3.38	4.76	8.80	9.42

吡啶易与酸和活泼的卤代物反应生成盐。

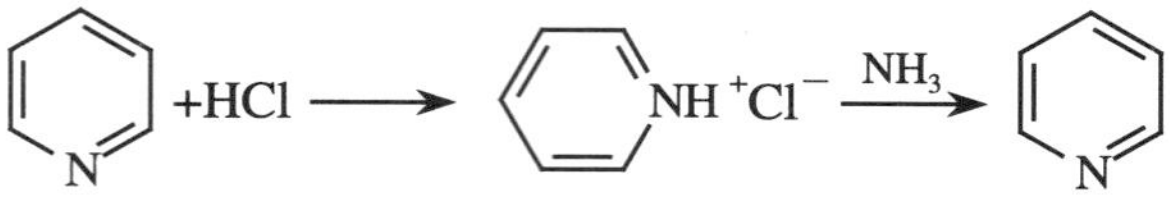

吡啶 $+HCl \longrightarrow$ $C_5H_5NH^+Cl^-$ $\xrightarrow{NH_3}$ 吡啶

3. 氧化还原反应

（1）氧化反应　吡啶环对氧化剂稳定，一般不被酸性高锰酸钾、酸性重铬酸钾氧化，通常是侧链烃基被氧化成羧酸。

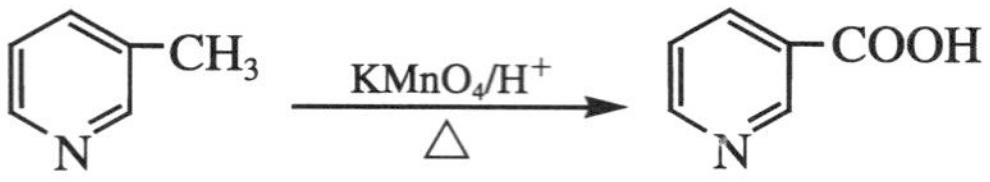

3-甲基吡啶（$-CH_3$）$\xrightarrow[\triangle]{KMnO_4/H^+}$ 吡啶-3-甲酸（$-COOH$）

β-吡啶甲酸（烟酸）

2-苯基吡啶 $\xrightarrow[\triangle]{HNO_3}$ 吡啶-2-甲酸（$-COOH$）

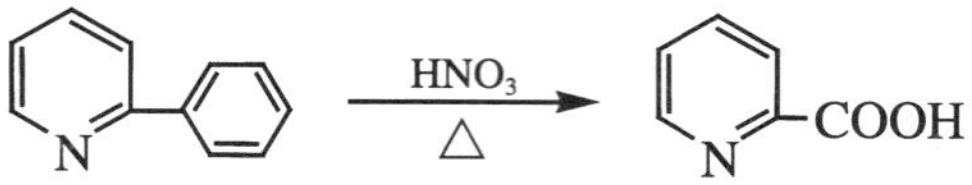

α-吡啶甲酸

（2）还原反应　吡啶比苯易还原，用钠加乙醇、催化加氢均使吡啶还原为六氢吡啶（即胡椒啶）。

三、重要的杂环化合物

（一）呋喃及其衍生物

呋喃（ 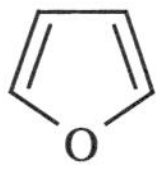 ）：存在于松焦油中，是无色液体，具有醚类香味，不溶于水，易溶于乙醇、乙醚等有机溶剂。

鉴别：呋喃遇到浸过盐酸的松木片显绿色（称为松木反应）。

呋喃的衍生物——糠醛（ $-CHO$）

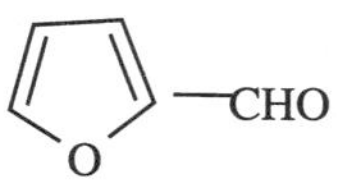

糠醛学名叫α-呋喃甲醛，是一种良好的溶剂，也是有机合成的重要原料。纯糠醛为无色液体，有刺激性气味，溶于水、乙醇、乙醚、丙酮苯等有机溶剂。容易在空气氧化变成黑褐色。

糠醛与苯胺在醋酸作用下显红色，可以用来检验糠醛的存在。

糠醛的化学性质与苯甲醛相似。它可以发生银镜反应；它既能被氧化成羧基，又能被还原成醇羟基，例如：

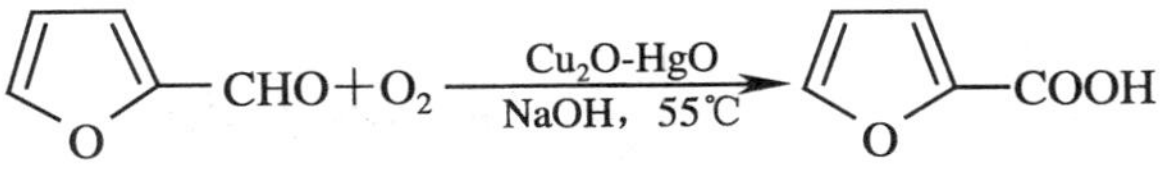

$$\text{(呋喃-2-基)}-CHO + O_2 \xrightarrow[NaOH,\ 55℃]{Cu_2O\text{-}HgO} \text{(呋喃-2-基)}-COOH$$

糠酸

$$\text{(呋喃-2-基)}-CHO \xrightarrow[150℃]{H_2,\ Cu} \text{(呋喃-2-基)}-CH_2OH$$

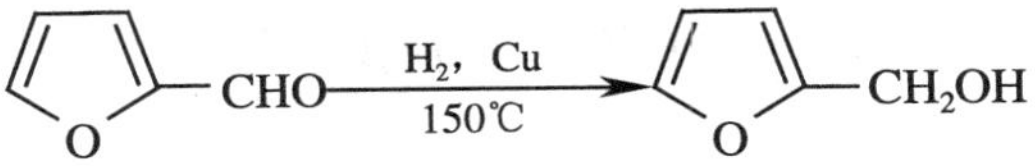

糠醇

糠酸可以作防腐剂以及制造增塑剂等原料；糠醇是一种优良溶剂，是制造糠醇树脂（用作防腐涂料以及制玻璃钢）原料。

糠醛因为没有α-H，所以在强碱作用下发生坎尼扎罗反应：

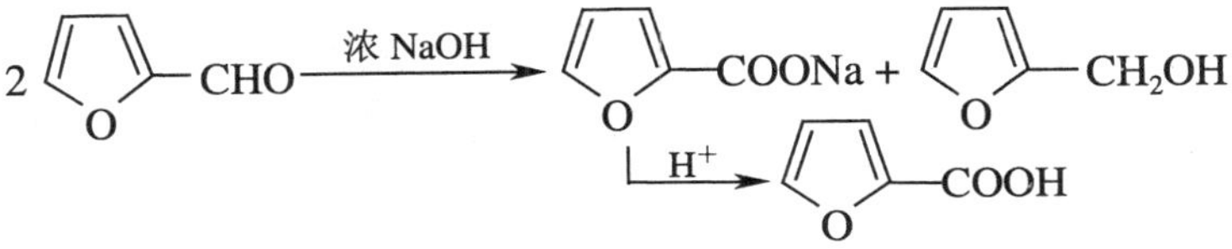

$$2\ \text{(呋喃-2-基)}-CHO \xrightarrow{\text{浓 }NaOH} \text{(呋喃-2-基)}-COONa + \text{(呋喃-2-基)}-CH_2OH$$

$$\text{(呋喃-2-基)}-COONa \xrightarrow{H^+} \text{(呋喃-2-基)}-COOH$$

（二）吡咯及其衍生物

吡咯（吡咯环，N-H）：存在于煤焦油和骨焦油中，是具有氯仿气味的无色液体，在空气中因氧化而迅速变黑，在微量无机酸存在下易聚合成暗红色树脂状物。

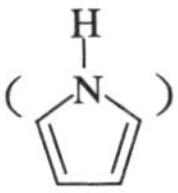

鉴别：吡咯遇到浸过盐酸的松木片显红色。

吡咯的衍生物

最重要的吡咯衍生物是含有四个吡咯环和四个次甲基交替相连组成的大环化合物。其取代物称为卟啉族化合物。

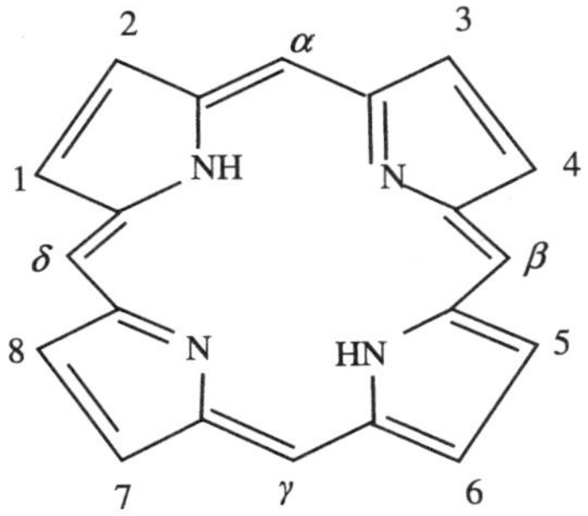

（卟吩结构式：四个吡咯环（NH、N、N、HN）经 α、β、γ、δ 四个次甲基相连，吡咯环碳原子编号 1～8）

卟啉族化合物广泛分布于自然界。血红素、叶绿素都是含环的卟啉族化合物。

在血红素中环络合的是 Fe，叶绿素环络合的是 Mg。血红素的功能是运载输送氧气，叶绿素是植物光合作用的能源。

1964 年，Woodward 用 55 步合成了叶绿素。1965 年接着合成 VB_{12}，用 11 年时间完成了全合成。 Woodward 一生人工合成了 20 多种结构复杂的有机化合物，是当之无愧的有机合成大师。Woodward 20 岁获博士学位，30 岁当教授，48 岁时（1965 年）获诺贝尔化学奖。

（三）噻吩

噻吩（ S ）存在于煤焦油的粗苯中，约为粗苯含量的 5%。石油和油页岩油中也含有噻吩及其同系物。由于噻吩及其同系物与苯的沸点非常相近，故难以用一般的分馏法将它们分开。如果将煤焦油中取得的粗苯在室温下反复用浓硫酸提取，噻吩即被磺化而溶于浓硫酸中。将噻吩磺酸去磺化即可得到噻吩。

噻吩与吲哚醌在硫酸作用下发生墨绿色反应，可用来检验苯中的噻吩。

（四）吡啶

吡啶存在于煤焦油页岩油和骨焦油中，吡啶衍生物广泛存在于自然界，例如，植物所含的生物碱不少都具有吡啶环结构，维生素 PP、维生素 B_6、辅酶 I 及辅酶 II 也含有吡啶环。吡啶是重要的有机合成原料（如合成药物）、良好的有机溶剂和有机合成催化剂。吡啶为有特殊臭味的无色液体，可与水、乙醇、乙醚等任意混合。

（五）喹啉

喹啉存在于煤焦油中，为无色油状液体，放置时逐渐变成黄色，有恶臭味，难溶于水。能与大多数有机溶剂混溶，是一种高沸点溶剂。

喹啉的衍生物

喹啉的衍生物在自然界存在很多，如奎宁、氯喹、罂粟碱、吗啡等。

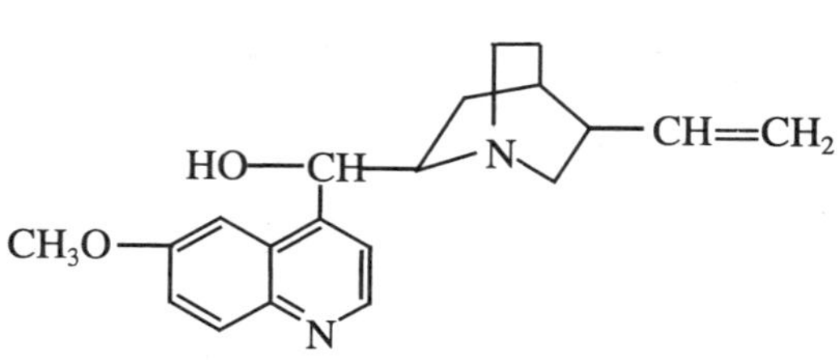

HO—CH　　N　　CH=CH$_2$

CH$_3$O　　N

奎宁（金鸡钠碱）

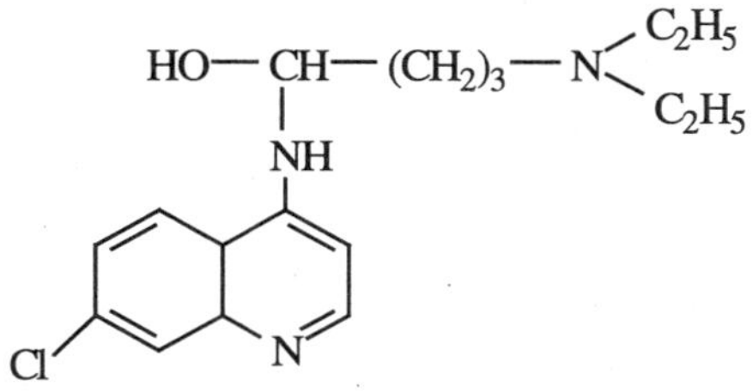

氯喹（合成抗疟疾药） 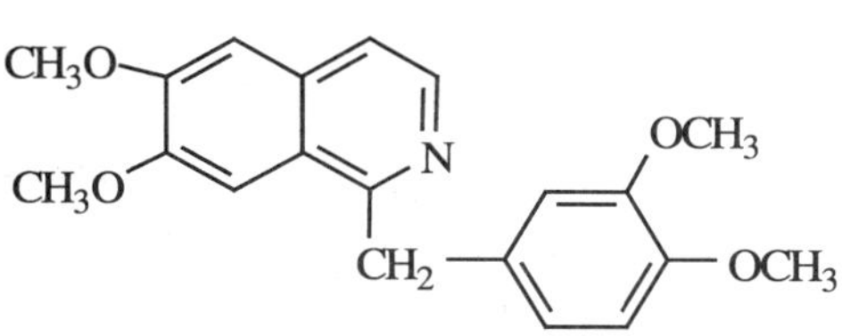　　罂粟碱

奎宁存在于金鸡钠树皮中，有抗疟疾疗效。

含一个被还原的异位喹啉环，是从鸦片中提取出来的。

吗啡的盐酸盐是很强的镇痛药，能持续 6 小时，也能镇咳，但易上瘾。将羟基上的氢换成乙酰基，即为海洛因，不存在于自然界。海洛因比吗啡更易上瘾，可以缓解晚期癌症患者的症状。

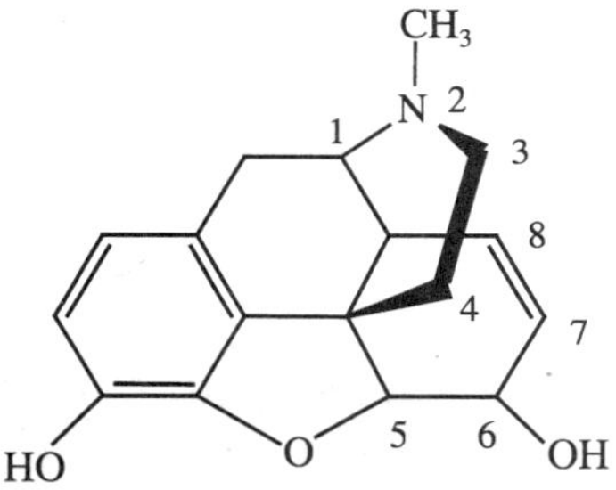

吗啡

复习与思考题

1. 选择题：

（1）下列化合物中哪个不属于杂环化合物（　　）

A. 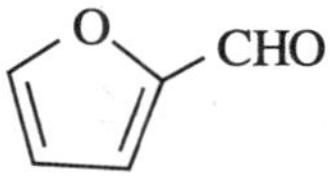　B. 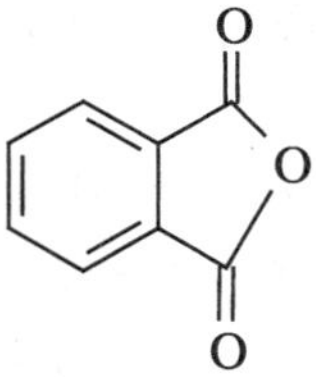　C. 　D.

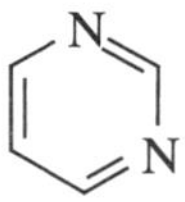

（2）下列化合物中哪个是噻吩（　　）

A. 　B. 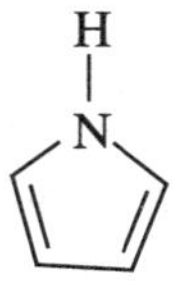　C. 　D.

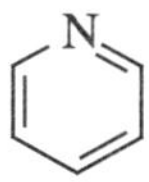

（3）在叶绿素和血红素中存在的杂环基本单元是（　　）

A. 吡啶　B. 呋喃　C. 噻吩　D. 吡咯

（4）在下列化合物中水溶性最好的是（　　）

A. 吡啶　B. 呋喃　C. 噻吩　D. 吡咯

2. 鉴别下列化合物:

（1）苯甲醛、糠醛

（2）呋喃、吡咯、噻吩

（3）苯、噻吩、苯酚

3. 写出下列杂环化合物的结构式:

（1）3-甲基吡咯　（2）α-呋喃甲醛　（3）四氢呋喃

（4）喹啉　（5）吡啶

4. 请你上网搜索咖啡碱、烟碱（尼古丁）、罂粟碱和吗啡等毒品中是否含有杂环化合物，若有含有哪些杂环化合物？为什么要教育青少年远离毒品？为什么要教育青少年不要吸烟？

【阅读材料】

常见的几种毒品

毒品是指鸦片、海洛因、甲基苯丙胺（“冰毒”）、吗啡、大麻、可卡因以及国家规定管制的其他能够使人形成瘾癖的麻醉药品和精神药品。

毒品具有以下的共同特征：1.有一种不可抗拒的力量强制性地使吸食者连续使用该药，并且不择手段地去获得它；2.连续使用有加大剂量的趋势；3.对该药产生精神依赖性及躯体依赖性，断药后产生戒断症状；4.对个人、家庭、社会都会产生危害性结果。

联合国麻醉药品委员会将毒品分为六大类：1.吗啡型药物，包括鸦片、吗啡、可卡因、海洛因和罂粟植物等最危险的毒品；2.可卡因和可卡叶；3.大麻；4.安非他明等人工合成兴奋剂；5.安眠镇静剂，包括巴比妥药物和安眠酮；6.精神药物，即安定类药物。

以下为几种常见的毒品：

罂粟（Papaver Somniferum）原产于小亚细亚，适应性很强，从非洲最南端到地球北部莫斯科的气候，它都能生长。罂粟为一年生植物，植株高 1 米到 5 米，花为蓝紫色或白色，叶子为银绿色，分裂或有锯齿。 罂粟花落后，在顶端结成椭圆形的果实——罂粟果。取罂粟果划破表皮，会流出乳白色的果汁。果汁暴露于空气后干燥凝结，即变成褐色或黑色，这就是生鸦片。生鸦片经过提炼生成吗啡，吗啡再经化学药物提炼即生成海洛因。

鸦片（品名或常用名：Laudanum，Paregoric；俗称：Opium）——取自罂粟的生鸦片以圆块状、饼状或砖状出售，以后再粉碎或进一步加工。鸦片的有效成分为生物碱，最主要的是吗啡。使用鸦片成瘾后，可引起体质衰弱及精神颓废，还会缩短寿命。过量使用可引起急性中毒，因呼吸抑制而造成死亡。

吗啡（Roxanol）——一种无色或白色结晶粉，是鸦片的主要生物碱，从鸦片中提炼而成。吗啡通过注射及口服可产生欣快感，并产生对呼吸系统、循环系统和肠胃系统的副作用。吗啡是一种全身抑制药，使用后容易成瘾。

可卡因（俗称：Bump，Coke，Flake，Snow，Candy）——一种微细、白色的结晶粉状的生物碱，性粉末，味苦，具舌麻痹感，由古柯的叶子提炼而成，又称古柯碱。古柯生长在热带或亚热带气候的山坡或高地上。在拉美地区的哥伦比亚、玻利维亚、秘鲁是古柯叶的主要种植国以及可卡因的主要生产国。可卡因是一种中枢神经系统即脊髓、髓质、大脑等系统的兴奋剂，可刺激大脑皮质，麻痹感觉神经末梢和运动神经末梢，从而产生欣快感及视、听、触等幻觉。可卡因鼻吸后很快为鼻粘黏吸收，因刺激性及对血管有收缩作用，故容易形成鼻腔溃疡。可卡因可在服用数周后即可产生习惯性，使服用者在心理上对其产生严重的依赖性，因而成为一种特别容易使人上瘾的毒品。服用可卡因后，会逐渐发生偏执狂型精神病，并日渐加剧，使精神衰退。大剂量服用后可刺激脊髓，引起惊厥，乃至整个神经系统抑制，引起呼吸衰竭造成死亡。在毒品交易中，可卡因被称为 Snow 或 Coke。

大麻及其衍生物——大麻是一种粗大、直立、芳香的一年生雌雄异株的灌木。大麻原产于中亚，在北温带地区种植较为广泛。大麻里含有大麻酚、大麻二酚和四氢大麻酚等数种生物碱。其中四氢大麻酚是服用大麻后产生致幻作用的主要成分。大麻服用后可影响中枢神经系统，引起欣快感，并引起倦睡。大剂量服用可出现幻视、焦虑、抑郁、情绪突变、妄想狂样的反应。大麻主要是在心理上而不是在生理上引起成瘾。长期使用者在停止使用 2～4 周可消除其影响，而不会像停止服用鸦片那样出现生理症状。大麻的衍生物主要是大麻脂和大麻油。

摇头丸——主要成分是冰毒，是冰毒的一种。冰毒的成分是甲基苯丙安，纯品很像冰糖，贩卖者为了便于吸食者使用，制作成各种规格的片剂、丸剂，就是“摇头丸”——人服食后为释放能量会不停手舞足蹈，摇头晃脑。冰毒是一种精神类毒品，吸食后透支人体的能量，对内脏器官伤害很大。吸食者有暴力攻击倾向，易引发暴力攻击、性侵害、抢劫等事件，成为社会治安隐患。有人曾诉说吸食冰毒后的感觉：“血液沸腾，敢干平时最不敢干的事。”有报章透露，冰毒吸食一次即可成瘾。冰毒对吸食者和社会的危害性，远甚于海洛因。

第十三章 对映异构

【学习目标】

1. 熟悉偏振光、分子的手性、对称因素、对映体、对映异构、外消旋体等概念。
2. 掌握手性碳原子的判断方法。
3. 熟悉费歇尔投影式书写方法。
4. 了解D/L和R/S标记法。

有机化合物普遍存在同分异构现象，简称异构现象。这是有机化合物的结构特点之一。有机化合物除了构造异构以外，还存在立体异构；立体异构是由于分子中的原子或原子团互相连接的方式和顺序。立体异构有一类异构与化合物的一种特殊物理性质——旋光性有关，叫做对映异构，也叫做旋光异构或光学异构。

第一节 物质的旋光性

一、平面偏振光和旋光性

光是一种电磁波，它的振动方向与其前进方向垂直。普通光（自然光）的光波是在各个不同方向上振动的（图13-1）。

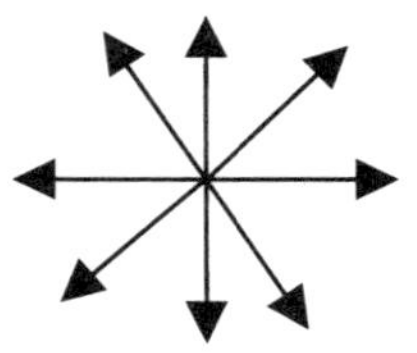

图13-1 自然光平面

如果将普通光通过偏振片时，则只有振动平面与晶轴相平行的光才能够通过，其他方向的光被阻挡，我们把这种在一个平面上振动的光叫做平面偏振光，简称偏振光或偏光（图13-2）。

如果物质使偏振面旋转一定的角度，称这种物质为旋光性物质，这种性质称为旋光性，或光学活性，旋转的角度称为旋光度（图 13-3）。

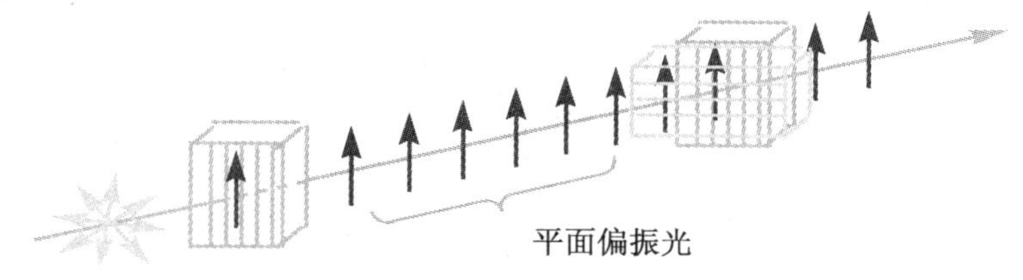

图 13-2　平面偏振光

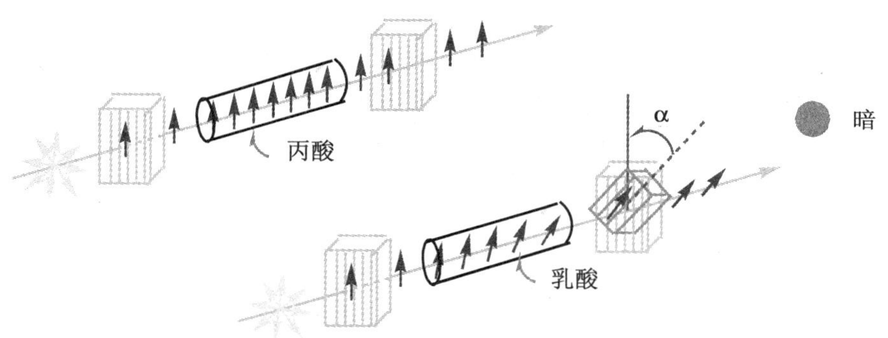

图 13-3　物质的旋光性

二、旋光仪和比旋光度

旋光度的大小是由旋光仪测定的。比旋光度是表示化合物旋光性的物理常数：

$$[\alpha]_{\mathrm{D}}^{t}=\frac{\alpha}{\rho_{B}\cdot l}$$

式中，α ——测定的旋光度；

l ——盛液管的长度，dm；

t ——测定时的温度，一般为室温，20℃或 25℃；

D ——所用钠光光源波长，λ=589.9 nm；

ρ_B ——溶液的浓度（g/mL）或纯溶液的密度。

使偏振光向右旋转（顺时针方向）叫做右旋（“＋”或“D”表示）；使偏振光向左旋转（逆时针方向）叫做左旋（“－”或“L”表示）。表示比旋光度务必指出旋光方向，例如：

有一物质的水溶液，浓度为 5 g/100 mL，在 10 cm 长的管内，它的旋光度是

−4.64°，求$[\alpha]_D^{20}$

$$[\alpha]_D^{20}=\frac{-4.60}{1\times\frac{5}{100}}=-92.8$$

查手册得出，果糖的$[\alpha]_D^{20}=-93°$，故该物质可能是果糖水溶液，相反，若知道某物质的$[\alpha]_D^{20}$后，也可测定该物质溶液的浓度。

$$c=\frac{\alpha_D^{20}}{[\alpha]_D^{20}\cdot l}$$

制糖工业经常利用旋光度来控制糖液的浓度。

注：浓度的单位是单位体积溶液中所含溶质的质量，不是质量分数。若所测旋光物质为纯液体，计算时，将 c 换成 d 密度，g/cm^3。

$$[\alpha]_\lambda^t=\frac{\alpha_\lambda^t}{d\cdot l}$$

第二节　对映异构现象与分子结构的关系

一、对映异构现象的发现

拜奥特（Biot I B）最先发现某些有机化合物的液体或者溶液具有偏转旋光作用，当时就推想这和物质的组成与不对称性有关系。

1848 年法国科学家巴斯德（L. Pasteur）提出了光活性是由于分子的不对称性所引起的，并且他用放大镜和镊子挑出了酒石酸钠铵的两种不同的结晶晶体，发现一种晶体能使偏振光右旋，另一种晶体能使偏振光左旋。它们等浓度的水溶液，其旋光度相等，方向相反。

1870 年不特列夫注意到：左旋、右旋和外消旋的乳酸。

1884 年范霍夫和勒贝提出不对称碳原子的概念，并且预言某些分子，如丙二烯型分子，即使没有不对称碳原子，也应有旋光异构体存在。

二、手性和对称因素

我们在讨论对映异构时，常常借用手性这个概念。

手性：人们把物体与它的镜像不能重合这种特性叫手性。这种情况与左右手的关系相似，左右手之间永远不能重合故借用描述（图 13-4）。

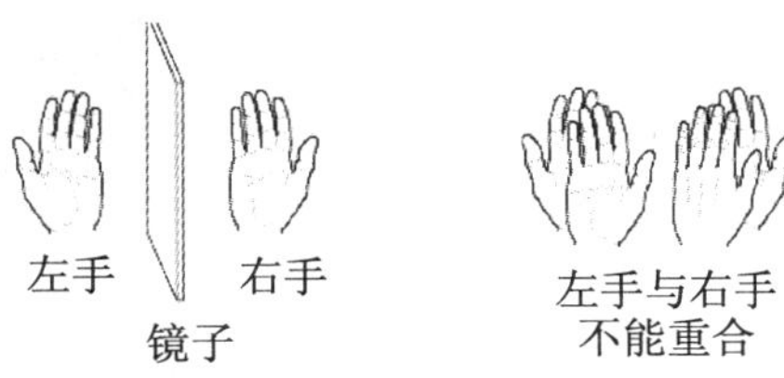

图 13-4 手性

具有手性的分子叫手性分子，手性分子必定旋光，旋光的分子必定是手性的，存在对映异构体。反之，非手性分子必定不旋光，不旋光的分子必定是非手性的分子，不存在对映异构体。也就是说分子具有手性是引起分子旋光性的根本原因。

怎样判断一个分子是否存在对映异构，我们可以借助分子的对称因素来判断分子是否具有手性。

对称因素：对称因素主要有对称面、对称中心、对称轴和交替对称轴等，但应用较多的是对称面和对称中心，我们主要讨论对称面和对称中心。

（1）对称面σ

若一个平面能把一个分子切成两个部分，且一部分正好是另一部分的镜像，则这个平面就是该分子的对称面。例如：

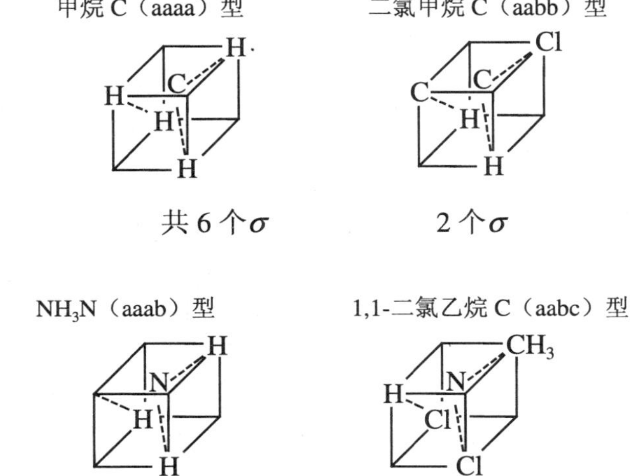

具有对称面的化合物是非手性的，它没有对映体和旋光性。

（2）对称中心 i

若分子中有一点 i，通过 i 点画直线，若在离 i 点等距离的直线两端有相同的原子或基团，则 i 点为该分子的对称中心。

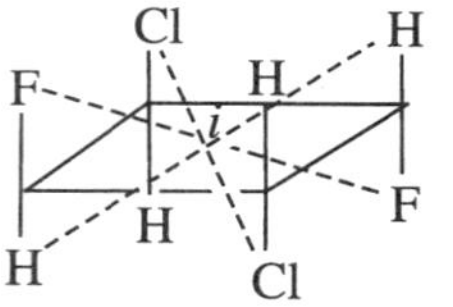

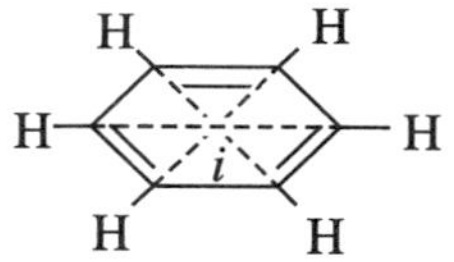

具有对称中心的分子是非手性的，没有对映体和旋光性。

结论：没有对称面和没有对称中心的分子，一般是手性分子，具有旋光性的，存在对映异构。

第三节　含有一个手性碳原子化合物的对映异构

分子的手性与手性碳原子有关。与四个互不相同的一价基团相连接的碳原子叫做手性碳原子，也叫做不对称碳原子。手性碳上通常加一个“ * ”号表示。例如：

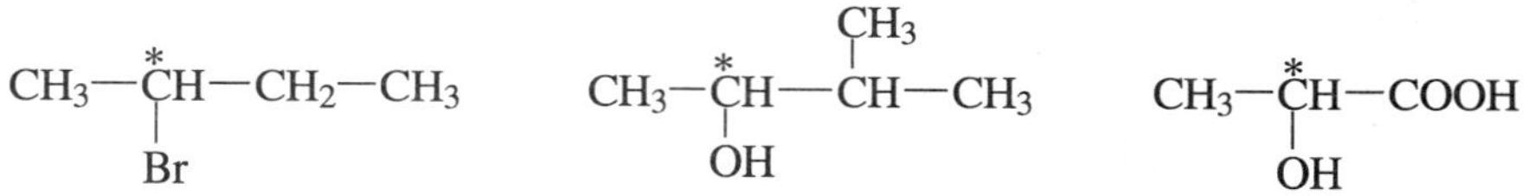

$$CH_3-\overset{*}{C}H(Br)-CH_2-CH_3 \qquad CH_3-\overset{*}{C}H(OH)-CH(CH_3)-CH_3 \qquad CH_3-\overset{*}{C}H(OH)-COOH$$

下面我们讨论含有一个手性碳原子化合物的对映异构。

一、对映体

含有一个手性碳原子的分子是不对称，其分子必是手性分子，其镜像不能重合，互为对映异构体，简称对映体。其差别在于分子中原子或基团在空间的排列不同。所以，它们的比旋光度大小相等，方向相反。

对映体因其分子中任何两原子或基团之间距离及相互作用，影响都相同，因此分子的内能也相同，它们的物理及化学性质在非手性环境中没有区别。只有在手性条件下才显示其不同，这就好像我们的双手（对映体），若把左右手各自伸入非手性的圆筒里，感觉相同；若把左右手分别伸入右手套里，感觉就大不相同。

生物体内的生理作用是在手性极强的条件下发生的，故对映体所起的作用有显著差异。例如：（+）-葡萄糖在动物的代谢作用中起着独特的作用，有营养价值，而（–）-葡萄糖无所作用；右旋的维生素 C 具有抗坏血病作用，而其对映体无效；左旋肾上腺素的升高血压作用是右旋体的 20 倍；左旋氯霉素是抗生素，但右旋氯霉素几乎无抗生作用。

二、外消旋体

将等摩尔的右旋体和左旋体混合，由于旋光方向相反，互相抵消，无旋光性，我们称其为外消旋体。(±)外消旋体的物理性质与单纯的左旋体或右旋体是有差异的。如：熔点、溶解度等不同。外消旋体的化学性质在非手性条件下与对映体基本相同，在手性条件下各自发挥自己的作用。

三、构型表示方法

构型不同的对映异构体，可用分子模型、费歇尔投影式、透视式表示，但是由于分子模型书写困难，一般用费歇尔投影式和透视式表示。

（一）费歇尔投影式

费歇尔平面投影式，利用这一方法对有机分子作投影时，规定如下：

（1）使手性碳原子的四个价键投影在纸平面上必须成为一个方位端正的十字，十字的交点代表手性碳。

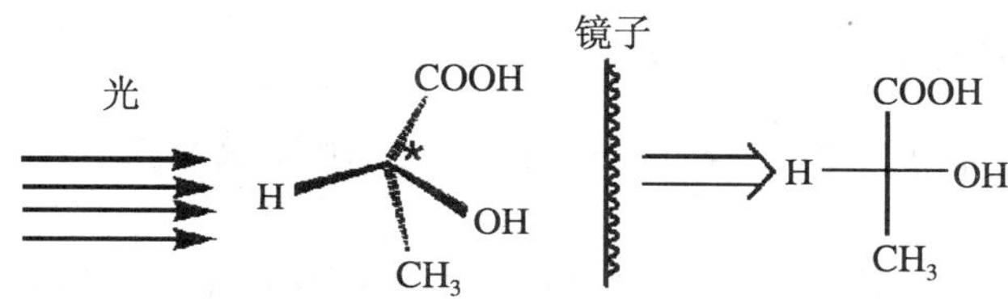

（2）横前竖后，即横线上两基团指向纸面前方，竖线上两基团指向纸面的后方。投影时，使主碳链竖向排列，并使主要官能团向上端。

COOH | COOH
H—|—OH | HO—|—H
CH_3 | CH_3

注意：① 投影式不可离开平面翻转。② 在平面内旋转 90°，即变为其对映异构体，在平面内旋转 180°，其构型不变。③ 在投影式中，固定某一基团，另三个基团顺时或逆时针地调换位置，构型不变。但不可任意两两对换，这种操作，需断键，构型变。

（二）透视式

有时为了更直观地表示分子构型，也采用透视式：即手性碳原子和实线在纸面，虚线表示在纸下方的键，楔形线表示纸上方的键。例如：乳酸的透视式。

COOH | COOH
H_3C H OH | OH H CH_3

四、手性碳原子的构型标记法

（一）相对构型表示法（D/L）

规定：以甘油醛为标准，指定右旋甘油醛的构型如（A）所示，称为 D 型；左旋甘油醛的构型如（B）所示，称为 L 型。其他化合物中较大基团在右侧的为 D 型，在左侧的为 L 型。

（A）	（B）
CHO H—┼—OH CH_2OH	CHO HO—┼—H CH_2OH

（二）绝对构型表示法（R/S）

根据 IUPAC 建议的命名方法，对映体的命名用 R 或 S 表示。

次序规则：

（1）双键碳上所连原子，原子序数大的优先；同位素原子按原子量排列，原子量大的优先；

（2）与双键直接相连的原子相同时，则顺次逐个比较相连原子的原子序数；

（3）将双键或三键结合的原子看做是双重或三重的。

R/S 构型的确定：

（1）先将手性碳上相连的四个基团按次序规则排列，较优基团列前；

（2）将最小基团放在最远端，若其他三个基团从优到次按顺时针排列，则构型用 R 表示；若基团从优到次按逆时针排列，则构型用 S 表示。

$$a > b > c > d$$

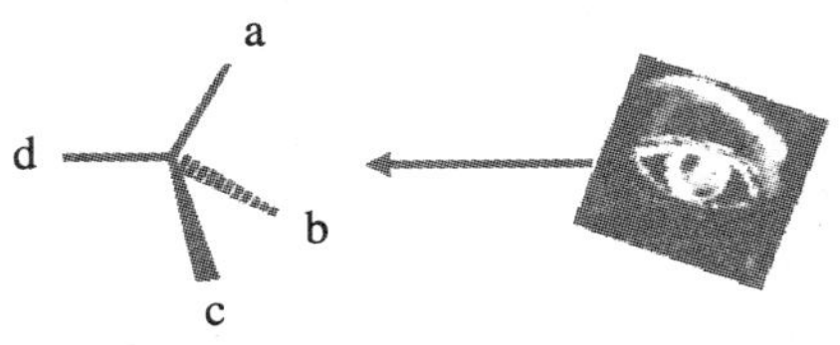

以乳酸为例：

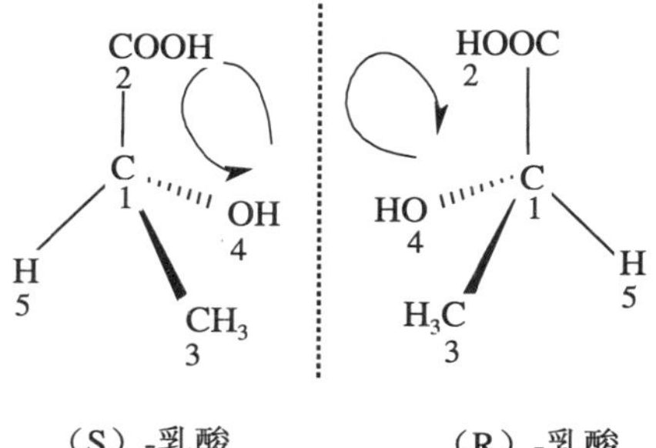

（S）-乳酸　　　　（R）-乳酸

（1）相对构型表示（D/L）是相对标准物而言的，所以称为相对构型。需要注意的是，手性碳原子的 D/L 构型是认为规定的，D 型不一定是右旋，L 型不一定是左旋，旋光性需要通过实验测定。

（2）绝对构型表示法（R/S）与相对构型表示法（D/L）是两种不同的构型标记法，它们之间没有固定关系。

（3）R/S 标记法也与旋光性没有必然关系，旋光性也需要通过实验测定。

第四节　含有两个手性碳原子化合物的对映异构

一、含有两个不同手性碳原子的化合物

例如：2,3-二氯戊烷有以下几种立体异构体

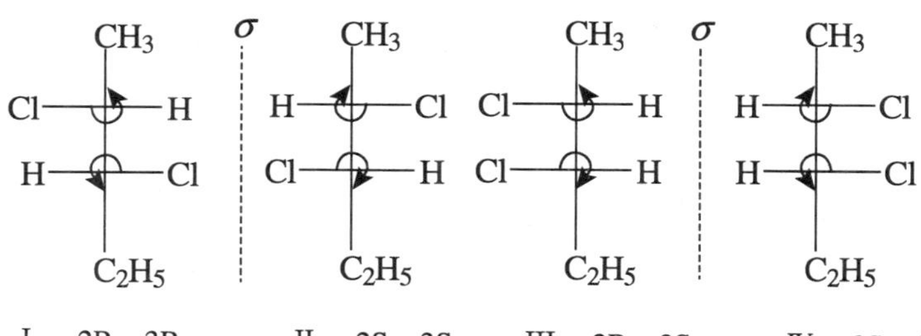

Ⅰ．2R、3R　　Ⅱ．2S、3S　　Ⅲ．2R、3S　　Ⅳ．2S、3R

上述构型异构体组成两对对映体，Ⅰ与Ⅱ，Ⅲ与Ⅳ，分别组成两个外消旋体，Ⅰ+Ⅱ，Ⅲ+Ⅳ。在四个构型异构体，Ⅰ与Ⅲ、Ⅳ不呈镜像关系。这种不呈镜像关系的构型异构体称为非对映体。

对映体在非手性条件下，物理、化学性质都相同。对于非对映体来说，它们分子中的原子或基团间的相对距离及相互影响都不同，因此，非对映体间的物理、化学性质也有一定的差异。

二、含有两个相同手性碳原子的化合物

例如：酒石酸有以下几种立体构型：

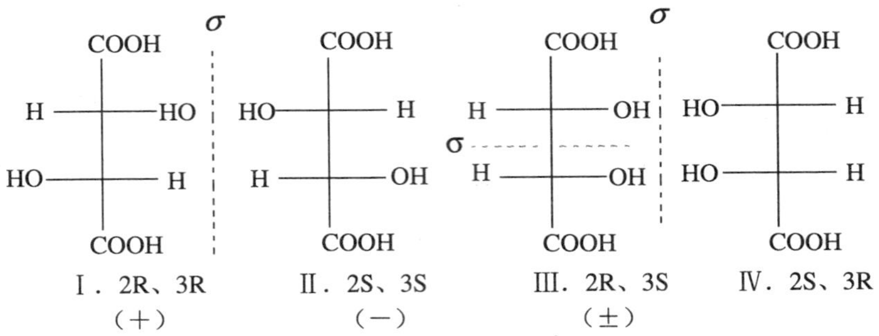

Ⅰ与Ⅱ是一对对映体，Ⅲ与Ⅳ是同构型，Ⅲ=Ⅳ；故酒石酸只有三个构型异构体，一个是左旋体，一个是右旋体，还有一个是不旋光的内消旋体。内消旋体是由于分子内具有对称因素，虽含手性碳原子，但旋光作用内部抵消，对外不显旋光性。外消旋体是旋光作用外部抵消。

复习与思考题

1. 化合物 $CH_3\overset{OH}{\overset{|}{C}}H\overset{OH}{\overset{|}{C}}H\overset{OH}{\overset{|}{C}}H\overset{OH}{\overset{|}{C}}HCHO$ 的手性碳原子数目为（　　）。

A. 4　　B. 5　　C. 8　　D. 16

2. 偏振光是指（　　）。

A. 一定波长的自然光　　B. 光波在一个平面上振动的光

C. 钠光的光波　　D. 一定能量的光

3. 下列哪个是S型（　　）。

A. $\begin{array}{c} COOH \\ H-\!\!\!+\!\!\!-OH \\ CH_2OH \end{array}$　　B. $\begin{array}{c} COOH \\ CH_3-\!\!\!+\!\!\!-Cl \\ C_2H_5 \end{array}$

C. $\begin{array}{c} CH_3 \\ HO-\!\!\!+\!\!\!-COOH \\ H \end{array}$　　D. $\begin{array}{c} CH_3 \\ OHC-\!\!\!+\!\!\!-OH \\ H \end{array}$

4. 下列化合物中，可能有内消旋体存在的是（含有相同手性碳原子）（　　）。

A. $CH_3CH_2CH(CH_3)OH$ B. $CH_3CH(OH)CH(CH_3)OH$ C. $CH_2OH-CHOH-CH_2OH$

D. $(CH_3)_2CHCH(CH_3)_2$

5. 化合物（Fischer 投影式：上 COOH，左 H，右 OH，下 CH_3）属于（　　）。

A. D 和 R 构型　　B. D 和 S 构型

C. L 和 R 构型　　D. D 和 R 构型

6. 化合物在是否有手性碳原子，若有请用“*”标记化合物在的手性碳。

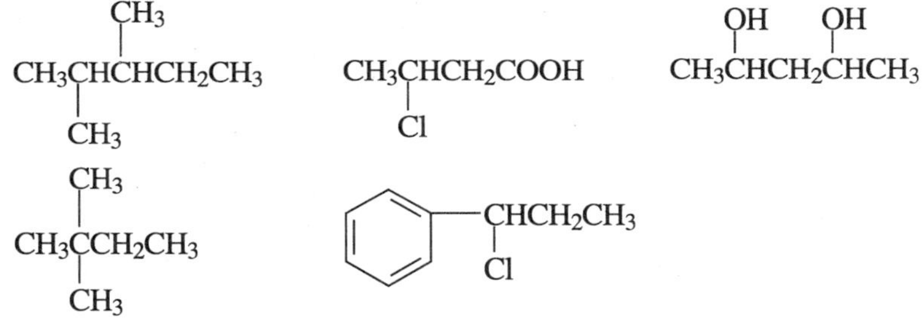

7. 是非题

（1）含有手性碳原子的化合物一定都具有旋光性。（　　）

（2）手性分子不一定具有旋光性。（　　）

（3）所有的 D 型对映体的旋光性都是右旋的。（　　）

（4）内消旋体和外消旋体都是非手性分子，因为它们都无旋光性。（　　）

（5）具有 R-构型的手性化合物必定有右旋的旋光方向。（　　）

（6）如果一个分子没有对称面，它必然是手性分子。（　　）

（7）不同构型的一对对映体对人体的生理、药理无明显差异。（　　）

（8）非对映体的物理性质和化学性质不同。（　　）

（9）D/L 构型命名法是以什么物质为标准的？写出其 L 构型。

8. 请上网搜索关于不同构型的一对对映体对人体的生理、药理差异资料，并下载 1 ~ 2 篇文章。

第十四章 碳水化合物

第一节 碳水化合物的定义和分类

一、碳水化合物的定义

碳水化合物又称糖类，是一类重要的天然有机化合物如糖、淀粉 、纤维素等，它们对维持动植物的生命起着重要的作用。人类感到遗憾的是，自身没有生产碳水化合物的本领。植物却不同，它可以通过光合作用产生糖。

$$6CO_2 + 6H_2O \xrightarrow[\text{叶绿素}]{\text{日光}} C_6H_{12}O_6 + 6O_2$$

碳水化合物是由C、H、O三种元素组成的。在这三种元素中氢氧原子个数比 H∶O=2∶1，相当于 H_2O 中的 H∶O 比。于是，碳水化合物因此而得名，并赋予下面的通式：$C_n(H_2O)_m$。事实上，碳水化合物并不都是以 C 和 H_2O 的形式存在的。例如：鼠李糖——$C_6H_{12}O_5$，其结构与性质均与碳水化合物相同，但不符合上面的通式。再如：

$HCHO = CH_2O$	$CH_3COOH = C_2(H_2O)_2$
甲醛	醋酸

虽然它们均符合上面的通式，它们也不是糖。可见沿用至今的碳水化合物这一概念已失去了原来的内涵。

碳水化合物现在的定义：从结构上看，碳水化合物系指多羟基醛或多羟基酮以及水解后能生成多羟基醛或多羟基酮的一类化合物。

二、碳水化合物的分类

为了研究上的方便，根据其结构和性质可以分为三类：

1. 单糖（monosaccharides）

单糖是不能再水解为更简单的多羟基醛或多羟基酮的糖类。如葡萄糖、果糖等。

2. 低聚糖（Oligosaccharides）

低聚糖是能水解为二、三个或几个分子单糖的碳水化合物。如：

蔗糖、麦芽糖、棉子糖等。

3. 多糖（polysaccharides）

水解后能生成 20 个以上分子单糖的碳水化合物是多糖。如：淀粉、纤维素。

第二节 单糖

在单糖中，最简单的单糖是三碳糖。其结构式如下：

$$\begin{array}{ccc} & CHO & \\ & | & \\ H- & C & -OH \\ & | & \\ & CH_2OH & \end{array} \qquad\qquad \begin{array}{c} CH_2OH \\ | \\ C{=}O \\ | \\ CH_2OH \end{array}$$

D-(+)-甘油醛　　　　二羟基丙酮

因含—CHO，故属醛糖；因含 C═O，故属酮糖。按分子中所含碳原子数目还可分为：四碳糖（丁糖）；五碳糖（戊糖）；六碳糖（己糖）。其中最重要的是戊糖（核糖）和己糖（葡萄糖）。

但是，在糖中关注最多的是葡萄糖和果糖，因此糖化学的研究，是围绕着葡萄糖和果糖进行的，下面讨论糖的结构也是以葡萄糖和果糖为例来说明。其他糖是葡萄糖和果糖的异构体或较低级的同类化合物，其结构推断的方法基本是类似的。

一、葡萄糖的结构

1. 开链式结构的研究确定

依据元素分析法得知葡萄糖的分子式为 $C_6H_{12}O_6$，那么分子中的这些原子是怎样结合的呢？经典的研究法是：

（1）$C_6H_{12}O_6 \xrightarrow[\text{（或者 } C_2C_5OH+Na\text{）}]{Na\text{-}Hg}$ 己六醇 $\xrightarrow{HI+P} CH_3(CH_2)_4CH_3$

证明：分子中的碳链为一直链

（2）$C_6H_{12}O_6 + CH_3COCl$（过量）[或者$(CH_3CO)_2O$] $\longrightarrow$ 五乙酸酯

证明：有五个—OH，且分别连到五个碳原子上

（3）$C_6H_{12}O_6 \xrightarrow[\text{（或者 } C_6C_5NHNH_2\text{）}]{NH_2OH}$ 肟（或腙）

证明：有 $>C{=}O$ 存在

（4）$C_6H_{12}O_6 \xrightarrow[\text{[或者 Tollens 试剂]}]{Br_2/H_2O\text{（弱氧化剂）}}$ 六碳羟酸

证明：为—CHO

根据以上推断，可得下列结论：葡萄糖为己醛糖。其结构式为：

$$\underset{OH}{\underset{|}{CH_2}}-\underset{OH}{\underset{|}{\overset{*}{C}H}}-\underset{OH}{\underset{|}{\overset{*}{C}H}}-\underset{OH}{\underset{|}{\overset{*}{C}H}}-\underset{OH}{\underset{|}{\overset{*}{C}H}}-CHO$$

2. 葡萄糖构型的确定

从结构式看，葡萄糖分子中含有四个手性碳原子，应存在 2^4=16 个旋光异构体，那么，哪个是葡萄糖构型呢？

经典的化学方法是这样进行的：

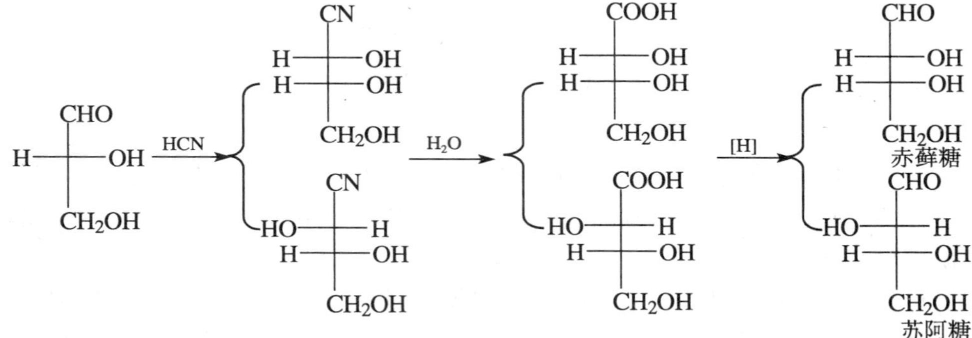

然而，又怎么判断-OH 在手性碳的左边还是右边呢？可通过下面方法来确定：

$$\begin{array}{c} CHO \\ H-\!\!\!-\!\!\!+\!\!\!-\!\!\!-OH \\ H-\!\!\!-\!\!\!+\!\!\!-\!\!\!-OH \\ CH_2OH \\ \text{赤藓糖} \end{array} \xrightarrow{HNO_3} \begin{array}{c} COOH \\ H-\!\!\!-\!\!\!+\!\!\!-\!\!\!-OH \\ \hline H-\!\!\!-\!\!\!+\!\!\!-\!\!\!-OH \\ CH_2OH \end{array}$$

无旋光性（内消旋体）　故：—OH 在右边

$$\begin{array}{c} CHO \\ HO-\!\!\!-\!\!\!+\!\!\!-\!\!\!-H \\ H-\!\!\!-\!\!\!+\!\!\!-\!\!\!-OH \\ CH_2OH \\ \text{苏阿糖} \end{array} \xrightarrow{HNO_3} \begin{array}{c} COOH \\ HO-\!\!\!-\!\!\!+\!\!\!-\!\!\!-H \\ H-\!\!\!-\!\!\!+\!\!\!-\!\!\!-OH \\ CH_2OH \end{array}$$

有旋光性　故：—OH 在左边

依此类推，即可逐个确定。

关于这方面的研究，德国化学家 Fischer 最为突出，为此曾获 1902 年的诺贝尔化学奖。经研究确定，葡萄糖具有下面的构型：

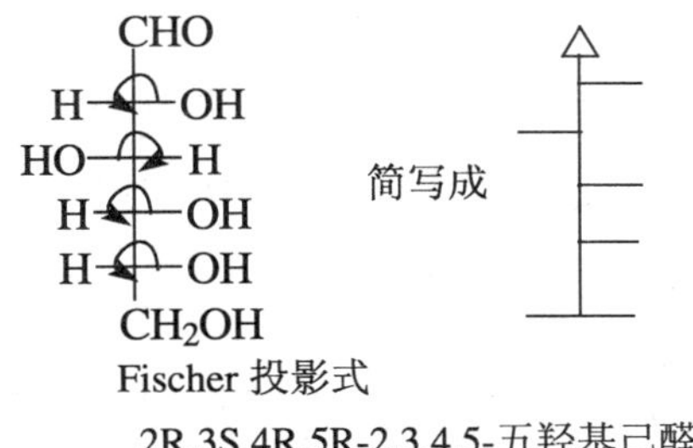

Fischer 投影式

2R,3S,4R,5R-2,3,4,5-五羟基己醛

那么，若用 D/L 标记法又如何进行呢？

其确定方法是：以离—CHO 最远的 $\overset{*}{C}$ 上的—OH 与甘油醛比较，若与 D-甘油醛构型相同则为 D-型；与 L-型甘油醛构型相同的则为 L-型。

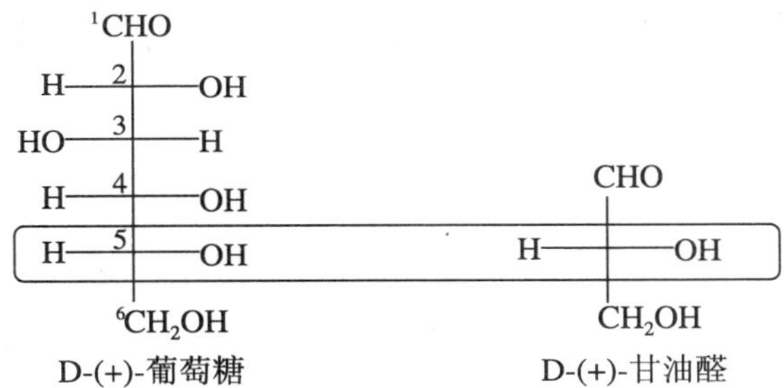

D-(+)-葡萄糖　　　　D-(+)-甘油醛

若为酮糖，则以离 C═O 最远的 $\overset{*}{C}$ 上的—OH 为标准进行比较。

3. 氧环式结构

葡萄糖的开链式结构固然可以清楚地表明分子中各原子的结合次序，解释某些化学性质，然而它无法解释下面的事实：

在 D-(+)-葡萄糖中可分离出两种结晶形式，其物理性质如下：

	熔点/℃	溶解度/（g/100 mL）	$[\alpha]_D$
α-（D）-(+)-葡萄糖	146	82	112°
β-（D）-(+)-葡萄糖	150	154	19°

无论哪一种，其水溶液的旋光度均发生改变，最后达到一个定值，这种变化可用下图表示：

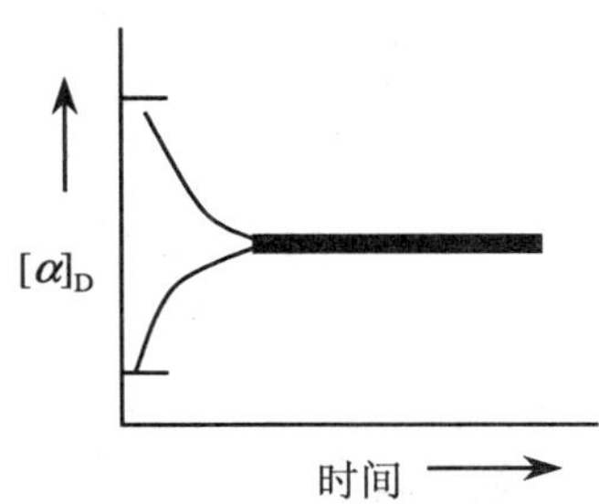

像这种单糖溶液的$[\alpha]_D$ 随时间的变化而改变，最后达到一个定值的现象，叫做

变旋光现象。

基于葡萄糖的开链式结构不能解释这一现象，说明它不是葡萄糖的唯一结构形式。葡萄糖分子中存在的—CHO 和—OH 两个基团，对结构的研究起了重要作用，它使人们联想到了羟醛缩合反应：

$$\mathrm{RCHO} \xrightarrow[\text{干 HCl}]{\mathrm{R'OH}} \mathrm{R{-}\underset{OR'}{\overset{H}{C}}{-}OH} \xrightarrow[\text{干 HCl}]{\mathrm{R'OH}} \mathrm{R{-}\underset{OR'}{\overset{H}{C}}{-}OR'}$$

半缩醛　　缩醛

那么，葡萄糖分子中的—CHO 与—OH 也可在分子内缩合生成具有五元或六元环的分子内半缩醛，即：

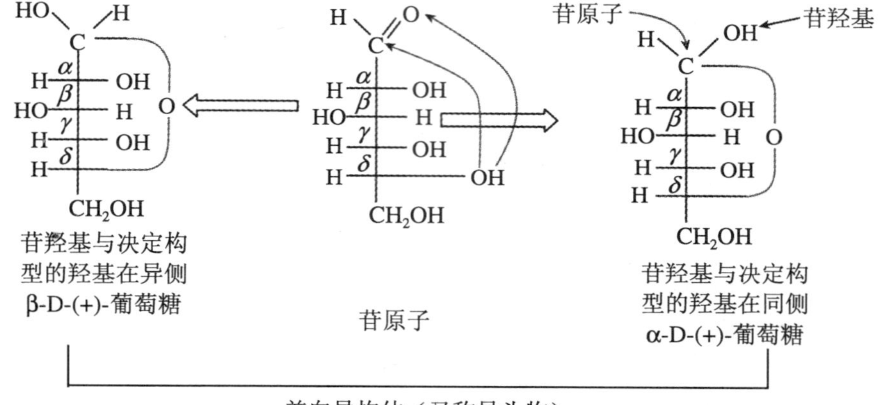

因为是δ—C 上的—OH 与—CHO 缩合成环，故称δ-氧环式。

上式为 Fischer 投影式，其另一种表示方法是用 Haworth 式来表示——用六元环平面表示氧环式各原子在空间的排布方式。

Haworth 式的形成过程可表示如下：

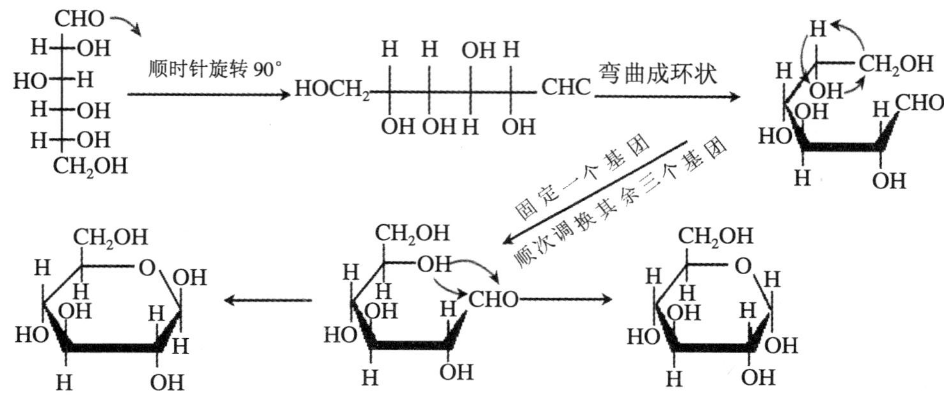

因δ-氧环式的骨架与吡喃环相似，故又将具有六元环的糖类称为吡喃糖。同理，将具有五元环的糖类称为呋喃糖。

氧环式结构的确定，对变旋光现象就有了一个令人信服的解释：

这是因为α-异构体和β-异构体两种晶体在水溶液中可以通过开链式互变，并迅速建立以下平衡：

	α-D-(+)－葡萄糖 $\rightleftharpoons$	开链式结构 $\rightleftharpoons$	β-D-(+)-葡萄糖
平衡时：	～36%	0.01%	～64%
$[\alpha]_D$	112°	52.5°	19°

那么又怎样解释平衡体系中β-异构体的含量较多这一现象呢？

4. 构象式结构

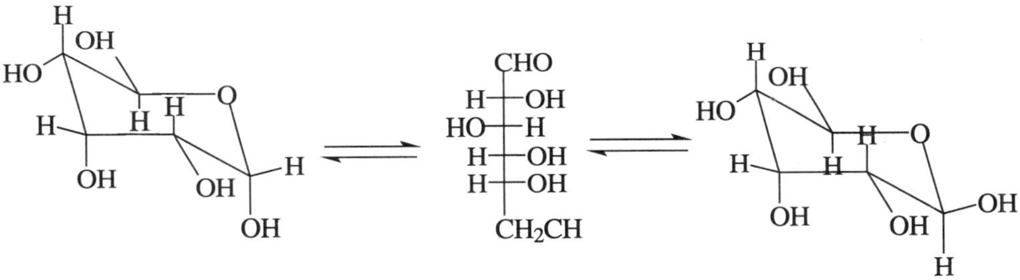

α-D-(+)-葡萄糖
苷羟基处于 a 键
稳定性差

D-(+)-葡萄糖
平衡混合物

β-D-(+)-葡萄糖
所有羟基均处于 e 键
稳定性好

二、果糖的结构

果糖是己酮糖，己酮糖分子内有三个手性碳原子，因此有 8 个立体异构体。D-(−)-果糖是其中最重要的一个。和葡萄糖一样，果糖也具有开链式和氧环式结构。具有δ-氧环式结构的果糖称为 D-(−)-吡喃果糖，具有γ-氧环式结构的果糖称为 D-(−)-呋喃果糖。由于成环形成半缩醛时，羟基可以在环的一面或另一面，所以也可以形成α和β两种吡喃果糖以及α和β两种呋喃果糖。这三种环状果糖和开链式的果糖在水溶液中处于动态平衡。

以下互变式异构表示它们之间的相互转化。

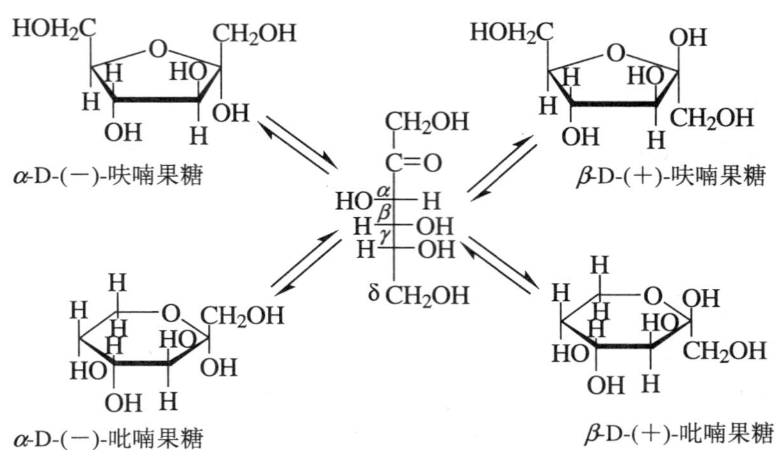

三、单糖的物理性质

单糖是最简单的碳水化合物，一般无色，多呈结晶状态，有甜味，沸点高，易溶于水， 可直接被人体吸收利用，还可以溶于稀醇，难溶于高浓度乙醇，不溶于乙醚、氯仿和苯等低极性溶剂。单糖一般有不对称碳原子，有 D-糖和 L-糖之分，具有旋光性。最常见的单糖有葡萄糖、果糖和半乳糖。

四、单糖的化学性质

1．氧化

单糖可被多种氧化剂氧化，从而表现出还原性。其氧化产物因所用氧化剂的不同而异。

（1）溴水氧化

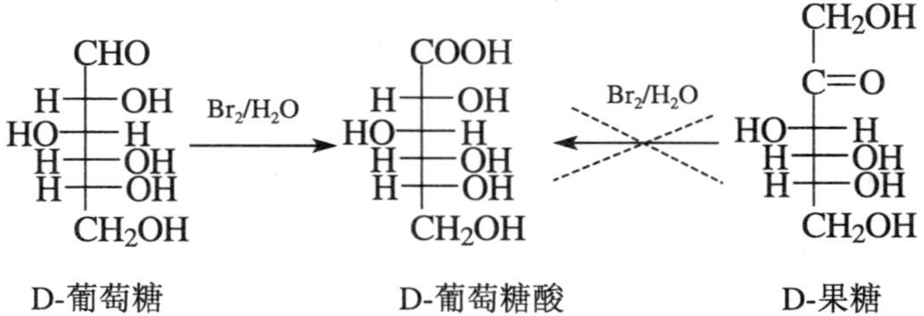

这一反应实际上是在醛糖的氧环式半缩醛碳（即苷原子）上进行的：

证明：在弱酸条件下（pH=5.0），溴水可将己醛糖氧化为醛糖酸的内酯，且β-D-葡萄糖的氧化速率为α-D-葡萄糖的 250 倍。

$$\xrightarrow[H_2O]{Br_2}\qquad \underset{-H_2O}{\overset{H_2O}{\rightleftharpoons}}$$

D-葡萄糖酸-δ-内酯　　　　D-葡萄糖酸

（2）弱氧化剂——Fehling 试剂和 Tollens 氧化

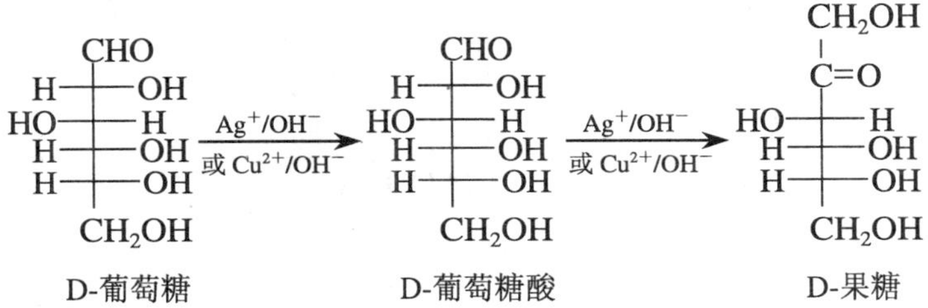

D-葡萄糖　　D-葡萄糖酸　　D-果糖

酮不能与上述试剂作用，而酮糖却可以与 Fehling 试剂和 Tollens 作用呢？

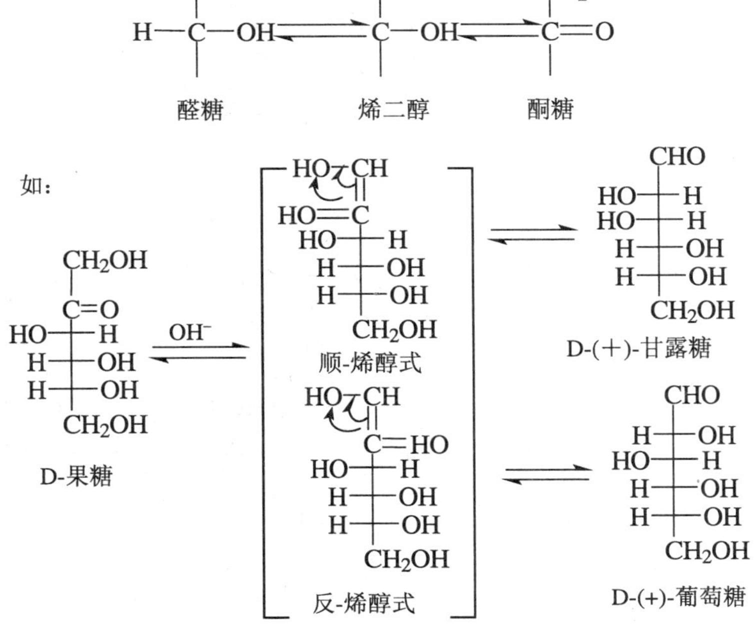

D-果糖　　D-(+)-甘露糖　　D-(+)-葡萄糖

像这种能还原 Tollens 和 Fehling 试剂的糖，称之为还原糖。

酮糖的氧化较为困难，在强烈条件下，则碳链断裂氧化成较小分子的羧酸。

$$\text{CH}_2\text{OH (C=O, Fischer)} \xrightarrow{HNO_3} \text{COOH—COOH} + \text{COOH(C)COOH} + \text{COOH(CC)COOH}$$

2．还原

常用的还原剂是：Na-Hg、H_2 / Ni、$NaBH_4$等。还原产物是：多元醇。例如：

$$\text{CHO…CH}_2\text{OH} \xrightarrow{[H]} \text{CH}_2\text{OH…CH}_2\text{OH}$$

葡萄糖醇（又称山梨醇）

$$\text{CH}_2\text{OH, C=O…CH}_2\text{OH} \xrightarrow{[H]} \text{CH}_2\text{OH…CH}_2\text{OH} + \text{CH}_2\text{OH…CH}_2\text{OH}$$

山梨醇　甘露醇

3．成脎反应

以果糖为例：

$$\text{CH}_2\text{OH, C=O…CH}_2\text{OH} \xrightarrow{C_6H_5NHNH_2} \text{CH}_2\text{OH, C=NNHC}_6\text{H}_5\text{…CH}_2\text{OH} \xrightarrow[(-C_6H_5NH_2-NH_3,\ -H_2O)]{2C_6H_5NHNH_2} \text{CH=NNHC}_6\text{H}_5\text{, C=NNHC}_6\text{H}_5\text{…CH}_2\text{OH}$$

果糖腙　果糖脎

该反应实际上是生成果糖腙后，用一分子具有氧化能力的苯肼将 C_1 的伯醇基氧化成—CHO 后，再与另一分子苯肼作用而成脎的。

再如葡萄糖：

$$\text{CHO…CH}_2\text{OH} \xrightarrow{C_6H_5NHNH_2} \text{CH=NNHC}_6\text{H}_5\text{…CH}_2\text{OH} \xrightarrow{C_6H_5NHNH_2} \text{CH=NNHC}_6\text{H}_5\text{, C=O…CH}_2\text{OH} \xrightarrow[(-NH_3,\ -H_2O)]{C_6H_5NHNH_2} \text{CH=NNHC}_6\text{H}_5\text{, C=C}_6\text{H}_5\text{NHNH}_2\text{…CH}_2\text{OH}$$

葡萄糖腙　葡萄糖脎

比较上述成脎反应：

（1）两种糖的成脎反应均发生在 C_1、C_2 两原子上，且成脎后两种糖的差别消失，生成同一种糖脎。

（2）C_3、C_4、C_5 三个手性碳原子的在成脎前后构型保持不变。

通过以上比较，得到下列结论：

只是 C_1、C_2 不同的糖，将生成同一种糖脎。换言之，凡生成同一种糖脎的己糖，其 C_3、C_4、C_5 的构型相同。一般来说，不同的糖将生成不同的糖脎；即使生成相同的糖脎，其反应速度、析出脎的时间也不同。因此，我们可以利用成脎反应来鉴别糖。

那么，为什么反应生成脎以后就不再与苯肼作用了呢？这是因为反应生成脎以后，可借助氢键形成一个较为稳定的六元环螯合物的缘故。

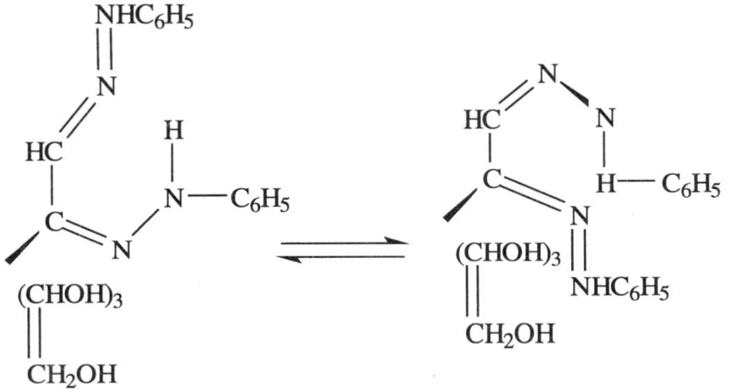

4. 成苷反应

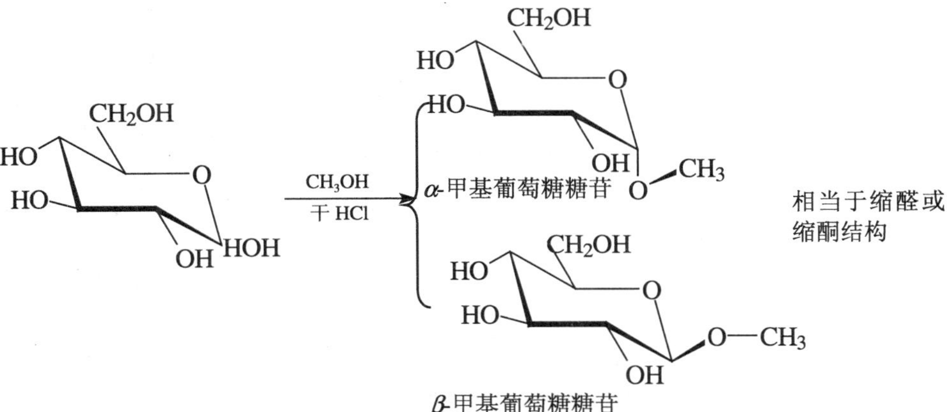

像这种糖的半缩醛（酮）羟基与另一含活泼氢的化合物脱水生成糖甙（或称糖苷）(glycoside）的反应，称之为成甙反应。半缩醛（酮）羟基又称苷羟基。

根据糖苷的结构，我们可以做出如下判断：

（1）成苷以后，苷羟基消失，故不能再转变为开链式，因此也就不在具备下列性质：

A. 具有变旋光现象；

B. 能成脎；

C. 能被 Tollens、Fehling 试剂氧化。

（2）正因为糖苷是一种缩醛或缩酮，因此它对碱稳定。但在酸性条件下，易水解为原来的糖和醇。

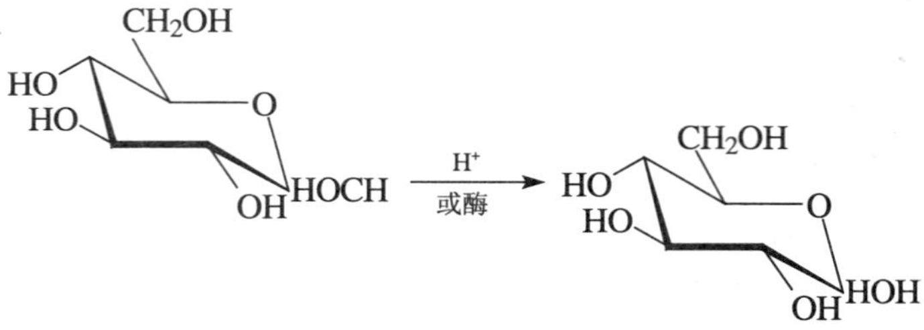

$$\xrightarrow[\text{或酶}]{H^+}$$

五、重要的单糖

1. 葡萄糖

葡萄糖是最常见的单糖，分子式为：$C_6H_{12}O_6$，属醇醛类。无色晶体或白色粉末，甜味约为蔗糖一半略高。密度 1.544 g/cm^3，熔点 146℃。水合物熔点 83℃。易溶于水。含醛基和多个羟基，且醛基与第 5 碳上的羟基相互作用，结成 1,5-氧环式：

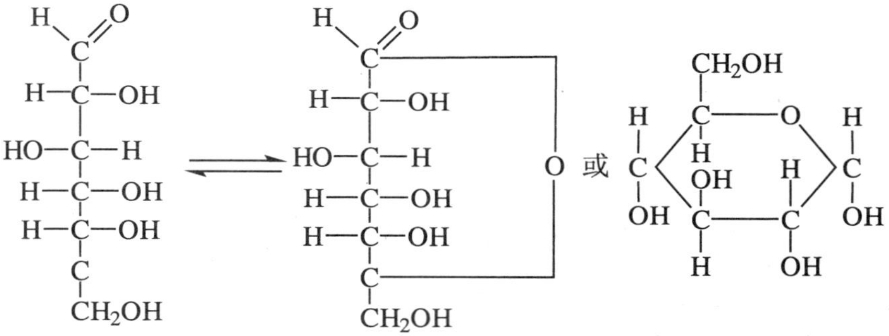

它又是还原性糖，能跟银氨溶液发生银镜反应；与班氏试剂（硫酸铜、柠檬酸钠、碳酸钠或氢氧化钠溶液配制的深蓝色溶液）共热生成棕红色氧化亚铜沉淀和葡萄糖酸；使溴水褪色；跟硝酸则被氧化生成葡萄糖二酸。跟硼氢化钠等强还原剂可生成己六醇。跟醋酸酐在一定条件下反应生成五乙酸酯。在酒化酶作用下发酵生成酒精。于生物体内进行生理氧化放出的热量供生物生存。用作营养剂、输液，并可携带药物，制取医药如葡萄糖酸、葡萄糖酸钙、抗坏血酸等，还用于镀暖壶瓶胆等。常用淀粉在稀酸催化下水解或酶作用水解制取。

2. 果糖

又称左旋糖。为一种单糖，全称 D-阿拉伯型己酮糖，分子式 $C_5H_{12}O_5CO$。果糖以游离的形式大量存在于水果的浆汁和蜂蜜中，是牛和人的精液中存在的唯一的还原糖。在菊芋（大丽菊的根）中 D-果糖以聚糖的形式贮存能量。更大量的存在形式是与 D-葡萄糖以苷键相互连接为蔗糖。在结晶状态下，酮糖中可能存在β-吡喃型糖，在天然产物中常常以呋喃型果糖相结合。在水溶液中，呋喃型果糖和吡喃型果糖同时存在，在20℃水溶液中大约有20%呋喃型果糖。

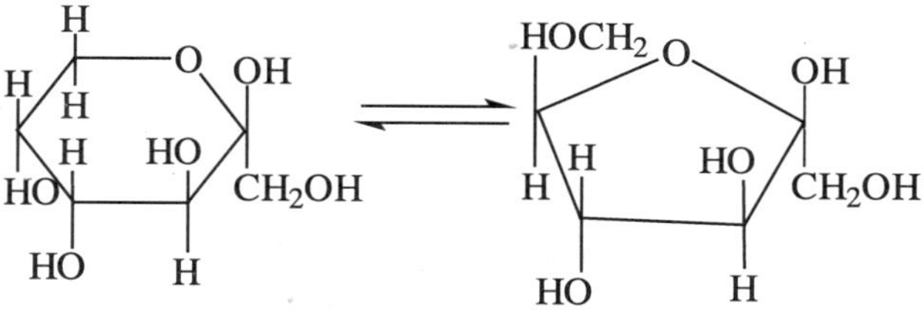

吡喃型果糖　　　　呋喃型果糖

在自然界很少见到果糖形成的糖苷。果糖是棱柱结晶，熔点 103～105℃（分解），果糖是所有糖中最甜的一种，比蔗糖约甜一倍，可以由菊芋水解得到。蔗糖是工业上大规模生产果糖最丰富的原料，用稀酸或转化酶水解蔗糖，从混杂有 D-葡萄糖的溶液中析离果糖。果糖不易结晶，但它与氢氧化钙形成不溶性的复合物，分离后，通入二氧化碳，即可得到果糖结晶。工业上也可用溴水选择性地氧化蔗糖的水解液中的葡萄糖，然后除去 D-葡萄糖酸得到果糖。目前工业上大规模生产采用淀粉水解制备葡萄糖，经固定化葡萄糖异构酶转化为转化糖，其中含有 42%果糖和 58%葡萄糖，商业上称果葡糖浆或高果糖浆，它的甜度与蔗糖相当，但它具有天然蜂蜜香味和生产成本低等特点，已广泛用于饮料和糖果糕点等食品工业。

另一类果糖是：

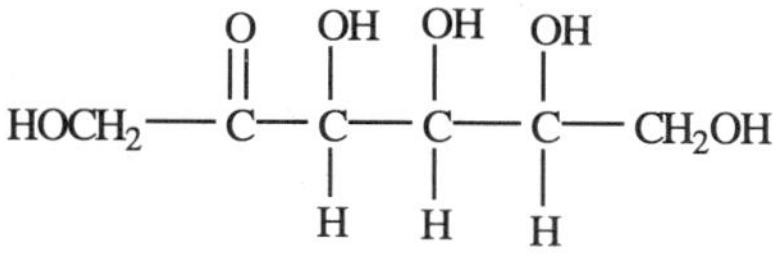

$$HOCH_2-C(=O)-CH(OH)-CH(OH)-CH(OH)-CH_2OH$$

$C_6H_{12}O_6$ 醇酮类单糖之一。白色晶体或粉末，商品常带浅棕黄色，味很甜。密度 1.6 g/cm^3，熔点 103～105℃（分解）。易溶于水、乙醇和乙醚。无醛基而具活性酮基，能发生银镜反应，氧化产物为羟基乙酸和三羟基丁酸。与石灰水可形成果糖钙沉淀，但通入二氧化碳又可复出果糖。用作食物、营养剂和防腐剂。存于水果、蜂蜜中。常用菊粉水解制取。

第三节　二糖

二糖是由两个单糖单元脱去一分子水构成的，两个单糖是通过苷键互相连接的。由于单糖分子中有一个苷羟基和几个醇羟基，所以，根据两个单糖分子的结合方式的不同，二糖可以分为非还原性糖和还原性糖，分别以蔗糖和麦芽糖为典型例子来阐述。

一、蔗糖

蔗糖结构的研究确定：

（1）将蔗糖水解，得到两分子单糖—— 一分子葡萄糖和一分子果糖。

证明蔗糖是有葡萄糖和果糖构成的。

（2）蔗糖没有变旋光现象、不能成脎、也不能还原 Tollens 和 Fehling 试剂。

说明蔗糖分子已没有苷羟基存在，是一种非还原糖。

苷羟基的消失告诉我们是葡萄糖的苷羟基和果糖的苷羟基彼此失水的结果。

可见蔗糖既是一个葡萄糖苷，也是一个果糖苷。

（3）无论是葡萄糖还是果糖都有α、β两个异构体，那么构成蔗糖的两分子单糖是哪一种异构体呢？

这只能借助生化法的酶来证明（酶对糖的水解具有选择性）：

麦芽糖酶——只能水解α-葡萄糖苷（酵母中含有这种酶）；

苦杏仁酶——只能水解β-葡萄糖苷；

转化糖酶——可水解β-果糖苷。实验结果：蔗糖可被麦芽糖酶水解，证明蔗糖是一种α-葡萄糖苷；蔗糖又可被转化糖酶水解，证明它又是β-果糖苷。

因此，可断定蔗糖应具有下面的结构：

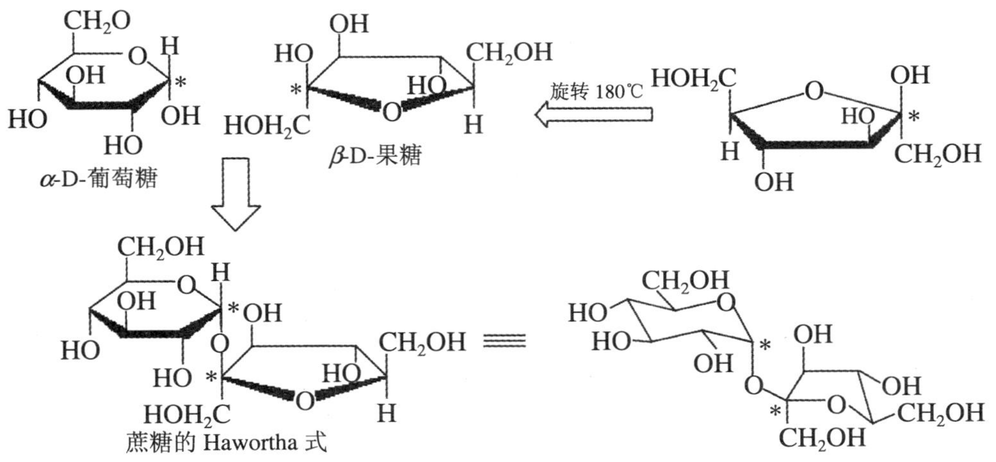

结论：蔗糖是由一分子α-葡萄糖和一分子β-果糖的苷羟基缩合失水而成。

蔗糖的$[\alpha]_D = +66°$，但其水解后生成的葡萄糖和果糖的混合物却是左旋的，这是为什么呢？

$$\underset{\substack{\text{蔗糖} \\ +66^{\circ}}}{C_{12}H_{22}O_{11}} \xrightarrow{H^+} \underbrace{\underset{\substack{\text{葡萄糖} \\ +52.5^{\circ}}}{C_6H_{12}O_6} + \underset{\substack{\text{果糖} \\ -92.4^{\circ}}}{C_6H_{12}O_6}}_{\text{转化糖}[\alpha]^{20}_{D}=-20^{\circ}}$$

蔗糖的构象式

由于蔗糖水解时，比旋光度发生了由右旋向左旋的转化，故蔗糖的水解反应又称为转化反应，生成的葡萄糖和果糖混合物称之为转化糖。

二、麦芽糖

麦芽糖的分子式也是$C_{12}H_{22}O_{11}$，其结构证明如下：

（1）水解得到两分子葡萄糖；

（2）可被麦芽糖酶水解，证明是α-葡萄糖苷；

（3）有变旋光现象、能成脎、能还原 Tollens 和 Fehling 试剂，证明它是一个还原糖——分子中还有苷羟基存在。

（4）那么，葡萄糖的苷羟基与另一分子葡萄糖的哪个醇羟基结合呢？这只能通过下面方法来论证。

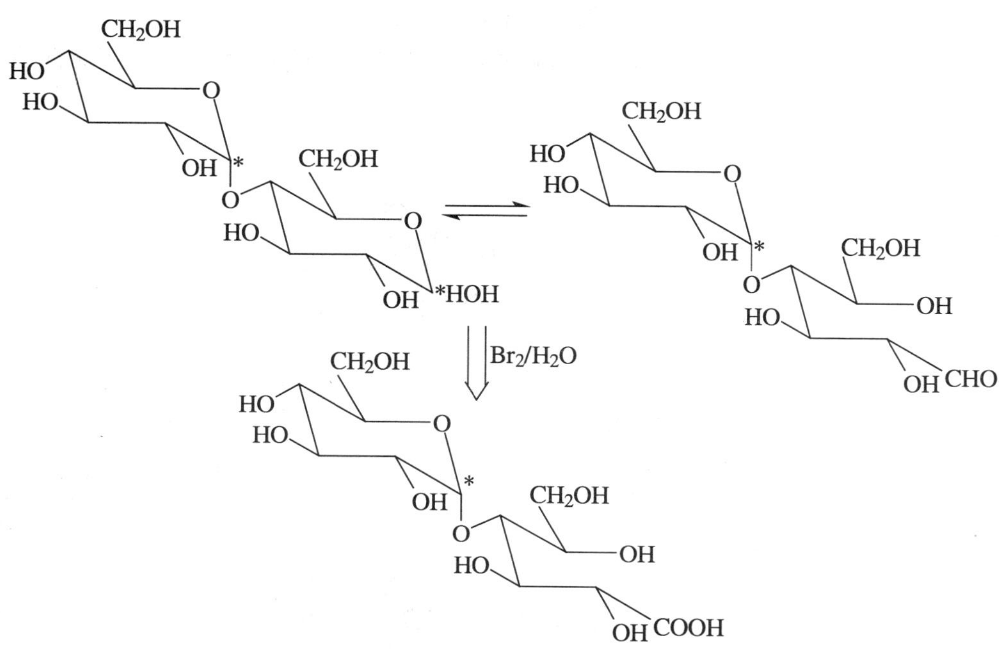

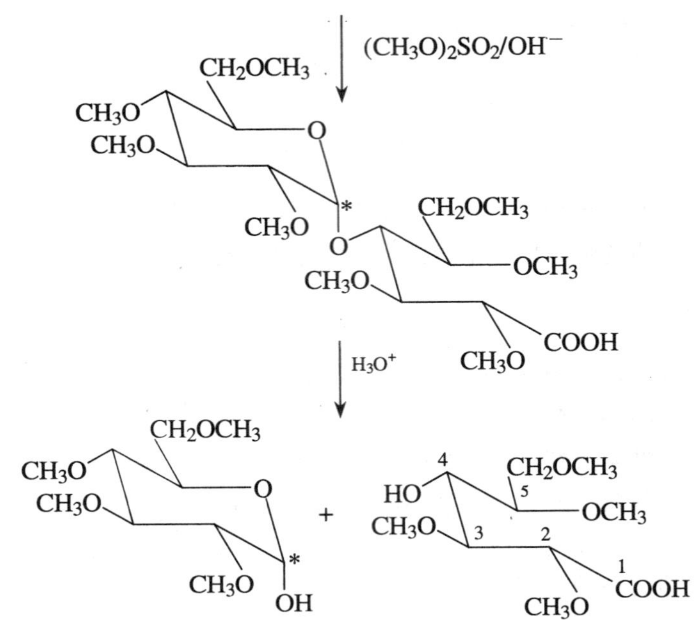

结论：麦芽糖是由一分子α-葡萄糖与另一分子葡萄糖 C_4 上的羟基彼此缩合脱水而成的，通常将这种形式的苷键称之为1,4 -苷键。

由于麦芽糖分子还有一个自由的苷羟基，所以它存在着β-麦芽糖与α-麦芽糖的动态平衡：

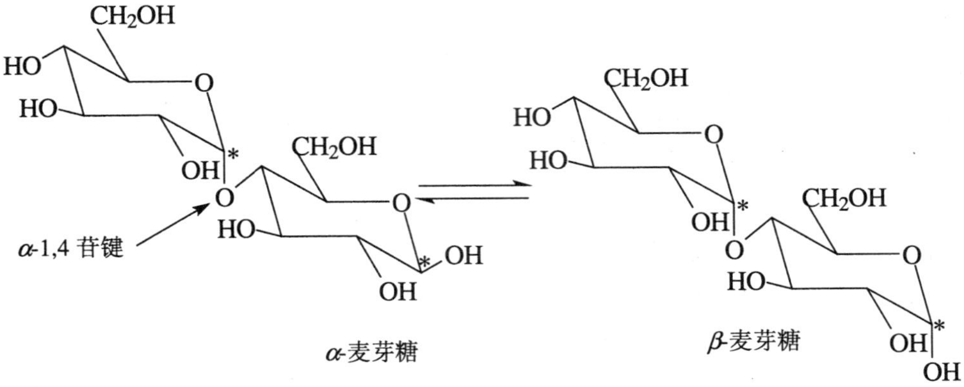

α-1,4 苷键

α-麦芽糖　　　　β-麦芽糖

第四节　多糖

多糖是天然高分子化合物，是由多个单糖分子的苷羟基和醇羟基脱水缩合的产物。它广泛存在于自然界中。一般不溶于水，没有甜味，没有还原性，下面介绍两种重要的多糖。

一、淀粉

淀粉是由若干葡萄糖分子组成的，按结构可分为直链淀粉和支链淀粉。

1．直链淀粉（20%～30%）

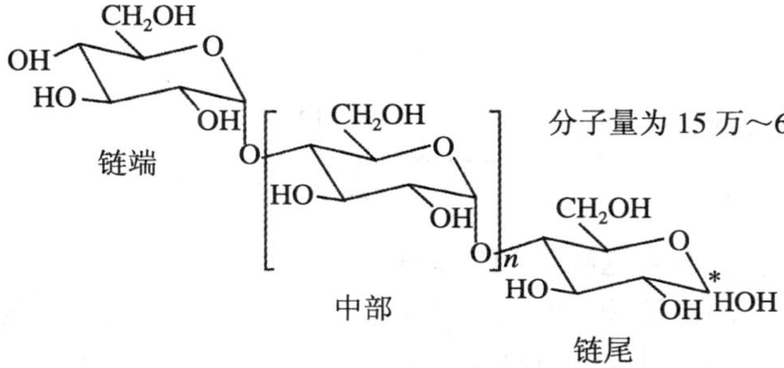

链端 中部 链尾

分子量为 15 万～60 万（1 000 个葡萄糖单位以上）

直链淀粉虽属线型高聚物，但卷曲成螺旋状，犹如线圈一样，紧密堆积在一起。直链淀粉又称可溶性淀粉、溶于热水后成胶体溶液，容易被人体消化。

2．支链淀粉（70%～80%）

主链：α-1,4 苷键；支链：α-1,6 苷键。

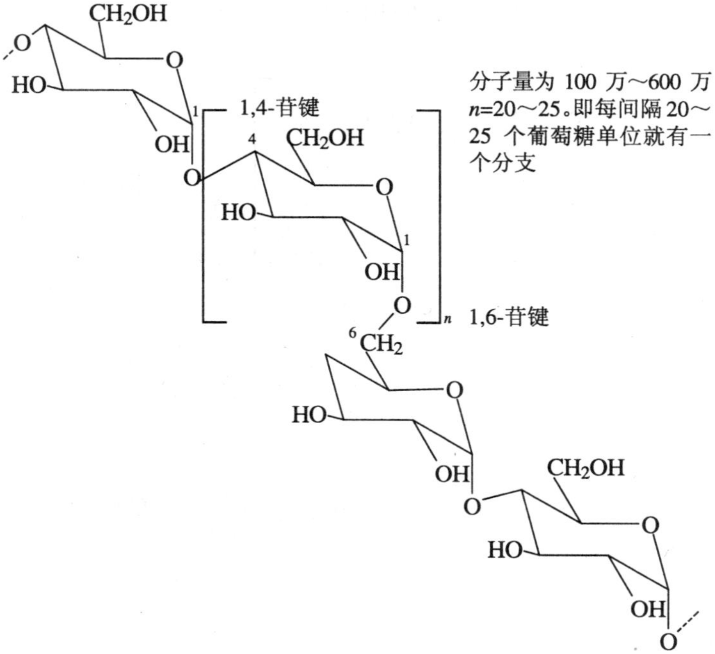

1,4-苷键

分子量为 100 万～600 万 n=20～25。即每间隔 20～25 个葡萄糖单位就有一个分支

1,6-苷键

支链淀粉是一种具有支链结构的多糖，它不溶于热水中。

3. 淀粉的性质

(1) 水解

$$(C_6H_{10}O_5)_n \xrightarrow[H^+]{H_2O} \text{糊精} \xrightarrow[H^+]{H_2O} \left\{\begin{matrix}\text{麦芽糖}\\ \text{异麦芽糖（1,6-苷键）}\end{matrix}\right. \xrightarrow[H^+]{H_2O} C_6H_{12}O_6$$

(2) 显色反应

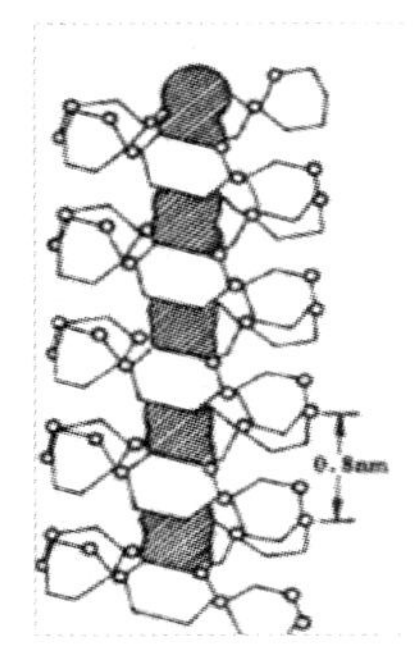

$$\left\{\begin{matrix}\text{直链淀粉}\\ \text{支链淀粉}\end{matrix}\right. + I_2 \longrightarrow \begin{matrix}\text{蓝 色}\\ \text{紫红色}\end{matrix}$$

为什么会有这样的颜色变化？

这是因为淀粉二级结构中的孔穴（每间圈为六个葡萄糖单位）恰好可以络合碘分子，而形成一个有色络合物。

(3) 还原性　淀粉分子的末端虽有自由的苷羟基，却不显示还原性。

二、纤维素

纤维素是由葡萄糖以β-1,4 苷键连接而成。

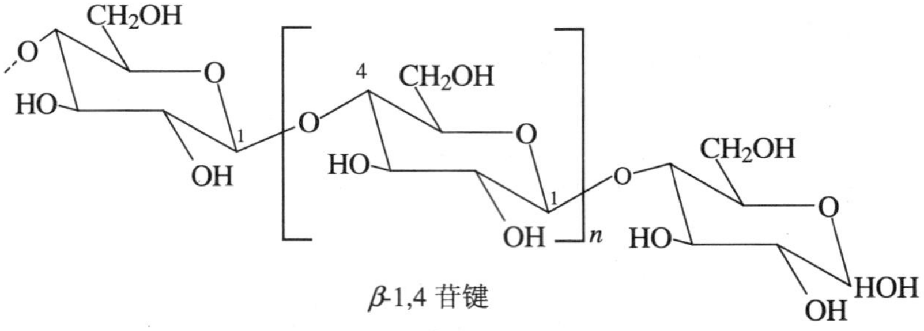

β-1,4 苷键

由此可见，纤维素与淀粉在结构上的差异仅在于两个葡萄糖分子的连接方式不同。

$$(C_6H_{10}O_5)_n \xrightarrow[\text{或纤维素酶}]{H_2O/H^+} \text{纤维二糖} \xrightarrow[H^+]{H_2O} C_6H_{12}O_6$$

纤维素及其衍生物有着重要的用途。

纤维素酯（又称醋酸纤维素）

$$\left[\text{纤维素单元}(\text{HO},\ \text{OH},\ CH_2OH)\right]_n \xrightarrow[H_2SO_4]{(CH_3CO)_2O} \left[\text{三醋酸纤维素单元}(CH_3COO,\ OCCH_3,\ CH_2OCCH_3)\right]_n$$

三醋酸纤维素可部分水解得到二醋酸纤维素，后者溶于丙酮和乙醇，不易燃，可用来制造胶片、人造丝和塑料等。

纤维素与硝酸和浓硫酸作用，则得到硝酸纤维素。

纤维素黄原酸酯：

$$\underset{\text{纤维素部分}}{-\overset{|}{\underset{|}{C}}-OH} \xrightarrow[(-H_2O)]{NaOH} -\overset{|}{\underset{|}{C}}-ONa \xrightarrow{O=S=C} \underset{\text{纤维素黄原酸钠盐}}{-\overset{|}{\underset{|}{C}}-O-\underset{\|\atop S}{C}-SNa} \xrightarrow{H_2O/H^+} \underset{\text{再生纤维素}}{-\overset{|}{\underset{|}{C}}-OH}$$

纤维素黄原酸钠盐 $\xrightarrow[H_2O/H^+]{\text{筛板孔、挤压}}$ 黏胶纤维

纤维素黄原酸钠盐 $\xrightarrow[H_2O/H^+]{\text{缝，挤压}}$ 玻璃纸

复习与思考题

1. 写出 D-(+)-甘露糖与下列物质的反应、产物及其名称：

（1）羟胺

（2）苯肼

（3）溴水

（4）HNO_3

（5）HIO_4

（6）乙酐

（7）苯甲酰氯、吡啶

（8）CH_3OH、HCl

（9）CH_3OH、HCl，然后（CH_3）$_2SO_4$、NaOH

（10）上述反应后再用稀 HCl 处理

（11）上述（10）反应后再强氧化

（12）H_2、Ni

（13）$NaBH_4$

（14）HCN，然后水解

（15）上述反应后加 Na（Hg），并通入 CO_2

2. D-(+)-半乳糖是怎样转化成下列化合物的？写出其反应式。

（1）甲基β-D-半乳糖苷

（2）甲基β-2,3,4,6-四甲基-D-半乳糖苷

（3）2,3,4,6-四甲基-D-半乳糖

（4）塔罗糖

（5）异木糖

（6）D-酒石酸

3. 有一戊糖 $C_5H_{10}O_4$，$C_5H_{10}O_4$ 与胲反应生成肟，与硼氢化钠反应生成 $C_5H_{12}O_4$。后者有光学活性，与乙酐反应得四乙酸酯。戊糖（$C_5H_{10}O_4$）与 CH_3OH、HCl 反应得 $C_6H_{12}O_4$，$C_6H_{12}O_4$ 再与 HIO_4 反应得 $C_6H_{10}O_4$。它（$C_6H_{10}O_4$）在酸催化下水解，得等量乙二醛（CHO—CHO）和 D-乳（$CH_3CHOHCHO$）。从以上实验导出戊糖 $C_5H_{10}O_4$ 的构造式。你导出的构造式是唯一的呢，还是可能有其他结构？

4. 在甜菜糖蜜中有一三糖称作棉子糖。棉子糖部分水解后得到双糖叫做蜜二糖。蜜二糖是个还原性双糖，是（+）-乳糖的异构物，能被麦芽糖酶水解但不能为苦杏仁酶水解。蜜二糖经溴水氧化后彻底甲基化再酸催化水解，得 2,3,4,5-四甲基-D-葡萄糖酸和 2,3,4,6-四甲基-D-半乳糖。写出蜜二糖的构造式及其反应。

5. 棉子糖是个非还原糖，它部分水解后除得蜜二糖（上题）外，还生成蔗糖。写出棉子糖的结构式。

6. 柳树皮中存在一种糖苷叫做糖水杨苷，当用苦杏仁酶水解时得 D-葡萄糖和水杨醇（邻羟基甲苯醇）。水杨苷用硫酸二甲酯和氢氧化钠处理得五甲基水杨苷，酸催化水解得 2,3,4,6-四甲基-D-葡萄糖和邻甲氧基甲酚。写出水杨苷的结构式。

7. 天然产红色染料茜素是从茜草根中提取的，实际上存在于茜草根中的叫做茜根酸。茜根酸是个糖苷，它不与拖伦试剂反应。茜根酸小心水解得到茜素和一双糖——樱草糖。茜根酸彻底甲基化后再酸催化水解得等量 2,3,4-三甲基-D-木糖、2,3,4-三甲基-D-葡萄糖和 2-羟基-1-甲氧基-9,10-蒽醌。根据上述实验写出茜根酸的构造式。茜根酸的结构还有什么未能肯定之处吗？

8. 去氧核糖核酸（DNA）水解后得一单糖，分子式为 $C_5H_{10}O_4$（Ⅰ）。（Ⅰ）能还原拖伦试剂，并有变旋现象。但不能生成脎。（Ⅰ）被溴水氧化后得一具有光学活性的一元酸（Ⅱ）；被 HNO_3 氧化则得一具有光学活性的二元酸（Ⅲ）。（Ⅰ）被 CH_3OH-HCl 处理后得α和β型苷的混合物（Ⅳ），彻底甲基化后得（Ⅴ），分子式 $C_8H_{16}O_4$。（Ⅴ）催化水解后用 HNO_3 氧化得两种二元酸，其一是无光学活性的（Ⅵ），分子式为 $C_3H_4O_4$，另一是有光学活性的（Ⅶ），分子式 $C_5H_8O_5$。此外还生成副产物甲氧基乙酸和 CO_2。测证（Ⅰ）的构型是属于 D 系列的。（Ⅱ）甲基化后得三甲基醚，再与磷和溴反应后水解得 2,3,4,5-四羟基正戊酸。（Ⅱ）的钙盐用勒夫降解法（H_2O_2+Fe^{3+}）降解后，HNO_3 氧化得内消旋酒石酸。写出（Ⅰ）~（Ⅶ）的构造式（立体构型）。

9. 怎样能证明 D-葡萄糖、D-甘露糖、D-果糖这三种糖的 C_3、C_4 和 C_5 具有相同的构型？

10. 有两种化合物 A 和 B，分字式均为 $C_5H_{10}O_4$，与 Br_2 作用得到了分子式相同的酸 $C_5H_{10}O_5$，与乙酐反应均生成三乙酸酯，用 HI 还原 A 和 B 都得到戊烷，用 HIO_4 作用都得到一分子 H_2CO 和一分子 HCO_2H，与苯肼作用 A 能生成脎，而 B 则不生成脎，推导 A 和 B 的结构。写出上述反应过程。找出 A 和 B 的手性碳原子，写出对映异构体。

第十五章 氨基酸和蛋白质

氨基酸和蛋白质都是天然高分子化合物，是生命物质的基础。我们知道，生命活动的基本特征就是蛋白质的不断自我更新。蛋白质是一切活细胞的组织物质，也是酶、抗体和许多激素中的主要物质。所有蛋白质都是由α-氨基酸构成的，因此，α-氨基酸是建筑蛋白质的砖石。要讨论蛋白质的结构和性质，首先要研究α-氨基酸的化学。

第一节 氨基酸

一、氨基酸的分类和命名

组成蛋白质的氨基酸（天然产氨基酸）都是α-氨基酸，即在α-碳原子上有一个氨基，可用下式表示：

$$\begin{array}{c} \mathrm{H} \\ | \\ \mathrm{R—C—COOH} \\ | \\ \mathrm{NH_2} \end{array}$$

因此，氨基酸是羧酸分子中碳链上的氢原子被氨基取代后的生成物。分子中含有氨基和羧基两种官能团。天然产的各种不同的α-氨基酸只是 R 不同而已。氨基酸目前已知的已超过 100 种以上，但在生物体内作为合成蛋白质的原料只有 20 种。

（1）分类：按烃基类型可分为脂肪族氨基酸，芳香族氨基酸，含杂环氨基酸。

按分子中氨基和羧基的数目分为中性氨基酸，酸性氨基酸，碱性氨基酸。分子中有一个氨基和一个羧基的是中性氨基酸，分子中羧基数目多于氨基数目的是酸性氨基酸，氨基数目多于羧基数目的是碱性氨基酸。

（2）命名：氨基酸可按系统命名法命名，即以氨基为取代基，按照羧酸的命名法命名。由蛋白质水解得到的氨基酸除了系统命名法外，还都有俗名，俗名比系统命名更常用。例如：

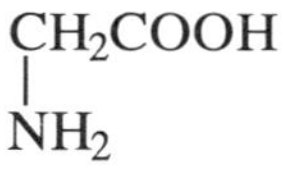

$$\underset{NH_2}{\overset{|}{CH_2COOH}}$$

2-氨基乙酸甘氨酸

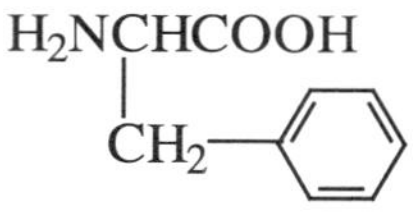

$$H_2N\underset{CH_2-C_6H_5}{\overset{}{C}}HCOOH$$

2-氨基-3-苯基丙酸苯丙氨酸

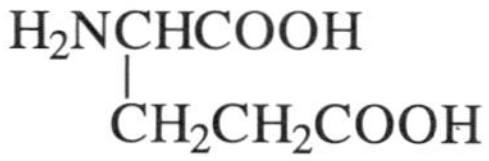

$$H_2N\underset{CH_2CH_2COOH}{C}HCOOH$$

2-氨基-1,5-戊二酸谷氨酸

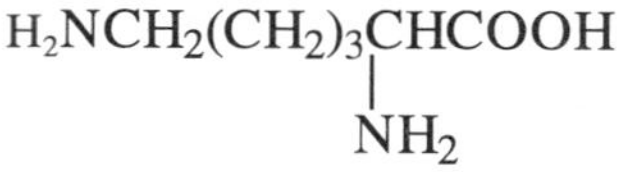

$$H_2NCH_2(CH_2)_3\underset{NH_2}{C}HCOOH$$

2,6-二氨基己酸赖氨酸

二、氨基酸的构型

用 D/L 体系表示——在费歇尔投影式中氨基位于横键右边的为 D 型，位于左边的为 L 型。例如：

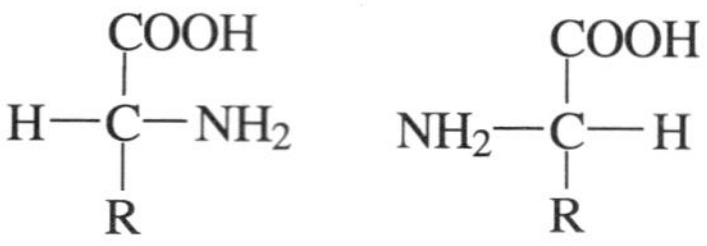

$$H-\underset{R}{\overset{COOH}{C}}-NH_2 \qquad NH_2-\underset{R}{\overset{COOH}{C}}-H$$

天然氨基酸（除甘氨酸外）其他所有α-碳原子都是手性的，都有旋光性，而且主要是 L 型的（也有 D 型的，但很少）。

三、氨基酸的性质

氨基酸分子中的氨基是碱性的，而羧基是酸性的，因而氨基酸既能与酸反应，也能与碱反应，是一个两性化合物。

1. 两性与等电点

（1）两性

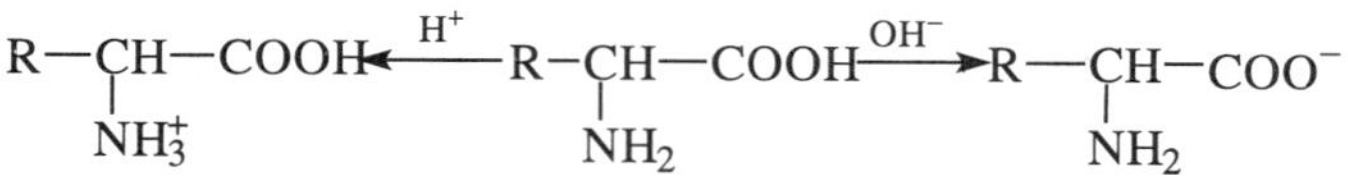

$$R-\underset{NH_3^+}{CH}-COOH \xleftarrow{H^+} R-\underset{NH_2}{CH}-COOH \xrightarrow{OH^-} R-\underset{NH_2}{CH}-COO^-$$

氨基酸在一般情况下不是以游离的羧基或氨基存在的，而是两性电离，在固态或水溶液中形成内盐。

$$R-\underset{NH_3}{CH}-COOH \rightleftharpoons R-\underset{NH_3^+}{CH}-COO^-$$

（2）等电点

在氨基酸水溶液中加入酸或碱，至使羧基和氨基的离子化程度相等（即氨基酸分子所带电荷呈中性——处于等电状态）时溶液的 pH 值称为氨基酸的等电点。常以 p*I* 表示。

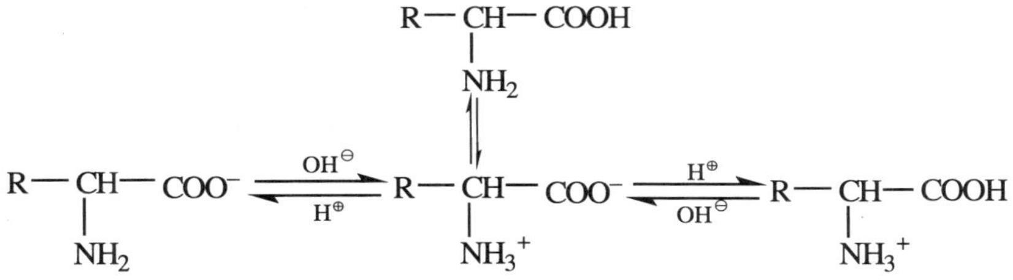

$$\mathrm{R-CH(NH_2)-COO^-} \underset{H^{\oplus}}{\overset{OH^{\ominus}}{\rightleftharpoons}} \mathrm{R-CH(NH_3^+)-COO^-} \underset{OH^{\ominus}}{\overset{H^{\oplus}}{\rightleftharpoons}} \mathrm{R-CH(NH_3^+)-COOH}$$

$$\mathrm{R-CH(NH_3^+)-COO^-} \rightleftharpoons \mathrm{R-CH(NH_2)-COOH}$$

溶液 pH＞等电点　　等电点（p*I*）　　溶液 pH＜等电点

注：① 等电点为电中性而不是中性（即 pH=7），在溶液中加入电极时其电荷迁移为零。

中性氨基酸	$pI = 4.8 \sim 6.3$
酸性氨基酸	$pI = 2.7 \sim 3.2$
碱性氨基酸	$pI = 7.6 \sim 10.8$

② 等电点时，偶极离子在水中的溶解度最小，易结晶析出。

2．与亚硝酸反应

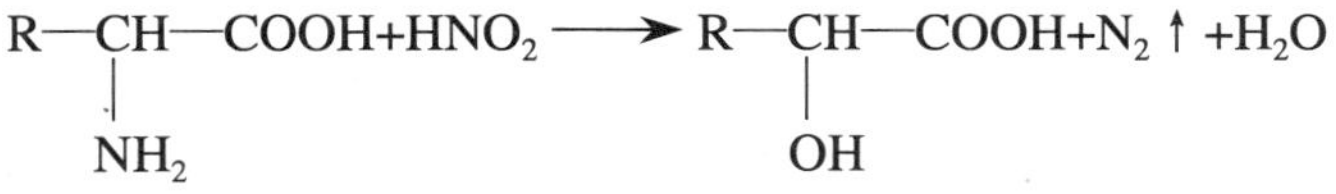

$$\mathrm{R-CH(NH_2)-COOH + HNO_2 \longrightarrow R-CH(OH)-COOH + N_2\uparrow + H_2O}$$

反应是定量完成的，衡量的放出 N_2，测定 N_2 的体积便可计算出氨基酸中氨基的含量。

3．络合性能

α-氨基酸可以与重金属离子、三氟化硼等具有空轨道的物质发生络合反应，以与重金属铜离子 Cu^{2+}反应为例：

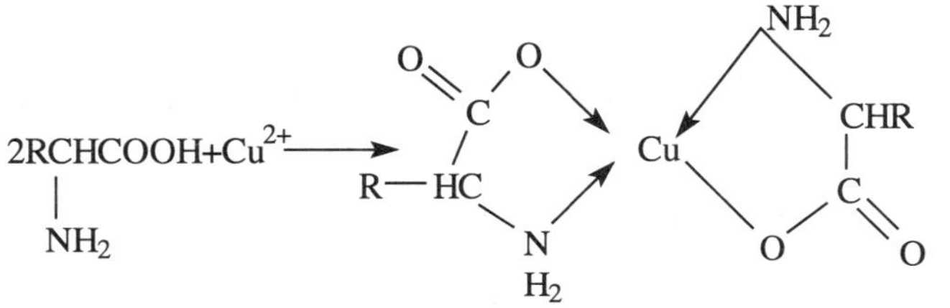

$$\mathrm{2RCH(NH_2)COOH + Cu^{2+} \longrightarrow}$$

（产物：Cu 与两分子氨基酸的 C=O、O 及 NH_2 配位形成的环状络合物，含 R—HC、N H_2、C、O、CHR 等基团）

4．茚三酮反应

α-氨基酸在碱性溶液中与茚三酮作用，生成显蓝色或紫红色的有色物质，是鉴别*α*-氨基酸的灵敏的方法。

茚三酮 $\xrightleftharpoons{H_2O}$ 水合茚三酮

水合茚三酮 + $\underset{NH_2}{RCHCOOH}$ $\longrightarrow$ (蓝紫色化合物) + RCOH + CO + $3H_2O$

5．成肽

（1）肽和肽键

一分子氨基酸中的羧基与另一分子氨基酸分子的氨基脱水而形成的酰胺叫做肽，其形成的酰胺键称为肽键。

$$NH_2-\overset{R}{CH}-\overset{O}{\overset{\|}{C}}-OH+NH_2-\overset{R'}{CH}-COOH \xrightarrow{-H_2O} NH_2-\overset{R}{CH}-\underbrace{\overset{O}{\overset{\|}{C}}-NH}_{\text{肽键}}-\overset{R'}{CH}-COOH$$

由 *n* 个α-氨基酸缩合而成的肽称为 *n* 肽，由多个α-氨基酸缩合而成的肽称为多肽。一般把含 100 个以上氨基酸的多肽（有时是含 50 个以上）称为蛋白质。

无论肽链有多长，在链的两端一端有游离的氨基（$-NH_2$），称为 N 端；链的另一端有游离的羧基（—COOH），称为 C 端。

$$\underbrace{NH_2}_{\text{N 端}}-\overset{R}{CH}-\overset{O}{\overset{\|}{C}}\left[NH-\overset{R'}{CH}-\overset{O}{\overset{\|}{C}}\right]_n NH-\overset{R'}{CH}-\underbrace{COOH}_{\text{C 端}}$$

（2）肽的命名

根据组成肽的氨基酸的顺序称为某氨酰某氨酰某氨酸（简写为某、某、某）。例如：

$$NH_2-\overset{CH_3}{CH}-\underset{O}{\underset{\|}{C}}-NH-\overset{CH_2OH}{CH}-\underset{O}{\underset{\|}{C}}-NH-\overset{CH_2C_6H_5}{CH}-COOH$$

丙氨酰丝氨酰苯丙氨酸（丙-丝-苯丙）

很多多肽都采用俗名，如催产素、胰岛素等。

四、多肽

由氨基酸组成的多肽数目惊人，情况十分复杂。假定 100 个氨基酸聚合成线形分子，可能具有 20^{100} 种多肽。

例如：由甘氨酸、缬氨酸、亮氨酸三种氨基酸就可组成六种三肽。

甘-缬-亮；甘-亮-缬；缬-亮-甘；缬-甘-亮；亮-甘-缬；亮-缬-甘。

多肽结构的研究测定主要是做如下工作：

① 了解某一多肽是由哪些氨基酸组成的。

② 各种氨基酸的相对比例。

③ 确定各氨基酸的排列顺序。

多肽结构测定工作步骤如下：

1．测定分子量

可以使用质谱法进行测定，它比传统的化学法带来的误差小得多。

2．氨基酸的定量分析

$$\text{多肽} \xrightarrow[H_2O]{HCl} \text{氨基酸} \xrightarrow{\text{层析法分离}} \text{各种氨基酸} \longrightarrow \text{各种氨基酸的含量}$$

现代方法是将水解后的氨基酸混和液用氨基酸分析仪进行分离和测定。

3．端基分析（测定 N 端和 C 端）

（1）测定 N 端（有两种方法）

① 2,4-二硝基氟苯法——桑格尔（Sanger）法

2,4-二硝基氟苯与氨基酸的 N 端氨基反应后，再水解，分离除 *N*-二硝基苯基氨基酸，用色谱法分析，即可知道 N 端为何氨基酸。

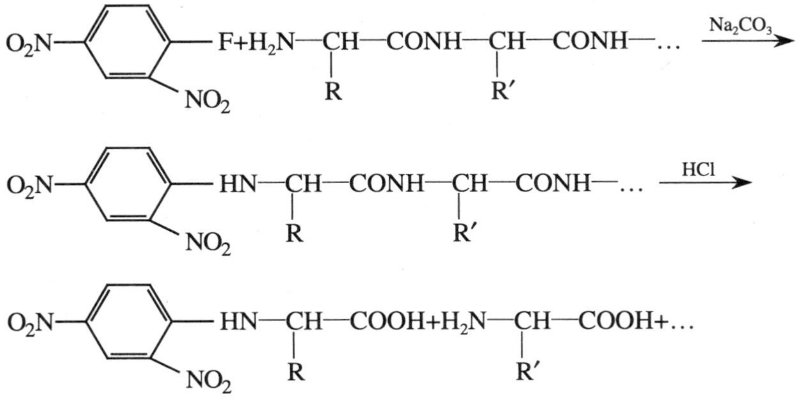

$$2,4\text{-}(O_2N)_2C_6H_3\text{—}F + H_2N\text{—}\underset{\large R}{\underset{|}{CH}}\text{—CONH—}\underset{\large R'}{\underset{|}{CH}}\text{—CONH—}\cdots \xrightarrow{Na_2CO_3}$$

$$2,4\text{-}(O_2N)_2C_6H_3\text{—HN—}\underset{\large R}{\underset{|}{CH}}\text{—CONH—}\underset{\large R'}{\underset{|}{CH}}\text{—CONH—}\cdots \xrightarrow{HCl}$$

$$2,4\text{-}(O_2N)_2C_6H_3\text{—HN—}\underset{\large R}{\underset{|}{CH}}\text{—COOH} + H_2N\text{—}\underset{\large R'}{\underset{|}{CH}}\text{—COOH} + \cdots$$

此法的缺点是所有的肽键都被水解掉了。

② 异硫氰酸苯酯（Ph—N═C═S）法——艾德曼（Edman）降解法

$$C_6H_5N{=}C{=}S + NH_2\underset{\displaystyle R}{\underset{|}{C}}HCONH\text{—}\boxed{多肽} \xrightarrow{pH>7} C_6H_5NH\overset{\displaystyle S}{\overset{\|}{C}}\text{—}NH\text{—}\underset{\displaystyle R}{\underset{|}{C}}H\text{—}\overset{\displaystyle O}{\overset{\|}{C}}\text{—}NH\text{—}\boxed{多肽}$$

$$\xrightarrow{pH<7} \text{(S=C—NH—CH(R)—C(=O)—N}(C_6H_5)\text{— 环)} + \text{—}\boxed{多肽}$$

测定咪唑衍生物的 R，即可知是哪种氨基酸。

异硫氰酸苯酯法的特点是，除多肽 N 端的氨基酸外，其余多肽链会保留下来。这样就可以继续不断的测定其 N 端。

（2）测定 C 端

① 多肽与肼反应

所有的肽键（酰胺）都与肼反应而断裂成酰肼，只有 C 端的氨基酸有游离的羧基，不会与肼反应成酰肼。这就是说与肼反应后仍具有游离羧基的氨基酸就是多肽 C 端的氨基酸。

② 羧肽酶水解法

在羧肽酶催化下，多肽链中只有 C 端的氨基酸能逐个断裂下来。

4．肽链的选择性断裂及鉴定

上述测定多肽结构顺序的方法，对于分子量大的多肽是不适用的。对于大分子量多肽顺序的测定，是将其多肽用不同的蛋白酶进行部分水解，使之生成二肽、三肽等碎片，再用端基分析法分析各个碎片的结构，最后将各碎片在排列顺序上比较并合并，即可推出多肽中氨基酸的顺序。

部分水解法常用的蛋白酶有：

胰蛋白酶——只水解羰基属于赖氨酸、精氨酸的肽键。

糜蛋白酶——水解羰基属于苯丙氨酸、酪氨酸、色氨酸的肽键。

溴化氰———只能断裂羰基属于蛋氨酸的肽键。

例如：某八肽完全水解后，经分析氨基酸的组成为：丙、亮、赖、苯丙、脯、丝、酪、缬。端基分析：N-端丙……亮 C-端。胰蛋白酶催化水解：分离得到酪氨酸，一种三肽和一种四肽。用 Edman 降解分别测定三肽、四肽的顺序，结果为：丙-脯-苯丙；赖-丝-缬-亮。

由上述信息得知，八肽的顺序为：

丙—脯—苯丙—酪—赖—丝—缬—亮

三肽　糜蛋白酶　四肽

F.Sanger 及其他工作者花了约 10 年时间于 1953 年（35 岁时）首先测定出牛胰岛素的氨基酸顺序，由此 Sanger 获得了 1958 年（41 岁时）的诺贝尔化学奖。此后，有几百种多肽和蛋白质的氨基酸顺序被测定出来，其中包括含 333 个氨基酸单位的甘油醛-3-磷酸酯脱氢酶。以后 F.Sanger 又测定了 DNA 核苷酸顺序，因而他第二次（1980 年 62 岁）获得了诺贝尔奖（同美国人伯格、吉尔伯特共享）。两次获得诺贝尔奖的化学家是很少见的，所以说，F.Sanger 是一个伟大的化学家。

第二节　蛋白质

分子量在 1 000 以上，构型复杂的多肽称为蛋白质。蛋白质是生命的基础，没有蛋白质就没有生命。氨基酸是蛋白质的基石。它们的结构中都含有羧基和氨基两种官能团。蛋白质水解后得到氨基酸，而氨基酸通过缩聚反应能够形成高分子化合物蛋白质。

一、蛋白质的组成和分类

1. 蛋白质的组成

蛋白质是由不同的氨基酸经过缩聚后而形成的高分子化合物，它的化学组成元素是 C、H、O、N、S，有的还含有微量的 Fe、P 等元素。其分子中存在着氨基和羧基，与氨基酸相似也是两性物质，具有肽键。

2. 蛋白质的分类

（1）根据蛋白质的形状分为：纤维蛋白质如丝蛋白、角蛋白等；球状蛋白质如蛋清蛋白、酪蛋白、血红蛋白、γ-球代表蛋白（感冒抗体）等。

（2）根据组成成分：单纯蛋白质——其水解最终产物是α-氨基酸；结合蛋白质——α-氨基酸＋非蛋白质（辅基），辅基为糖时称为糖蛋白；辅基为核酸时称为核蛋白；辅基为血红素时称为血红素蛋白等。

（3）根据蛋白质的功能分：活性蛋白，按生理作用不同又可分为：酶、激素、抗体、收缩蛋白、运输蛋白等；非活性蛋白，担任生物的保护或支持作用的蛋白，但本身不具有生物活性的物质。例如：贮存蛋白（清蛋白、酪蛋白等），结构蛋白（角蛋白、弹性蛋白胶原等）等。

二、蛋白质的性质

1. 两性及等电点

多肽链中有游离的氨基和羧基等酸碱基团，具有两性。

$$\mathrm{P}\begin{cases}\mathrm{COO^-}\\ \mathrm{NH_2}\end{cases}\underset{\mathrm{OH^-}}{\overset{\mathrm{H^+}}{\rightleftharpoons}}\mathrm{P}\begin{cases}\mathrm{COO^-}\\ \mathrm{\overset{+}{N}H_3}\end{cases}\underset{\mathrm{OH^-}}{\overset{\mathrm{H^+}}{\rightleftharpoons}}\mathrm{P}\begin{cases}\mathrm{COOH}\\ \mathrm{\overset{+}{N}H_3}\end{cases}$$

（P 代表蛋白质）

$pH>pI$　　　　pI　　　　$pH<pI$

2. 溶解性和盐析

蛋白质是大分子化合物，分子颗粒的直径在 0.1～0.001μm（胶粒直径幅度内）呈胶体性质。蛋白质颗粒表面都带电荷，在酸性溶液中带正电荷，在碱性溶液中带负电荷，帮助带有同性电荷离子与周围电性相反的离子结合构成稳定的双电层。由于同性电荷相斥，颗粒互相隔绝而不黏合，形成稳定的胶体体系。蛋白质与水形成的亲水胶体，也和其他胶体一样不是十分稳定，在各种因素的影响之下，蛋白质容易析出可逆沉淀。

$$\text{蛋白质溶液}\xrightarrow{\text{碱金属盐或铵盐}}\underset{\text{（蛋白质）}}{\text{沉淀}}\xrightarrow{H_2O}\text{溶液}$$

3. 蛋白质变性

蛋白质与重金属盐作用，或在蛋白质溶液中加入有机溶剂（如丙酮、乙醇等）则发生不可逆沉淀。如 70%～75%的酒精可破坏细菌的水化膜，使细菌发生沉淀和变性，从而起到消毒的作用。

4. 显色反应

蛋白质的颜色反应

（1）缩二脲反应　蛋白质与新配制的碱性硫酸铜溶液反应，呈紫色，称为缩二脲反应。

（2）蛋白黄反应　蛋白质中含有苯环的氨基酸，遇浓硝酸发生硝化反应而生成黄色硝基化合物的反应称为蛋白黄反应。

（3）茚三酮反应　蛋白质与稀的茚三酮溶液共热，即呈现蓝色。

5. 水解

$$\text{蛋白质}+H_2O\xrightarrow{\text{酸碱或酶}}\text{氨基酸}$$

因此可以说氨基酸是蛋白质的基石。

三、蛋白质的结构

各种蛋白质的特定结构，决定了各种蛋白质的特定生理功能。蛋白质种类繁多，结构极其复杂，不仅蛋白质多肽链中各种氨基酸都有一定的排列次序，并且整个蛋白质分子在空间上也有一定的排列顺序。通过长期研究确定，蛋白质的结构可分为一级结构、二级结构、三级结构等。

1. 蛋白质的一级结构

由各氨基酸按一定的排列顺序结合而形成的多肽链（50 个以上氨基酸）称为蛋白质的一级结构。

对某一蛋白质，若结构顺序发生改变，则可引起疾病或死亡。例如，血红蛋白是由两条α-肽链（各为 141 肽）和两条β-肽链（各为 146 肽）四条肽链（共 574 肽）组成的。

在β链，N-6 为谷氨酸，若换为缬氨酸，则造成红血球附聚，即由球状变成镰刀状，若得了这种病（镰刀形贫血症）不到十年就会死亡。

在一级结构中，肽键是主要连接键，多肽链是一级结构的主体。

2. 蛋白质的二级结构

多肽链中互相靠近的氨基酸通过氢键的作用而形成的多肽在空间的排列（构象）称为蛋白质的二级结构。由于氢键的存在，空间效应的影响，使多肽链在空间形成一定的排布形式。蛋白质的二级结构主要有三种形式：

① α-螺旋——右螺旋；

② β-折叠和β-转角；

③ 无规则卷曲——没有确定规律性。

其中氢键在维持二级结构中起着重要的作用。

3. 蛋白质的三级结构

由蛋白质的二级结构在空间盘绕、折叠、卷曲而形成的更为复杂的空间构象称为蛋白质的三级结构。

维持三级结构的作用力有： 共价键（—S—S—）

静电键（盐键）
氢键
憎水基（烃基等）
以上三项总称为副键

形成三级结构后，亲水基团在结构外，憎水基团在结构内，故球状蛋白溶于水。

复习与思考题

1. 名词解释

蛋白质的一级结构　两性离子　等电点　构型与构象　非蛋白质氨基酸　蛋白质

的变性　肽与肽键　盐析　必需氨基酸

2. 填空题

（1）蛋白质的二级结构最基本的有两种类型，它们是________和__________。

（2）蛋白质多肽链中的肽键是通过一个氨基酸的____基和另一氨基酸的_______基连接而形成的。

（3）氨基酸与茚三酮发生氧化脱羧脱氨反应生成______色化合物，而________与茚三酮反应生成黄色化合物。

（4）加入低浓度的中性盐可使蛋白质溶解______，这种现象称为________，而加入高浓度的中性盐，当达到一定的盐饱和度时，可使蛋白质的溶解度______并_________，这种现象称为_______，蛋白质的这种性质常用于___________。

（5）用电泳方法分离蛋白质的原理，是在一定的 pH 条件下，不同蛋白质的________、_________和__________不同，因而在电场中移动的_______和_______不同，从而使蛋白质得到分离。

（6）氨基酸处于等电状态时，主要是以________形式存在，此时它的溶解度最小。

3. 选择题

（1）维持蛋白质三级结构主要靠（　　）。

A. 氢键　　B. 离子键　　C. 疏水作用　　D. 二硫键

（2）下列哪一项不是蛋白质的性质之一（　　）。

A. 处于等电状态时溶解度最小　　B. 加入少量中性盐溶解度增加

C. 变性蛋白质的溶解度增加　　D. 有紫外吸收特性

（3）下列有关蛋白质的叙述哪项是正确的（　　）。

A. 蛋白质分子的净电荷为零时的 pH 值是它的等电点

B. 大多数蛋白质在含有中性盐的溶液中会沉淀析出

C. 由于蛋白质在等电点时溶解度最大，所以沉淀蛋白质时应远离等电点

D. 以上各项均不正确

（4）氨基酸在等电点时具有的特点是（　　）。

A. 不带正电荷　　B. 不带负电荷

C. A 和 B　　D. 溶解度最大　　E. 在电场中不泳动

下篇

实验部分

第十六章 有机化学实验基本知识

第一节　有机化学实验的重要性及目的

一、有机化学实验的重要性

有机化学是一门以实验为基础，理论性和实践性并重的课程。有机化学的发展同有机化合物的合成、分离提纯、鉴定等实验研究紧密相连，正是在大量实验研究的基础上，建立了有机化学的理论，形成了有机化学学科。有机化学实验与有机化学理论教学是相互配合的，它也是有机化学教学的重要组成部分。因此，有机化学实验课可视为有机化学理论知识的一个应用与验证部分，是理论知识的一个形象化与深化的过程。有机化学实验课是生物、制药、医学、食品科学、化工、林业、农业、土壤、环保等专业的专业基础实验课程，它对于提高学生的独立动手能力和创新能力；观察事物变化能力和解决问题能力；培养学习兴趣及对进一步培养综合能力有重要的意义。

二、有机化学实验的目的

高职高专教育根本任务是“培养高等技术应用型专门人才”，这样的人才具有十分明显的职业性、专业性和实践性，并且有应变、综合和创新的特征。所以高职高专教育是以市场为导向，以“能力本位”为指导思想，以培养技术应用能力为主线来考虑学生的知识、能力、素质结构和培养方案，以“应用”为主旨为特征构建课程和教学内容体系的高等教育。

高职高专有机化学实验教学的主要目的是：

（1）深入理解有机化学基本理论与概念；熟悉各类有机化合物的重要性质，并在实验过程中加以验证，使得理论与实际相结合。

（2）掌握简单的有机合成、分离和提纯有机化合物的常用方法；掌握有机化学实验的基本操作、实验技能；培养具备灵活运用基本技术的能力。

（3）掌握预防与处置化学实验事故的方法，能正确使用与处置化学危险品。

（4）培养学生良好的习惯；培养学生实事求是的科学精神，形成科学的思维方法。

（5）经过实验训练，提高学生分析问题和解决问题的能力，进一步培养学生的观察、推理能力，以及团结协作精神。

第二节　有机化学实验室规则及安全知识

一、有机化学实验规则

为培养学生良好习惯，保证有机化学实验正常、有效、安全地进行，保证教学质量，学生必须遵守下列规则：

（1）进入有机化学实验室前，必须仔细阅读本书第十六章内容，了解实验室的注意事项、有关规定以及事故处理办法和急救常识。

（2）每次实验前，必须认真写好预习报告，对实验内容、原理、目的意义、实验步骤、仪器装置、实验注释及安全方面的问题有比较清楚的了解；实验时，实验装置装配完毕后，均应经指导教师检查，确认合格后方可开始操作；实验中，应严守规程，认真操作，仔细观察，积极思考，如实记录实验现象和实验数据，不得擅自离开实验岗位；实验后，经实验教师签字方可离开实验室，且按时写出符合规范的实验报告。

（3）实验仪器放置要整齐有序，并保持实验环境（桌面、地面等）的整洁；不得将固体物或腐蚀性的液体倒入水槽，以保持水流畅通；实验后留下的有机物应倒入指定的收集器内；废酸、废碱应倒入废液缸中；废纸等应投入废纸篓中；废玻璃管和塞子应放在指定的地点，以备回收和处理。

（4）实验室内不准吸烟、吃食物；不得穿背心、拖鞋进实验室；保持实验室的安静，不得大声喧哗；丢弃废玻璃器具时不要发出大的声响；实验结束后必须洗手。

（5）爱护国家财产，正确使用仪器与设备，公用仪器及器械用后应放回原处；损坏仪器应及时填写破损单，并按学校的规定处理后及时补齐；节约使用试剂和物品，注意有关物品的回收。

（6）实验结束后，把玻璃仪器洗净备用，并做好实验室的清洁工作；离开实验室时，应把桌上的水、电开关关闭；安排值日生清扫公共卫生和实验台面，再次检查水、电、门、窗是否关好，并经实验室管理人员检查后方可离开。

二、有机化学实验安全知识

有机化学实验室进行实验操作时，要接触各种化学试剂、玻璃仪器；要使用多种电器设备；动用明火；处理废弃物等。而许多有机化合物是易燃、易爆、甚至有毒。因此，防火、防爆、防中毒是有机化学实验安全运行中主要的问题。除此之外，安全用电，防止割伤、烫伤等意外伤害事故的发生也是十分重要的。这不仅是为了保障实验者顺利地完成学习任务，也为了将来进入社会工作时，具有一定的预防与处理事故的知识与能力。实验事故的预防与处理，首先是指对于可能发生的事故有防范措施，以避免与杜绝事故的发生，同时当事故发生后，如何正确、迅速、果断处置，使损失减少至最小限度。这两方面的工作都很重要。需要强调指出的是，应当以预防为主，把事故消灭在萌芽状态。

实验室事故预防、处理和急救：

（一）防火

防火就是防止意外燃烧，燃烧是一种伴有发热和发光的剧烈氧化反应，它必须同时具备下列三个条件：可燃物、助燃物（如空气中的氧气）和火源（如明火、火花、灼热的物体等），三者缺一不可。控制或消除已经产生的燃烧条件，就可以控制或防止火灾。有机化学实验室常用的一些有机试剂和溶剂，属于一级易燃品，如：乙醚、乙醛、二硫化碳、丙酮、石油醚、苯、环己烷、甲醇、乙醇等，因此，在有机化学实验室要特别注意防火。

引起着火的原因很多，如用敞口容器加热低沸点的溶剂，加热方法不正确等，均可引起着火。为了防止着火，实验中应注意以下几点：

（1）不能用敞口容器加热和放置易燃、易挥发的化学药品。应根据实验要求和物质的特性，选择正确的加热方法。如对沸点低于 80℃的液体，在蒸馏时，应采用水浴，不能直接加热。

（2）尽量防止或减少易燃物气体的外逸。处理和使用易燃物时，应远离明火，注意室内通风，及时将蒸气排出。

（3）易燃、易挥发的废物，不得倒入废液缸和垃圾桶中。量大时，应专门回收处理；量小时，可倒入水池用水冲走，但与水发生猛烈反应者除外。

（4）实验室不得存放大量易燃、易挥发性物质。

（5）一旦发生着火，应沉着镇静地及时采取正确措施，控制事故的扩大。首先，立即切断电源，移走易燃物。然后，根据易燃物的性质和火势采取适当的方法进行扑救。有机物着火通常不用水进行扑救，因为一般有机物不溶于水或遇水可发生更强烈的反应而引起更大的事故。小火可用湿布或石棉布盖熄，火势较大时，应用灭火器扑救。

常用灭火器有二氧化碳、四氯化碳、干粉及泡沫等灭火器。

目前实验室中常用的是干粉灭火器。使用时，拔出销钉，将出口对准着火点，将上手柄压下，干粉即可喷出。

二氧化碳灭火器也是有机实验室常用的灭火器。灭火器内存放着压缩的二氧化碳气体，适用于油脂、电器及较贵重的仪器着火时使用。

虽然四氯化碳和泡沫灭火器都具有较好的灭火性能，但四氯化碳在高温下能生成剧毒的光气，而且与金属钠接触会发生爆炸。泡沫灭火器会喷出大量的泡沫而造成严重污染，给后处理带来麻烦。因此，这两种灭火器一般不用。不管采用哪一种灭火器，都是从火的周围开始向中心扑灭。

地面或桌面着火时，还可用沙子扑救，但容器内着火不易使用沙子扑救；身上着火时，应就近在地上打滚（速度不要太快）将火焰扑灭。千万不要在实验室内乱跑，以免造成更大的火灾。

（二）防爆

爆炸是一种破坏力很大的严重事故，应当分析易发生爆炸事故的起因，认真加以防范，杜绝实验室爆炸事故的发生。在有机化学实验室中，发生爆炸事故一般有两种情况：

1．某些化合物引起爆炸

（1）实验室中氢气、氧气、乙烯、乙炔的钢瓶，要与明火保持 10 m 以上的距离，远离热源，避免曝晒与强烈震动。在使用钢瓶气体做实验时，要确保除尽容器中的空气，再放入所要做实验的气体。切勿在未除尽空气前，点燃氢气、乙炔或乙烯气体。

（2）有机化合物（例如乙醚、丙酮、二氧六环等），在存放时很容易产生过氧化物，后者的爆炸性极强，在蒸馏过程中会诱发爆炸。因此，在这些物质蒸馏前，必须认真检查有无过氧化物存在。若有过氧化物，可加入硫酸亚铁的酸性溶液予以除去。即使这样，在蒸馏时也要注意，不要将物料蒸干。对于放热量很大的合成反应（例如硝化反应），要小心地慢慢滴加物料，并注意冷却，同时，要防止因滴液漏斗的活塞漏液而造成事故。

（3）乙炔银、乙炔铜、偶氮二异丁腈、过氧化苯甲酰、二硝基甲苯、三硝基甲苯、苦味酸及其金属盐、重氮盐、叠氮化物等都是易爆的危险品，不要研磨，不要使其受撞击或受热，以免发生事故。

2．仪器安装不正确或操作不当时，也会引起爆炸

（1）在使用玻璃仪器组装实验装置之前，要检查所用玻璃仪器是否有破损；未经特殊加工的玻璃仪器是不耐压的，因此，在进行蒸馏或回流、分馏操作时，要检查整个装置是否有连通大气的通道，不能是密闭系统。

（2）在进行减压蒸馏时，不能用平底烧瓶、锥形瓶等不耐压容器进行操作。

（3）反应过于剧烈，应适当控制加料速度和反应温度，必要时采取冷却措施；蒸馏过程中均不能将液体蒸干，以免发生爆炸。

（三）防中毒

有机化学实验中，许多试剂都是有毒的。有毒物质往往通过呼吸吸入、皮肤渗入或误食等方式导入而致中毒。因此，实验者要了解有毒物质的性质，规范实验操作，通过切断其导入途径而防止中毒。

（1）称量药品时应使用工具，不得直接用手接触，尤其严禁手直接接触剧毒品。做完实验后，应洗手后再吃东西。任何药品不能用嘴尝。

（2）使用和处理有毒或腐蚀性物质时，应在通风柜中进行或加气体吸收装置，并戴好防护用品。尽可能避免蒸气外逸，以防造成污染。

（3）沾在皮肤上的有机物应当立即用大量清水和肥皂洗去，切莫用有机溶剂洗，否则只会增加化学药品渗入皮肤的速度。

（4）如发生中毒现象，应让中毒者及时离开现场，到通风好的地方，严重者应及时送往医院。

（四）防灼伤

皮肤接触了高温、低温或腐蚀性物质（如：硝酸、硫酸、盐酸、磷酸、甲酸、乙酸、草酸、苦味酸、氢氧化钠、氢氧化钾以及苯酚、溴等）后均可能被灼伤。为避免灼伤，在接触这些物质时，最好戴橡胶手套和防护眼镜。发生灼伤时应按下列要求处理：

（1）无论是被酸还是被碱灼伤，首先应当用大量水冲洗伤处．被酸灼伤的，可再用饱和碳酸氢钠溶液洗；被碱灼伤的，可再用 2%醋酸溶液，或 1%硼酸溶液冲洗，最后都用水洗后，涂上药用凡士林。

（2）苯酚灼伤皮肤时，先用大量水冲洗，然后再用乙醇（70%）与氯化铁的混合液洗涤；被溴灼伤，应立即用石油醚洗去溴，再用 2%硫代硫酸钠溶液洗，然后用甘油涂擦。

（3）做实验时，当眼睛受到任何伤害，必须请眼科医师诊治。但在医生就诊之前，立即用大量细水流水冲洗，一定要保持眼皮张开，应持续冲洗 15 min，冲洗时，要避免水流直射眼球，也不要揉搓眼睛。若是酸溅入眼中，用大量水冲洗后，再用 1%碳酸氢钠溶液中和冲洗，然后再用水洗；若为碱，就用 1%硼酸溶液中和冲洗。

（4）轻烫伤者可在伤处涂红花油或烫伤膏等药剂。

以上重者应该立即采取相应措施处理伤口，并急送医院就医治疗。

（五）防割伤

有机化学实验室内主要使用是玻璃仪器，要特别注意防止玻璃破裂碎片的伤害。所以，在安装玻璃仪器时，一般手用布垫衬，不要对任何部位施压过度，这样可以避免事故发生。

（1）在将温度计或玻璃管装入（或拔下）橡皮塞孔或橡皮管口时，用力处不要离塞子太远；可以涂些凡士林或水，以增加润滑性，利于装卸。

（2）在安装仪器时，一些薄弱部位，在施力时要适当，同时防止碰撞。例如吸滤瓶的支管尖嘴突出部分，蒸馏烧瓶与分馏柱的支管等。

（3）在装有角度的玻璃管插入橡皮塞时，不能把另一边管子作为“把柄”着力旋入，否则会折断玻璃管，划破手掌。

（4）新割断玻璃管断口处特别锋利，使用时要将断口处火烧至熔化，使其光滑状；另外使用铁夹固定玻璃仪器时，若用力过猛，则易使玻璃破裂，割破皮肤。

发生割伤后，应将伤口中玻璃碎片取出，用生理盐水洗伤口，并用碘酒或红药水涂在伤口，纱布包扎；若伤口较大或伤口较深，应立即用绷带扎紧伤口上部，压迫止血，并急送医疗部门。

（六）安全用电

进入实验室后，首先应了解用电的开关位置在何处，而且要掌握它们的使用方法。在实验中，应先将电器设备上的插头与插座连接好后，再打开电源开关。不能用湿手或手握湿物去插或拔插头。使用电器前，应检查线路连接是否正确，电器内外要保持干燥，不能有水或其他溶剂。实验做完后，应先关掉电源，再去拔插头。

第三节　有机化学实验室常用仪器与设备

一、普通玻璃仪器

有机化学实验室进行实验教学所用的仪器，主要是玻璃仪器，其中有普通的玻璃仪器见图 16-1。化学实验用的玻璃仪器一般用钾玻璃制成，使用时必须轻拿轻放，除此之外，还应注意以下几点：

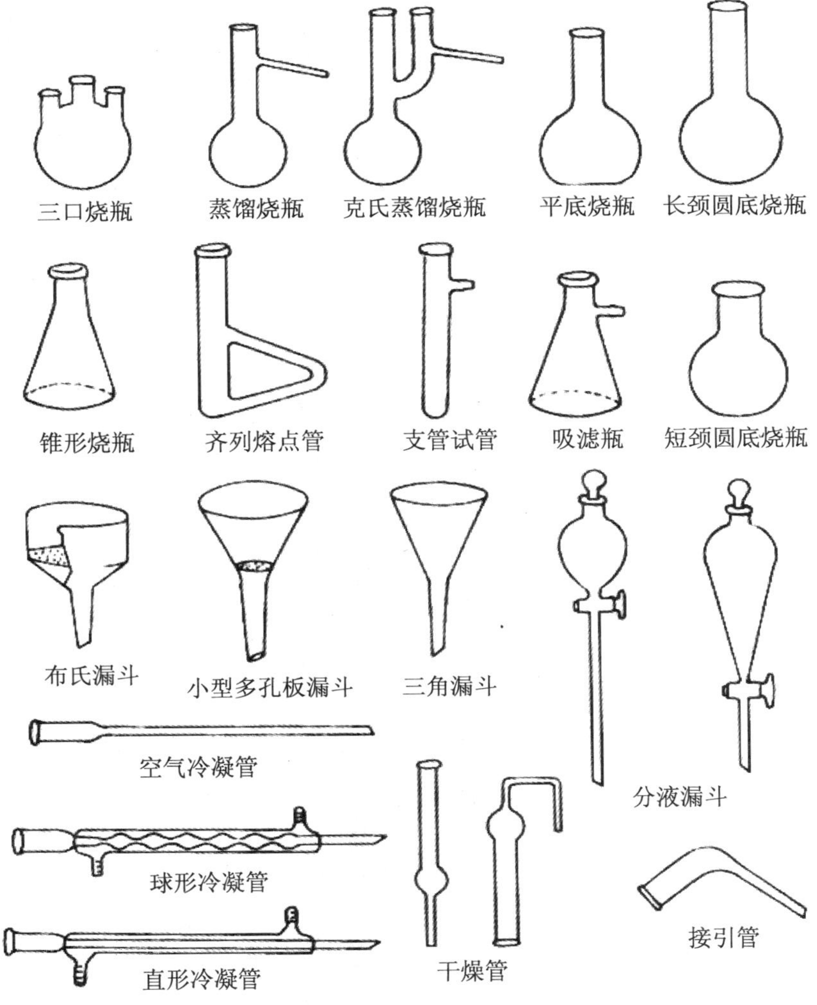

图 16-1 常见的普通玻璃仪器

（1）玻璃仪器要轻拿轻放；厚壁玻璃如吸滤瓶不能加热；用灯焰加热玻璃仪器至少要垫上石棉网（试管除外）；平底仪器如平底烧瓶、锥形瓶不耐压，不能用于减压系统；广口容器不能贮放有机溶剂；不能将温度计当作玻璃棒使用。

（2）在进行有机化学实验时必须正确选用玻璃仪器。例如，长颈圆底烧瓶常用于水蒸气蒸馏实验；三口烧瓶适用于机械搅拌的实验；而克氏蒸馏烧瓶则适用于减压蒸馏实验中。又如，直形冷凝管只适宜蒸馏沸点低于 140℃的物质；当蒸馏物质的沸点高于 140℃时，需使用空气冷凝管；至于球形冷凝管，由于其内管冷却面积较大，有较好的冷凝效果，故适用于加热回流实验。

（3）分液漏斗常用于液体的萃取、洗涤和分离；滴液漏斗用于需将反应物逐滴加入反应器中的实验；而保温漏斗（有金属夹套的漏斗）则适用于趁热过滤的实验。

（4）最常用的温度计是膨胀温度计，它有酒精和汞温度计两种。前者适用于测量 0～60℃的温度范围，后者可测量－30～300℃。一般选用高出被测物质可达到的最高温度的 10～20℃的温度计比较合适。

二、标准磨口玻璃仪器

标准磨口玻璃仪器是具有标准内磨口或标准外磨口的玻璃仪器。常用的标准磨口玻璃仪器见图 16-2。

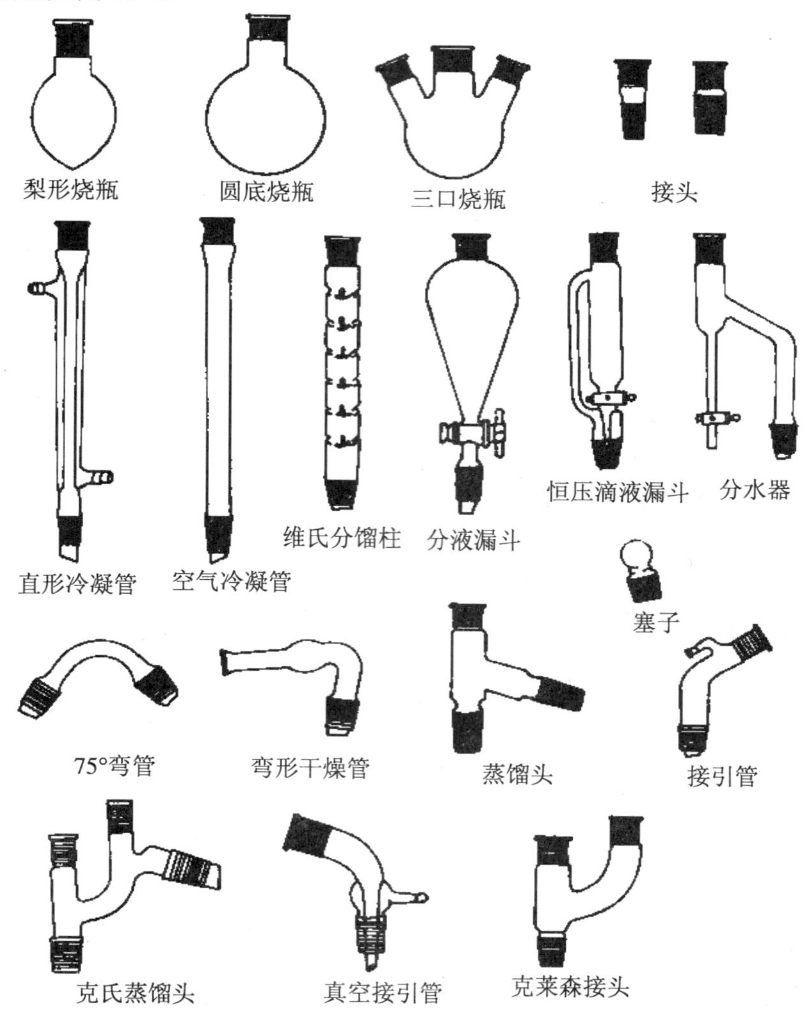

图 16-2 常用的标准磨口玻璃仪器

标准磨口是按国际通用的技术标准制造的，我国已普遍生产和使用。由于玻璃仪器的用量及用途不同，标准磨口有不同的编号，如 10，14，19，24，29，34，40，50 等。这些编号是指磨口最大端的直径（单位：mm，取最接近的整数）。有时也用两个数字表示标准磨口的规格，如 14/30 表示磨口最大端直径为 14 mm，磨口锥体长度为 30 mm。相同编号的内、外磨口可以紧密连接，磨口编号不同的仪器无法直接连接，但可使用相应的不同编号的磨口接头使之连接。仪器的磨口应洁净，不能沾有固体物质，否则磨口不能紧密连接，甚至会损坏磨口。

三、玻璃仪器的洗涤、干燥

（一）玻璃仪器的洗涤

进行化学实验必须使用洁净的玻璃仪器，以免由于仪器上的污物影响实验结果及产物的纯度。若将仪器倒置，器壁不挂水珠，即为洗净。为及时处理实验残渣，应养成实验完毕立即洗净仪器的习惯。洗涤仪器的方法很多，应根据实验要求、污物性质及污染程度选用。

（1）最简易的方法是用毛刷和去污粉擦洗，然后用清水冲洗。但要注意，切勿用去污粉擦洗磨口，以免损坏磨口。

（2）对于碱性或酸性残渣，可分别用酸或碱液处理后再用水洗净。

（3）对于炭化残渣，要用红棕色的重铬酸盐洗液清洗，洗后将洗液倒回原瓶，然后用水冲洗。铬酸是强酸和强氧化剂，使用时要注意安全，经长期使用的洗液变成绿色时即告失效。

（4）对于脂肪、脂膏、有机物等沉淀，可用四氯化碳等有机溶剂进行洗涤。

（二）玻璃仪器的干燥

由于许多有机化学反应都要求使用干燥的玻璃仪器，所以玻璃仪器在经过认真清洗后，都要倒置或者倒插在木质玻璃仪器架上，将其晾干。除此之外，还有其他三种常用仪器干燥的方法：

1．烘箱干燥

将经过自然干燥处理的玻璃仪器，或将经过清洗后的玻璃仪器倒置流去表面水珠后，再送入烘箱内干燥。烘箱温度一般控制在 100～105℃。采用此干燥方法不能将有刻度的容量仪器如量筒、量杯、容量瓶、移液管、滴定管进入烘箱内烘干；不能将橡皮塞、软木塞放入烘箱干燥；不能将吸滤瓶等厚壁器皿进行烘干；有磨口的玻璃仪器，应将磨口塞、活塞取下，将其油脂擦去并经洗净后再烘干，因漏斗的活塞不能互换，烘干时不要配错。从电烘箱中取出玻璃仪器时，应待烘箱温度自然下降至室温后取出。如因急用，在烘箱温度较高时取出玻璃仪器时，应将玻璃仪器在石棉网上放置，慢慢冷却至室温。不要将温度较高的玻璃仪器与铁质器皿等冷物体直接接触，以免损坏玻璃器皿。

2. 热气流干燥

将自然干燥的玻璃仪器，插入热气流干燥器的各支干燥用的金属管上，经过热空气加热后，可快速干燥。也可用电吹风机的热空气对小件急用玻璃仪器进行快速吹干。

3. 有机溶剂的干燥

将洗净的仪器先用少量的乙醇洗涤一次，再用少量的丙酮洗涤，每次洗涤后的溶剂应倒入回收瓶中，最后用气流干燥器或电吹风的冷风吹干。

四、有机实验常用设备简介

（一）烘箱

实验室一般使用的是恒温鼓风干燥箱。主要用于干燥玻璃仪器或无腐蚀性、热稳定好的药品。使用时应先调好温度（烘玻璃仪器一般控制在 100～110℃）。刚洗好的仪器应将水控干后再放入烘箱中。烘仪器时，将烘热干燥的仪器放在上边，湿的仪器放在下边，以防湿仪器上的水滴到热仪器上造成仪器炸裂。热仪器取出后，不要马上碰冷的物体，如冷水、金属用具等。带旋塞或具塞的仪器，应取下塞子后再放入烘箱中烘干。

（二）气流烘干器

气流烘干器是一种用于快速烘干仪器的设备，如图 16-3 所示。使用时，将仪器洗干净后，甩掉多余的水分，然后将仪器套在烘干器的多孔金属管上。注意随时调节热空气的温度。气流烘干器不宜长时间加热，以免烧坏电机和电热丝。

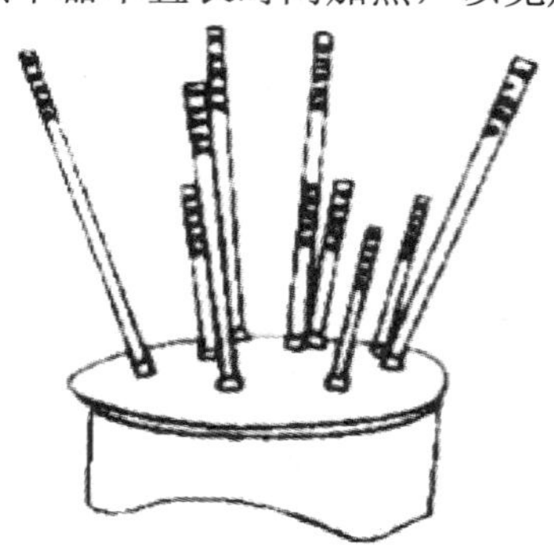

图 16-3　气流烘干器

（三）电加热套

电加热套用玻璃纤维丝与电热丝编织成半圆形的内套，外边加上金属外壳，中间填上保温材料，如图 16-4 所示。根据内套容积的大小分为 50 mL，100 mL，150 mL，200 mL，250 mL 等规格，最大可能 3 000 mL，此设备不用明火加热，使用较安全。由于它的结构是半圆形的，在加热时，烧瓶处于热气流中，因此，加热效率较高。使用时应注意，不要将药品洒在电热套中，以免加热时药品挥发污染环境，同时避免电热丝被腐蚀而断开。用完后放在干燥处，否则内部吸潮后会降低绝缘性能。

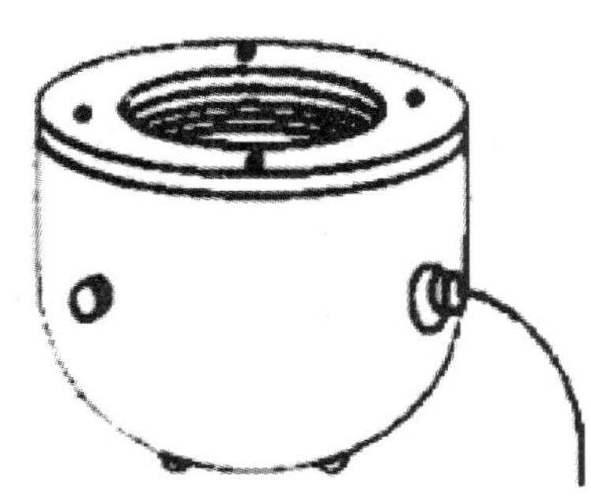

图 16-4　电加热套

（四）调压变压器

调压变压器分为两类，一类可与电热套相连用来调节电热套温度，另一类可与电动搅拌器相连用来调节搅拌器速度。也可以将两种功能集中在一台仪器上，这样使用起来更为方便。但是两种仪器由于内部结构不同不能相互串用，否则会将仪器烧毁。使用时应注意以下几点：

（1）先将调压器调至零点，再接通电源。

（2）使用时，先接通电源，再调节旋钮到所需要的位置（根据加热温度或搅拌速度来调节）。调节变换时，应缓慢进行。无论使用哪种调压变压器都不能超负荷运行，最大使用量为满负荷的 2/3。

（3）用完后将旋钮调至零点，关上开关拔掉电源插头，放在干燥通风处，应保持调节变压器的清洁，以防腐蚀。

（五）搅拌器

一般用于反应时搅拌液体反应物，搅拌器分为电动搅拌器和电磁搅拌器。

（1）使用电动搅拌器时，应先将搅拌棒与电动搅拌器连接好，再将搅拌棒用套管或塞子与反应瓶连接固定好，搅拌棒与套管的固定一般用乳胶管，乳胶管的长度不要太长也不要太短，以免由于摩擦而使搅拌棒转动不灵活或密封不严。在开动搅拌器前，应先用手转动搅拌器看是否灵活，如不灵活应找出摩擦点，进行调整，直至转动灵活。如是电机问题，应向电机的加油孔中加一些机油，以保证电机转动灵活或更换新电机。

（2）电磁搅拌器能在完全密封的装置中进行搅拌。它由电机带动磁体旋转，磁体又带动反应器中的磁子旋转，从而达到搅拌的目的。电磁搅拌器一般都带有温度和速度控制旋转钮，使用后应将旋钮回零，使用时应注意防潮、防腐。

（六）旋转蒸发器

旋转蒸发器可用来回收、蒸发有机溶剂。由于它使用方便，近年来在有机实验室中被广泛使用。它利用一台电机带动可旋转的蒸发器（一般用圆底烧瓶）、冷凝管、接收瓶，如图 16-5 所示。此装置可在常压或减压下使用，可一次进料，也可分批进料。由于蒸发器在不断旋转，可免加沸石而不会暴沸。同时，液体附于壁上形成一层液膜，加大了蒸发面积，使蒸发速度加快。使用时应注意：

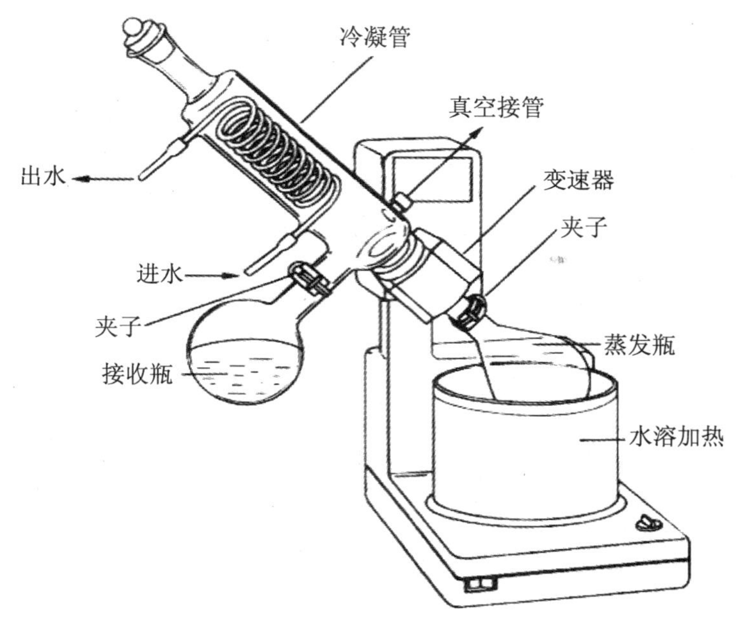

图 16-5　旋转蒸发器

（1）减压蒸馏时，当温度高、真空度低时，瓶内液体可能会暴沸。此时，及时转动插管开关，通入冷却空气降低真空度即可，对于不同的物料，应找出合适的温度与真空度，以平稳地进行蒸馏。

（2）停止蒸发时，先停止加热，再切断电源，最后停止抽真空。若烧瓶取不下来，可趁热用木槌轻轻敲打，以便取下。

（七）循环水多用真空泵

循环水多用真空泵是以循环水作为流体，利用射流产生负压的原理而设计的一种新型多用真空泵，广泛用于蒸发、蒸馏、结晶、过滤、减压、升华等操作中。由于水可以循环使用，避免了直排水的现象，节水效果明显。因此，是实验室理想的减压设备。使用时应注意：

（1）真空泵抽气口最好接一个缓冲瓶，以免停泵时，水被倒吸入反应瓶中，使反应失败。

（2）开泵前，应检查是否与体系接好，然后，打开缓冲瓶上的旋塞。开泵后，用旋塞调至所需要的真空度。关泵时，先打开缓冲瓶上的旋塞，拆掉与体系的接口，再关泵。切忌相反操作。

（3）应经常补充和更换水泵中的水，以保持水泵的清洁和真空度。

第四节　有机实验预习、实验记录和实验报告

一、实验预习

实验预习是有机化学实验的重要环节，对保证实验成功与否、收获大小起着关键的作用。为了避免照方抓药，而积极主动、准确地完成实验，必须认真做好实验预习。教师有义务拒绝那些未进行预习的学生进行实验。预习的具体要求如下：

（1）将本实验的目的、要求、反应式（正反应，主要副反应）、主要反应物、试剂和产物的物理常数（查手册或辞典）、用量和规格摘录于记录本中；计算出产物的理论产量。

（2）写出实验简单步骤。每个学生应根据实验内容上的文字改写成简单明了的实验步骤（不是照抄实验内容!）。步骤中的文字可用符号简化，仪器以示性图代之。学生在实验初期可画装置简图，步骤写得详细些，以后逐步简化。这样在实验前已形成了一个工作提纲，使实验有条不紊地进行。

（3）列出粗产物纯化过程及原理，明确各步操作的目的和要求。

二、实验记录

实验记录应是实验的原始记录。做好实验记录有助于养成良好的实验工作习

惯。学生要重视原始记录，确保原始记录的完整和可靠。实验记录应写在专门的实验记录本上，要连续编号，不能缺页。不要随意用其他零星纸记录（这种情况在称量时易发生），否则因为数据散失会造成错误或浪费时间。实验记录包括操作步骤（按时间程序记录）、加料量、观察到的现象（温度、颜色、形态等的变化）等。待做完实验，指导教师签字后，回去整理写出实验报告。要养成一边做实验、一边如实记录的习惯，不要事后写"回忆录"。对于实验中出现的与预期不同的现象，更要认真记录，以便进一步研究。如果实验失败，也应把实验过程记录下来，以利分析原因。

三、实验报告

实验报告是总结实验进行的情况，分析实验中出现的问题，整理归纳实验结果，写好实验报告是完成实验不可缺少的重要环节，是把直接的感性认识提高到理性思维阶段的必要一步，因此务必认真写好实验报告。实验报告应包括实验题目，实验目的，实验原理（包括主反应和副反应），主要试剂规格及用量，仪器装置图，实验步骤和现象，原始数据记录，产品外观、质量及产率计算，讨论及回答思考题。

实验报告的参考格式如下：

××学院　　××系

学 生 实 验 报 告

课程名称:
实验题目:

学生姓名________________
学　　号________________
班　　级________________
指导教师________________

200　—200　　学年第　　学期

实验目的：

实验原理：（主、副反应等）

实验仪器：（实验所用仪器）

试剂物理常数：

实验步骤、现象与实验装置：

原始数据记录：

指导教师签字：________

产物特征与数据处理：

结论与问题：

实验成绩： 教师签字：________

第十七章 有机化学实验基本操作

第一节 简单的玻璃工与塞子打孔

一、简单的玻璃工操作

用普通玻璃仪器装配实验装置时，通常要用塞子、玻璃管、橡皮管等将实验所需的仪器连接在一起。因此，我们必须首先掌握玻璃管的简单加工操作，使它们适合装配的要求。这是有机化学实验者最基本的实验技能。

（一）玻璃管的选择和清洗

在加工玻璃管前，必须选择合适的玻璃管，并且清洗干净。一般来说，安装插入玻璃管的塞子越小，所选择的玻璃管应该越细。反之，则选用稍粗的玻璃管。同一塞子上要装两根甚至三根玻璃管时，应尽量选择细一些的玻璃管，以便于塞子打孔。

清洗玻璃管时，由于玻璃管的内径很小，内壁上所粘的污物较难清洗，这时可用一根强度稍大的尼龙线，在线的一端系上一个小铁钉或一段铁丝，线的中间系上一团大小合适的棉团。将玻璃管垂直立起，把系有铁钉的一端放入玻璃管内，利用铁钉的重力将线穿出玻璃管的另一端。用水润湿玻璃管后，将棉团拉入玻璃管来回抽拉几次。抽出线和棉团，先后用自来水和蒸馏水冲洗，晾干即可使用。为了快干，也可以用布擦干外壁，将系有干棉团的线穿入玻璃管，来回抽拉擦干内壁。切记不可用酒精喷灯或煤气灯直接烘烤玻璃管，以免炸裂。

（二）玻璃管（棒）的截断方法

截断玻璃管可用扁锉、三角锉或医用的小砂轮片。具体操作是：把玻璃管平放在桌面的边缘上，将锉刀或砂轮片的锋按压在需要截断的地方，然后用力向后拉动锉刀或向前推动锉刀（不要来回用力抽拉），在玻璃管上划出一条清晰、细而直的划痕。然后，两手握住玻璃管，用两个拇指顶住锉痕的背面，使锉痕向外，两个拇指向外用力的同时，其他手指向内用力，就可以从锉痕处折断玻璃管。截断的玻璃管，其断口处都十分锋利，极易割伤皮肤，不易安装。所以，必须将断口在酒精喷灯的氧化焰中烧熔，使其变成光滑的断口。

（三）弯玻璃管的方法

玻璃管受热变软后可以加工成实验所需的制品。但玻璃管受热弯曲时，管的一侧会收缩，另一侧会伸长，管壁变薄。弯玻璃管时，若操之过急或不得法，则弯曲处会出现瘪陷或纠结现象，还可能形成角度不对或角的两边不在同一平面上，以及管径不匀等现象。

弯玻璃管时，两手平持玻璃管的两端放入火焰中，开始时先将玻璃管在火焰中快速地左右移动和转动，使其在较大范围内受热（不要用强火焰集中一处加热），然后再将要弯曲的部分，放在酒精喷灯的氧化焰中边转动边加热，以便使玻璃管均匀受热，当玻璃管变软时，将它移出火焰之外，慢慢用小力顺势弯一较小的角度（以玻璃管不瘪为度）。然后再将玻璃管放入火焰中，将氧化焰对准已有一定角度的左边，边转动边加热。当玻璃管再次变软时，移出火焰在原有角度左边进一步弯曲。用同样的方法，在原有角度的右边进一步弯曲。弯曲后的弯管不是死角，而应是较大的圆形角。

将弯好的玻璃管在火焰的弱火上加热一会儿，慢慢离开火焰，放在石棉网上冷却至室温，切勿直接放在桌面上。

（四）拉毛细管的方法

毛细管是指外径为 1～1.2 mm 的玻璃管。它是由外径为 6～9 mm 的软质玻璃管拉制而成的。毛细管在有机化学实验中常用来测定固体物质的熔点及液体物质的沸点。在蒸馏时，用二三根一端封口的毛细管可代替沸石。滴管上的尖头玻璃管也属于毛细管，也是用同样方法拉制成的。所以，拉制毛细管是一项有用的玻璃加工技术。

拉制毛细管时，两手握住适当长度的玻璃管，移至酒精喷灯的氧化焰中，迅速地左右平移，使玻璃管在较大范围内受热，然后斜放入氧化焰中，在两手同时转动下，集中同一部位加热玻璃管。当玻璃管变软时（要比弯管时更软），从火焰中移出，两手分别向外拉。开始拉时用力要小，而后用力要加大。拉得速度宜先慢后快，而且一边拉一边需要两手同步转动玻璃管，以防拉成扁管。拉长之后，立刻松开一只手，另一只手提着一端，使管靠垂直重力拉直并冷却定型。待中间部分冷却之后，放在石棉网上，以防烫坏实验台面。

冷却后，用小瓷片的锐棱把直径合格的部分（测熔点用的毛细管内径约 1 mm）截成 15～20 cm 长的一段，再在灯边缘上慢慢加热，同时不断捻动，当看见毛细管端有小红珠时，即已封住。要尽可能地封得越薄越好（测熔点时传热不会滞后）。封好后，放入大试管或长玻璃管内，用纸团等封住管口保存待用。要正确掌握拉制毛细管的方法，必须经过反复多次练习，为了节省玻璃管的用量，建议从靠近玻璃管一端抻拉，这样一根玻璃管可以进行多次练习。

（五）制搅拌棒或玻璃钉

根据需要切割好一定长度的玻璃棒，将其一端在火焰上逐渐加热。烧到呈黄红光，玻璃软化时，进行以下操作：

（1）垂直在石棉网上，手拿玻璃棒中部，用力向下压，迅速使软化部分呈圆饼状，即得玻璃钉。

（2）靠重力将软化玻璃棒弯一角度，然后立刻放在耐热板上，用最大号打孔器的柄，沿玻璃轴向从两侧挤压，可得搅拌棒。还可根据需要制出各种各样的搅拌棒，以方便使用。

二、塞子的选择、打孔

（一）塞子的选择

实验室中常用的塞子有软木塞和橡皮塞。软木塞的特点是：质地松软、易打孔、能耐较高温度、不易和有机物起作用；但软木塞弹性小、气密性较差。橡皮塞的特点是：质地稍硬、具有较大的弹性、气密性好；但不易打孔、高温下易变软变黏、易受有机溶剂的侵蚀、溶胀和溶解。使用时，应根据具体实验的要求和两种塞子的性质加以选择。所选塞子的大小，以塞入瓶口部分占塞子自身高度的1/3～2/3为准。

（二）塞子的打孔

装配仪器时，经常需要在塞子内插入温度计、玻璃管、蒸馏瓶的支管、冷凝管、滴液漏斗等仪器。这就必须预先在塞子上钻一定孔径的孔，钻孔所用的工具为钻孔器。在选择钻孔器的孔径时要注意：软木塞打孔时所选钻孔器的外径要比插入的管子外径稍小。而橡皮塞打孔时所选钻孔器的外径应稍大于要插入的玻璃管外径，或者钻孔器正好能套在要插入橡皮塞的玻璃管外面，这样打出的孔才能合乎要求。钻孔前可用水或甘油润湿钻孔器的刀口，以减少钻孔时的摩擦阻力。

橡皮塞钻孔时，将其细端向上平放在桌面上，左手握紧橡皮塞，右手拿住钻孔器，以垂直方向对准橡皮塞的中心，在施加一定压力下转动钻孔器。当钻孔器钻入橡皮塞少许后，松开左手，右手提起已插有橡皮塞的钻孔器，将它顶在实验台适当高度的侧面上，左手再握紧橡皮塞使其不能转动，右手同时以顺时针方向用力转动钻孔器。当右手转动到不能再转时，松开左手。此时钻孔器已经插入橡皮塞内部，右手将它提起并同时连同钻孔器和橡皮塞一起，再向反时针方向转回原位。然后左手再次握紧橡皮塞，不让其转动，右手再用力顺时针转动钻孔器。如此反复循环转动，直至钻通为止。这样打出的孔洞是笔直的。这种钻孔法，每转一圈自动校正一次，绝不会打斜。孔洞打好后，再用圆锉将孔洞周围锉平就可使用了。从橡皮塞的细端开始打孔一直到打通为止，这样打的孔，细端一面的孔径稍大，粗端一面的出口孔径稍小，装配的仪器气密性好。

软木塞打孔时，通常先从软木塞一端打起，打到一半左右的深度，拔出钻孔器，用捅条捅出钻孔器内的塞芯，再从另一端的中心打孔，直到钻通为止。这样打出的孔洞，两端都是固口，既美观又不易漏气。但是两端打孔时必须对齐，否则所打出的孔洞是斜的，而且还易漏气。

值得注意的是：同一个塞子上要钻两个孔时，两个孔洞必须保持平行，否则插入两根玻璃管后，就会呈交叉状态，这将无法装入仪器之内。

复习与思考题

1. 如何正确使用酒精喷灯？
2. 弯玻璃管时用力过大，弯得太快，有什么坏处？
3. 拉制毛细管应注意哪些事项？
4. 如何选择钻孔器？
5. 为什么塞子钻孔要两面打？
6. 把玻璃管插入和拔出塞子孔道时，怎样操作才安全？

第二节　加热、冷却与干燥

一、加热

实验室中为了加快化学反应速度，保温、溶解、熔融、升华、蒸发浓缩、蒸馏等需要进行加热。由于实验的目的和要求不同。采用的加热方法和加热器皿也不同。化学实验室常用的热源有酒精灯、煤气灯、电炉等。必须注意，玻璃仪器一般不能用火焰直接加热。因为剧烈的温度变化和加热不均匀会造成仪器的损坏。同时由于局部过热，还可能引起有机化合物的部分分解。为了避免直接加热，实验室中常常根据具体情况应用不同的间接加热方式。最简单的是通过石棉网加热，但这种加热仍不很均匀。为了保证加热均匀，经常选用下列热浴来进行间接加热。

（一）水浴

水浴的类型很多，如水浴铜锅、电热恒温水浴槽、附有自动添水的水浴装置等。使用时应注意勿使容器触及水浴底部。要及时补充热水，使水浴的水平面保持稍高于容器内反应物的液面。

水浴加热温度在 80℃以下，可以对温度进行很精确的调节；若需要加热温度在 100℃时，可采用沸水浴和水蒸气浴。

（二）油浴

加热温度在 100～250℃可用油浴。油浴所能达到的最高温度取决于所用油的种类。

若在植物油中加入 1%的对苯二酚，可增加油在受热时的稳定性。甘油和邻苯二甲酸二丁酯的混合液适用于加热到 140～180℃，温度过高则分解。液体石蜡可加热到 220℃，温度稍高虽不易分解，但易燃烧。固体石蜡也可加热到 220℃以上，其优点是室温下为固体，便于保存。硅油和真空泵油在 250℃以上时较稳定，但由于价格贵，一般实验室较少使用。

用油浴加热时，要在油浴中装置温度计，水银球不应放到油浴锅底，以便随时观察和调节温度。油浴所用的油中不能溅入水，否则加热时会产生泡珠或爆溅。使用油浴时，要特别注意防止油蒸气污染环境和引起火灾。

（三）砂浴

若加热温度在 250～350℃，应采用砂浴。通常将细砂装在铁盘里，把反应容器埋在砂中，并保持其底部有一层细砂，以防局部过热。由于砂浴温度分布不均匀，故测试浴温的温度计水银球应靠近反应容器。

（四）空气浴

直接利用燃气灯隔着石棉网对玻璃仪器加热即为空气浴，玻璃仪器离石棉网约 1 cm，使中间间隙因石棉网下的火焰而充满热空气。这种加热方式较猛烈，不十分均匀，因而不用于低沸点易燃液体的回流操作，也不能用于减压蒸馏操作。

（五）电加热套

有条件的实验室都可采用电加热套加热，其优点是加热温度可调可控，因为不产生明火，加热快速且安全，因而特别适用于易燃物质等的加热。

二、冷却

有些反应，其中间体在室温下是不稳定的，必须在低温下进行。有的放热反应常产生大量的热，使反应难以控制，并引起易挥发化合物的损失，或导致有机物的分解，或增加副反应。为了除去过剩的热量，便需要冷却。此外，为了减少固体化合物在溶剂中的溶解度，使其易于析出结晶，也需要冷却。

将反应物冷却的最简单的方法，就是把盛有反应物的容器浸入冷水中冷却。有些反应必须在室温以下的低温进行，这时最常用的冷却剂是冰或冰和水的混合物，后者由于能和器壁接触得更好，它冷却的效果要比单用冰更好，可使反应液冷却到0～5℃。

除此之外，还可以采用冰-盐混合物冷却剂（碎冰∶食盐＝3∶1），可冷却到－5～－18℃；干冰（固体的二氧化碳）可冷却到－66℃以下，如将干冰与乙醇的混合可达到－72℃；与乙醚、丙酮或氯仿的混合物可达到－77℃。这些冷冻混合物的冷却容量不很大，所以应当把过量的干冰加到制冷载体中，以保证有充分的冷却储备。并且要限制从周围吸收热量，通常，是将制冷剂装在保温瓶（也叫杜瓦瓶）或其他绝热较好的容器中。

以上制冷方法供选用。注意温度低于－38℃时，由于水银会凝固，因此不能用水银温度计。对于较低的温度，应采用添加少许颜料的有机溶剂（酒精、甲苯、正戊烷）温度计。

三、干燥

干燥是常用的除去固体、液体或气体中少量水分或少量有机溶剂的方法。如在进行有机物波谱分析、定性或定量分析以及测物理常数时，往往要求预先干燥，否则测定结果便不准确。液体有机物在蒸馏前也需干燥，否则沸点前馏分较多，产物损失，甚至沸点也不准。此外，许多有机反应需要在无水条件下进行，因此，溶剂、原料和仪器等均要干燥。可见，在有机化学实验中，试剂和产品的干燥具有重要的意义。

干燥方法可分为物理方法和化学方法，属于物理方法的有：加热、真空干燥、冷冻、分馏、共沸蒸馏及吸附等，也可采用离子交换树脂或分子筛除水。离子交换树脂或分子筛均属多孔类吸水性固体，受热后又会释放出水分子，故可反复使用。化学方法干燥主要是利用干燥剂与水分发生可逆或不可逆反应来除水。例如，无水氯化钙、无水硫酸镁等能与水反应，可逆地生成水合物；另有一些干燥剂，如金属钠、五氧化二磷等可与水发生不可逆反应生成新的化合物。

理想的干燥剂应具有较大的吸水容量、较高的干燥效能和较短的干燥时间。此外，还应与被干燥物质不发生化学反应和不溶解于被干燥物质中。

各类有机化合物常用的干燥剂见表 17-1。

表 17-1 各类有机化合物常用的干燥剂

有机化合物	干燥剂
烃	氯化钙、金属钠
卤烃	氯化钙、硫酸镁、硫酸钠
醇	碳酸钾、硫酸镁、硫酸钠、氧化钙
醚	氯化钙、金属钠
醛	硫酸镁、硫酸钠
酮	碳酸钾、氯化钙（高级酮干燥用）
酯	硫酸镁、硫酸钠、氯化钙、碳酸钾
硝基化合物	氯化钙、硫酸镁、硫酸钠
有机酸、酚	硫酸镁、硫酸钠
胺	氢氧化钠、氢氧化钾、碳酸钾

在实际干燥液体操作时，是将待干燥的液体置于锥形瓶中，通常 10 mL 液体需 0.5～1 g 干燥剂，以此比例分批加入选定的干燥剂。如干燥剂为块状，应先破碎成黄豆粒大小的颗粒。然后用塞子塞紧锥形瓶。如选用金属钠或其他遇水能放出气体的干燥剂，则需在塞子上安装无水氯化钙干燥管，使气体得以排出，又可避免空气中的水蒸气进入。每次加入干燥剂后，要振荡锥形瓶，静置，仔细观察现象。倘若看到干燥剂附在瓶壁互相粘连，说明干燥剂用量不足，此时应再加入一些干燥剂。静置约 30 min 或更长时间，其间需振荡几次，以提高干燥效率。如观察到被干燥液体由混浊变为无色透明，且干燥剂棱角分明，则表明水分已基本被除去。最后过滤除去干燥剂，干燥操作便告完成。

应该指出经过干燥的透明液体，并不一定说明已不含水分。液体透明与否决定于水在该有机物中的溶解度。对于通常含有亲水基团液体，应适当多加一点干燥剂。另外，干燥剂除去水分通常是在室温下操作。因为在 30℃以上时，形成水合物的干燥剂往往容易发生脱水反应，会降低干燥效果。但有时为了提高干燥速度，也可适当温热，不过应待冷却后再除去干燥剂。

下面介绍几种最常用的干燥剂：

无水氯化钙：由于它吸水能力大，价格便宜，所以在实验室中广泛地使用它。但它的吸水速度不快，因而用于干燥的时间较长。工业上生产的氯化钙往往还含有少量的氢氧化钙，因此这一干燥剂不能用于酸或酸性物质的干燥。同时氯化钙还能和醇、酚、酰胺、胺以及某些醛和酯等形成络合物，所以也不能用于这些化合物的干燥。

无水硫酸镁：它是很好的中性干燥剂，价格不太贵，干燥速度快，可用于干燥不能用氯化钙来干燥的许多化合物（如某些醛、酯等）。

无水硫酸钠：它是中性干燥剂，吸水能力很大，使用范围也很广。但它的吸水速度较慢，且最后残留的少量水分不易被它吸收。因此，这一干燥剂常适用于含水量较多的溶液的初步干燥，残留水分再用强有力的干燥剂来进一步干燥。硫酸钠的水合物（$Na_2SO_4 \cdot 10H_2O$）在 32.4℃就要分解而失水，所以温度在 32.4℃以上时不宜用它作干燥剂。

碳酸钾：吸水能力一般，可用于腈、酮、酯等的干燥。但不能用于酸、酚和其他酸性物质的干燥。

氢氧化钠和氢氧化钾：用于胺类的干燥比较有效。因为氢氧化钠（或氢氧化钾）能和很多有机化合物起反应（例如酸、酚、酯和酰胺等），也能溶于某些液体的有机化合物中，所以它的使用范围很有限。

氧化钙：适用于低级醇的干燥。氧化钙和氢氧化钙均不溶于醇类，对热都很稳定，又均不挥发，故不必从醇中除去，即可对醇进行蒸馏。由于它具有碱性，所以它不能用于酸性化合物和酯的干燥。

金属钠：用于干燥乙醚、脂肪烃和芳烃等。这些物质在用钠干燥以前，首先要用氯化钙等干燥剂把其中的大量水分去掉。使用时，金属钠要用刀切成薄片，最好是压成细丝后投入溶液， 以增大钠和液体的接触面。

复习与思考题

1. 有机实验中，玻璃仪器为什么不能直接用火焰加热？
2. 有哪些间接加热方式？应用范围如何？
3. 学生实验中经常使用的冷凝管有哪些？各用在什么地方？
4. 有机实验中有哪些常用的冷却介质？应用范围如何？
5. 固体干燥方法有哪些？其主要特点是什么？
6. 实验室常用的干燥气体的仪器有哪些？

第三节 熔点测定和温度计校正

一、熔点测定

熔点是固体有机化合物固-液两态在大气压力下达成平衡时的温度。纯净的固体有机化合物一般都有固定的熔点，固液两态之间的变化是非常敏锐的，自初熔至全熔的温度范围（称为熔程、熔距、熔点范围）温度不超过 0.5～1℃。当化合物含有杂质时，其熔点下降，熔距变宽。因此，通过测定熔点不仅可以鉴别不同地有机化合物，而且还可以判断有机化合物的纯度，同时还能鉴定熔点相同的两种化合物是否为同一化合物，即将它们混合后测熔点，如果熔点不变，熔距也没有变宽，说明它们是同一化合物，若熔点下降，熔距变宽，则为不同化合物。测定熔点的方法主要有毛细管法和熔点仪法。

（一）毛细管法

毛细管法测定熔点有两种经常采用的装置：双浴式熔点测定装置和齐列（Thiele）熔点测定管。前者通过油浴和空气浴加热试样，试样受热均匀，温度上升缓慢，准确性较高，熔点范围较小；但装置稍复杂，加入的热浴物质如甘油、石蜡油等，用量较多，测定熔点的速度较慢。后者装置简单，使用方便，测定速度快；但加热不够均匀，所测熔点的温度范围大，准确性稍差。双浴式熔点测定和齐列熔点测定管装置如图 17-1 所示。这里主要介绍齐列管测定熔点的方法。

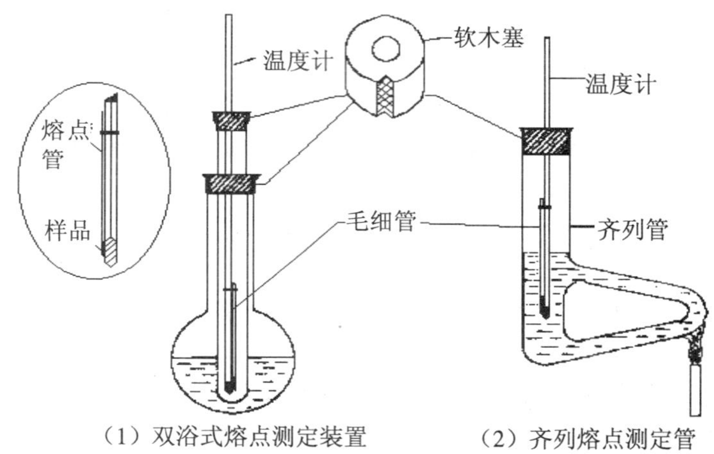

图 17-1 双浴式熔点测定和齐列熔点测定管装置

1. 装样

将干燥过的少许待测样品置于干燥、洁净的表面皿上，用玻璃棒将其研细并集成一堆，将毛细管（外径约 1.2 mm，长度约 75 mm）开口一端垂直插入样品中，使一些样品进入管内，再将毛细管开口端朝上，在桌面上轻轻蹾几下，使样品进入管底，如此重复取样数次；最后使管口向上的毛细管从长约 60 cm 垂直于桌面的玻璃管中自由落下，管下可垫一表面皿，如此反复几次后，可使样品装得致密均匀，样品高度为 2～3 mm。熔点管外的样品粉末要擦干净以免污染热浴液体。装入的样品一定要研细、夯实，否则影响测定结果。

2. 测定

将齐列（Thiele）管夹在铁架台上，倒入易导热的液体（甘油或液体石蜡）做热浴液，液面高出上测管约 0.5 cm。温度计用一带口的单孔软木塞固定在齐列管中，如图 17-1（2）所示，把装好试样的毛细管用剪下的一小段乳胶管制成的橡皮圈固定在温度计上，毛细管应处于温度计的外侧，以便于观察，熔点管中样品部分正好处于温度计水银球的中部。橡皮圈应高于浴液液面，以免浴液和橡皮接触。温度计插入齐列管内的深度以水银球的中点恰在齐列管的两侧管口连线的中点为准。

检查无误后，开始加热。为了准确测定熔点，加热的时候特别是在加热到接近试样的熔点时，必须使温度上升的速度缓慢而均匀。对于每一种试样，至少要测定两次。第一次升温可较快，每分钟可上升 5℃左右。这样可得到一个近似的熔点。然后，待浴温冷至熔点以下 30℃左右，再另取一根装好试样的熔点管（每一根装试样的熔点管只能用一次）做第二次测定。

进行第二次熔点测定时，开始升温可稍快，待温度到达比近似熔点低约 10℃时，再调小火焰，使温度缓慢而均匀地上升（每分钟 0.5～1℃），注意观察熔点管中试样的变化，记录下熔点管中刚有小液滴出现（试样塌陷并在边缘部分开始透明）和试样恰好完全熔融（全部透明）这两个温度的读数，即为试样的熔点范围。试样纯度越高，这两个温度的差距越小。如果升温太快，测得的熔点范围不正确的程度就加大。

熔点测定时，每个样品至少要有两次的重复数据（相差不大于 0.5℃）。每一次测定必须用新的熔点管另装试样，不得将已测过熔点的熔点管冷却，使其中试样固化后再做第二次测定。

实验完毕，把温度计取出，放在石棉网上让其自然冷却至室温，用纸擦去浴液，再用水冲洗，以免温度计因骤冷而导致破裂。热浴液冷却后再倒回瓶中。

常用待测试样有：萘（熔点 80℃）、苯甲酸（熔点 122℃）、苯甲酸与水杨酸的混合物（熔点低于苯甲酸）、水杨酸（熔点 159℃）。

（二）熔点仪测定法

显微熔点测定仪是其一种测定熔点的仪器。它主要有电加热系统、温度显示及控制系统和显微镜组成。可清晰地观察晶体在加热过程中的变化情况，能测定室温至 300℃样品的熔点。

测定熔点时，将微量（约 0.001 g）干燥的样品置于两片干净的载玻片之间，放在金属加热台上，调节显微镜，观察被测物质的晶型。随温度逐渐升高，样品结晶棱角开始变圆时，表示初熔，记录显示初熔数据；结晶形状完全消失，表示熔化已完成，此时记录显示终熔数据。

二、温度计的校正

测熔点时，温度计上的熔点读数与真实熔点之间常有一定的偏差。这可能由于以下原因：首先，温度计的制作质量差，如毛细管孔径不均匀，刻度不准确。其次，温度计有全浸式和半浸式两种，全浸式温度计的刻度是在温度计汞线全部均匀受热的情况下刻出来的，而测熔点时仅有部分汞线受热，因而露出的汞线温度较全部受热者低。另外长期使用过的温度计，玻璃也可能发生形变使刻度不准。

温度计的校正方法很多，最简单的方法是标准温度计与普通温度计比较法，进行读数校正；也可采用纯粹有机化合物的熔点（文献值）作为校正的标准，后一种方法在校正时需选择数种已知熔点的纯粹有机化合物作为标准样品，以实测的熔点为纵坐标，以实测熔点与标准熔点（文献值）的差值为横坐标作图，可得校正曲线，利用该曲线能直接读出任一温度下的校正值。常用的标准样品及熔点见表 17-2。严格地说，为了得到正确的熔点，仅这样校正还是不够的，还要对温度计外露段所引起的误差进行读数校正，其方法这里不作介绍。

表 17-2 校正温度计的标准物质及其熔点

化合物名称	熔点/℃	化合物名称	熔点/℃
冰一水	0	苯甲酸	122
环己醇	25.5	尿素	132
α-萘胺	50	二苯基羟基乙酸	150
二苯胺	53	水杨酸	159
苯甲酸苯酯	70	3,5-二硝基苯甲酸	204.5
萘	80	酚酞	216
间二硝基苯	90	蒽	262
乙酰苯胺	114	蒽醌	286

复习与思考题

1. 为什么测定熔点时，在接近熔点时升温速度要减慢？

2. 测定熔点时，遇到下列情况将产生什么结果？

（1）毛细管壁太厚；

（2）毛细管不洁净；

（3）样品研得不细或装得不实；

（4）样品未完全干燥或含有杂质；

（5）加热过快。

3. 测定过熔点后的毛细管及样品，是否能够用来再测定第二次？

4. 测得 A、B 两种样品的熔点相同，将它们研细，并以等量混合（1）测得混合物的熔点有下降现象且熔程增宽；（2）测得混合物的熔点与纯 A、纯 B 的熔点均相同。试分析以上情况各说明什么？

第四节 蒸馏与沸点测定

对于液体有机化合物的分离和提纯来说，应用最广泛的方法是蒸馏，其中包括常压蒸馏、减压蒸馏、水蒸气蒸馏和分馏。

一、常压蒸馏

（一）原理

常压蒸馏是指将液态物质加热至沸腾，使成为蒸气状态，并将其冷凝为液体的过程。若加热的液体是纯物质，当该物质蒸气压与液体表面的大气压相等时，液体呈沸腾状，此时的温度为该液体的沸点。纯的液态物质在大气压下有一定的沸点，不纯的液态物质沸点不恒定，因此可用蒸馏的方法测定物质的沸点和定性地检验物质的纯度。但注意有些固定沸点的液态物质不一定都是纯的液态物质，因为有些有机化合物常常和其他组分形成具有一定沸点的二元或三元恒沸混合物。例如，95.6%乙醇和 4.4%形成的二元沸混合物，其固定的沸点 78.17℃（纯乙醇的沸点 78.3℃）。显然恒沸混合物是不能通过蒸馏的方法进行分离或提纯。

当两种液体的沸点差大于 30℃的液体混合物或者组分之间的蒸气压之比（或相对挥发度）大于 1 时，并且被蒸馏物都是耐热的，蒸馏时不分解，则可以利用蒸馏方法进行分离或提纯。即当液体加热时，低沸点、易挥发物质首先蒸发，故在蒸气中比在原液体中有较多的易挥发组分，在剩余的液体中含有较多的难挥发组分，因而蒸馏可使原混合物中各组分得到部分或完全分离。

（二）装置

蒸馏装置由蒸馏烧瓶（或圆底烧瓶和蒸馏头）、温度计、冷凝管 （直形或空气冷凝管）、接引管、接收瓶组成。如图 17-2 所示。

在安装仪器前首先选择合适规格的仪器，配妥各连接处的塞子。安装顺序一般是自下而上，从左到右。即首先在铁台上放置热源，选定蒸馏烧瓶的位置，用铁夹夹住。在另一铁台上用铁夹夹住冷凝管的中上部，调整铁台和铁夹的位置，使冷凝管的中心线与蒸馏烧瓶支管的中心线成一直线，然后松开冷凝管铁夹，移动冷凝管，将它与蒸馏烧瓶支管相连，支管管口应伸出塞子 2～2.5 cm，夹住冷凝管。再装上接引管和接收瓶。最后将配有塞子的温度计插入蒸馏烧瓶的上口，调整温度计的位置，使其水银球上端的位置恰好与蒸馏烧瓶支管的下缘处于同一水平线上，以保证蒸馏时水银球能完全被蒸气包围，从而能获得准确的温度计的读数。如采用直形冷凝管，冷凝水应从下口进入，上口流出，并使上端的出水口朝上，保证冷凝管套管中充满水。

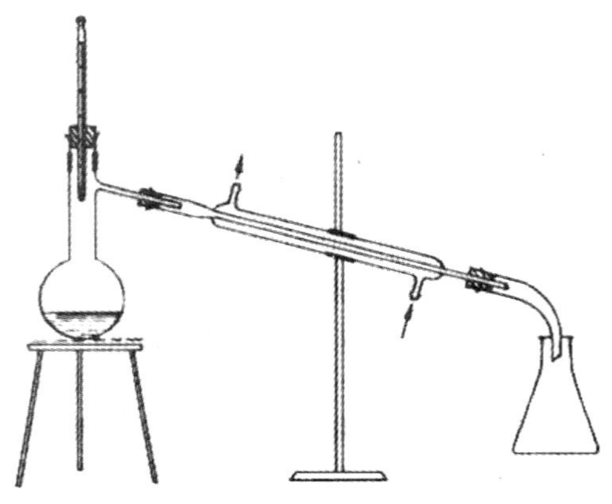

图 17-2　普通蒸馏装置

对于蒸馏沸点高于 140℃的物质，则应换用空气冷凝管；如果馏出物质易潮解，可在接收瓶上连一氯化钙干燥管；蒸馏的同时还放出有毒气体，则需装配气体吸收装置。

蒸馏装置安装完毕应检查仪器有无破损，无论从正面或从侧面观察整套装置的轴线是否处于同一平面，是否装配严密，是否与大气相通（防止造成密闭体系而发生爆炸）。经检查确认装置正确、安全后方能使用。

（三）操作方法

将待蒸馏液通过玻璃漏斗小心倒入蒸馏瓶中。加入几粒沸石，塞好带温度计的塞子。先由冷凝管下口缓缓通入冷水，自上口流出引至水槽中，然后开始加热。加热时可以看见蒸馏瓶中液体逐渐沸腾，蒸气逐渐上升，温度计的读数也略有上升。当蒸气的顶端达到温度计水银球部位时，温度计读数就急剧上升。这时应适当调小加热速率使瓶颈上部和温度计受热，让水银球上液滴和蒸气温度达到平衡。控制加热温度，调节蒸馏速率，通常以每秒 1～2 滴为宜。在整个蒸馏过程中，应使温度计水银球上常有被冷凝的液滴滴下。此时的温度即为液体与蒸气平衡时的温度。温度计的读数就是液体（馏出液）的沸点。进行蒸馏前，至少要准备两个接收瓶。因为在达到预期物质的沸点之前，沸点较低的液体先蒸出，这部分馏液称为“前馏分”；前馏分蒸完，蒸出的就是较纯的物质，应更换一个洁净干燥的接收瓶接收，当温度稳定后记下这部分液体开始馏出时和最后一滴时温度计的读数，即是该馏分的沸程；在所需要的馏分蒸出后，若再继续升高加热温度，温度计的读数会显著升高，继续蒸馏所得馏分为高沸点杂质，若维持原来的加热温度，就不会再有馏液蒸出。

这时应停止蒸馏，即使杂质含量极少也不能蒸干，以免蒸馏烧瓶破裂及发生其他意外事故。

蒸馏完毕，应先关闭火，然后停止通水，拆下仪器。拆除仪器的顺序和装配的顺序相反，先取下接收瓶，然后拆下接引管、冷凝管、蒸馏头和蒸馏瓶等。

二、减压蒸馏

（一）原理

减压蒸馏是分离和提纯有机化合物的常用方法之一。它特别适用于那些在常压蒸馏时未达沸点即已受热分解、氧化或聚合的物质。液体有机化合物的沸点随外界压力的降低而降低，如果借助于真空泵降低系统内压力，就可以降低液体表面的压力，即可降低液体的沸点，这便是减压蒸馏操作的理论依据。有时在蒸馏、回收大量的溶剂时，为提高蒸馏速度也考虑采用减压蒸馏操作。

（二）装置

常用的减压蒸馏系统可分为蒸馏、抽气（减压）、安全系统和测压四部分，如图 17-3 所示。整套仪器必须装配紧密，所有接头需润滑并密封，防止漏气，这是保证减压蒸馏顺利进行的先决条件。

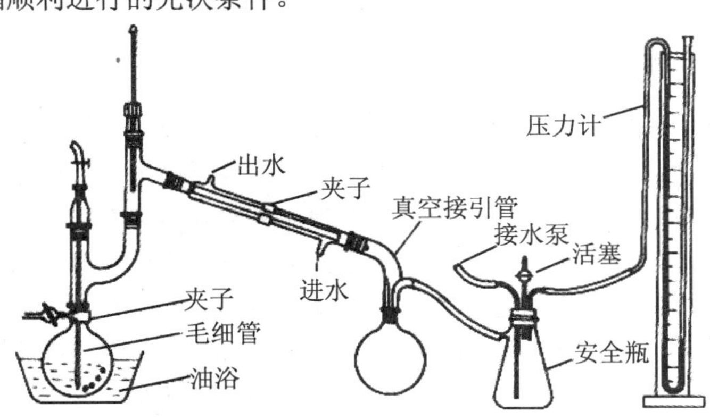

图 17-3 减压蒸馏装置

1. 蒸馏部分

减压蒸馏瓶又称克氏（Claisen）蒸馏瓶，为了避免减压蒸馏时瓶内液体由于沸腾而冲入冷凝管，在磨口仪器中用克氏蒸馏头配圆底烧瓶，瓶的一颈中插入温度计，另一颈中插入一根毛细管。其长度恰好使其下端距瓶底 1～2 mm，毛细管上端连有一段带螺旋夹的橡皮管。螺旋夹用以调节进入空气的量，使有极少量的空气进入液体，呈微小气泡冒出，作为液体沸腾的汽化中心，使蒸馏平稳进行。接收瓶可用圆底瓶，切不可用平底烧瓶或锥形瓶。蒸馏时若要收集不同的馏分而又不中断蒸馏，则可用两尾或多尾接收管，多尾接收管与圆底烧瓶连接起来。转动多尾接收管，就可使不同的馏分进入指定的接收瓶中。

2．减压部分

实验室通常用水泵或油泵进行抽气减压。其中水泵（水循环泵）所能达到的最低压力为 0.1 Pa；油泵的效能决定于油泵的机械结构以及真空泵油的好坏。好的油泵能抽至真空度为 13.3 Pa。

3．安全瓶

安全瓶连接着泵和压力计，它的作用不仅是防止压力下降或停泵时油（或水）倒吸流入接收瓶中造成产品污染，而且还可以防止物料进入减压系统。

4．测压装置

当进行减压时，为了防止易挥发的有机溶剂、酸性物质和水汽进入油泵，必须在馏液接收瓶与油泵之间顺次安装冷却阱和三个吸收塔又称干燥塔（无水氯化钙、粒状氢氧化钠、吸除烃类气体石蜡片），以免污染油泵油，腐蚀机件致使真空度降低。

实验室通常采用开口式水银压力计和封闭式水银压力计来测量减压系统的压力。封闭式的比较轻巧，读数方便，但常常因为有残留空气以致不够准确，需用开口式来校正。

（三）操作方法

仪器安装好后，需先试系统是否漏气，方法是：关闭毛细管，减压至压力稳定以后，捏住连接系统的橡皮管，观察压力计水银柱有无变化，无变化说明不漏气，有变化即表示漏气。对于磨口仪器来说可能是接头部分连接不紧密，或没有用油脂润滑好；对于普通仪器来说可能是塞子或塞孔不合适。检查仪器不漏气后，加入待蒸的液体，量不要超过蒸馏瓶容积的一半。开始减压，调节螺旋夹，使液体中有连续平稳的小气泡通过（如无气泡可能因毛细管已堵塞，应予更换）。开启冷凝水，选用合适的热浴加热蒸馏。加热时，克氏瓶的圆球部位至少应有 2/3 浸入浴液中。在浴中放一温度计，控制浴温比待蒸馏液体的沸点高 20～30℃，使每秒钟馏出 1～2 滴，在整个蒸馏过程中，都要密切注意瓶颈上的温度计和压力的读数。经常注意蒸馏情况和记录压力、沸点等数据变化。

往往开始时，有低沸点馏分，待观察到沸点稳定不变时，转动燕尾管接收馏分。蒸完后，应先移去加热浴，待蒸馏瓶冷后再慢慢开启安全瓶活塞放气。因为有些化合物较易氧化，热时突然放入大量空气会发生爆炸事故，放气后再关水泵或停止油泵转动。

三、水蒸气蒸馏

（一）原理

在不溶或难溶于水但具有一定挥发性的有机物中通入水蒸气，使有机物在低于100℃的温度下随蒸汽一起蒸馏出来，这样的操作过程叫做水蒸气蒸馏。它是用来分离、提纯有机化合物的重要方法之一，尤其适用于混有大量固体、树脂状或焦油状杂质的有机物，也适用于沸点较高，常压蒸馏时易分解的有机物。

根据分压定律：当水与不溶于水的有机物混合时，其液面上的总蒸气压为各组分蒸气分压之和，即 $p = p_{H_2O} + p_{有机物}$，当总蒸气压（p）与大气压力相等时，混合物开始沸腾，这时的温度为它们的沸点，此沸点必定比混合物中任何一组分的沸点都低，因此，常压下应用水蒸气蒸馏，高沸点有机物可在比其沸点低得多的温度，而且在低于100℃的温度下随水一起蒸馏出来，这对于易分解的高沸点有机物来说，利用水蒸气蒸馏可以避免常压蒸馏时的热分解。蒸馏时，混合物沸点保持不变，直至有机物全部随水蒸出。

（二）装置

常用的水蒸气蒸馏装置，它包括水蒸气发生器、蒸馏、冷凝和接收瓶四个部分。水蒸气发生器一般用金属制成（也可用圆底烧瓶代替）如图 17-4 所示。用时其内盛水不可超过体积的 2/3；安全管为长约 0.5 m，内径约 5 mm 的玻璃管做成，以调节发生器内部的压力；水蒸气导出管与一个 T 形管相连，T 形管的支管套一短橡皮管，并用螺旋夹夹住，它可以用以除去水蒸气中冷凝下来的水分，在操作发生不正常的情况下，可使水蒸气发生器与大气相通；T 形管的另一端与蒸馏部分的蒸汽导入管相连（这段水蒸气导管应尽可能短些，以减少水蒸气的冷凝），蒸气导入管的末端应弯曲，使之垂直于瓶底中央并接近瓶底；长颈圆底烧瓶的位置朝发生器的方向倾斜一定的角度（约 45°），瓶下置一石棉网，瓶内液体不宜超过其容积的 1/3，以免瓶内液体跳溅冲入冷凝管内，使馏液污染。混合蒸汽导出管，与直形冷凝管相连。冷凝部分和接收部分与普通蒸馏装置相同。

（三）操作方法

把要蒸馏的物质倒入烧瓶中，其量约为烧瓶容量的 1/3。操作前，水蒸气装置应进行气密性检查，系统不能漏气。开始蒸馏时，先把 T 形管上的夹子打开，用火直接把发生器里的水加热到沸腾，当有水蒸气从 T 形管的支管冲出时，再旋紧夹子，使水蒸气通入烧瓶。水蒸气同时起加热、搅拌物料和带出有机物蒸气的作用。当冷凝管中出现混浊液滴时，调节火焰，使瓶内的混合物不致飞溅得太厉害，并控制馏出液的速度为每秒钟 2～3 滴。为了使水蒸气不致在烧瓶内过多地冷凝，在蒸馏时通常也可用小火将烧瓶加热。在操作时，要随时注意安全管中的水柱是否发生不正常的上升现象，以及烧瓶中的液体是否发生倒吸现象。一旦发生这种现象，应立刻打开夹子，移去火焰，找出发生故障的原因；必须把故障排除后，方可继续蒸馏。当馏出液澄清透明不再含有有机物质的油滴时（可用表面皿收集 1～2 滴馏出液观察），即可停止蒸馏。这时应首先打开 T 形管上的螺旋夹，然后再移去火焰，否则可能发生倒吸现象。

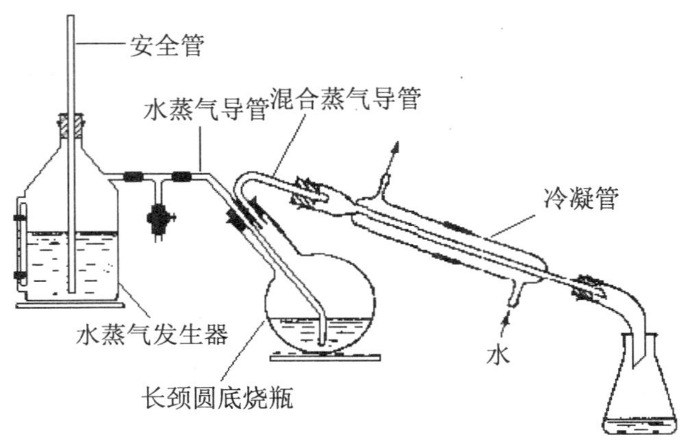

图 17-4　水蒸气蒸馏装置

四、分馏

（一）原理

分馏又称分级蒸馏或精馏。它是利用分馏柱（工业上用分馏塔）使沸点相差较小的液体混合物进行多次部分汽化和冷凝，以达到分离不同组分的目的。

如果将液态混合物加热至沸，当蒸气进入分馏柱时，被柱外空气冷却，发生部分冷凝，冷凝液沿分馏柱下降。在下降的冷凝液与上升的蒸气互相接触时，上升的蒸气部分冷凝，放出热量使下降的冷凝液部分汽化，两者间发生了热交换。由于高沸点组分易冷凝，低沸点组分易汽化，故上升的蒸气中易挥发组分增加，而下降的冷凝液中高沸点组分增加。如果继续多次热交换，亦即进行多次气、液平衡，致使低沸点组分不断汽化上升至分馏柱顶部被蒸馏出来，而高沸点组分则不断被冷凝流回烧瓶，于是沸点不同的物质便得以分离。目前最精密的分馏设备已能分离沸点相差 1～2℃的液体混合物。

（二）装置

分馏装置是由圆底烧瓶、分馏柱、冷凝管、接引管和接收瓶组成的，如图 17-5 所示。

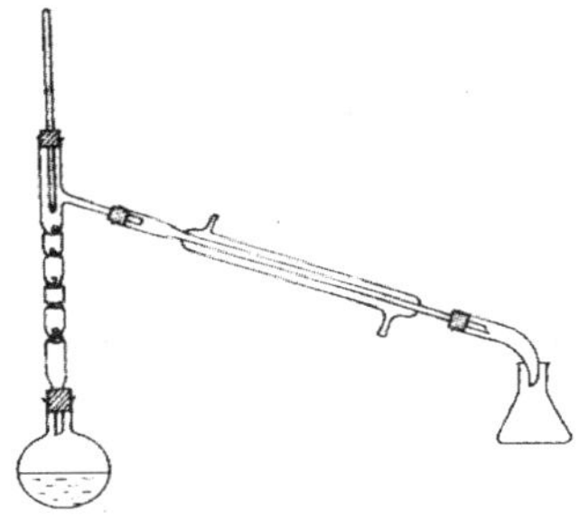

图 17-5 分馏装置

为了分离沸点相近的液体混合物，要求分馏柱内的气、液相能广泛紧密地接触，以利于热交换，分馏柱应有足够的高度，分馏柱自下而上应保持一定的温度梯度。为使气、液相充分接触，常用填充分馏柱，内填各种形状、尺寸不一的玻璃珠、玻璃环或陶瓷环、钢丝棉等，以增加表面积。填料之间要有一定的空隙，并在分馏柱底部放入一些玻璃丝或钢丝棉，以防填料落入烧瓶。

分馏柱效率与柱的高度、绝热性和填料类型有关。为使分馏柱内保持一定的温度梯度，加热不能过猛，蒸馏速度不能太快。为减少热量损失，防止回流液体在柱内聚集，需在柱外缠绕石棉绳或其他保温材料。

（三）操作方法

将待分馏的混合物放入圆底烧瓶中，加入沸石，装上分馏柱，分馏柱上口插入温度计，使温度计水银球上端与分馏柱侧管底边在同一水平线上，依次装上直形冷凝管、接引管，取锥形瓶作为接收瓶。冷凝管夹套内通入冷水。将水浴加热，当液体开始沸腾后，蒸气慢慢上升进入分馏柱，当蒸气上升到柱顶，温度计水银球部出现液滴时，移去火焰使到达顶端的蒸气全部冷凝回流，而不使其进入分馏柱的侧管。3～5 min 后，增大火焰，馏出液体，立即记录第一滴馏出液滴入接收瓶时的温度。调节火焰，使蒸气缓慢上升以保持分馏柱内有一个均匀的温度梯度，并控制馏出液的速度 2～3 s 一滴。待低沸点组分蒸完后，再渐渐升高温度。当第二个组分蒸出时沸点会迅速上升。

要很好地进行分馏必须注意：分馏一定要缓慢进行，要控制好恒定的蒸馏速度；要使有相当量的液体从柱流回烧瓶中，即要选择合适的回流比；必须尽量减少分馏柱的热量散失和波动。

五、沸点的测定

将液体加热时，其蒸气压随温度升高而增大。当液体的蒸气压增大至与大气压相等时的温度，为该液体的沸点。外界压力不同，同一液体的沸点会发生变化。通常所说的沸点是指外压为一个大气压时的液体沸腾温度。在一定压力下，纯的液体有机物具有固定的沸点。

测定液体的沸点有常量法和微量法。常量法是用蒸馏法来测定液体的沸点；微量法是利用沸点测定管，如图 17-6 所示，来测定液体的沸点。

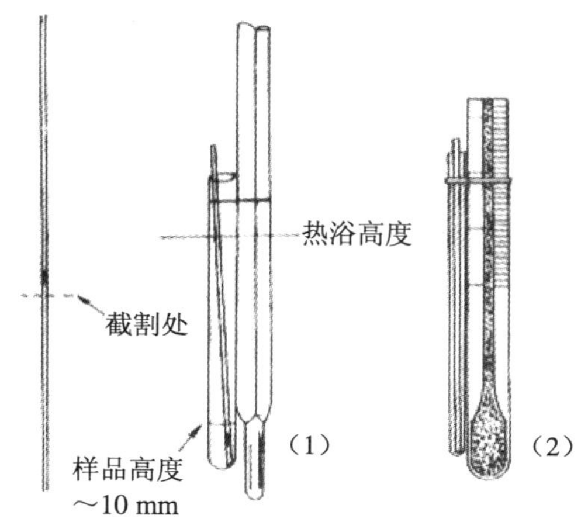

图 17-6 微量法沸点测定管

测定方法：

沸点管由内管（长 4～5 cm，内径 1 mm）和外管（长 7～8 cm，内径 4～5 mm）组成。内外管均为一端封闭的耐热玻璃管。

将待测液体滴入外管，高度为 1～2 cm，把内管开口朝下插入液体中。将沸点管用橡皮筋固定于温度计。

缓慢加热，随着不断加热，可以看到内管中有连续小气泡冒出，停止加热，使浴温下降，气泡逸出的速度渐渐减慢。在最后一个气泡刚欲缩回至内管中时，表示毛细管内的蒸气压与外压相等，此时的温度即为该液体的沸点。重复操作几次，误差应小于 1℃。常用试样有甲醇、丙酮、苯和甲苯等。

复习与思考题

1. 蒸馏时放入沸石或素烧瓷片，为什么能起防暴沸作用?如果加热后才发现没加沸石怎么办？由于某种原因中途停止加热，再重新开始蒸馏时，是否需要补加沸石，为什么？

2. 冷凝管通水方向是由下而上，反过来行吗？为什么？

3. 蒸馏时加热的快慢，对实验结果有何影响？

4. 何谓减压蒸馏？适用于什么体系？减压蒸馏装置由哪些仪器、设备组成，各起什么作用？

5. 减压蒸馏中毛细管的作用是什么？能否用沸石代替毛细管？

6. 在进行减压蒸馏时，为什么必须用热浴加热，而不能直接用火加热?为什么进行减压蒸馏时须先抽气才能加热?

7. 什么情况下需要采用水蒸气蒸馏？

8. 安全管和T形管的作用是什么？

9. 怎样判断水蒸气蒸馏操作是否结束？

10. 何谓分馏？它的基本原理是什么？

11. 进行分馏操作时应注意什么？

12. 何谓韦氏（Vigreux）分馏柱？使用韦氏分馏柱的优点是什么？

13. 用微量法测定沸点，把最后一个气泡刚欲缩回至内管的瞬间的温度作为该化合物的沸点，为什么？

14. 如果液体具有恒定的沸点，能否认为它是单纯物质？为什么？

第五节　萃取分离

根据物质在两种不相溶或微溶的溶剂中的不同分配比（或不同的溶解度），使物质从一种溶剂转移到另一种溶剂中，从而能够进行分离和提纯的方法，叫做萃取。萃取是有机化学实验常用的基本操作之一。例如，在完成有机合成反应后，从反应混合物中萃取所制得的有机产物；也可从天然产物生物碱、蛋白质、中草药等中萃取所需要的物质；还可以从混合物中使用萃取方法洗去少量杂质。根据被萃取物质形态的不同，萃取可分为从溶液中萃取（液-液萃取）和从固体中萃取（固-液萃取）两种萃取方法。

一、液-液萃取

（一）原理

用溶剂分离液体混合物中的组分，使该组分从一液相转移到另一液相中，称为液-液萃取，也可叫做溶剂萃取。物质在不同溶剂中的溶解度是不同的。有机化合物在有机溶剂中的溶解度通常大于在水中的溶解度。所以，可以应用与水不相溶或微溶的有机溶剂，从水溶液中将有机化合物萃取出来。

从物理化学的分配定律可知：对于一定量的萃取溶剂，采取半量二次萃取要比全量一次萃取效率高。显然，如果使用同样体积的溶剂，分几次萃取，要比一次萃取的效率高得多。在水-有机溶剂两相体系中的大多数有机化合物，一般经过二至四次萃取，便能把绝大部分有机化合物从水中萃取出来。

如果有机化合物在水中的溶解度大于在有机溶剂中的溶解度，则只有很少量的有机化合物被萃取到有机溶剂中。但是，当加入无机盐，如氯化钠加到水溶液中，由于有机化合物在氯化钠溶液中的溶解度小于在水中的溶解度，就能显著地提高有机溶剂从水溶液中萃取有机化合物的效率。这就是所谓盐析效应。

（二）萃取溶剂的选择

一般从水溶液中萃取有机物，要求溶剂在水中溶解度很小或几乎不溶；被萃取物在溶剂中要比在水中溶解度大；对杂质溶解度要小；溶剂与水和被萃取物都不反应；萃取后溶剂应易于用常压蒸馏回收。此外，价格便宜、操作方便、毒性小、溶剂沸点不宜过高、化学稳定性好、密度适当也是考虑的条件。一般的讲，难溶于水的物质用石油醚提取；较易溶于水的物质，用乙醚或苯萃取；易溶于水的物质则用乙酸乙酯萃取效果较好。

常用的萃取溶剂有乙醚、苯、四氯化碳、氯仿、石油醚、二氯甲烷、二氯乙烷、正丁醇、乙酸酯等，其中乙醚效果较好。使用乙醚的最大缺点是容易着火，在实验室中可以少量使用，但在工业生产中不宜使用。

（三）操作方法

萃取操作最常用的仪器是分液漏斗，它有球形、梨形和圆柱形三种。不论何种形状的分液漏斗，一般只能装入占其容积 1/2 左右的液体，最多不得超过 2/3 容积。

进行萃取操作之前，首先要选择大小适当的分液漏斗，检查它的塞子和活塞是否有漏液现象。先用滤纸或干布擦干净活塞和活塞孔道，并在活塞的大头一端薄薄地抹上一层凡士林，注意不要抹在活塞的小孔中，同时用火柴梗在活塞孔道小头一端的内壁上也抹上薄薄一层凡士林，将活塞插入活塞孔道中，旋转活塞至凡士林薄层透明、均匀。在分液漏斗中加入一定量水，将塞子盖好，上下摇动分液漏斗中的水，确定不漏后再使用。注意用细绳或橡皮圈将塞子绑扎在分液漏斗的上口颈部，以防脱落打碎。

将待萃取的原溶液倒入分液漏斗中，再加入萃取剂，然后塞好塞子，旋紧，避免漏失液体。为了提高萃取效率，必须振摇分液漏斗，使水层和有机层充分混合，以增加两液相之间的接触面。用右手握住分液漏斗上口颈部，右手手掌压紧塞子，左手的拇指和食指捏住活塞柄，中指垫在塞座下边，这样可以灵活地开启和关闭活塞，又能防止振摇分液漏斗时活塞转动或脱落，如图 17-7 所示。

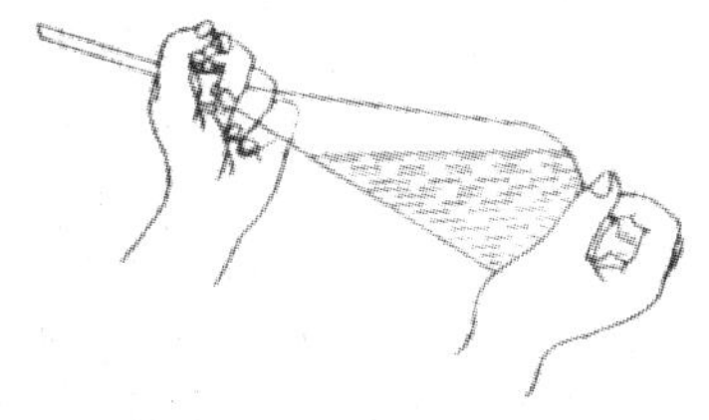

图 17-7　分液漏斗的使用

然后将漏斗平放，前后摇动或做圆周运动。在振动过程中应注意不断放气，以免萃取或洗涤时，内部压力过大，造成漏斗的塞子被顶开，使液体喷出，严重时会引起漏斗爆炸，造成伤人事故。放气时，将漏斗的下口向上倾斜，使液体集中在下面，用控制活塞的拇指和食指打开活塞放气，注意不要对着人，一般振动两三次就放一次气。经几次摇动放气后，将漏斗放在铁架台的铁圈上，将塞子上的小槽对准漏斗上的通气孔，静止 3～5 min。同时在分液漏斗下口下面放一干燥好的锥形瓶。不久，分液漏斗内将会分成明显的两层液体（通常为有机层和水层）。

打开分液漏斗上口的塞子，慢慢旋转活塞，将下层液体仔细地经活塞放到锥形瓶中。当上下两层液体的界面下降到接近活塞时，关闭活塞，静置片刻或稍加旋摇，这时下层液体的体积往往会增加一些，再仔细放出。然后将上层液体从分液漏斗的上口倒到另一个容器中。注意，绝对不能把上层液体经活塞从下口放出，这会被残留在漏斗颈内的下层液体所污染。

从分液漏斗中分离出来的上、下两层液体，都要分别保存好，在实验完成以前不得丢弃。这样，如果万一在实验过程中发生差错，还有补救的可能。

分离出来的尚含有所需有机物的母液，重新放入分液漏斗，用上述方法，再用新鲜溶剂萃取。一般经过 2～4 次操作，便能把绝大部分有机物萃取出来。合并各次萃取液，进行下一步处理。

萃取操作完成后，应立即洗净分液漏斗，特别要注意取下塞子和活塞，用干净的纸条包住，再放回漏斗的上口和活塞孔道中，以防止被粘住。同时，要用橡皮筋分别扎住，以免丢失。

萃取操作中特别引起注意的是：当溶液呈碱性时，常产生乳化现象。有时由于存在少量轻质沉淀，两液相密度接近，两液相部分互溶等都会引起分层不明显或不分层。此时，静止时间应长一些，或加入一些食盐，增加两相的密度，使絮状物溶于水中，迫使有机物溶于萃取剂中；或加入几滴酸、碱、醇等，以破坏乳化现象。如上述方法不能将絮状物破坏，在分液时，应将絮状物与萃余相（水层）一起放出。

二、固-液萃取

从固体混合物中使用溶剂萃取所需要的组分，称为固-液萃取。最常用的固-液萃取方法有浸取法和连续提取法。

（一）浸取法

将固体物质放在需要的容器中，用适当的有机溶剂浸没，间歇地振荡或搅拌，所需组分将会慢慢地从固体物质中被浸取出来，然后过滤，将滤液蒸去溶剂，便可得到所需组分。这种方法，溶剂需用量大，耗费时间长，即使使用热的溶剂，效率仍然相当低。

（二）连续提取法

实验室常用索氏提取器（又称脂肪提取器）进行固-液萃取。首先把固体物质粉碎研细，放在圆柱形滤纸筒中。滤纸筒的直径小于索氏提取器的内径，其下端用细绳扎紧，其高度不得高于索氏提取器外侧的虹吸管。提取器下口与盛有萃取溶剂的圆底烧瓶连接，上口与回流冷凝管相连。加热圆底烧瓶（如为易燃性溶剂，需用水浴加热），溶剂沸腾后，其蒸气通过提取器外侧直径较大的支管上升，被冷凝管冷凝为液体，回滴到盛有固体物质粉末的圆柱形滤纸筒内，可溶性有机物便被萃取到热溶剂中。当溶液的液面超过直径较小的虹吸管顶端时，溶液会通过虹吸管自动地虹吸流回圆底烧瓶。溶剂回流和虹吸作用重复循环，于是圆底烧瓶内便富集从固体物质中被萃取出来的可溶性物质。

虽然使用一次量的溶剂，但由于通过重复循环流动，固体物质能不断地与新鲜溶剂接触，因而大大提高了萃取效率。如果延长萃取时间，某些在有机溶剂中溶解度很小的物质，也可能被萃取出来。

复习与思考题

1. 如何使用和保养分液漏斗？
2. 影响萃取法的萃取效率的因素有哪些?怎样才能选择好溶剂？
3. 分液时，一时不知哪一层为萃取层，可用什么方法识别？
4. 指出萃取与洗涤异同点。

第六节　重结晶与升华

一、重结晶

（一）原理

固体有机物在溶剂中的溶解度一般随温度的升高而增大，所以固体有机物在热的溶剂中溶解度较大，溶解饱和后，再冷却，有机物又重新析出晶体。可以利用溶剂对被提纯物质及杂质的溶解度不同，使被提纯物质从热的过饱和溶液中冷却后析出，让杂质全部或大部分留在溶液中，或者相反，使杂质从热的过饱和溶液中冷却后析出，让被提纯物质全部或大部分留在溶液中，从而达到分离、提纯的目的，这种方法就是重结晶法。

重结晶是常用的一种固体有机混合物的提纯方法，重结晶只适宜杂质含量在5%以下的固体有机混合物的提纯。从反应粗产物直接重结晶是不适宜的，必须先采取其他方法初步提纯，然后再重结晶提纯。

（二）溶剂的选择

重结晶的关键是选择适宜的溶剂。通常借助资料、手册可以了解已知化合物在某种溶剂中的溶解度，但最主要是通过实验方法进行选择。在选择溶剂时应注意以下几方面问题：所选溶剂与被提纯的物质不起化学反应；被提纯物质在热溶剂中溶解度大，冷却时溶解度小，而杂质在冷、热溶剂中溶解度都较大，杂质始终留在母液中；或者杂质在热溶剂中不溶解，这样在热过滤时也可把杂质除去；溶剂易挥发，但沸点不宜过低，便于与结晶分离；价格低、毒性小、易回收提纯、操作安全。

如果在文献中找不出合适的溶剂，根据“相似相溶”的原理，对几种溶剂逐一通过试验方法进行对比、选择。其方法是：取0.1 g的产物放入一支试管中，滴入1 mL溶剂，振荡下观察产物是否溶解，若不加热很快溶解，说明产物在此溶剂中的溶解度太大，不适合做此产物重结晶的溶剂；若加热至沸腾还不溶解，可补加溶剂，当溶剂用量超过4 mL产物仍不溶解时，说明此溶剂也不适宜。如所选择的溶剂能在1～4 mL溶剂沸腾的情况下使产物全部溶解，并在冷却后能析出较多的晶体，说明此溶剂适合作为此产物重结晶的溶剂。表17-3给出了一些重结晶常用的溶剂。

表 17-3 常用重结晶溶剂的性质

溶剂名称	沸点/℃	密度/（g/cm³）	溶剂名称	沸点/℃	密度/（g/cm³）
水	100.0	1.00	乙酸乙酯	77.1	0.90
甲醇	64.7	0.79	二氧六环	101.3	1.03
乙醇	78.0	0.79	二氯甲烷	40.8	1.34
丙酮	56.1	0.79	二氯乙烷	83.8	1.24
乙醚	34.6	0.71	三氯甲烷	61.2	1.49
石油醚	30～60	0.68～0.72	四氯化碳	76.8	1.58
	60～90	0.68～0.72	硝基甲烷	120.0	1.14
环己烷	80.8	0.78	甲乙酮	79.9	0.81
苯	80.1	0.88	乙腈	81.6	0.78
甲苯	110.6	0.87			

当难以选出一种合适溶剂时，常使用混合溶剂。混合溶剂一般由两种彼此可互溶的溶剂组成，其中一种较易溶解结晶，另一种较难或不能溶解。用实验的方法确定两者的合适比例，并按此比例配制混合溶剂进行重结晶。表 17-4 给出了一些常用的混合溶剂。

表 17-4 常用重结晶混合溶剂

水-乙醇	甲醇-水	石油醚-苯
水-丙酮	甲醇-乙醚	石油醚-丙酮
水-乙酸	甲醇-二氯乙烷	氯仿-醚
乙醚-丙酮	氯仿-醇	苯-无水乙醇
乙醇-乙醚-乙酸乙酯	吡啶-水	石油醚-乙醚

（三）操作方法

1. 溶解和脱色

将待重结晶的有机物装入圆底烧瓶中，加入几粒沸石，配置回流冷凝管。连通冷凝水，加热至沸，并不时摇动。如果仍然有部分固体没有溶解，再逐次添加溶剂，并保持回流。如果溶剂的沸点较低，当固体全部溶解后再添加一些溶剂，主要是为了避免溶剂挥发和热过滤时因温度降低，使晶体过早地在滤纸上析出而造成产品损失。加入量约为已加入溶剂量的 15%。

粗产品中常有一些有色杂质不能被溶剂去除，因此，需要用脱色剂来脱色。最常用的脱色剂是活性炭，它是一种多孔物质，可以吸附色素和树脂状杂质，但同时它也可以吸附产品，因此加入量不宜太多，一般为粗产品质量的 5%。具体方法：待上述热的饱和溶液稍冷却后，加入适量的活性炭摇动，使其均匀分布在溶液中。加热煮沸 5～10 min 即可。注意千万不能在沸腾的溶液中加入活性炭，否则会引起暴沸，使溶液冲出容器造成产品损失。

2. 热过滤

热过滤其目的是去除不溶性杂质。为了尽量减少过滤过程中晶体的损失，操作时应做到：仪器热、溶液热、动作快。为了做到“仪器热”，应事先将所用仪器用烘箱或气流烘干器烘热待用。热过滤有两种方法，即常压热过滤（重力过滤）和减压过滤（抽滤）。

（1）常压热过滤

常压热过滤就是用重力过滤的方法除去不溶性杂质（包括活性炭）。由于溶液为热的饱和溶液，遇冷即会析出结晶，因此需要趁热过滤。热过滤时所用的漏斗和滤纸须事先用热溶剂润湿温热，或者把仪器放入烘箱预热后使用，有时还需要将漏斗放入铜质热保温套中，在保温情况下过滤。

热过滤时动作要快，以免液体或仪器冷却后，晶体过早地在漏斗中析出，如发生此现象，应用少量热溶剂洗涤，使晶体溶解进入到滤液中。如果晶体在漏斗中析出太多，应重新加热溶解再进行热过滤。

常用短颈或无颈的玻璃漏斗，以免溶液在漏斗下部管颈遇冷而析出结晶，影响过滤。为了加快过滤速度，通常采用扇形折叠滤纸。

（2）减压热过滤

减压热过滤的优点是过滤快，缺点是当用沸点低的溶剂时，因减压会使热溶剂蒸发或沸腾，导致溶液浓度变大，晶体过早析出。减压热过滤装置如图 17-8 所示。抽滤时，滤纸的大小应与布氏漏斗底部恰好一样，先用热溶剂将滤纸润湿，抽真空使滤纸与漏斗底部贴紧。然后迅速将热溶液倒入布氏漏斗中，在液体抽干之前漏斗应始终保持有液体存在，此时，真空度不宜太低。

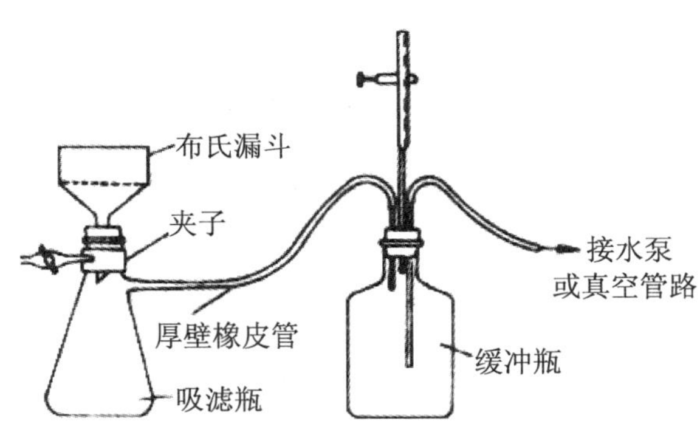

图 17-8 减压过滤装置

3. 结晶

将热滤液在室温下慢慢冷却至有固体出现时，这样可以保证晶体形状好，颗粒大小均匀，晶体内不含杂质和溶剂。否则，当冷却太快时会使晶体颗粒太小，晶体表面易从液体中吸附更多的杂质，加大洗涤的困难。在冷却结晶过程中，不宜剧烈摇动或搅拌，这样会造成晶体颗粒太小。当晶体颗粒超过 2 mm 时，可稍微摇动或搅拌几下，使晶体颗粒大小趋于平均。

如果冷却后，晶体未出现，可用玻璃棒摩擦瓶壁促使晶体形成；或是加入少量的样品作为晶种，促使溶液结晶。

4. 结晶的过滤与洗涤

结晶后的母液进行抽滤。留在布氏漏斗上的结晶（滤饼）用玻璃塞压干，尽可能挤出母液。滤饼抽干后，拔去吸滤瓶支管上的真空橡皮管（或打开缓冲瓶上的活塞接通大气）消除真空。再加入少量新鲜溶剂使其刚好盖住滤饼，待有滤液从漏斗下端滴下时重新抽气，再将滤饼尽量抽干、压干，这样反复几次，就可把滤饼洗净。将结晶移到干净的表面皿上干燥。重结晶用的有机溶剂较多，应把用过的溶剂集中起来，加以回收。

二、升华

升华是纯化固体有机化合物的一个方法，它所需的温度一般较蒸馏时低，但是只有在其熔点温度以下具有相当高（高于 2.76 kPa）蒸气压的固态物质，才可用升华来提纯。利用升华可除去不挥发性杂质，或分离不同挥发度的固体混合物。升华常可得到较高纯度的产物，但操作时间长，损失也较大，不适用于大量产品的提纯。

（一）原理

升华是指物质自固态不经过液态直接转变成蒸气的现象。然而对有机化合物的提纯来说，重要的却是使物质蒸气不经过液态而直接转变成固态，因为这样能得到高纯度的物质。因此，在有机化学实验操作中，不管物质蒸气是由固态直接气化，还是由液态蒸发而产生的，只要是物质从蒸气不经过液态而直接转变成固态的过程也都称之为升华。一般说来，对称性较高的固态物质，具有较高的熔点。且在熔点温度以下具有较高的蒸气压，易于用升华来提纯。

（二）操作

实验室常用的常压升华装置，如图 17-9 所示。将被升华的固体化合物烘干，放入瓷蒸发皿中，铺匀。取一大小合适的锥形玻璃漏斗，将颈口处用少量棉花堵住，以免蒸气外逸，造成产品损失。选一张略大于漏斗底口的滤纸，在滤纸上扎一些小孔后盖在瓷蒸发皿上，用漏斗盖住。将瓷蒸发皿放在砂浴上，缓慢加热、升温。在加热过程中应注意控制温度在熔点以下，慢慢升华。当蒸气开始通过滤纸上升至漏斗中时，可以看到滤纸小孔四周和漏斗壁上有晶体出现。然后将产品用刮刀从滤纸上轻轻刮下，放在干净的表面皿上，即得到纯净产品。

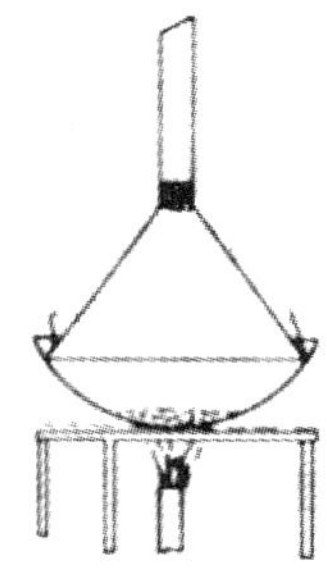

图 17-9 常用的升华装置

复习与思考题

1. 重结晶的目的是什么？怎样进行重结晶？
2. 重结晶操作中，活性炭起什么作用？为什么不能在溶液沸腾时加入？
3. 重结晶时，如果溶液冷却后不析出晶体怎么办？
4. 升华适于哪些物质的提纯？
5. 升华的温度是如何控制的？
6. 升华操作时，应注意哪些事项？

第十八章 有机化合物的制备和性质

实验一 1-溴丁烷的制备（5学时）

一、实验目的

（1）学习由正丁醇制备1-溴丁烷的原理和方法。
（2）掌握回流及气体吸收装置和液体干燥操作。
（3）学习分液漏斗使用方法。
（4）基本掌握蒸馏操作。

二、实验原理

主反应：

$$NaBr+H_2SO_4 \longrightarrow HBr+NaHSO_4$$

$$nC_4H_9OH+HBr \underset{\triangle}{\overset{H_2SO_4}{\rightleftharpoons}} nC_4H_9Br+H_2O$$

副反应：

$$nC_4H_9OH \xrightarrow[\triangle]{H_2SO_4} CH_3CH_2CH=CH_2+H_2O$$

$$nC_4H_9OH \xrightarrow[\triangle]{H_2SO_4} (nC_4H_9)_2O+H_2O$$

$$2NaBr+H_2SO_4 \longrightarrow Br_2+SO_2\uparrow+H_2O+NaHSO_4$$

三、试剂和仪器

正丁醇 9.1 mL（7.4 g，0.1 mol）；溴化钠（无水）12.4 g（0.12 mol）；浓硫酸（$d_4^{20}=1.84$）：14 mL；饱和碳酸氢钠溶液；无水氯化钙。

回流装置，气体吸收装置，蒸馏装置，分液漏斗，烧杯，锥形瓶，普通漏斗，接引管，石棉网等。

四、实验步骤

在 100 mL 圆底烧瓶中加入 12 mL 水[1]，再慢慢小心多次加入 14 mL 浓硫酸，充分混合均匀并冷至室温后，再依次加入 9.1 mL 正丁醇混合均匀，分多次加入 12.4 g 溴化钠，每加一次必须充分旋动烧瓶以免结块，充分振荡后加入几粒沸石。

安装回流装置并连接气体吸收装置，以吸收反应时逸出的溴化氢气体[2]，如图 18-1 所示。在烧瓶下置一石棉网，用小火加热，经常摇动烧瓶[3]直至大部分溴化钠溶解，调节火焰，使混合物平稳沸腾，缓缓回流 30 min 回流过程中不断摇荡烧瓶。

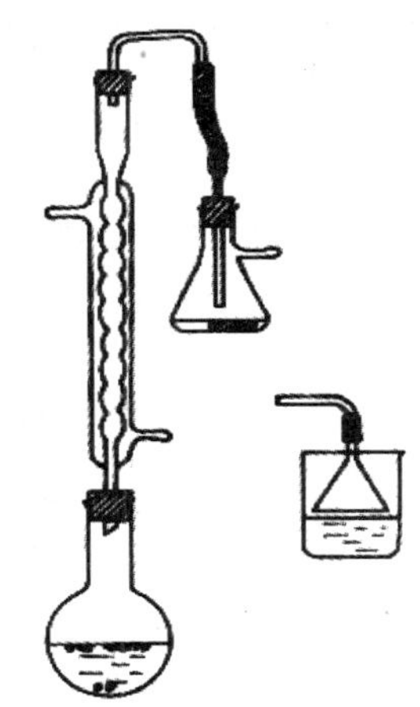

图 18-1 带有气体吸收的回流装置

反应完成后，待反应液冷却 5 min，改回流装置为蒸馏装置，补加 1～2 粒沸石开始蒸馏，蒸出粗产物 1-溴丁烷，直至馏出液由浑浊变为澄清[4]或馏出液中无油滴生成为止（注意判断粗产物是否蒸完）。

将馏出液移至分液漏斗中：① 加入等体积的水洗涤（产物在下层），静置分层后，将产物放入一干燥的锥形瓶中从分液漏斗的上口倒出水层。粗产物中除 1-溴丁烷外，还有未反应的正丁醇及副产物正丁醚和水，还有一些溶解的丁烯，还可能由于混有少量的溴而带颜色（粗产物带有颜色，可用 5%的亚硫酸氢钠溶液洗涤一次，以除去溴）。② 用 4 mL 浓硫酸分两次加入锥形瓶，都要充分摇动锥形瓶并用冷水浴冷却，然后将混合物小心慢慢移入分液漏斗，静置分层，小心地尽量分去下层的浓硫酸。③ 有机层再依次用等体积的水（除硫酸）、饱和碳酸氢钠溶液（中和未除尽的硫酸）、水（除残留的碱）各洗涤一次，直至呈中性。④ 然后将 1-溴丁烷粗产物转入一 50 mL 干燥洁净的锥形瓶中，加入 1 g[5]无水氯化钙干燥，塞紧瓶塞。

将干燥好的产物移至 100 mL 蒸馏烧瓶中（切勿使氯化钙落入烧瓶），加入 1～

2 粒沸石，在石棉网上加热蒸馏，收集 99～103℃的馏分于已知质量的样品瓶中。称量计算产率。

产量：10～11 g。

产率：73%～80%

纯 1-溴丁烷为无色透明液体，沸点 101.6℃，相对密度 d_{20}^{4}=1.275 8，斜射率 n_{D}^{20}=1.440 1。

注释

[1] 加水的主要目的是减少氢溴酸的挥发，降低硫酸浓度以减少副产物乙烯、乙醚的生成。

[2] 在烧杯中盛约 40 mL 稀碱液倒放的漏斗口贴近液面，但不要全部浸在液下，以免碱液倒吸。

[3] 将固定烧瓶的铁夹和冷凝管夹松开，左手握住冷凝管口为中心，右手持烧瓶颈做圆周振摇。或移去酒精灯，以铁架台的一个角为支点，手持铁架台杆振摇。因为装置还连有气体吸收装置，所以振摇要小心。

[4] 开始蒸出的是有机物和水的混合物，呈乳白油状。当有机物逐渐减少，最后蒸出的都是水分，馏出液就澄清了。

[5] 干燥剂的用量根据被干燥物质含水量的多少而定。如果干燥剂加入后始终能保持原状（块状或粉状）则说明用量已够；若干燥剂成糊状或溶解为溶液者，则说明水分多，干燥剂用量不足。

复习与思考题

1. 反应后的粗产物中含有哪些杂质？各步洗涤的目的何在？

2. 实验中，蒸馏出的馏出液中 1-溴丁烷通常应在下层，但有时可能出现在上层，为什么？若遇此现象如何处理？

3. 用分液漏斗分液时，1-溴丁烷不知在哪一层，用什么简便的方法加以判别？

实验二　环已酮肟的制备（2 学时）

一、实验目的

（1）学习环己酮肟的制备方法。

（2）掌握减压过滤操作。

二、实验原理

反应：

$$\text{环己酮}=O + NH_2OH \cdot HCl \xrightarrow{CH_3COONa} \text{环己基}=N-OH + H_2O$$

三、试剂和仪器

环己酮 7.8 mL（7.5 g，0.076 mol）；盐酸羟胺 7 g（0.1 mol）；结晶乙酸钠 10 g（0.073 mol）或无水乙酸钠 6.02 g。

减压抽滤装置，锥形瓶，烧杯等。

四、实验步骤

在 250 mL 锥形瓶中，放入 50 mL 水和 7 g 羟胺盐酸盐，摇动，使之溶解。加入 7.8 mL 环己酮，摇动，使之溶解。

在一烧杯中，把 10 g 结晶乙酸钠溶于 20 mL 水中，将此乙酸钠溶液滴加到上述溶液中，边加边摇动锥形瓶，即可得粉末状环己酮肟。为使反应进行得完全，用橡皮塞塞紧瓶口，用力振荡[1]约 5 min。

把锥形瓶放入冰水浴中冷却。粗产物在布氏漏斗上抽滤，见图 18-2。用少量水洗涤，尽量挤出水分。取出滤饼，放在空气中晾干。

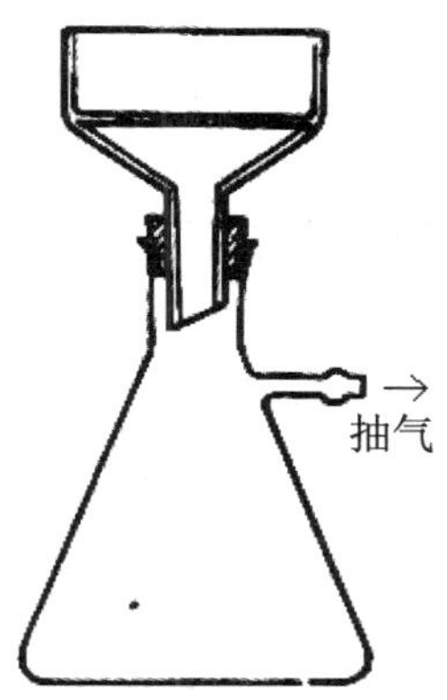

图 18-2　布氏漏斗和抽滤瓶

产量 7～8 g。产物可直接用于贝克曼重排实验。

纯环己酮肟为白色棱柱晶体，熔点 90℃。

注释

[1] 振荡要剧烈，如环己酮肟呈白色小球状，说明反应还未完全，还需振荡。

复习与思考题

1. 为什么把反应混合物先放到冰水浴中冷却后再过滤？

2. 粗产物抽滤后，用少量水洗涤除去什么杂质？用水量的多少对产物有什么影响？

实验三　乙酸乙酯的制备（5学时）

一、实验目的

（1）学习乙酸乙酯的制备方法。
（2）熟悉和掌握酯化反应的特点。
（3）温习滴液漏斗的使用方法。
（4）学习盐析的原理和方法。
（5）掌握常用仪器的安装和拆卸技能。

二、实验原理

主反应[1]：

$$CH_3COOH + C_2H_5OH \underset{120\sim125℃}{\overset{H_2SO_4}{\rightleftharpoons}} CH_3COOC_2H_5 + H_2O$$

副反应：

$$2\ C_2H_5OH \xrightarrow[\triangle]{H_2SO_4} C_2H_5OC_2H_5 + H_2O$$

三、试剂和仪器

冰醋酸 7.5 g 或 7.2 mL（0.125 mol）；乙醇 95% 11 mL（0.16 mol）；浓硫酸；饱和碳酸钠溶液；饱和氯化钠溶液；饱和氯化钙溶液；无水碳酸钾（或无水硫酸镁）。

蒸馏装置，温度计，直形冷凝管，滴液漏斗，分液漏斗，锥形瓶，烧杯，长颈漏斗，接引管，小量筒等。

四、实验步骤

在 125 mL 蒸馏烧瓶上配置一个双孔塞子或直接用三口烧瓶，在一侧口装配一滴液漏斗，末端需装一有钩形弯头的玻璃管[2]，弯头要伸到距瓶底约 2 mm[3]处。玻璃管的上端用一段橡皮管与滴液漏斗相连接。另一侧装配一 200～250℃的温度计，温度计的水银球也要伸到离瓶底约 2 mm 处。中间口装配一玻璃弯管与直形冷凝管连接，直型冷凝管的末端连接接引管及锥形瓶，锥形瓶用冰水浴冷却。如图 18-3 所示[4]。

在一小锥形瓶内放入 3 mL 乙醇，一边摇动，一边慢慢地加入 3 mL 浓硫酸，将此溶液倒入烧瓶中。配制 8 mL 乙醇和 7.15 mL 冰醋酸的混合液[5]，倒入滴液漏斗中，用石棉网隔热加热烧瓶，保持反应混合物的温度为 120℃左右。

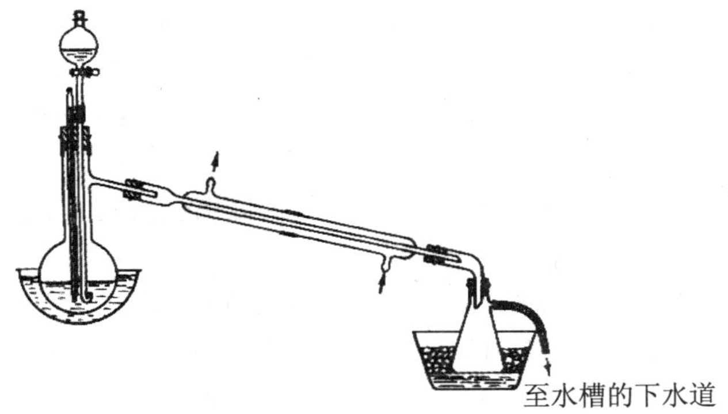

图 18-3 滴加和蒸出的反应装置

这时，开始把滴液漏斗中的乙醇和冰醋酸的混合溶液慢慢地滴入烧瓶中，调节加料的速度，使其和蒸出乙酸乙酯的速度大致相等，加料的时间约需 90 min，这时，保持反应混合物的温度为 120～125℃，滴加完毕后，继续加热约 10 min，直到不再有液体馏出为止。

反应完毕后，取出接收产物的锥形瓶，塞上塞子。按要求拆除装置。然后，将饱和碳酸钠溶液很缓慢地加入馏出液中，并不断振荡，直到无二氧化碳气体逸出为止（即用石蕊试纸检验酯层不显酸性），饱和的碳酸钠要小量分批地加入，并要不断地摇动接收瓶。

把混合溶液倒入分液漏斗中，静置分层，放出下面的水层。用等体积的饱和食盐水洗涤[6]。再用等体积的饱和氯化钙溶液洗涤二次[7]，放出下层废液，从分液漏斗上口将乙酸乙酯倒入干燥的小锥形瓶中。加入 3～5 g 无水碳酸钾干燥，放置时间约 20 min，在此期间要间歇振荡锥形瓶[8]。通过长颈漏斗（漏斗上放折叠式滤纸）把干燥的粗乙酸乙酯滤入 100 mL 蒸馏烧瓶或三口烧瓶中，装配蒸馏装置，在水浴上加热蒸馏，收集 74～79℃的馏分，称量，测折光率。

产量：7.2～8.2 g。

纯乙酸乙酯是具有果香味的无色液体，沸点 77.2℃，d_4^{20}=0.901，n_D^{20}=1.372 3。

注释

[1] 酯化反应是可逆反应，为使平衡向右边进行，可从反应物中不断移去产物，也可以使用过量的羧酸或醇，或两者并用。至于使用过量的酸还是过量的醇，这要决定于原料的性质和价格等因素。本实验是采用廉价的乙醇过量并将反应中生成的酯和水不断蒸馏出来的方法，促使平衡向右边进行。但在工业生产中，为避免由乙醇、水和乙酸乙酯形成二元、三元恒沸混合物而给分离带来的麻烦，一般采用过量的乙醇。

[2] 玻璃管的弯头可阻止反应过程中产生的蒸气进入玻璃管内，以便顺利加料。

[3] 反应温度为 120～125℃，而乙醇沸点 78℃，乙酸沸点 116℃，如果不插入液面下，滴下的物质在液面就汽化，也就不能与催化剂硫酸有效地溶解，而使反应难以进行。

[4] 本实验的反应温度比原料乙醇、乙酸的沸点都高，为避免原料被蒸出，同时增加催化剂的浓度，所以采用滴加和蒸出的反应装置。

[5] 应预先将乙醇和冰醋酸混合好，否则因二者的相对密度不同，使加进去的原料不均匀，会影响产率。

[6] 饱和食盐水主要是洗除粗制产物中的少量碳酸钠。粗制产物中如果带有碳酸钠，下一步用饱和氯化钙溶液洗涤时就会生成碳酸钙沉淀，沉淀很细，悬浮于水和乙酸乙酯中，使水和乙酸乙酯的界限不清，这将给分离带来困难。用饱和食盐水洗涤时，还可洗除一部分水。此外，由于饱和食盐水的盐析作用，乙酸乙酯在饱和食盐水中的溶解度比在水中要小，可大大降低乙酸乙酯在洗涤时的损失。

[7] 氯化钙与乙醇形成络合物而溶于饱和氯化钙溶液中，由此除去粗产物中所含的乙醇。

[8] 加入无水碳酸钾可除去产物中的水。

$$K_2CO_3 + 2H_2O \longrightarrow K_2CO_3 \cdot 2H_2O$$

由于乙酸乙酯与水形成沸点为 70.4℃的二元恒沸混合物（含水 8.1%），乙酸乙酯与乙醇形成沸点为 71.8℃的二元恒沸混合物（含乙醇 31.0%），乙酸乙酯、乙醇、水形成沸点为 70.2℃的三元恒沸混合物（含乙醇 8.4%、水 9%），如果在蒸馏前不能将水和乙醇除尽，会影响产率。

复习与思考题

1. 在本实验中硫酸起什么作用？
2. 为什么要用过量的乙醇？
3. 蒸出的粗乙酸乙酯中主要有哪些杂质？怎样将其除掉？
4. 在乙酸乙酯的精制过程中，如果最后蒸馏时前馏分多，其原因是什么？
5. 根据你做过的实验，总结一下在什么情况下需用饱和食盐水洗涤有机液体？

实验四　对硝基苯甲酸[1]的制备（5学时）

一、实验目的

（1）学习对硝基苯甲酸的制备方法。
（2）熟悉和掌握氧化反应的特点。
（3）掌握搅拌、热抽滤、提纯等操作。
（4）温习回流、抽滤、重结晶等操作。

二、实验原理

苯环对氧化剂很稳定，常用的氧化剂不可使之氧化，但在适当的条件下，侧链烷基却可被氧化，而且无论烷基碳链的长短，一般都生成苯甲酸及其衍生物。这是因为α-氢受苯环影响比较活泼，侧链氧化便是从进攻与苯环相连的碳氢键开始的。如果没有α-氢，如叔烷基，则一般不被氧化。故利用芳烃支链的氧化是制备芳香族羧酸最重要的方法。

当芳环上存在卤素、硝基及磺酸基等基团时并不影响侧链的氧化；但当芳环上存在羟基和氨基时，分子将被大多数氧化剂破坏而得到复杂的氧化产物；但若生成烷氧基和乙酰氨基化合物时，烷基的氧化则不受影响，并可得到高产率的羧酸。

反应式：

$$NO_2C_6H_4CH_3+Na_2Cr_2O_7+H_2SO_4 \longrightarrow NO_2C_6H_4COOH+Na_2SO_4+Cr_2(SO_4)_3$$

三、试剂和仪器

对硝基甲苯 6g（约 0.04 mol）；重铬酸钠（$Na_2Cr_2O_7 \cdot 2H_2O$）18 g（0.06 mol）；浓硫酸；15%硫酸溶液；5%氢氧化钠溶液。

回流装置，搅拌装置，冷凝管，滴液漏斗，分液漏斗，锥形瓶，烧杯，抽滤瓶，水浴，小量筒等。

四、实验步骤

在 250 mL 三颈瓶中，加入 6 g 对硝基甲苯、18 g 重铬酸钠粉末及 40 mL 水，装置搅拌器、冷凝管及滴液漏斗。如图 18-4 所示。在搅拌下自滴液漏斗慢慢滴入 25 mL 浓硫酸。放热反应开始后，温度很快上升，反应混合物的颜色逐渐变深变黑。必要时可用冷水冷却，以免温度过高使对硝基甲苯挥发而凝结在冷凝管壁上。加完硫酸后，将烧瓶在石棉网上加热，搅拌回流 0.5 h，反应液呈黑色。

反应过程中，冷凝管可能有白色针状的对硝基甲苯析出，这时可适当关小冷凝水，使其熔融滴下。

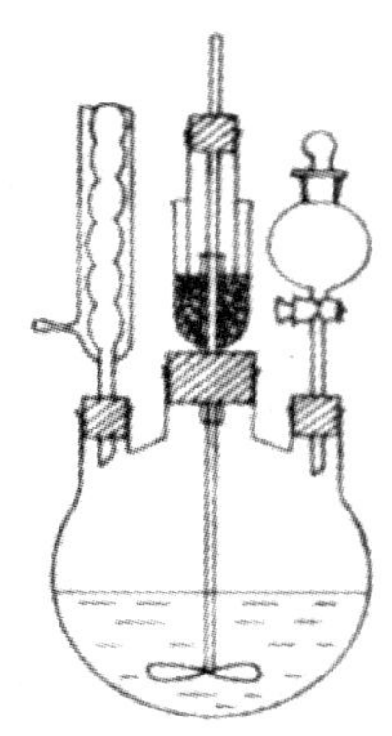

图 18-4　滴液、回流搅拌装置

待反应物冷却后，在搅拌下加入 80 mL 冰水，立即有沉淀析出。抽滤，用 50 mL 水分两次洗涤，粗制对硝基苯甲酸为黄黑色固体。将固体放入盛有 30 mL 5%硫酸的烧杯中，在沸水浴上加热 10 min，以溶解未反应的铬盐。冷却后抽滤，将所得的沉淀溶于 50 mL 5%氢氧化钠溶液，在 50℃温热后抽滤[2]，滤液中加入 1 g 活性炭煮沸后趁热过滤。冷却后在充分搅拌下将滤液慢慢倒入盛有 60 mL 15%硫酸溶液的烧杯中[3]，析出黄色沉淀，抽滤，用少量冷水洗涤两次，干燥后称量，产物已足够纯净。如需进一步提纯，可用乙醇-水重结晶，产品为浅黄色的针状结晶，熔点 241～242℃，产量约 5 g。纯对硝基苯甲酸的熔点为 242℃。

注释

[1]　对硝基苯甲酸在工业上可由对硝基甲苯用铬酸等氧化剂氧化制得，也是对硝基乙苯制备对硝基苯乙酮（氯霉素的中间体）时的副产物。它是一种重要的化工原料，主要用于医药工业，是生产局部麻醉药（苯佐卡因或普鲁卡因）、止血药（对羧基苄胺）、抗心率失常药（普鲁卡因酰胺）的原料。

[2]　此步的目的是除去未作用的对硝基甲苯（熔点 51.3℃），也可进一步滤去铬盐（生成氢氧化物沉淀）。过滤温度也不能太低，否则，对硝基苯甲酸钠也会析出而被滤去。

[3]　硫酸不能反加至滤液中，否则生成的沉淀会包含一些钠盐而影响产物的纯度。中和时应使溶液呈强酸性，否则需补加少量的酸。

复习与思考题

解释下列操作原理

（1）反应结束后，为何要加入 80 mL 冰水?

（2）为何要将粗品放入盛有 30 mL 5%硫酸的烧杯中在沸水浴上加热 10 min?

（3）为何将沉淀溶于 5%氢氧化钠溶液中并在 50℃附近过滤?

（4）为什么最后将脱色后的滤液倒入 15%硫酸中？硫酸为什么不能反加至滤液中？

实验五　苯甲醇和苯甲酸的制备（6 学时）

一、实验目的

（1）学习由苯甲醇制备苯甲酸的原理和方法，从而加深对 Cannizzaro（坎尼札罗）反应的认识。

（2）熟练掌握液体有机物的洗涤和干燥等基本操作。

（3）掌握低沸点，易燃有机溶剂的蒸馏操作。

（4）掌握有机酸的分离方法。

二、实验原理

芳醛和其他无α-活泼氢原子的醛类在浓的强碱溶液作用下，发生 Cannizzaro 反应，一分子醛被氧化成羧酸（在碱性溶液中成为羧酸盐），另一分子醛则被还原成醇。

本实验是以苯甲醛和氢氧化钠作用，从而制备苯甲醇和苯甲酸。

反应式如下：

$$2\ C_6H_5-\overset{O}{\overset{\|}{C}}-H + NaOH \longrightarrow C_6H_5-\overset{O}{\overset{\|}{C}}-ONa + C_6H_5-CH_2OH$$

$$C_6H_5-\overset{O}{\overset{\|}{C}}-ONa + HCl \longrightarrow C_6H_5-\overset{O}{\overset{\|}{C}}-OH + NaCl$$

三、试剂和仪器

苯甲醛：13.2 g 或 12.6 mL（0.125 mol）；氢氧化钠：11 g（0.275 mol）；浓盐酸；乙醚；饱和亚硫酸氢钠溶液；10%碳酸钠溶液；无水硫酸镁。

圆底烧瓶，球形冷凝管，空气冷凝管，蒸馏头，温度计套管，接引管，锥形瓶，分液漏斗，吸滤瓶，布氏漏斗。

四、实验步骤

在 125 mL 锥形瓶中，加入 11 mL 水，在不断振荡下将 11 g 氢氧化钠分几次加入，冷却至室温。在振荡下，分批加入 13.2 g 新蒸馏过的苯甲醛，每次约加 3 mL；每加一次，都应塞紧瓶塞，用力振荡。若温度过高，可适时地把锥形瓶放入冷水浴中冷却。最后反应物变成白色蜡状物。塞紧瓶塞，放置过夜。

1．苯甲醇的制备

反应物中加入 40～45 mL 水，微热，搅拌，使之溶解。冷却后倒入分液漏斗中，用 30 mL 乙醚分为三次萃取苯甲醇。保存萃取过的水溶液供步骤 2 使用。把三次的乙醚萃取液合并于分液漏斗中，用 5 mL 饱和亚硫酸氢钠溶液洗涤，以除去其中未反应的苯甲醛，然后依次用 10 mL 10%碳酸钠溶液和 10 mL 冷水洗涤，除去残余的亚硫酸氢钠。分离出乙醚溶液，用无水硫酸镁或无水碳酸钾干燥。

将干燥的乙醚溶液倒入 50 mL 蒸馏烧瓶中，按图 18-5 所示，装配蒸馏装置，用热水浴加热，蒸出乙醚（倒入指定的回收瓶内）。然后改用空气冷凝管，在石棉网上加热，蒸馏苯甲醇，收集 198～206℃的馏分。

产量：约 4 g。产率：约 59%。

纯苯甲醇为无色液体，沸点 205.4℃，d_4^{20}=1.045，n_D^{20}=1.539 6。

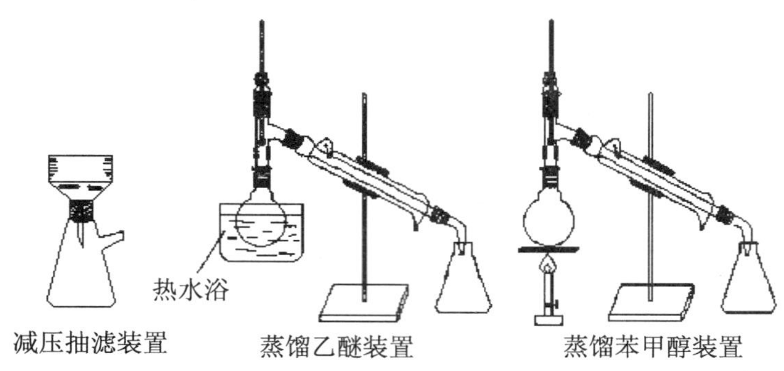

图 18-5 减压抽滤及蒸馏装置

2．苯甲酸的制备

向步骤 1 所保存的乙醚萃取水层溶液的烧杯中加入 40 mL 水和 25 g 碎冰，在不断搅拌下，慢慢加入 27 mL 浓盐酸[1]，用 pH 试纸检验直到溶液呈酸性为止。酸化后生成大量白色沉淀（苯甲酸），冷却至室温[2]。减压过滤析出的苯甲酸，用少量冷水洗涤，挤压去水分。取出产物，晾干。粗苯甲酸可用水进行重结晶。

产量：约 6 g。产率：约 79%。

纯苯甲酸为无色针状晶体，熔点 122.4℃。

制备苯甲醇和苯甲酸的主要过程如下所示：

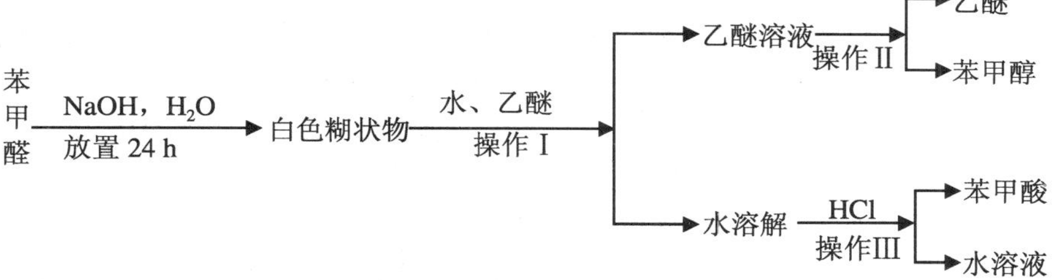

注释

[1] 用盐酸中和时会放出大量的热。加水和碎冰可防止因放热造成的溶液暴沸而溢出烧杯之外。

[2] 如不冷至室温，部分苯甲酸溶于水中，而使产率下降。

复习与思考题

1. 简述以苯甲醛为原料，制备苯甲醇和苯甲酸的原理、步骤和仪器装置。
2. 本实验中两种产物是依据什么原理分离提纯的？
3. 乙醚萃取液为什么要用饱和亚硫酸氢钠溶液、碳酸钠溶液洗涤？

实验六 咖啡因的提取（6 学时）

一、实验目的

1. 通过从茶叶中提取咖啡因，掌握一种从天然产物中提取纯有机物的方法。
2. 学习索氏（Soxhlet）提取器的使用方法。
3. 掌握升华操作。

二、实验原理

咖啡因具有刺激心脏，兴奋大脑神经和利尿等作用。主要用作中枢神经兴奋药。它也是复方阿司匹林（A.P.C）等药物的组分之一[1]。现代制药工业多用合成方法来制得咖啡碱。

茶叶中含有多种生物碱，其中咖啡碱（或称咖啡因，caffeine）含量为 1%～5%，单宁酸（或称鞣酸）占 11%～12%，以及叶绿素、纤维素、蛋白质等约占 0.6%。咖啡因是弱碱性化合物，易溶于氯仿、水、热苯等。

咖啡因为嘌呤的衍生物，化学名称是 1,3,7-三甲基-2,6-二氧嘌呤，其结构式与茶碱、可可碱类似。

纯咖啡因为白色针状结晶，无臭，味苦。易溶于水、乙醇、丙酮、氯仿等。微溶于石油醚，难溶于乙醚和苯。在 100℃时失去结晶水，开始升华，120℃时升华显著，178℃以上升华加快。无水咖啡因的熔点为 238℃。

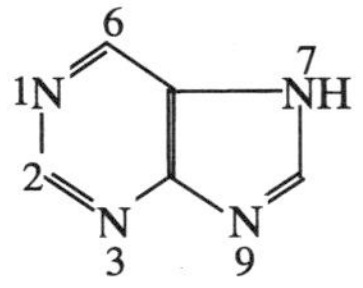

嘌呤（Purine） 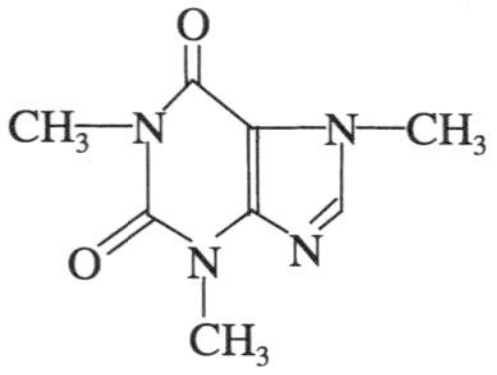 咖啡因（Caffeine） 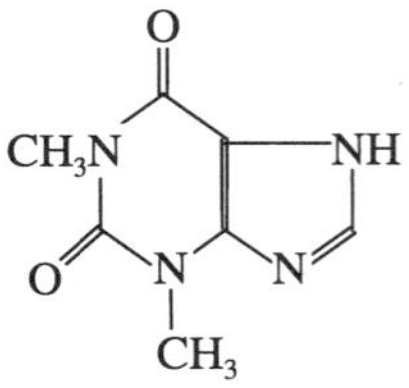 茶碱（Guanine） 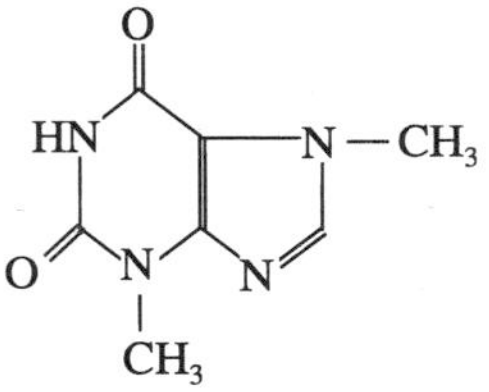 可可碱（Adenine）

从茶叶中提取咖啡因，是用适当的溶剂（氯仿、乙醇、苯等）在索氏提取器中连续抽提，浓缩、焙炒而得粗咖啡因。粗咖啡因中还含有一些其他的生物碱和杂质，可利用升华进一步提纯。咖啡因是弱碱性化合物，能与酸成盐。其水杨酸盐衍生物的熔点为 138℃，可借此进一步验证其结构。

三、试剂和仪器

茶叶 10 g；95%乙醇 100 mL；氧化钙（生石灰）3 g。

索氏提取器（套），铜水浴锅，加热装置，蒸馏装置，电热砂浴，烧杯，锥形瓶，接引管，石棉网，蒸发皿，普通玻璃漏斗等。

四、实验步骤

索氏提取器又叫脂肪提取器，是利用溶剂回流和虹吸原理，使固体物质连续不断地为纯溶剂所萃取的仪器。如图 18-6 所示，它由三部分组成， 上部为球形冷凝管，下部为圆底烧瓶，中间部分为提取器。提取器是一个玻璃圆筒，两侧分别有蒸气上升管和虹吸管。将被提取的物质，放在提取器中，溶剂倒入烧瓶，加热溶剂至沸腾时，其蒸气通过侧管上升，被冷凝管冷凝成液体，滴入提取器套筒内，浸润固体物质，使之溶于溶剂中，提取器内液体与固体进行液-固萃取。当套筒内溶剂液面超过虹吸管的顶点时，即发生虹吸现象自动流回到烧瓶中。经加热再蒸发、冷凝、萃取，如此循环的回流和虹吸，直至大部分可溶性固体物质被萃取，富集于烧瓶为止。然后用其他方法把所需要的物质从萃取液中分离出来。

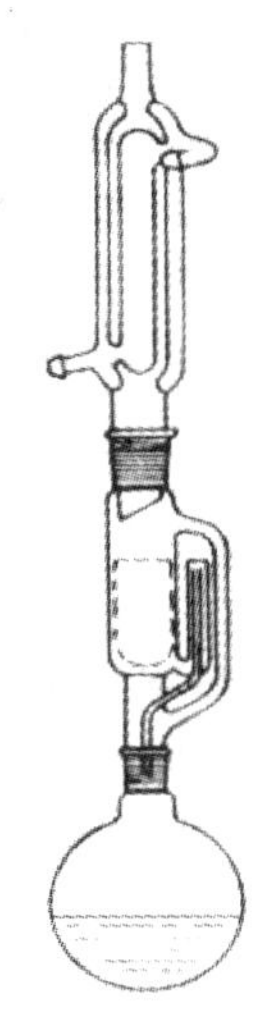

图 18-6 索氏提取器

将 10 g 茶叶装入滤纸套筒中[2]（或用两张柔软的擦镜纸自己缝制成小袋），轻轻压实，放入提取器中。在圆底烧瓶中加入 95%乙醇 100 mL，用水浴加热，连续提取 2～3 h。当抽提液的颜色变得很淡，提取器内的液体刚刚虹吸下去时，立即停止加热。

将仪器装置改装成蒸馏装置，回收抽提液中大部分乙醇（70～80 mL）。将浓缩的残液倒入蒸发皿中，拌入 3 g 研细的氧化钙[3]，在水浴锅上用蒸气浴加热，进一步浓缩、蒸干。然后将蒸发皿移至石棉网上，隔着石棉网用空气浴焙炒片刻[4]，务必使水分全部除去[5]。冷却后，擦去沾在蒸发皿边上的粉末，以免升华时污染产物。

在蒸发皿上，放置一张用针扎有许多小孔的滤纸，再把一只普通玻璃漏斗盖在上面，漏斗颈部疏松地塞一小团棉花（一般蒸发皿为 100 mL，滤纸直径 90 mm，普通玻璃漏斗直径 90 mm）。见升华操作，如图 17-9 所示。

用电热砂浴小心加热升华[6]。逐渐升高温度，控制砂浴温度在 220～230℃。咖啡因开始升华，其蒸气通过滤纸小孔上升，遇到漏斗内壁冷却，直接冷凝为固体，附着在滤纸及漏斗内壁的上面。如果温度太高，会使产物碳化。当滤纸上出现白色针状结晶时，适当控制火焰，以降低升华速度，当砂浴温度达到 230℃时，立即停止加热（或发现有棕色烟雾时，停止加热）。冷至 100℃左右，小心揭开漏斗和滤纸，仔细地将附着在滤纸及器皿上的咖啡因用小刀刮下。如果残渣仍为绿色，重新放好滤纸和漏斗，用较大的火焰加热，再升华一次。这时火焰也不能过大，否则，升华产物既受污染，又遭损失。直至残渣变为棕色为止。合并两次升华收集的咖啡因，称量，测熔点。

产量 70～100 mg。实测得咖啡因的熔点范围为 236～237℃。如果产物不纯，可用半微量减压法再次提纯。

注释

[1] 过度使用咖啡因会增加抗药性和产生轻度上瘾。有些研究者认为咖啡因与 DNA、RNA 中的腺嘌呤和鸟嘌呤具有相似的结构，因此它可以取代 DNA 中的嘌呤碱，引起基因突变，对生理有危害作用。

[2] 滤纸套筒要略小于提取器圆筒直径紧贴器壁，其高度不得超过虹吸管，要介于虹吸管和蒸气上升的支管口之间，滤纸套筒上部折成凹形，以保证回流液均匀浸透被萃取物。必须注意，滤纸包茶叶末时要严防漏出而堵塞吸管。

[3] 加入氧化钙的目的是：首先，中和作用，除去部分酸性杂质（如鞣酸）。其次，与水作用生成氢氧化钙，除去微量的水。

[4] 将蒸发皿放在两层相隔约 10 cm 的石棉网上层，用煤气灯加热下层石棉网，用热空气浴焙炒，火焰不宜太大，炒至变为墨绿色粒状物，然后用干燥洁净的瓶塞底部将颗粒碾成粉末。

[5] 如果留有少量水分，会在升华开始时产生一些烟雾污染器皿，影响产物的产量和质量。

[6] 在萃取回流充分的情况下，纯化产物的升华操作是本实验成败的关键。在升华过程中始终都必须小心小火加热，严格控制加热温度。为了节省实验的时间，砂浴可预先加热至接近 100℃。

复习与思考题

1. 本实验中使用氧化钙的作用有哪些？
2. 除可用乙醇萃取咖啡因外，还可采用哪些溶剂萃取？

实验七　醇和酚的性质（3 学时）

一、实验目的

（1）熟悉醇和酚性质上的异同。
（2）学会鉴别醇和酚的方法。

二、试样与试剂

试样：正丁醇，仲丁醇，叔丁醇，乙二醇，丙三醇，苯酚，间苯二酚，对苯二酚。

试剂：苯，苯甲酰氯，浓盐酸，氢氧化钠，碳酸氢钠，无水氯化锌，氯化铁，碘化钾，饱和溴水，硫酸铜。

三、实验步骤

（一）醇的性质

1．苯甲酰氯试验

取 3 个配有塞子的试管，各加入 0.5 mL 正丁醇、仲丁醇、叔丁醇，然后分别加 1 mL 水和数滴苯甲酰氯，再分 2 次各加入 2 mL 10%氢氧化钠溶液，每次加入后，将塞子塞紧，剧烈摇动，使试管中溶液呈碱性，看是否有酯的香味。

2．卢卡斯（Lucas）试验[1]

取 3 支干燥试管，分别加入 1 mL 正丁醇、仲丁醇和叔丁醇，然后各加入 5 mL 卢卡斯试剂，用软木塞塞住试管，振荡，最好放在约 27℃水浴中温热数分钟[2]，静置，观察发生的变化，记下混合液体变混浊和出现分层所需的时间。

3．氢氧化铜试验[3]

首先取 2 支试管，各加入 3 滴 5%硫酸铜溶液和 6 滴 5%氢氧化钠溶液，然后分别加入 5 滴 10%乙二醇、5 滴 10%丙三醇，摇动试管，观察并记录现象，最后再各加入 1 滴浓盐酸，观察并记录所发生的变化。

（二）酚的性质

1．酚的溶解性和弱酸性

将 0.3 g 苯酚放在试管中，加入 3 mL 水，振荡试管后观察是否溶解。用玻璃棒蘸一滴溶液，以广泛 pH 试纸检验酸碱性。加热试管可见苯酚全部溶解。将溶液分装在两支试管，冷却后两试管均出现混浊，向其中一支试管加入几滴 5%氢氧化钠溶液，观察现象。再加入 10%盐酸，又有何变化?在另一支试管中加入 5%碳酸氢钠溶液，观察混浊是否溶解[4]。

2．与氯化铁溶液作用

在 3 支试管中分别加入 0.5 mL 1%苯酚、间苯二酚、对苯二酚溶液，再各加入 1～2 滴 1%氯化铁水溶液，观察和记录各试管中显示的颜色。

3．与溴水反应

将 2 滴苯酚饱和水溶液加入试管中，再用 2 mL 水稀释，然后逐滴滴入饱和溴水，有白色沉淀生成[5]。

如继续滴加饱和溴水至沉淀由白色变为淡黄色，它是因为 2,4,6-三溴苯酚被过量的溴水氧化，生成黄色的 2,4,4,6-四溴环己二烯酮。再将试管内混合物煮沸 1～2 min，以除去过量的溴，静置冷却。滴加几滴 1%碘化钾溶液和 1 mL 苯，用力振荡试管，沉淀溶于苯中，析出的碘使苯层呈紫色。是因为氢碘酸将 2,4,6-四溴环己二烯酮还原为 2,4,6-三溴苯酚，同时释出碘，碘又溶于苯而呈紫色。

注释

[1] 卢卡斯试剂的配制方法：将 34 g 熔化过的无水氯化锌溶于 23 mL 浓盐酸中，同时冷却以防氯化氢逸出，约得 35 mL 溶液，放冷后，存于玻璃瓶中，塞紧。

[2] 因含 3～6 个碳原子的低级醇的沸点较低，故加热温度不可过高，以免挥发。

[3] 邻二醇具有较弱的酸性，尚不能用一般的指示剂检出，但能与新制的氢氧化铜生成绛蓝色的络合物，后者在碱性溶液中比较稳定，遇酸即分解为原来的醇和铜盐。

[4] 苯酚可溶于氢氧化钠溶液和碳酸钠溶液，因碳酸钠水解生成氢氧化钠，后者与苯酚反应，形成可溶于水的酚钠： $Na_2CO_3 + H_2O \longrightarrow NaOH + NaHCO_3$，但苯酚不与碳酸氢钠作用，也不溶于碳酸氢钠溶液中。

[5] 白色沉淀是 2,4,6-三溴苯酚。

复习与思考题

1. 为什么伯醇和仲醇与卢卡斯试剂反应后，溶液先混浊后分层?
2. 醇和酚都含有羟基，为什么有不同的化学性质?
3. 如何鉴别醇和酚?
4. 具有什么结构的化合物能与氯化铁溶液发生显色反应?试举例。
5. 为什么苯酚比苯和甲苯容易进行溴代反应?

实验八　醛和酮的性质（3 学时）

一、实验目的

（1）通过实验加深对醛和酮的化学性质的认识。

（2）掌握醛和酮的鉴别方法。

（3）了解临床上常检验糖尿病患者尿中丙酮存在的方法。

二、试样与试剂

试样：正丁醛，苯甲醛，丙酮，苯乙酮，甲醛，乙醛，无水乙醇，正丁醇。

试剂：2,4-二硝基苯肼，95%乙醇，浓硫酸，氢氧化钠，氨水，亚硫酸氢钠，硝酸银，硫酸铜，酒石酸钾钠，碘化钾，碘，品红亚硫酸试剂，饱和亚硝酰铁氰化钠溶液。

三、实验原理

醛和酮都含有羰基，统称为羰基化合物。因含有相同的官能团，所以醛和酮在性质上有许多相似之处，如均能发生加成反应；受羰基影响α-H 都比较活泼，容易发生卤代、缩合反应。

具有乙酰基结构的醛和酮都能发生碘仿反应。但是，由于醛和酮在结构的差异（醛的羰基直接与氢相连），醛和酮在反应中又表现出不同的特点。如醛能与 Schiff（希夫）试剂发生颜色反应；能被弱氧化剂（如 Tollens 试剂和 Fehling 试剂）氧化，而酮则不能，利用该反应可以鉴别醛和酮。另外，丙酮在氨水存在下与亚硝酰铁氰化钠作用可生成鲜红色物质，临床上常借此检验糖尿病患者尿中丙酮的存在。

四、实验步骤

（1）与饱和亚硫酸氢钠溶液加成

取 4 支干燥试管，各加入 2 mL 新配制的饱和亚硫酸氢钠溶液[1]，然后分别滴加 8～10 滴正丁醛、苯甲醛、丙酮、苯乙酮，用力振荡，使混合均匀，将试管置于冰水浴中冷却[2]，观察有无沉淀析出[3]。记录沉淀析出所需的时间。

（2）与 2,4-二硝基苯肼的加成反应

取 4 支试管，各加入 2 mL 2,4-二硝基苯肼试剂[4]，分别滴加 2-3 滴正丁醛、苯甲醛、丙酮、苯乙酮，用力振荡，使混合均匀，观察有无沉淀析出。如无，静置数分钟后观察；再无，可微热 30 s 后再振荡，冷却后再观察[5]。

（3）碘仿反应

取 5 支试管，各加入 1 mL 碘-碘化钾溶液[6]，并分别加入 5 滴 40%乙醛水溶液、丙酮、乙醇、正丁醇、苯乙酮。然后一边滴加 10%氢氧化钠溶液，一边振荡试管，直到碘的颜色接近消失，反应液呈微黄色为止[7]。观察有无黄色沉淀。如无沉淀，可在 60℃水浴中温热 2～3 min，冷却后观察。比较各试管所得结果。

（4）与 Tollens 试剂的作用（银镜反应）

在洁净的试管中，加入 4 mL 2%硝酸银溶液和 2 滴 5%氢氧化钠溶液，然后一边滴加 2%氨水，一边振摇试管，直到生成的棕色氧化银沉淀刚好溶解为止[8]，此即托伦试剂[9]。

将此溶液平均分置于 4 支干净试管[10]中，分别加入 3～4 滴甲醛、乙醛、丙酮、苯甲醛，振荡均匀，静置后观察。如无变化，可在 40～50℃水浴中温热[11]，有银镜生成，表明是醛类化合物。

（5）与费林（Fehling）试剂[12]反应

将费林溶液Ⅰ和费林溶液Ⅱ各 4 mL 加入到大试管中，混合均匀，然后平均分装到 4 支小试管中，分别加入 10 滴甲醛、乙醛、丙酮和苯甲醛．振荡混匀，置于沸水浴中，加热 3～5 min，注意观察颜色变化及有无红色沉淀析出[13]。

（6）醛与 Schiff（希夫）试剂（品红亚硫酸）作用[14]

在两支试管中各加入品红亚硫酸试剂 1 mL，再分别加入 2～3 滴甲醛和丙酮，观察颜色变化。

（7）酮与亚硝酰铁氰化钠作用[15]

在试管中加入 1 滴丙酮，然后加入 6～8 滴新配制的饱和亚硝酰铁氰化钠溶液，混匀后将试管倾斜，小心地沿管壁逐滴加入 20 滴浓氨水，注意观察两液体交界面上显示的紫红色环。

注释

[1] 必须使用新配制的饱和亚硫酸氢钠溶液，方法如下：在 100 mL 40%的亚硫酸氢钠溶液中，加入不含醛的无水乙醇 25 mL，混合后，滤去析出的晶体。

[2] 加成产物生成时有热量放出，故需在冰水中冷却。

[3] 醛和脂肪族甲基酮以及低级环酮都会在 15 min 内生成加成产物。如冷却后没有晶体析出，可用玻璃棒上、下摩擦试管内壁。

[4] 2,4-二硝基苯肼试剂的配制方法：2 g 2,4-二硝基苯肼溶于 15 mL 浓硫酸中，加入 150 mL 95%乙醇，用蒸馏水稀释至 500 mL，搅拌使混合均匀，过滤，滤液保存在棕色试剂瓶中备用。

[5] 某些易被氧化成醛或酮以及容易水解成醛的化合物，例如缩醛，也能与 2,4-二硝基苯肼反应，得正性结果。

[6] 碘-碘化钾溶液的配制方法：25 g 碘化钾溶于 100 mL 蒸馏水中，再加入 12.5 g 碘，搅拌使碘溶解。碘化钾能增加碘在水中的溶解度。

[7] 如氢氧化钠溶液过量，则加热时生成的碘仿会发生水解而使沉淀消失：

$$CHI_3 + 4NaOH \longrightarrow HCOONa + 3NaI + 2H_2O$$

[8] 过量的氨水会降低试验方法的灵敏度。

[9] 托伦试剂久置会析出黑色氮化银沉淀，它在振动时容易分解而发生猛烈爆炸，有时甚至潮湿的氮化银也能引起爆炸，故必须现配现用。试验完毕，应向试管加入少量硝酸，加热，洗去银镜。

[10] 银镜反应所用的试管必须十分洁净。可以用热的铬酸洗液或硝酸洗涤，再用蒸馏水冲洗干净。如果试管不洁净或反应进行得太快，就不能生成银镜，而是析出黑色的银沉淀。

[11] 不宜温热过久，更不能放在灯焰上加热。用苯甲醛做银镜反应时，稍多加半滴氢氧化钠溶液，将会有利于银镜生成。

[12] 费林试剂的配制方法：

费林溶液Ⅰ：将 34.6 g 硫酸铜晶体（$CuSO_4 \cdot 5H_2O$）溶于 500 mL 蒸馏水中，加入 0.5 mL

浓硫酸，混合均匀。

费林溶液Ⅱ：将 173 g 酒石酸钾钠晶体（$KNaC_2H_4O_6 \cdot 4H_2O$）和 70 g 氢氧化钠溶于 500 mL 蒸馏水中。

将这两种溶液分别保存。使用时两溶液等体积混合便成费林试剂。它是铜离子与酒石酸盐形成络合物的溶液，呈深蓝色。由于此络合物溶液不稳定，必须临用时配制。

[13] 费林试剂只与脂肪醛反应，故可区别脂肪醛与芳香醛。甲醛被费林试剂氧化成甲酸后，仍有还原性，使氧化亚铜继续还原为金属铜，呈暗红色粉末或成铜镜析出。

[14] 在 100 mL 热水里溶解 0.2 g 品红盐酸盐（也有叫碱性品红或盐基品红），放置冷却后，加入 2 g 亚硫酸氢钠和 2 mL 浓盐酸，再用蒸馏水稀释到 200 mL。

[15] 丙酮在氨水存在下与亚硝酰铁氰化钠作用可生成鲜红色物质，临床上常借此检验糖尿病患者尿中丙酮的存在。

复习与思考题

1. 怎样用化学方法区别醛和酮？芳香醛与脂肪醛？
2. 什么结构的化合物能发生碘仿反应？鉴定时为什么不用溴仿和氯仿反应？
3. 银镜反应使用的试管为什么一定要洁净？如何使试管洗涤干净符合要求？

附录

附录一　常用元素相对原子质量表

元素名称		相对原子质量	元素名称		相对原子质量
银	Ag	107.87	锂	Li	6.491
铝	Al	26.98	镁	Mg	24.31
硼	B	10.81	锰	Mn	54.938
钡	Ba	137.34	钼	Mo	95.94
溴	Br	79.90	氮	N	14.007
碳	C	12.01	钠	Na	22.99
钙	Ca	40.08	镍	Ni	58.71
氯	Cl	35.45	氧	O	15.999
铬	Cr	51.995	磷	P	30.97
铜	Cu	93.54	铅	Pb	207.19
氟	F	18.998	钯	Pd	106.4
铁	Fe	55.847	铂	Pt	195.09
氢	H	1.008	硫	S	32.064
汞	Hg	200.59	硅	Si	28.086
碘	I	126.904	锡	Sn	118.69
钾	K	39.10	锌	Zn	65.37

附录二　常用有机溶剂的纯化

1. 无水乙醇

乙醇和水可形成恒沸物，通常工业用的 95.5%乙醇不能直接用蒸馏法制取无水乙醇。要把水除去，第一步先加入氧化钙（生石灰）煮沸回流，乙醇中的水与氧化钙作用，生成氢氧化钙，然后将无水乙醇蒸出，其纯度最高可达 99.5%。如要得到纯度更高的绝对（无水）乙醇，需用金属镁或金属钠处理。

（1）制取 99.5%乙醇的方法：

在 250 mL 干燥圆底烧瓶中，放入 45 g 氧化钙和 100 mL 95.5%乙醇，安装回流冷凝管，其上口接一氯化钙干燥管，在水浴上回流 2～3 h，然后改成蒸馏装置，用水浴加热蒸馏，收集无水乙醇 70～80 mL。

（2）用 99.5%无水乙醇制取 99.95%绝对乙醇的方法：

用金属镁制取：在 250 mL 圆底烧瓶中，加入 0.68 干燥的镁条（或镁屑）和 10 mL 99.5%乙醇，在水浴上微热后，移去热源，立即投入几粒碘片，此时注意不要振荡。不久碘粒附近发生反应，慢慢扩大，最后可以达到相当激烈的程度。若作用太慢，可适当加热，促使反应进行。待镁条全部作用完毕，加入 100 mL 99.5%乙醇和几粒沸石，回流 1 h，蒸馏，产物收存于玻璃瓶内，用橡皮塞塞住。

用金属钠制取：在 250 mL 圆底烧瓶中，将 2.0 g 金属钠溶于 100 mL 纯度 99.5%的乙醇中，加入几粒沸石，装一球形冷凝管，回流 30 min 后进行蒸馏。通过蒸馏即可得到所需的无水乙醇。如果在加入金属钠后，再加入等当量的某种高沸点有机酸乙酯，常用的是邻苯二甲酸二乙酯或琥珀酸乙酯，这样制备的乙醇可以达到极高的纯度。产品储于玻璃瓶中，用一橡皮塞塞住。

99.95%的乙醇　沸点 78.5℃，　n_D^{20}　1.361 1，　d_4^{20} 0.789 3

2．无水乙醚

市售乙醚常含有一定量的水、乙醇和少量过氧化物等杂质，不适用于一些要求以无水乙醚为溶剂的反应，所以需要自行制备无水乙醚。

（1）制备之前首先要检验有无过氧化物：取少量乙醚，加入等体积的 2%碘化钾溶液，再加几滴稀盐酸，振摇混匀。如混合液能使淀粉溶液变紫色或蓝色，即表明有过氧化物存在。

（2）除去过氧化物的方法：在分液漏斗中加入乙醚和相当于乙醚体积 1/5 的新配制的硫酸亚铁溶液（110 mL 水中加入 6 mL 浓硫酸，再加入 60 g 硫酸亚铁），剧烈振摇后除去水溶液。

（3）无水乙醚的制备方法：在 250 mL 圆底烧瓶中，加入 100 mL 市售乙醚和几粒沸石，装上回流冷凝管，其上口用一软木塞塞住。该软木塞的侧面有一豁口，使体系与大气相通，同时木塞中央插入盛有 10 mL 浓硫酸的小滴液漏斗。接通冷凝水后，将浓硫酸慢慢滴入乙醚中，浓硫酸遇乙醚所含的水，放出大量的热，使乙醚沸腾。加完硫酸后，小心摇动反应物，使作用完全。待乙醚停止沸腾后，拆下冷凝管，改装为蒸馏装置。

用 100 mL 蒸馏烧瓶为接收瓶，其支管连接氯化钙干燥管，并用橡皮管从干燥管将乙醚蒸气导入水槽。在圆底烧瓶中加几粒沸石，用事先准备好的水浴加热蒸馏。注意蒸馏速度不能太快，以免乙醚蒸气不能全部冷凝而逸散到实验室内造成意外。当收集到 70～80 mL 乙醚时，蒸馏速度显著下降，即可停止蒸馏。烧瓶中残余液体倒到指定的回收瓶中，绝对不得将水加入残余液中。

将收集的乙醚倒入干燥的锥形瓶中，加入小量钠丝或钠片，以进一步干燥去水，瓶口用带有氯化钙干燥管的软木塞塞住，放置 24 h 以上，使乙醚中残留的水和乙醇完全转化为氢氧化钠和乙醇钠。如在放置之后全部金属钠已经作用完，就需要再加少量金属钠，放置，直到无气泡发生，金属钠表面光亮时，换上瓶塞，放置备用。

乙醚　　沸点 34.51℃，　n_D^{20}　1.352 6，　d_4^{20} 0.713 78

3．无水甲醇

市售甲醇大多通过合成法制备，一般纯度达到 99.85%，其中可能含有极少量的水和丙酮。由于甲醇和水不能形成恒沸混合物，借高效的分馏柱提纯，即得纯品。如要制取无水甲醇，可参照用镁制备无水乙醇的方法处理。甲醇有毒，处理时应注意避免吸入其蒸气。

甲醇　　沸点 96℃，　n_D^{20}　1.328 8，　d_4^{20} 0.791 4

4．丙酮

普通丙酮中往往含有少量水及甲醇、乙醛等杂质，可用下列方法精制：

（1）于 1 000 mL 丙酮中加入 58 g 高锰酸钾回流，除去还原性杂质。如紫色很快消失，需再加入少量高锰酸钾继续回流，直至紫色不再消失为止。蒸出丙酮，用无水碳酸钾或无水硫酸钙干燥，过滤，蒸馏，收集 55～56.5℃的馏分。

（2）于 1 000 mL 丙酮中加入 40 mL 10%硝酸银溶液及 35 mL 0.1 mol/L 氢氧化钠溶液，振荡 10 min，除去还原性杂质。过滤，滤液用无水硫酸钙干燥后蒸馏，收集 55～56.5℃的馏分。

丙酮　　沸点 56.2℃，　n_D^{20}　1.358 8，　d_4^{20} 0.789 9

5．苯

普通苯可能含有少量噻吩。

（1）检验噻吩的方法：取 5 滴苯于小试管中，加入 5 滴浓硫酸及 1～2 滴 0.1%，β-吲哚醌的浓硫酸溶液，振摇后呈墨绿色或蓝色，说明含有噻吩。

（2）除去噻吩的方法：可用相当于苯体积 15%的浓硫酸洗涤数次，直至酸层呈无色或浅黄色；然后再分别用水、10%碳酸钠水溶液洗涤，用无水氯化钙干燥 12 h，过滤后进行蒸馏，收集纯品。若要进一步除水，可在上述的苯中加入钠丝去水，再经蒸馏。

纯苯　　沸点 80.1℃，　n_D^{20}　1.501 1，　d_4^{20} 0.878 7

6．甲苯

普通甲苯中可能含有少量甲基噻吩。用无水氯化钙将甲苯进行干燥，过滤后加入少量金属钠片，再进行蒸馏，即得无水甲苯。除去甲基噻吩的方法：在 1 000 mL 甲苯中加入 100 mL 浓硫酸，摇荡约 30 min（温度不要超过 30℃），除去酸层；然后再分别用水、10%碳酸钠水溶液和水洗涤，用无水氯化钙干燥 12 h；过滤后进行蒸馏，收集纯品。

甲苯　沸点 110.6℃，　n_D^{20}　1.496 1，　d_4^{20} 0.866 9

7．氯仿

通常在氯仿中加入 1%乙醇作为稳定剂，以防止氯仿分解为有毒的光气。使用前，除去乙醇的方法有：

（1）在氯仿中加入相当其一半体积的水，振荡后静置分层。分出下层的氯仿，用无水氯化钙干燥数小时，然后蒸馏。

（2）在 1 000 mL 氯仿中加入 50 mL 浓硫酸，振荡，静置，分出酸层。再用水洗涤氯仿层，然后用无水氯化钙干燥，最后蒸馏。制得的无水氯仿不含醇，应保存于棕色瓶中，不要见光，以免分解。

氯仿　沸点 61.7，　n_D^{20}　1.445 9，　d_4^{20} 1.483 2

8．石油醚

石油醚为轻质石油产品，是低相对分子质量的烃类（主要是戊烷和己烷）的混合物。其沸程为 30～150℃，一般收集 30℃左右的温度区间的馏分。例如，通常有 30～60℃，60～90℃，90～120℃等不同沸程规格。石油醚中含有少量不饱和烃杂质，其沸点与烷烃相近，用蒸馏方法不能分离，必要时可用浓硫酸和高锰酸钾溶液把它洗去。

通常将石油醚先用相当其体积 10%的浓硫酸洗涤两三次，再用 10%硫酸加入高锰酸钾配成的饱和溶液洗涤，直至水层中的紫色不再消失为止。然后用水洗，经无水氯化钙干燥后蒸馏。

9．乙酸乙酯

沸点在 76～77℃的乙酸乙酯，含量为 99%，即可应用。而普通乙酸乙酯含量为 95%～98%，含有少量水、乙醇和乙酸，可用下述方法精制：

于 1 000 mL 乙酸乙酯中，加入 100 mL 乙酸酐、10 滴浓硫酸，加热回流 4 h，除去乙醇及水等杂质，然后进行分馏。馏出液用 20～30 g 无水碳酸钾干燥，再蒸馏。最后产物的沸点为 77℃，纯度达 99.7%。

乙酸乙酯　沸点 77.06℃，　n_D^{20}　1.372 3，　d_4^{20} 0.900 3

10．吡啶

分析纯的吡啶含有少量水分，但其可供一般应用。如要制得无水吡啶，可与粒状氢氧化钾或氢氧化钠一同回流，然后隔绝潮气蒸发备用。干燥的吡啶吸水性很强，保存时应将容器口用石蜡封好。

纯吡啶　沸点 115.5℃，　n_D^{20}　1.509 5，　d_4^{20} 0.981 9

11．*N*,*N*-二甲基甲酰胺

N,*N*-二甲基甲酰胺含有少量水分。在常压蒸馏时有些分解，产生二甲胺与一氧化碳。若有酸或碱存在时，分解加快，所以在加入固体氢氧化钾或氢氧化钠在室温放置数小时后，即有部分分解。因此，最好用硫酸钙、硫酸镁、氧化钡、硅胶或分

子筛干燥，然后减压蒸馏，收集 76℃下 4.79 kPa（36 mmHg）的馏分。如其中含水较多时，可加入 1/10 体积的苯，在常压及 80℃以下蒸去水和苯，然后用硫酸镁或氧化钡干燥，再进行减压蒸馏。

N,N-二甲基甲酰胺中如有游离胺存在，可用 2,4-二硝基氟苯产生颜色来检查。

纯品　沸点 149～156℃，　n_D^{20} 1.430 5，　d_4^{20} 0.948 7

12．四氢呋喃

四氢呋喃系具乙醚气味的无色透明液体，市售的四氢呋喃常含有少量水分及过氧化物。如要制得无水四氢呋喃可与氢化锂铝在隔绝潮气下回流（通常 1 000 mL 需 2～4 g 氢化锂铝）除去其中的水和过氧化物，然后在常压下蒸馏，收集 66℃的馏分。精制后的液体应在氮气中保存，如需较久放置，应加 0.025%的 2,6-二叔丁基-4-甲基苯酚作抗氧剂。处理四氢呋喃时，应先用少量进行试验，以确定只有少量水和过氧化物，作用不致过于猛烈时，方可进行。

四氢呋喃中的过氧化物可用酸化的碘化钾溶液来试验。如过氧化物很多，应做另行处理为宜。

四氢呋喃　沸点 67℃，　n_D^{20} 1.405 0，　d_4^{20} 0.889 2

13．二甲亚砜

二甲亚砜为无色、无臭、微带苦味的吸湿性液体。常压下加热至沸腾可部分分解。市售试剂级二甲亚砜含水量约为 1%，通常先减压蒸馏，然后用 4A 型分子筛干燥；或用氢化钙粉末搅拌 4～8h，再减压蒸馏收集 64～65℃/533 Pa（4 mmHg）馏分。蒸馏时，温度不宜高于 90℃，否则会发生歧化反应生成二甲砜和二甲硫醚。二甲亚砜与某些物质混合时可能发生爆炸，例如，氢化钠、高碘酸或高氯酸镁等，应予注意。

二甲亚砜　沸点 189℃（熔点 18.5℃），　n_D^{20} 1.478 3，　d_4^{20} 1.095 4

14．二氧六环

二氧六环作用与醚相似，可与水任意混合。普通二氧六环中含有少量二乙醇缩醛与水，久贮的二氧六环还可能含有过氧化物。二氧六环的纯化，一般加入 10%质量的浓盐酸与之回流 3 h，同时慢慢通入氮气，以除去生成的乙醛，冷至室温，加入粒状氢氧化钾直至不再溶解。然后分去水层，用粒状氢氧化钾干燥过夜后，过滤，再加金属钠加热回流数小时，蒸馏后压入钠丝保存。

纯二氧六环　沸点 101.5℃（熔点 12℃），　n_D^{20} 1.422 4，　d_4^{20} 1.033 7

15．1,2-二氯乙烷

1,2-二氯乙烷为无色油状液体，有芳香味。溶于 120 份水中，可与水形成恒沸混合物，沸点 72℃，其中含 81.5%的 1,2-二氯乙烷。可与乙醇、乙醚、氯仿等相混溶。在结晶和提取时是极有用的溶剂，比常用的含氯有机溶剂更为活泼。

一般纯化可依次用浓硫酸、水、稀碱溶液和水洗涤，用无水氯化钙干燥或加入五氧化二磷（20 g/L），加热回流 2 h，常压蒸馏即可。

1,2-二氯乙烷　　沸点 83.4℃，n_D^{20} 1.444 8，　　d_4^{20} 1.253 1

16．二硫化碳

二硫化碳是有毒的化合物（可使血液和神经组织中毒），又具有高度的挥发性和易燃性，使用时必须注意，尽量避免接触其蒸气。普通二硫化碳中常含有硫化氢、硫黄和硫氧化碳等杂质，故其味很难闻，久置后颜色变黄。

一般有机合成实验中对二硫化碳要求不高，可在普通二硫化碳中加入少量研碎的无水氯化钙，干燥后滤去干燥剂，然后在水浴中蒸馏收集。

制备较纯的二硫化碳，则需将二硫化碳试剂用 0.5%的高锰酸钾水溶液洗涤三次，除去硫化氢；用汞不断振荡除去硫，用 2.5%的硫酸汞溶液洗涤，除去恶臭（剩余的硫化氢），再经无水氯化钙干燥，蒸馏收集。

二硫化碳　沸点 46.35℃，　n_D^{20} 1.631 9，　　d_4^{20} 1.263 2

17．四氯化碳

普通四氯化碳中含二硫化碳约 4%。纯化方法是：1 L 四氯化碳与由 60 g 氢氧化钾溶于 60 mL 水和 100 mL 乙醇配成的溶液一起在 50～60℃剧烈振荡半小时。用水洗后，减半量重复振荡一次。分出四氯化碳，先用水洗，再用少量浓硫酸洗至无色，然后再用水洗，用无水氯化钙干燥，蒸馏即得。

四氯化碳不能用金属钠干燥，否则会发生爆炸。

四氯化碳　　沸点 76.8℃，　n_D^{20} 1.460 1，　　d_4^{20} 1.594 0

18．冰醋酸

将市售乙酸在 4℃下慢慢结晶，并在冷却下迅速过滤，压干。含有少量的水可用五氧化二磷（10 g/L）回流干燥几小时除去。

冰醋酸对皮肤有腐蚀作用，接触到皮肤或溅到眼睛里时，要用大量水冲洗。

冰醋酸　　沸点 117.9℃（熔点 16～17℃），n_D^{20} 1.371 6，d_4^{20} 1.049 2

19．醋酸酐

加入无水醋酸钠（20 g/L）回流并蒸馏除去水，醋酸酐对皮肤有严重腐蚀作用，使用时需戴防护眼镜及手套。

醋酸酐　沸点 139.55℃，　n_D^{20} 1.390 4，　　d_4^{20} 1.082 0

20．亚硫酰氯

亚硫酰氯又称氯化亚砜，为无色或微黄色液体，有刺激性，遇水强烈分解。工业品常含有氯化砜、一氯化硫、二氯化硫，一般经蒸馏纯化，但经常仍有黄色。需要更高纯度的试剂时，可用喹啉和亚麻油依次重蒸纯化，但处理手续麻烦，收率低，剩余残渣难以洗净。使用硫黄处理，操作较为方便，效果较好。搅拌下将硫黄（20 g/L）加入亚硫酰氯中，加热，回流 4.5 h，用分馏柱分馏，得无色纯品。

操作中要小心，本品对皮肤与眼睛有刺激性。

亚硫酰氯　　沸点 75.8℃，　n_D^{20} 1.517 0，　d_4^{20} 1.656

附录三　常用有机试剂的配制

1. 饱和亚硫酸氢钠溶液

（1）先配制 40%亚硫酸氢钠水溶液，然后在每 100 mL 的 40%亚硫酸氢钠水溶液中，加不含醛的无水乙醇 25 mL，溶液呈透明清亮状，即可。但亚硫酸氢钠久置后易失去二氧化硫而变质。

（2）将研细的碳酸钠晶体（$Na_2CO_3 \cdot 10H_2O$）与水混合，水的用量使粉末上只覆盖一薄层水为宜。然后在混合物中通入二氧化硫气体，至碳酸钠近乎完全溶解，或将二氧化硫通入 1 份碳酸钠与 3 份水的混合物中，至碳酸钠全部溶解为止。配制好后密封放置，但不可放置太久，最好是用时新配。

2. 希夫（Schiff）试剂

（1）在 100 mL 热水里溶解 0.2 g 品红盐酸盐（也有叫碱性品红或盐基品红），放置冷却后，加入 2 g 亚硫酸氢钠和 2 mL 浓盐酸，再用蒸馏水稀释到 200 mL。

（2）配制 10 mL 二氧化硫的饱和水溶液，冷却后加入 0.28 品红盐酸盐，溶解后放置数小时使溶液变成无色或淡黄色，用蒸馏水稀释至 200 mL。

（3）将 0.58 品红的盐酸盐溶于 100 mL 热水中，冷却后用二氧化硫气体饱和至粉红色消失，加入 0.58 活性炭，振荡过滤，再用蒸馏水稀释至 500 mL。

品红溶液原是桃红色，被二氧化硫饱和后变成无色的希夫试剂。希夫试剂应密封贮存于暗冷处，倘若受热见光或露置空气中过久，试剂中的二氧化硫易失，而显桃红色。遇此情况。应该再通入二氧化硫，使颜色消失后使用。但应指出，试剂中过量的二氧化硫愈少，反应就愈灵敏。

3. 托伦（Tollens）试剂

取 0.5 mL 10%硝酸银溶液于试管里，滴加氨水，开始出现黑色沉淀。再继续滴加氨水，边滴边摇动试管，滴到沉淀刚好溶解为止，得澄清的硝酸银氨水溶液。

4. 斐林（Fehling）试剂

斐林试剂由斐林 A 和斐林 B 组成，使用时将两者等体积混合，其配法分别是：

斐林 A：将 3.5 g 含有五结晶水的硫酸铜溶于 100 mL 的水中，即得蓝色的斐林 A 试剂。

斐林 B：将 17 g 五结晶水的酒石酸钾钠溶于 20 mL 热水中，然后加入含有 5 g 氢氯化钠的水溶液 20 mL，稀释至 100 mL 即得无色清亮的斐林 B 试剂。

5. 碘-碘化钾溶液

（1）将 20 g 碘化钾溶于 100 mL 蒸馏水中，然后加入 10 g 研细的碘粉，搅动使其全溶呈深红色溶液。

（2）将 1 g 碘化钾溶于 100 mL 蒸馏水中，然后加入 0.5 g 碘，加热溶解，即得红色清亮溶液。

（3）将 2.6 g 碘溶于 50 mL 95%乙醇中，另把 3 g 氯化汞溶于 50 mL 95%乙醇中，两者混合，滤除澄清。

6．2,4-二硝基苯肼溶液

（1）在 15 mL 浓硫酸中，溶解 3 g 2,4-二硝基苯肼。另在 70 mL95%乙醇里加 20 mL 水，然后把硫酸苯肼倒入稀乙醇溶液中，搅动混合均匀即成橙红色溶液（若有沉淀应过滤）。该方法配制的 2,4-二硝基苯肼试剂浓度较大，反应时沉淀多，便于观察。

（2）将 1.2 g 2,4-二硝基苯肼溶于 50 mL30%高氯酸中。配好后储于棕色瓶中，备用。该方法配制的试剂，由于高氯酸盐在水中溶解度很大，因此便于检验水溶液中的醛，且较稳定，长期贮存不易变质。

7．本尼迪克特（Benedict）试剂

把 4.3 g 研细的硫酸铜溶于 25 mL 热水中，待冷却后用水稀释到 40 mL。另把 43 g 柠檬酸钠及 25 g 无水碳酸钠（若用有结晶水碳酸钠，则取量应按比例计算）溶于 150 mL 水中，加热溶解，待溶液冷却后，再加入上面所配的硫酸铜溶液。加水稀释到 250 mL，将试剂贮于试剂瓶中，瓶口用橡皮塞塞紧。医院常用此试剂判断糖尿病人尿中的含糖量。

8．卢卡斯试剂

将 34 g 无水氯化锌在蒸发皿中强热熔融，稍冷后放在干燥器中冷至室温，取出捣碎，溶于 23 mL 浓盐酸中（相对密度 1.187）。配制时须加以搅动，并把容器放在冰水浴中冷却，以防氯化氢逸出。此试剂一般是临用时配制。

9．硝酸铈试剂

取 13 mL 浓硝酸溶于 400 mL 蒸馏水中，然后将 109.6 g$(NH_4)_2Ce(NO_3)_6$ 溶解于此硝酸溶液中，再用蒸馏水稀释至 500 mL。此试剂可保存一个月。

10．氯化亚铜氨水溶液

取 1 g 氯化亚铜放入一大试管中，往试管里加 1 到 2 mL 浓氨水和 10 mL 水，用力摇动试管后静置，再倒出溶液并投入 1 块铜片（或一根铜丝）贮存备用。

11．苯肼试剂

苯肼试剂放置时间过久会失效。苯肼有毒（无论是液体还是蒸气），且可能为致癌物质，使用时切勿让它与皮肤接触。如不慎接触，应先用 5%醋酸溶液冲洗，再用肥皂洗涤。

将 5 mL 苯肼溶于 50 mL 10%醋酸溶液中，加 0.5 g 活性炭。搅拌后过滤，把滤液保存于棕色试剂瓶中。

12．羟胺试剂

将 1 g 盐酸羟胺溶解于 200 mL 95%乙醇中，加入甲基橙指示剂 1 mL，逐滴加入 5% NaOH 乙醇溶液，使溶液颜色刚刚变为橙黄色（pH 3.7～3.9），此试剂可稳定数月。

13．二苯胺试剂

将 250 mg 氯化铵加到 90 mL 水中，再在此溶液中加入含有 250 mg 二苯胺的 100 mL 浓硫酸溶液，冷却后加浓硫酸溶液到 250 mL。

14．间苯二酚盐酸溶液

将 0.05 g 间苯二酚溶于 50 mL 浓盐酸中，再用蒸馏水稀释至 100 mL。

15．铬酐试剂

将 10 g 三氧化铬（CrO_3）加到 10 mL 浓硫酸中，搅拌成均匀糊状。然后用 30 mL 蒸馏水小心稀释此糊状物，搅拌得澄清橘红色溶液。

16．次溴酸钠水溶液

在 2 滴溴中，滴加 5%氢氧化钠溶液，直到溴全溶且溶液红色褪掉呈淡蓝色为止。

17．酚酞试剂

把 0.1 g 酚酞溶于 100 mL 95%乙醇中得无色的酚酞乙醇溶液，本试剂在室温时变色范围在 pH 为 8.2 到 10。

18．刚果红试纸

用 2 g 刚果红与 1 L 蒸馏水制成的溶液浸渍滤纸，晾干而得。

19．1%淀粉溶液

将 1 g 可溶性淀粉溶于 5 mL 冷蒸馏水中，用力搅成稀浆状，然后倒入 94 mL 沸水中，即得近于透明的胶体溶液，放冷使用。

20．甲醛-硫酸试剂

取 1 滴福尔马林（37%～40%甲醛水溶液）加到 1 mL 浓硫酸中，轻微摇动即成。此试剂在临用时配制。

21．碘化钠-丙酮溶液

称取 15 g 碘化钠溶于 100 mL 丙酮中，新配制的溶液是无色的，静置后呈柠檬黄色，必须贮存于棕色瓶中，如果溶液呈红棕色，则弃去重配。

22．0.1%茚三酮乙醇溶液

将 0.18 g 茚三酮溶于 124.9 mL 95%的乙醇中，用时新配。

23．0.5%酪蛋白溶液

将 0.58 g 酪蛋白溶于 99.5 mL 0.04%氢氧化钠溶液里。

24．蛋白质溶液

取一个鸡蛋，两头各钻一小孔，竖立，将蛋清（约 25 mL）流入盛有 100～

120 mL 经过煮沸的冷蒸馏水的烧杯中，搅拌、过滤（漏斗上放置经水润湿的纱布），滤液即为蛋白质溶液。

附录四　常见危险化学药品知识

根据常用化学试剂的危险性质可分为易燃、易爆和有毒药品三类。必须正确使用和保管上述药品，严格遵守操作规程，以免发生事故。

1．易燃化学药品

易燃化学药品可分以下几类：

（1）可燃气体：包括甲烷、一氯甲烷、一氯乙烷、乙烯、煤气、氢、硫化氢、氧、二氧化硫、氨、乙胺等。

（2）易燃液体：包括一级易燃液体：丙酮、乙醚、汽油、环氧丙烷、环氧乙烷等；二级易燃液体：甲醇、乙醇、吡啶、二甲苯等；三级易燃液体：柴油、煤油、松节油等。

（3）易燃固体：有机易燃固体包括硝化纤维、樟脑、胶卷等；无机易燃固体包括红磷、硫黄、镁、铝等。黄磷为自燃物质，必须将其保存在盛水玻璃瓶中，再放入金属筒中，切勿直接放在金属筒中，以免腐蚀。随取随用，不能露置空气中过久。用过后必须采取适当方法销毁残余部分，并仔细检查有没有散落在桌上或地面。

（4）遇水燃烧的物质：包括金属钾、钠及电石和锌粉等。金属钾、钠应贮存在煤油或液体石蜡中，不能露置在空气中。如遇着火，可用石棉布扑灭。不能用四氯化碳灭火器或二氧化碳泡沫灭火器，因为四氯化碳与钾、钠起爆炸反应，二氧化碳则会加强钠或钾的火势。

必须注意的是：大部分有机溶剂都是易燃物质。因此，实验室内易燃溶剂不可放在开口容器内，而且要远离火源、电源；不能用直接火加热，必须用水浴、油浴或可调节电压的电热套；并且注意，含有机溶剂的滤饼、火柴头不能倒进敞口的废液缸。

2．易爆化学药品

（1）易爆药品三硝基甲苯、硝化纤维素、苦味酸等不能与其他类试剂一起贮放。

（2）乙醚蒸气与空气或氧混合可形成爆炸混合物，并且乙醚在贮存过程中可被氧化成过氧化物，蒸馏时容易发生爆炸，所以取用时，必须先检验有无过氧化物，如有，则必须处理后再用。此外二氧六环、四氢呋喃等也可产生过氧化物而引起爆炸。

（3）由于氧化物与有机物接触极易引起爆炸，故使用时应特别注意。这些氧化剂易爆药品可分为三个等级：

一级：与有机物或水作用易引起爆炸的，如氯酸钾、过氧化钠、高氯酸等。

二级：遇热或日晒后能引起爆炸的，如高锰酸钾、过氧化氢等。

三级：遇高温或与酸作用能引起爆炸的，如重铬酸钾、硝酸铅等。

其中，氯酸钾、硝酸盐、高锰酸盐、重铬酸盐及过氧化物等试剂，当它们受热、撞击或混入还原性物质时可能引起爆炸。因此，这类物质不能与还原性物质或可燃物一起贮存，并放置在阴凉通风处。

3. 有毒化学药品

多数有毒化学药品是经长期接触或接触量过大而造成急性或慢性中毒，少数是剧毒品，在使用时必须加强防护措施，以免伤害人体。一般，剧毒品应锁在固定铁柜里，并由专人负责保管，每次使用以后要登记验收，不得随意丢弃。下面简单介绍一些常见的有毒化学药品及使用时应注意的问题。

（1）有毒气体：溴、氯、氟、氢氰酸、氟化氢、二氧化硫、硫化氢、光气、氨、一氧化碳等均为窒息性或具刺激性气体。在使用以上气体进行实验时，应在通风良好的通风橱中进行。反应中有气体发生时，应安装气体吸收装置（如反应产生的盐酸气，溴化氢等）。遇气体中毒时，应立即将中毒者移至空气流通处，静卧、保暖，施以人工呼吸或给氧，及时请医生治疗。

（2）强酸或强碱：硝酸、硫酸、盐酸、氢氧化钠、氢氧化钾均刺激皮肤，有腐蚀作用，造成化学烧伤。吸入强酸烟雾，会刺激呼吸道。稀释硫酸时，应将硫酸慢慢倒入水中，并同时搅拌，不要在不耐热的厚玻璃器皿中进行。储存碱的瓶子不能用玻璃塞，以免碱腐蚀玻璃，使瓶塞打不开。取碱时必须戴防护眼镜及白手套。配制碱液时，应在烧杯中进行，不能在小口瓶或量筒中进行，以防容器受热破裂造成事故。开启氨水瓶时，必须事先冷却，瓶口朝无人处，最好在通风橱内进行。

如遇皮肤或眼睛受伤，应迅速冲洗。如是被酸损伤，立即用碳酸氢钠溶液冲洗；如是被碱损伤，立即用 1%～2%乙酸冲洗；眼睛则用饱和硼酸溶液冲洗。

（3）无机药品：① 氰化物：剧毒。取用时必须戴厚口罩、防护眼镜及手套（手上有伤口者不得取用）；研磨时必须用有盖研钵，并在通风橱内进行，但不要排风。使用过的仪器、桌面用水冲净，手与脸亦应仔细洗净，工作服必须换洗。氰化物的销毁方法是将其与亚铁盐（在碱性介质中）作用生成亚铁氰酸盐。② 汞：在室温下即能蒸发，毒性极强，能致急性中毒或慢性中毒。使用时须注意室内通风。提纯或处理时，必须在通风橱内进行。若有汞撒落时，要用滴管收起，分散的小粒也要尽量汇拢收集，然后再用硫黄粉、锌粉或三氯化铁溶液消除。③ 溴：溴液可致皮肤烧伤，蒸气刺激黏膜，甚至可使眼睛失明。使用时应在通风橱内进行。当溴撒落时，要立即用沙掩埋。如皮肤烧伤，应立即用稀乙醇洗或多量甘油按摩，然后涂以硼酸凡士林软膏。

（4）有机药品：

① 有机溶剂。有机溶剂均为脂溶性液体，对皮肤黏膜有刺激作用。如苯，不但刺激皮肤，易引起顽固湿疹，对造血系统及中枢神经系统均有严重损害。甲醇对视神经特别有害。大多数有机溶剂蒸气易燃。在条件许可情况下，最好用毒性较低的石油醚、醚、丙酮、二甲苯代替二硫化碳、苯和卤代烷类。使用有机溶剂应注意防火，室内空气流通，一般用苯提取，应在通风橱内进行。决不能用有机溶剂洗手。

② 硫酸二甲酯。吸入及皮肤吸收均可中毒，且有潜伏期，中毒后呼吸道感到灼痛，滴在皮肤上能引起坏死、溃疡，恢复慢。

③ 苯胺及苯胺衍生物。吸入或经皮肤吸收均可致中毒。慢性中毒引起贫血，影响持久。

④ 芳香硝基化合物。化合物中硝基越多毒性越大，在硝基化合物中增加氯原子，亦增加毒性。这类化合物的特点是能迅速被皮肤吸收，中毒后引起顽固性贫血及黄疸病，刺激皮肤引起湿疹。

（5）苯酚。能灼烧皮肤，引起坏死或皮炎，皮肤被沾染应立即用温水及稀酒精洗。

（6）生物碱。大多数具有强烈毒性，皮肤亦可吸收，少量即可导致中毒，甚至死亡。

（7）致癌物。很多的烷基化试剂，长期摄入人体内有致癌作用，应予注意，其中包括硫酸二甲酯、对甲苯磺酸甲酯、*N*-甲基-*N*-亚硝脲素、亚硝基二甲胺、偶氮乙烷以及一些丙烯酯类等。一些芳香胺类，由于在肝脏中经代谢生成 *N*-羟基化合物而具有致癌作用，其中包括 2-乙酰氨基芴、4-乙酰氨基联苯、2-乙酰氨基苯酚、2-萘胺、4-二甲氨基偶氮苯等。部分稠环芳香烃化合物，如 3,4-二甲基-1,2-苯并蒽则属于强致癌物。